普通高等教育“十一五”国家级

高等教育旅游管理专业“十三五”系列教材

中国旅游史

ZHONGGUO LÜYOU SHI

彭 勇 主编

郑州大学出版社

图书在版编目(CIP)数据

中国旅游史/彭勇主编. —郑州:郑州大学出版社,2018.1(2024.7 重印)
ISBN 978-7-5645-4852-0

Ⅰ.①中… Ⅱ.①彭… Ⅲ.①旅游-历史-中国-高等学校-教材 Ⅳ.①F592.9

中国版本图书馆 CIP 数据核字(2017)第 244645 号

郑州大学出版社出版发行
郑州市大学路 40 号　　邮政编码:450052
出版人:孙保营　　发行部电话:0371-66966070
全国新华书店经销
郑州龙洋印务有限公司印制
开本:787 mm×1 092 mm　1/16
印张:13
字数:318 千字
版次:2018 年 1 月第 1 版　　印次:2024 年 7 月第 3 次印刷

书号:ISBN 978-7-5645-4852-0　　定价:39.00 元

作者名单

主　编　彭　勇

副主编　徐美莉　周其厚　曹刚华

编　委　(按姓氏笔画排序)

乔凤岐　吴晓美　董桂尧

童媛媛　谢　凝　熊　玲

内容提要

本书曾入选教育部普通高等教育国家级规划教材。这是一部研究中国历史时期各类社会群体或个人的旅游活动，以及与旅游活动有关的，包括旅游者、旅游行为、旅游对象、旅游服务、旅游思想文化等内容的创新型教材。本书尝试从分析与考察旅游者的"旅""游"或带有"旅游"性质的活动开始，研究其发展历程，剖析旅游者的类型和旅游特点，探寻旅游资源开发与利用的过程及规律，以及旅游服务体系建立与完善的情况，介绍旅游类古代典籍和文化，总结中国古代旅游活动发展的基本规律。本书是高校旅游管理各专业学生提高专业素质和能力的教材，也是历史学专业学生拓展思路、深入研究的参考读物，更是广大旅游爱好者、从业人员以及文史爱好者的一本系统读物。

前言

自20世纪80年代中期以来,随着中国综合国力和人民生活水平的稳步提高,旅游业在现代国民经济和人们日常生活中扮演着越来越重要的角色。旅游服务和旅游消费已经成为社会关注的热点之一,并在持续升温。

学习和了解中国旅游史具有重要的意义。第一,中国是一个拥有五千年文明的古老国家,是世界上唯一拥有连续的、丰富多彩历史文化的国家,博大精深、绚烂多姿的历史文化吸引着无数海内外的专家、学者、投资人和旅游者极大的关注,如何研究、开发和利用这些丰厚的旅游资源,成为人们关注的焦点。第二,充分挖掘自然、人文与历史文化资源,大力发展第三产业,尤其是旅游服务业,成为许多地区人们努力的目标,他们既需要对本地区的历史资源进行挖掘、整合,也需要把本地的资源放在大历史的视野内综合分析总体定位。只有了解历史时期旅游活动发展的总体水平与基本特征,才能科学地开发、利用、规划与管理这些厚重的历史文化资源。第三,历史文化旅游资源以其永恒的魅力,吸引着国内外的旅游爱好者。深入了解历史时期的旅游活动、旅游资源、旅游观念和旅游典籍文化成为众多旅游者的普遍需求。

在教学和科研过程中,我们注意到,多年来虽然学者们在社会文化生活史领域的研究取得了重大突破,但投入旅游史方面的研究依然不足。许多经济学或管理学方面的学者并不具备系统的历史知识,导致对历史文化旅游资源认识不清。这显然不利于学科发展和人才培养。

本教材充分吸收学术界在旅游史、文化史、社会生活史等方面新的研究成果,尝试一种全新的体例,从分析与考察旅游者的"旅""游"或带有"旅游"性质的活动开始,探寻古代旅游行为的发展历程,剖析旅游者的类型和旅游特点,研究旅游资源的开发与利用,分析旅游服务体系建立及完善情况,总结历史时期中国旅游活动发展的基本规律。我们的目标是撰写一部既能满足旅游管理学专业学生了解和掌握历史文化的需要,又能满足历史学专业学生拓展史学研究视野需要的一部教材。

本教材共分六章。第一章是导论,我们尝试就中国旅游史的学科定位、研究对象及方法做一些归纳总结,希望在学科建设方面做一些探索。第二章是古代旅游活动概览,介绍历史时期的旅游活动产生、发展、演化的脉络及特征。第三章是旅游资源的开发与利用,介绍古人对旅游资源认识、开发和利用的状况,使当代人从中获取经验和教训。第四章是旅游服务体系的建立及发展,以现代旅游服务业的构成为依据,分析历史时期的旅游服务体系。第五章是旅游典籍与文化,介绍历史时期的旅游典籍、思想和习俗,为文化旅游资源的开发提供文献和理论支持。第六章是近现代旅游活动及旅游业的起步,分析近现代旅游活动的特征,以及旅游服务业的产生及发展情况。

上述结构与内容的设计,我们恳请各位读者朋友多提宝贵意见,指正其中的不当之处,共同促进中国旅游史教学与研究水平的不断提高。

编者

2018 年 1 月

目　录

1　导　论　1

1.1　中国旅游史的学科地位　1
1.2　中国旅游史的研究对象　4
1.3　学习中国旅游史的目的和基本要求　13

2　古代旅游活动概览　16

2.1　政治军事旅游　16
2.2　士人阶层的旅游活动　30
2.3　商贸之旅　40
2.4　宗教旅游　47
2.5　民间群体的旅游活动　58

3　旅游资源的开发与利用　69

3.1　城市历史与城市文化　69
3.2　自然景观　80
3.3　古典园林　86
3.4　宗教类旅游资源的开发与利用　91

4　旅游服务体系的建立及发展　102

4.1　古代旅游服务体系的内容和特点　102
4.2　交通工具　103
4.3　道路的开辟与地图的使用　112
4.4　旅途的食宿接待　121
4.5　旅游中的饮食、娱乐和技能　128

5　旅游典籍与文化　132

5.1　旅游典籍　132
5.2　旅游思想观念及其演变　142
5.3　旅游礼俗　148

6 近现代旅游活动及旅游业的起步 160

6.1 “爱国救国”的海外之旅 160

6.2 近代旅行活动和服务的日益丰富 178

6.3 现代旅游业的初步发展 187

参考文献 197

后　记 200

导 论

学习目标→

通过本章的学习，让学生对本学科有一个总体的学科认识和基本定位。一部人类历史就是一部旅行史。旅游史以发生在过去的客观存在的旅游事实、旅游现象、旅游思想文化及相关内容为研究对象。掌握中国旅游史研究的主要内容、指导思想和基本要求。充分认识到本学科在认识、理解和运用各类历史文化旅游资源中的重要价值和意义。

学习难点→

旅游史的学科定位　研究对象

这是一部研究中国历史时期各类社会群体或个人的旅游活动，以及与旅游活动有关的，包括旅游者、旅游行为、旅游对象、旅游服务、旅游思想文化等内容的创新型教材。学科尝试从分析与考察旅游者的“旅”“游”或带有“旅游”性质的活动开始，研究其发展历程，剖析旅游者的类型和旅游特点，探寻旅游资源开发与利用的过程及规律，以及旅游服务体系建立与完善的情况，总结中国古代旅游活动发展的基本规律，并探讨早期旅游业的基本状况。

1.1 中国旅游史的学科地位

何谓“旅游”？人类的旅游活动始于何时？这在学术界存在争议。一种观点认为，旅游作为人类社会活动的重要组成部分，自古有之，有人甚至认为，一部人类史，也就是一部旅游史。王淑良说：“‘人猿相揖别’是人类历史的开端，也是人类行迹的开始。因此，我们将人类行迹的开始作为中国旅游史的开端。”①章必功也认为“黄帝本人也就无可非议地兼

① 王淑良：《中国旅游史》，旅游教育出版社，1998年，第1页。

任了汉民族旅游文化的开山大师”，人类的旅游活动始于原始氏族社会时期①。持这些观点的学者大都是受过系统史学教育和长期从事史学研究的学者，他们以当代旅游服务业的基本特征，类比历史时期“旅”“游”活动特征，得出了上述结论。

长期从事旅游服务业或者把旅游服务作为一种行业或者职业者，则认为“旅游”应当是近代以后，才作为一种独立的行业而存在的。首先，他们认为，旅游是一种自古有之的人类活动，“其实这是一种常会产生误导的模糊观点”，所谓“古代”一词在世界各地、各民族的发展历史不同而在使用上并无统一年代界定，“因此人类的旅游活动究竟古及何时也就成了难以回答的问题”。其次，“如果说旅游活动自古有之，那么，无论是在中国古代的经典辞书中，还是在其他国家的古代词典上，都找不到旅游的字样”。②

在古代有没有旅游活动，旅游活动究竟是如何产生的？古代有没有旅游服务业？这要从旅游的基本属性以及古人的社会活动来考察。

对中国古代以“旅”“游”“旅游”等具有旅游性质的社会活动的研究，许多历史学者认为以观光休闲为主的旅游源于古代的离家远行的旅行，这类活动在远古时期大量存在，这种“远足”活动从最初的功利性发展为稍后的娱乐性。孔颖达在《周易·正义》中说：“旅者，客寄之名，羁旅之称。失其本居，而寄他方，谓之为旅。”《易经》中有“旅”一卦，已含有“行走”“寄居”等意义，在《易经·观》一节又有“观国之光，利用宾于王”之语，是说帝王巡游四方辖境，以利于治国安邦，同时也有帝王巡游消遣之意。有关帝王巡游的用语较多，如巡狩、巡幸、巡视等。“旅”与“游”有所区别，据清代经学大师段玉裁在《说文解字注》中说：“凡言羁旅，义取乎庐。庐，寄也”，“旅即次，怀其资，得童仆贞”；“游”，浮行于水上，意思为“行走”“游玩”“游冶”“远足”等。③ 可见，“旅”与“游”的主要区别在于“旅”侧重于出行者因某种原因离开自己的定居地，居住的生活空间发生了变化，如旅客、旅居、商旅、旅馆、旅师、旅店、旅次、旅榇等，而“游”更侧重于动态地行走，如郊游、游玩、游赏、游学、游艺、游方、游说等。

关于“旅游”一词在中国典籍中是否出现过这一问题。有学者认为，近现代意义上的旅游一词系外来词，中国晚清以前没有旅游可言。这大抵是把旅游的含义限定得过于狭窄。针对有学者对“古代”和“旅游”二个词语的质疑，我们的理解是：首先，尽管世界各地的“古代”不是统一始于相同的时间，但出现人类最初的时期就是最远古时期，直到世界文明进程进入近代社会为止，这之间大抵就是“古代”的基本范畴，目前在史学界已取得基本的共识；其次，中外古代的辞书中没有出现“旅游”二字，并不能作为否定旅游活动存在的理由，称谓毕竟与活动的本质是两回事。其实，在中国古代很早就出现了“旅游”一词，并且与现代的概念意义非常接近。在南北朝时，沈约的《悲哉行》中就有“旅游媚年春，年春媚游人”之句。据《旧唐书》卷一七八《光裔》载，光裔旅游江表以避患。岭南刘隐深礼之，奏为副使，因家岭外；另在《旧五代史》卷八十九《桑维翰传》中说，桑氏初为一武士，因相貌丑陋，怀才不遇，“马希范入觐，途经淮上，时桑维翰旅游楚、泗间，知其来，遽谒

① 章必功：《中国旅游史》，云南人民出版社，1992 年，第 2 页。

② 李天元：《旅游学概论》，南开大学出版社，2000 年，第 7 页。

③ 许慎撰，段玉裁：《说文解字注》，上海古籍出版社，1988 年，第 312 页。

之”,后桑氏考中进士,被委以重任,表现出超强的才华。此处“旅游”指桑氏客居漂泊楚、泗间,寻机以图出仕报效国家。

另据郁龙余对《全唐诗》的电子文献检索得知,《全唐诗》中以“旅游”为题的诗就有6首,如贾岛的《旅游》、李昌符的《旅游伤春》、刘沧的《春日旅游》、高适的《东平旅游奉赠薛太守二十四韵》等,而“旅游”一词在诗句中出现的次数达22次,这些诗作大作都是文人骚客在全国各地观光旅游时留下的作品,如“旅游无近远,要自别魂销”(灵一《送王法师之西川》),“江海漂漂共旅游,一樽相劝散穷愁”(白居易《宿桐庐馆同崔存度醉后作》),“过岭万余里,旅游经此稀”(张籍《岭表逢故人》)等。①

上述“旅游”活动虽然与当今旅行观光不能完全等同,它们确实具备了近现代旅游活动的某些特质,或者说它们是现代旅游活动的早期或初期形式。

通常认为,现代意义上的“旅游”与历史时期的“旅行”是有区别的,前者是以欢、娱、消、闲为目的的活动,而后者则带有明显的功利性质,如商旅之求利、聘旅之功利、军旅之战守等,两者的目的性有根本区别。但我们应当看到的是,功利性的政治、经济、军事和外交活动之中,往往又渗透着随心所欲、“优哉游哉”的自由欢乐的旅行——旅游!两者既有区别,又有密切的联系。不可回避的是,直到今天,人们往往是在商贸之余、工作之便利或闲暇,进行了旅游观光休闲的旅游活动,有学者说现代意义的旅游是源于古代早期的旅行活动,大抵是准确的。但在研究历史时期的旅行与旅游活动时,我们很难将二者绝对地区分开来了。

历史研究,用发展的观点看待研究对象非常重要。人们在社会科学的研究中往往陷入一种历史的分期、标志性事件或性质突变的“预设”怪圈之中,致使以自然科学的量化标准去衡量社会现象或规律的认识,这不能不说是与客观的历史或现实的历史相悖的。以现代西方旅游业的定义去度量人类社会古代旅游活动就是突出的例子。因此,我们不能依据现代西方旅游业的标准来确定历史时期的旅游活动,正像我们不能简单地照抄照搬西方的学科体系来研究中国的社会问题一样。

到目前为止,学界对“旅游”概念的认识仍然存在分歧和混淆,归纳起来,旅游活动的相关属性有如下几点:

第一,人们离开其通常居住和工作的地方,这是一种旅行地点上的属性。

第二,这是一种短暂的离开,即游行者应该再回到他的定居地,而不是永久地离开,这是一种时间上的要求。

第三,人们出于日常工作之外的任何原因,到某个地方旅行的行动或活动,它们是出于非移民及和平的目的,或者出于导致实现经济、社会、文化及精神文化的个人发展,及促进人与人之间的了解与合作等目的而做的旅行,这是它的特殊的目的性要求。

第四,旅游地(或流动人口接待地)是为满足旅游者的需要而建立的各种设施。

归纳起来说,当代人给旅游所下的定义,是指人们出于非定居的目的,暂时离开自己

① 章必功:《中国旅游史》,云南人民出版社,1992年,第2页。原著称22次,据笔者的检索,“旅游”一次出现在诗句中为25次。

长期居住的地点或地区，到某个或某些地方旅行活动的通称，旅游还包括这些旅行活动引起的各类现象和关系，如围绕旅行活动而建造的服务设施，以及有可能对后来的旅游活动产生直接或间接影响的各类现象和关系的总称。

在上述旅游的概念中，并未明确提及旅游的目的性，也没有明确指出旅游服务的行业及职业性，甚至产业性特征。需要特别明确的是，通常，人们并不把两类大规模的人口流动列入“旅游”的研究范畴，一是以营利为目的的跨地区流动，二是军事行动。但考虑到这两项活动在开辟旅游线路、认识和开发旅游资源方面，甚至其中交织有浏览观光的因素等，我们认为商贸之游和征戍之旅仍然应当作为本书研究的重要内容。

古人的旅游活动大体具备了上述的基本属性和特征，称之为“旅游”大体是准确的。当然，在区别不同的旅游活动和旅游现象时，为科学起见，称谓应当更为准确些。比如，古代的旅游服务体系虽然从无到有，从官办到私营，水平从低到高的发展趋势非常明显，但称之为“旅游业”或“旅游服务业”还是不太严谨，这首先是因为“某某业”的从业人员的称谓就是一个近代机器大工业以后出现的行业分工，我们称古代服务体系中的旅馆、饭店、酒肆、交通，甚至一些旅游景点的开发与利用等，如果称之为旅游业，很容易混淆。所以，将旅游服务分为古代旅游服务与近现代旅游服务，则更恰当一些。

1.2 中国旅游史的研究对象

一部中国历史，就是一部旅游史。“自从有了人类活动，也就有了人类的历史”。人是社会的、群居性高级动物，他们之间的来往与交流，具备旅游的基本要素。

旅游史的研究对象与其他旅游学科的研究对象有所不同，它是以完全发生在过去的客观存在的旅游事实、旅游现象及其相关问题为研究对象的，因此，我们在确定它的研究对象时，唯有立足于历史的客观存在，结合旅游学的基本性质特征来确定。而研究对象的确定，可以帮助我们更科学、系统、更完备地研究历史时期的旅游活动以及与之相关的各类社会关系。

1.2.1 历史时期旅游活动

旅游活动的主要类型，针对旅游活动本身的特点及发展的规律，不同的分类，有不同的类型，主要有：

第一，以旅游活动的主体来划分。按中国传统的“士、农、工、商”的分类方法，结合古代的职业细分，可以分成帝王的巡游、官员的宦游、商贾贸迁之旅、士人阶层的游学之旅、民间百姓游和外交朝使之旅等。

第二，以旅游时间周期划分，可以分成定期旅游和不定期旅游两类。定期旅游是指周期性进行的旅游，如代表皇权的祭天、祭地、祭山等祭祀活动，地方官府在朔望之期举行的乡贤教化之会，官员每年休假之旅，或民间定期的时令节日或集市庙会之期，各民族的定期节日等。不定期旅游比较复杂，商人的贸迁之旅，传教士来华之游、海外移民、军事上的戍守远征等均属此类。

第三，从旅游的对象上来划分，有城镇游、山水游、宗教寺观建筑游、民间集市庙会游、海洋湖泊之行等。

第四，从旅游的目的来看，有以政治、军事、外交、经济、教育、宗教等为目的旅游。

第五，从旅游的组织管理来看，可以分成官方组织的、宗教组织的、民间团体的（书院、书会、里甲组织、商业帮会等）和个人自助游（商人、士人）等。

从上述分类可以看出，不同的划分方法，其所涵盖的内容多有交叉，结合具体的历史事实、史料的记述，及其对近现代旅游业的影响程度，我们结合旅游活动的主体和旅游对象等分类，对最具代表性的旅游活动加以研究。

1.2.1.1 政治、军事旅游

这是指为满足政治统治的需要、国家的统一、社会秩序的稳定，以及对国家、民族、各阶级和阶层统治的需要进行的旅、游、巡、视等沟通、交流、出使、征战等旅行活动。这类性质的旅游主要包括帝王出游与巡视、官员到各地的巡按监察、使节出游，以及因军事需要引发的大规模的征调与戍守等。

根据现代旅游学的理论，高级使节的出行和由统一战争所引发的军旅，不应当纳入旅游的范畴，这大抵是有道理的。因为作为今天国民经济行业中第三产业的重要组成，在行业部门统计中，应当将外交和军事之旅排除在外。但从旅游事业发展史的历程来看，王朝战争与维护统一的军事行动，以及出于政治统治的需要而开展诸多征戍调发，是中国古代社会的主旋律之一，并因此留下了大量的历史文献与遗存，对后世旅游资源的形成、开发与利用产生过重大的影响。历史学的研究应当为现实服务或提供积极的借鉴，旅游史的研究，也不能局限于当代旅游业的限制，而将上述因政治和军事因素引发的旅行排除在研究的范围之外。

1.2.1.2 商贸旅游

由商品交换和流通引发的跨地区的人员流动，以及商贾在其经营地或客居地进行的游览观光活动是历史时期颇具特色的旅游活动，它是指专职商人或在部分时间内从事商品经营和贸迁者，围绕其经营活动或在经营活动之余进行的旅游活动，包括利用闲暇时间在客居地、经营途中或专门到第三地进行的旅游活动，只是他们的身份是经营贸迁者。这些旅游者既包括走南闯北的行商，也包括就地取利的坐贾，既包括家资富饶的商帮财团，也包括走街串巷的市井小贩。他们的旅游地区既有可能是大江南北、黄河两岸，甚至到五湖四海、东海西洋等。

行商坐贾的贸迁之举之所以能成为旅游之先，原因有二：一是商品生产与交流的需要。这是由生产、交换、分配与消费市场的因素所决定的，商贸之旅开中国旅游之先河，旅游线路、交通要道等开发，多与商人有关；二是中国传统的“四民”分类中，虽然商人的地位不高，但商业利润之高是不争的事实，“无农不稳，无商不富”，商人优厚的经济条件决定了他们有雄厚的资金支持其精神文化方面的消费。毕竟，旅游是人们较高层次的消费需要。

1.2.1.3 士人阶层的游览

士人阶层纯粹性观光旅游在古代社会的各阶层中最具代表性，这与他们所受的职业教育水平与文化素养有密切的关系。早期的“士”主要指武士，春秋战国时期胸怀为国为民之志的武士，奔走往来于各诸侯国，怀才以期遇明主、实现自己宏大的抱负。战国以后，

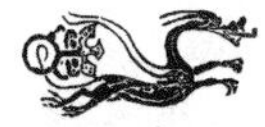

“士”也开始指代为读书人,士人逐渐成为一个相对独立存在的社会群体,因此他们以读书论道入仕为社会行为方式。“士为风俗先”,士者,或寓志于游,寓志于变,寓志于乐;或倡导“读万卷书 行万里路”;或读书、交游,如明清之际的思想家;还有一些士人——“隐士”,他们无不透露出寄情山水的情愫,大大丰富了旅游的内涵和思想。

“士”人阶层的旅游往往又与宦游交织在一起,原因是隋唐以后,随着士族的兴起,国家选官制度的变化,“学而优则仕”变为一种现实的可能,“朝是田舍郎,暮登天子堂”,“士”与“官”往往是一些人在不同时期的不同身份;一些人入仕为官后,双重身份使他们在旅游时也需要有一个身份的界定问题。我们认为,如果是以读书人的个人行为进行的精神文化方面的游览观光,属“士”人之旅;如果是以公务的身份,即“官”的身份进行的旅游,则属于“政治游”。

士人阶层的旅游活动主要包括求学、讲学、交友、结社、门客、隐逸等。

1.2.1.4 基层群体的旅游

研究中国古代社会生活,传统史学往往忽视了人数众多、生活在社会中下层的芸芸众生。人们往往认为游览观光休闲娱乐是皇帝、士绅、地主、商人等政治和经济上“强势群体”的事情,似乎旅游与碌碌劳作、艰于生计的普通百姓无关,其实这是对旅游的一种误解或对基层社会群体社会生活的漠视。

每个阶层有自己的娱乐方式。生活在社会底层的普通百姓,他们也会想方设法排遣郁闷,寻觅或创造浏览观光、消遣娱乐的机会。尤其是唐中期以后,随着市民阶层的崛起,中国商品经济不断发展、城市经济日益繁荣,从事手工业及商业的市民阶层,以及服务于统治者阶层精神文化消费的基层群体,使旅游的基本设施和服务内容得到了很大的丰富。在《清明上河图》《东京梦华录》《如梦录》等历史文献中都反映了异彩纷呈的市民生活,其中不乏旅游因素和内容。

民间游多以近地短途游和时令季节游为特色。节令习俗是民间游乐最重要的内容组成。中国是一个农业文明古国,对自然环境有着超强的依赖,同时中华民族也是一个注重祭祀、尊祖敬宗、好卜乐施、祈福迎祥的民族,因此也创造了丰富多彩的娱乐形式。

1.2.1.5 宗教旅游

宗教旅游是以旅游的内容界定的旅游类型,参加宗教旅游的人包括社会各阶层人士。

在旅游资源开发中,宗教文化旅游是颇有特色、极其重要的旅游项目。历史时期层垒积厚的宗教文化是旅游史研究的重要内容。

宗教产生于远古时期人们对超自然力量的绝对崇拜与信仰,在漫长的人类历史上,作为社会组织的一部分,它的物质与文化内涵日趋丰富,它以物质载体为形式,以精神追求为内容——儒教的修身养性、佛教的空明性灵,以及道家的高山流水,丰富了中国旅游文化的内涵,让社会各阶层围绕其旁,形成了宗教文化旅游的独特景观。

宗教大体分成三类:原始宗教、古代宗教和世界性宗教。在中国主要有儒教、道家、佛教、伊斯兰教和基督教等。这些宗教形式,在不同的历史时期,政治地位与社会地位虽然有不同,但其世俗化的倾向,以及在精神文化消费方面独特的作用,成为人们观光浏览的对象。直到今天,它们一直在发挥着重要的作用。

宗教旅游是以旅游的内容确定的旅游类型,参加宗教旅游者包括社会所有各阶层人等。

1.2.1.6 跨国旅游活动

跨国旅游主要是指不同政权的社会群体之间各种交流所引发的旅游活动，主要包括官方往来、宗教交流和民间个体旅行等。官方交流最重要的形式是以派出官员行使公务之责，它涉及政治、经济、军事、文化等方面的交流。在宗教方面，主要是缘于宗教信仰，或传播，或求经之中发生的中外沟通。中西民间旅行主要是指以私人身份、出于自身的目的、兴趣或设想而进行的往来，并以此开展的旅游活动，主要表现在私人海外贸易过程中的旅游因素、以个人身份从事的国际宗教传播、海外移民等。

跨国旅游涉及国家主权，所以这类旅游又分为合法（得到官方批准的中外接触）和非法（避开官方的规定私自进行的交流）两类。然而，不论哪一种情况，都在中外交流史上留下了浓重的一笔，毕竟这种交流，对互相了解、互相学习产生了不可估量的影响。以南宋以后中国人的私人留洋为例，大量中华儿女远渡重洋，到东南亚各国从事国际贸易，拓展了生存空间，开拓了国人的视野。同时，许多外国人仰慕于中国文明的辉煌和中华文化的博大精深，不远万里，到中国求学、传教、为官、观光，促进了中外文化交流和友好往来。元朝时期马可·波罗和明清之际利玛窦等大量的传教士来华，都对中外文化交流和旅游市场的开发等，做出了卓越的贡献。

1.2.2 旅游资源的开发与利用

旅游资源是指一切能对旅游者产生吸引的自然的、社会的、人文的和其他一切非物质而又可以依托一切载体的形态。旅游资源既是一种客观的存在，即长期以来形成的客观事件，同时它又掺杂了旅游者的主观思想，包括社会的、历史的、民族的等价值趋向。旅游资源既可以保持持久旺盛的生命力，数千年一直是旅游者追逐的对象，也有一些旅游资源随着时代的发展淡出了人们的视野，湮没于历史的海洋里。同时，人们每天、在各地都有可能创造新的具有吸引力的旅游对象。可以说，旅游资源是客观与主观的统一、历史与现实的统一、持久与暂时的统一、发展与永恒的统一。

通常，根据旅游资源表现内容的基本属性，可以将其分为人文社会资源、自然资源和其他资源。人文社会资源是指以社会文化事件为内涵，依托一定物质载体的、具有一定吸引力的旅游资源；自然资源则是主要以大自然造物为吸引本源的旅游资源，表现为气候、山川地貌、动植物等，这些自然资源又以满足人类的某种需要为尺度；其他旅游资源通常包括那些能够吸引人们向往目的地的自然的、社会的、经济的、科学技术等物质与非物质的各种事件与因素。可见，旅游资源具体多样性与发展性。

结合旅游资源的这些特点和历史时期人们对旅游资源认识水平的不断提高、对旅游资源开发、管理与利用水平情况等因素，我们把旅游资源的开发与利用情况分成如下几类。

1.2.2.1 对自然资源的认知、利用与开发

人们的旅游审美观点和旅游审美情趣是变化的，它决定了旅游资源既是现实的，也有可能是潜在的。现实的旅游资源是指已经为人们所认识、开发和利用的，潜在的旅游资源是指，虽然当时尚未被人们所认知，但由于它所具备的潜质、可能成为吸引旅游者的对象。透过历史的长河，我们发现，大量现代人的“现在之旅”正是古人的“潜在之旅”，许多自然

物正是凭借其满足人们某种精神慰藉的需要,从自然资源的属性转化为人文资源,或两者兼而有之。古人对旅游资源的这一特征在人们认识、利用和开发自然资源方面表现得尤其突出。

自然旅游资源是指自然生成物在某些方面满足人们旅游的某方面目的性要求的属性,这些属性主要表现在其有足够吸引力的气候条件(气候适宜或极具个性的特点)、颇具个性的自然地理风貌(如山川、湖泊、海洋、瀑布、草场、雪原、洞穴、火山等)、丰富奇异多样的动植物资源,以及具备休闲娱乐养生等功能的天然条件,等等。

纵观历史大势,人类对自然的认知过程虽然有了突飞猛进的发展,但直到今天,人们在大自然面前,仍然表现得非常的无力与弱小。历史时期,人们或出于政治、经济、军事的需要,或出于览胜猎奇、博物求知的需要,对自然资源的认识、利用和改造的努力一直都未停止。许多自然资源转化为现在的旅游资源,这是我们在旅游史的研究中以变换的视角所要密切关注的。

1.2.2.2 以城市建筑和文化为内容的人文旅游资源的开发与利用

城市是人类聚落的高级形式也是区域的政治、经济、社会和文化中心,城市里面的各色人等自然是权力的操纵者、思想的主宰者、经济的控制者、宗教的领袖者,它所具有的领先、主导与示范作用,无论是古代社会还是今天,使它一直都以这些中心地位而成为各个时期社会最具吸引力的地域。同时,城市的空间分布、功能演变、经济发展、内部格局、建筑形成、艺术文化特征等都是这一特殊区域里的特殊资源,它也因此成为人文旅游资源中最重要的内容。

我们将以中国古代城市的起源、产生、发展与城市体系的完善为思路,以城市发展历程为线索,以城市建筑、城市文化和城市旅游消费服务等为主要内容,来介绍作为人文资源而存在的城市旅游娱乐功能,其中既包括都城,也包括省会、府州县城,以及特色城镇等。

1.2.2.3 园林建设

钱学森说,园林是中国"创造的一种独特的艺术部门",它是一种空间艺术,或称环境艺术。① 中国古典园林的宗旨"虽由人作,宛自天开",它是将自然界的景色经过组织、浓缩,按艺术家的构思再造表现出的自然之趣与人生追求的一种结合,可以说是自然旅游资源与人文资源的一种巧妙结合,它既突出山水花木自然造物的造景功能,又突出人(可称消费者、旅游者)的一种思趣与人生追求的情趣与格调。历史时期人们对园林建筑艺术的创造对现当代旅游景区的规划与设计,具有重大借鉴意义。

中国的园林,肇始于皇帝园林,但随着社会经济的不断发展和人们生产水平的提高,园林建设与消费开始下移至达官贵人,再到普遍官宦士绅之家,到宋以后,随着富商大贾势力的增强,园林构建也进入实力雄厚的商贾地主之家,到明清时期,即便是普通百姓在家宅建筑设计上也开始考究其庭院园林化。这些园林化的设计似乎与旅游资源并无直接关系,但联系到旅游风景名胜区的建筑规划思路,则又无不源于对园林建筑艺术的继承与

---

① 钱学森:《园林艺术是我国创立的独特艺术部门》,《城市规划》1984 年第 1 期。

发挥。

中国园林可以分为皇家园林、衙署园林、村落园林、私人园林、寺院园林等多种形式，其中皇家园林代表了中国园林艺术的最高成就。明清以后江南园林，如苏州园林，是南方士大夫园林的代表，其精妙素雅，玲珑多姿，成为人们浏览观光的最佳去处。中国古典园林不仅是一笔宝贵的历史文化遗产，也为世界旅游景区的规划设计与管理提供了丰富的经验。

1.2.2.4 宗教类旅游资源

由于大量宗教活动的存在，宗教又与政治、军事、经济和文化等有密切关系。所谓“南朝四百八十寺，多少楼台烟雨中”，各朝寺观经济都有不同程度的发展甚至是繁盛，使各宗教组织作为一种经济实体和社会群体而存在，并影响到庞大的群体。

宗教类旅游资源，严格上来讲应当属于人文社会旅游资源。这些资源有历史文化古迹，如因为宗教活动而存在的宗教庙宇和寺院等，还有各民族信仰不同而形成的原始宗教、民族历史、民族艺术、民族工艺等形式。以目前的宗教类资源看，主要包括：宗教有形艺术（寺庙建筑艺术、结构等）、寺庙无形艺术（如寺庙文学、书示、绘画、雕塑、技艺等）以及以寺庙为载体的旅游形态，如庙会、贸迁、书院游学、寺院景区游览等形态。

1.2.2.5 民俗风情资源

中国是一个有着悠久历史的多民族的国家，56 个民族在居住、饮食、服饰、婚姻、丧葬、娱乐、喜恶，以及宗教信仰和禁忌等都有各自的特点。同时，由于中国是一个地域广阔的国家，所谓“三里不同风，十里不同俗”，各民族间的不同特点，不同地域的风情人文，构成中国文化中多姿多彩的人文景观。

今天，旅游者怀着极大的兴趣去追寻民族风情多样性时，应当清醒地认识到，魅力无穷、多姿多彩的民情风情，是几千年来一代又一代的先民们怀着良好的愿望、背负着各个民族的希冀，所造就的灿烂文化。回顾这段历史，探索民族风情的源头，对于我们弘扬民族精神，增进民族之间的团结、交流与凝聚力，坚定中华民族的文化自信，有着非同寻常的意义。

1.2.3 旅游服务体系的建立及发展

旅游是以离开自己定居的场所、到目的地并达到某种需要为特征，只要有旅游，就要有相应的保障条件。这些条件主要包括：可行性交通路线、可行性交通工具、沿途的食宿供应、途中行程的安排、目的地的食宿及行程安排、行程中基本保障等，以及根据旅游活动的特殊性所必需的条件等。

显而易见，“旅游业”或“旅游服务业”一词在中国是近年才出现的名词，把旅游业作为服务性行业，尤其是服务体系或服务行业是商品经济的产物，从事与旅行或出行者的衣、食、住、用、行、娱等相关的“服务”人员、服务活动、服务体系却古来有之，它们从无到有，从低级到高级，一直处于发展、丰富与完善之中。

旅游服务体系的含义及基本特征，根据现代旅游服务业国际通用标准《国际产业划分标准》以及对从事旅游业务的具体部门来分析，旅游业主要由三大部门组成，即旅行社、旅店业和交通运输业。但考虑到交通运输业的相对独立性，以及旅游服务内容，也可

以把旅店、旅行社和景区作为现代旅游业的三大支柱。同时,考虑到旅游业的综合功能越来越强,旅游行业的组织管理也应纳入其中,所以旅游服务体系实际上由五大部分即旅游行、景区、旅店、交通和旅游业管理机构所组成。

现代旅游服务业的构成呈日益丰富的趋势,每一种服务性行业的产生、发展与完善都是一个极其漫长的过程。探寻历史时期旅游服务内容的发展历程,既可以恢复历史本来的面目,也可以为今天旅游服务业提供积极的借鉴。结合中国历史上的实际情况,我们认为,中国古代旅游服务体系主要包括如下内容。

1.2.3.1 交通服务

"交",接触、贯通,《易经》有语"天地交而万物通","往来不穷谓之通"。作为具有极强社会性的人类,其群体性决定了沟通与交流的需要。旅游就是离开家居远行的一种活动,是一种典型的交流行为,古人或称之为"行旅",交通服务是交流的外在条件。古人旅行有不同的方式,如徒步、乘轿、骑乘、乘车、行船等方式,所需要的交通工具有人力、畜力、水力等,行旅途中还涉及旅行线路、饮食、食宿、路途安全等,所以交通服务体系大致包括交通工具、交通线路、交通服务和管理等。

第一,交通线路。古代的路线旅游主要有两类:陆路和水路。正如鲁迅所说,其实地上本没有路,走的人多了,也便成了路,道路出现的原因是现实生活中对行路的需要。这种需要首先是集居地的人们交流往来的需要;相对边远地区的交通则可能是人们拓展生存空间,或王朝的边疆治理的政治与军事的需要。水路交通是人们利用江河湖海或人工开凿的渠道行船运输的交通方式,它是人们认识和利用水体资源的重要表现。一旦有了先民们走过路、行过船,有了"可以通行"的体验,也就成为后人旅行的通道,交通线路的开辟大抵算是完成。中国古代的交通线路,是伴随着人们活动区域的扩大,人们联系强度的加强不断拓展的。

人类不断发展的历史就是一部不断开辟交通旅游线路的历史,在中国历史上,丝绸之路的开辟、河渠的整治、运河的开辟、张骞通西域、郑和下西洋等,都是交通线路开辟的伟大创举。

第二,交通工具。工具是人们交通的方式和凭借的工具,它因时代的进步而不断地演化,其变化的基本特点是:工具的多样性、实用性、舒适性和经济实惠。中国古代的交通工具,根据使用动力的不同,可以分为人力工具(如徒步、轿子)、畜力(牛车、马车、驴车)、水力(船类)等。不同朝代、不同地区、不同民族及不同的政治、军事、经济背景的旅游者,在交通工具的选择上有显著的差别。

第三,交通服务。远足旅行是离开自己相对熟悉的环境到陌生地区生活的行为,"在家千日好,出门一日难",行旅途中基本的保障服务必不可少,如旅途中的食宿问题、安全问题、管理问题等,甚至还包括交通技术如交通地图等问题。交通服务内容以人们的需要为导向,逐渐丰富,如在南宋就有人出售城市内的导游图,在驿站上的白塔桥处,有人专门出售一种称为"地经"的书——《朝京里程图》,颇类于今天的导游图,它以都城临安(今浙江省杭州市)为中心,把南宋所属地区通向临安的道路里程、可以歇息的凉亭、旅店位置,标明得清清楚楚。时人有题诗云"白塔桥边卖地经,长亭短驿甚分明"。①

不同的旅游者享受到的交通服务内容是不相同的。官方的出游无论是交通线路、工具、食宿等都有专门的机构来负责;而私人或民间的出游形式则比较灵活。

1.2.3.2 食宿服务

饮食和住宿是旅游生活中最基本的需要。旅游过程中的食宿问题通常是由旅馆来解决的,类似于现代旅游服务业中的宾馆或酒店。

不同的旅游者在不同的历史时期有不同的食宿方式供选择。就提供者来说,官员出行多为公费提供食宿,由于官方机构负责接待;商人或个人身份出行的人士往往会选择经营业旅馆,而民间普通人士出行除选择经营性旅馆外,还有可能选择寺庙、书院等慈善性接待机构,在中国古代,选择投亲靠友也不失为一种解决食宿的重要方式。

在古代旅游的历史上,以满足长足远行需要的饮食业已经出现,如烹饪技术的提高,熟食、保鲜食品、快餐等技术的出现等;满足人们远足需要的食品,像酸米饭、油条等的出现也满足了人们旅游的饮食需要。

1.2.3.3 旅游科技知识

正如今天许多自助游的游客出行之前需要必备的基本知识一样,古人的旅行也需要掌握较多的知识,对旅行者知识水平的要求更高。为满足旅游的需要,对大量的野外生存知识的认识、掌握与利用,都显得非常重要。如山水知识,物理学知识、博物学知识、自然小识、天文航海、历算、医药、救荒或气象等知识。我们透过《徐霞客游记》可以看出,为了适应长年在外的旅游生活,徐霞客利用当时自然的、人文的、社会的等多方面的知识,才得以保证旅游的正常进行,尽管这样,也依然有数次几乎丧命的遭遇。

总体而言,旅游服务是为了满足旅游者物质和精神的需要,这一体系的组成内容是随着人们消费要求与水平而不断变化、丰富和发展的。因此,旅游服务体系始终处于不断发展完善过程中。

1.2.4 旅游典籍与思想文化

旅游著作是指较为集中地、专门地介绍与旅游活动相关的,涉及旅游纪行、旅游资源、旅游线路、旅游知识的著作,这些著作的编著者或出于政治、军事、商贸等目的,对所见所闻所经历的旅游活动如其目的,或其经历,或其感受等加以描述的作品。其中既有纯粹性自然之旅,如《徐霞客游记》等大批的旅游志书等,又有人文之旅的《广志绎》,还有出洋之旅如根据郑和下西洋经历编写的多种著作等。此外,还有大量外国人到中土旅游的著作,如《利玛窦中国札行》等。

早期的旅游,多以政治、军事、商贾、宗教信仰为主要目的,尽管带有纯粹性的休闲、娱乐性质的旅游活动不是很多,但是这些建立在远离家居、涉足他乡异域基础之上的旅行活动,对现代旅游业所关注的旅游观点、旅游理论、旅游习俗等内容,颇有启发和建设意义。这些旅游活动留下了内容丰富、体裁各异的典籍著作,包括丰富的旅游文化思想——从旅

---

① 伊水文:《宋代市民生活》,中国社会出版社,1999 年,第 367 页。

游观念的萌生，到知识内容的丰富和完备，创造了中国旅游文化辉煌的历史，铺就了现代旅游业建立的文化基础。

1.2.4.1 旅游典籍

旅游典籍是我们探寻历史时期先人旅游活动与旅游关系真相的依据。长期以来，由于中国旅游消费水平特别是旅游服务业水平的低下，加之，长期以来所形成的传统主流史学以政治史、经济史为中心，以阶级斗争和经济发展为主旨，旅游史典籍的整理、研究水平还比较低下，致使对旅游典籍的整理与研究还不尽如人意。可喜的是，近些年来，由于社会生活史的研究越来越受到史学界的重要，与之密切相关的旅游生活史的研究得到较快的开展。

旅游史有关的史料典籍内容比较丰富，一是旅游文学作品，如游记、纪游诗、名胜神话传说等传统文献形式；二是金石器物史料，如金石、器物、雕塑、壁画、碑铭等图文影像资料；三是其他类典籍。

中国传统历史典籍中所包含的与旅游活动有关的资料非常丰富，如典籍"四部分类法"中的"史部"典籍中正史的"地理志"即是较为集中的山川河流地理沿革资料；杂史和别史中均有相关地理志书，而史部中的时令部、地理部尤其集中。在"子部"的艺术类、谱录类，杂家类、类书类、农家类等典籍中，也多有相关的记载。"集"部是历代文人文集著作的总汇，也是旅游文学类作品最为集中的部分。

1.2.4.2 旅游观念与旅游思想的产生与发展

首先，旅游观念的萌生。动物，当然包括作为高级动物的人，其活动总有一定的区域，拥有或疏或密的"社会"组织，这一特征决定了他们既要居住在相对固定的区域（即使是游牧民族也不例外）内，其组织内部又要与其他区域内的"组织"进行交流。离开自己相对固定的居住地，流动到别的居住地开展必要的活动是"动物们"在生活过程中所必备的基本技能。对这种"离开所隶居住地而到外地"行动等直接经验的总结和间接经验的传播与获取，实际上就是早期旅游观点和思想产生的渊源。

具体到社会活动和旅行活动，如在蒙昧时代的部落征战活动，在早期国家时期的商贸活动，诸侯国之间的朝聘、盟誓与征战等，人们已经初步总结了一些出门旅行的经验与方法，如交往礼仪、行旅方式和地理环境等，并形成了一些旅游、交流与社会发展关系方面的观念。

其次，旅游基本指导思想的形成。春秋末年，"礼崩乐坏"，以孔子为代表的思想家开始反思社会变革。这一时期，列国纷争，大国称霸，小国自保，都在寻求变革方法。出身各异的思想家，从不同的政治立场和角度出发，阐述施政治国的策略。这些思想家，求学四方，游说诸国，在战国时期出现繁荣的"百家争鸣"的局面。他们既是较早旅游的实践者，也是旅游思想和理论的建设者。这些旅游思想虽然是他们哲学思想和政治思想的泛化和延伸，却与之一脉相承，且不乏真知灼见，并对后世的旅游思想和观点产生至深的影响。这些思想包括：①"君子比德"的思想。"仁者山，知者水"，"见贤而思齐""心为物移"，君子与圣人的境界是人生追求的最高目标。②"游必有方"的思想，即旅行要有明确的目的、方向、规划等。③"读万卷书，行万里路"。近游与远足并不矛盾，读书人要修身养性，陶冶情操，读书的同时去游学游说，积极地入世，丰富知识，陶冶情操。④"逍遥游"思想。

纯粹地纵情于山水之间，不计功利，不受外界和客观环境的影响，纵览山水，感悟自然的魅力，品味人生。这类思想来源有三：一是失意于名利场，看破红尘，皈依佛门、遁入空门；二是宗教性逍遥游，如道家长生不老之术等；三是按照消费需要层次理论，最高层次的精神文化需要或者是自我价值的实现，这是当消费者的收入水平达到了较高层次的精神追求行为。⑤"返璞归真"的思想。道家认为，自然放任是最和谐的状态。思想家们的山水情愫，无不缘于对人生的思考，对生命意义的思想，以及对国家与社会的发展，即古代的天、地、生、人、鬼、神、道的思考。

1.2.4.3 旅游思想的丰富与发展

汉初黄老道思想一度统治思想界 80 年。东汉时，儒家思想已经取得了独尊的地位，并一直成为中国传统政治思想的主导，这一思想直接渗透到社会生活的方方面面，当然也包括旅游思想。另外，由于社会环境的发展变化，中西交流的增多，儒学、道学思想的宗教化，更加上佛学思想传入和广泛影响，儒佛道三教思想出现了合流的趋势，并深刻地影响到人们的行旅生活，使人们的生活丰富多彩，异彩纷呈，旅游思想大大丰富。

就旅游思想而言，"儒治国""佛治心""道治身"。隋唐以后儒佛道三家合流，旅游思想也呈现融合的趋势。对旅行家而言，他们在旅游思想方面对先秦诸子百家的旅游思想加以丰富、发展和完善，更多的士人既是旅游活动的践履者，也是旅游理论思想的建设者。

1.2.4.4 旅游习俗

习俗，指风俗习惯。出行，作为社会生活的重要组成部分，在"天人合一"与"天人感应"的思想指导下，人们认为这种社会行为应当遵循一定的行为准则与道德规范，如出行的日期、出行的方式、地点的选择等，久而久之，形成了旅游风俗。

风俗具有一定自发的约束特性。由行神祭祀引发的旅游活动是中国古代游乐活动的重要内容，这类活动的仪式有着非常严格的限制与要求。从帝王祭礼五岳山川，到尊祖敬宗的典制，再到宗教祭拜的仪式，都有严格的规章制度，以及约定俗成的规定性。就是普通的远足旅行，也不乏相应的程式。如古时出行有占卜择吉之说，以便于安排行期；待离开之期，也往往有相送礼俗。

民族地区的旅游风情是中国旅游资源的重要组成。民族风情最大的特点是以各民族的民俗民风为特点的，这类旅游活动也有严格的仪式和规定，不允许参与者"僭制越礼"。

通过这些习俗的形成过程，我们可以准确地把握相应的历史旅游资源的来龙去脉、思想内涵，对我们进一步挖掘旅游资源优势与市场潜力，有着不可估量的意义。

1.3 学习中国旅游史的目的和基本要求

中国旅游史是一部社会文化史，是一部涉及政治、经济、军事、哲学、宗教等学科的专门史，在学科建设中有着非常重要的意义。它既是历史学学科的延伸，又是旅游学研究的新领域，它应该成为一门学科综合、建立在扎扎实实历史研究基础之上、以旅游管理学原理为基础的博大精深的学科。

为此，我们拟订以历史时期的活动为分析对象，以现代旅游业的构成为要素，围绕学科建设，总结历史时期旅游活动产生与发展的规律，为现代旅游业的规划、设计和管理提

供积极的借鉴,并以此作为撰写的指导思想,同时,它也是我们对这门课学习的基本要求。

1.3.1 学习中国旅游史的指导思想

我们从分析研究历史时期旅游活动类型入手,立足于旅游文化史的研究,分析这一时期旅游活动的特点,在追寻旅游思想和文化的发展历程中,总结旅游史的基本规律。

第一,中国旅游史的学习,是从一个新的角度透析中国历史的发展过程,是对中国历史的再思考,从中我们应该明白一个道理:五千年中华文明的灿烂与辉煌需要多角度的审视,一脉相承的中华传统文化在旅游活动中同样连绵不断。这门课同样承载着弘扬中华优秀传统文化的重任。

第二,旅游资源的开发与利用不仅仅是年轻的科学知识,其实它还凝聚了数千年历史知识的积淀。科学地开发和利用历史文化旅游资源,就要尊重科学,就要掌握历史知识,正视历史经验和教训。几千年来旅游资源的开发、利用与管理知识是我们发展当代旅游业的巨大的精神财富。

第三,旅游史的学习,可以让历史文化旅游的从业人员和普通游客科学地理解和掌握"历史""旅游"和"文化"三者之间的关系,把神话、传说与历史既能区分开来,又能找到其中的关联,从而达到真正满足人们高层次的精神文化消费的目的。

第四,中国旅游史的研究和学习,是日益国际化的中国社会主义市场体制建立的需要。在对旅游资源的开发与利用时,我们更多的是借鉴现当代西方旅游业的经验,这是非常必要的、必需的。同时,我们也要充分地认识到,丰厚的历史资源是我们在旅游业投融资过程中、在平等交流和加深友谊过程中的一项重要的资本。我们必须避免对旅游资源的破坏,以独特的旅游资源参与国际融资,在合资和合作开发旅游资源过程中获取更为平等、有利的合作机会。

1.3.2 学科建设及学习的要求

第一,开拓历史的视野。对于一门新兴的、融合了历史学和旅游学的新兴学科而言,中国旅游史研究的着眼点和立足点一定要宽阔,要着眼于现代化、放眼世界和未来。着眼于现代化和未来,就是着眼于它的科学性,利用多学科的科学知识去分析解读旅游现象;着眼于世界,就要从世界的高度看中国,要有与外国旅游史接轨的意识与尝试,理清中国旅游史的发展规律,参加世界文化互动,让中国的历史文化旅游资源成为世界文明体系中最为辉煌灿烂的乐章之一。

第二,转换思维方式。旅游业是一种新兴的产业,可以利用的研究成果并不丰富,中国史学界原来的研究多侧重于政治、军事、经济,乃至社会文化生活,相对比较单一,转换思维方式,要从传统的两极化、绝对化,到多元融合化方向转变。尽量避免长期形成的主观判断性非是即非、非此即彼式的观点。

第三,尊重历史,尊重客观事实。历史是一门最硬的学问,不是可以任意打扮的小姑娘。旅游史是历史学研究的一种新视野和新领域,在研究过程中切忌穿凿附会,曲意解读。要运用辩证唯物主义和历史唯物主义的方法去分析和看待历史现象,特别是历史时期旅游资源的开发与利用,切忌用现代的思维与视角去简单评判当时的做法。在对历史

时期的旅游活动与现代旅游活动的类比方面，要尽可能恰切一些。

【本章小结】

1. 一部人类的历史就是一部旅行的历史。如帝王的巡游、军伍的军旅、官员的宦游、文人游学等，这些旅行虽然不能与近世旅行观光完全等同，却也具备近现代旅游活动的某些特质，或者说是现代旅游活动的早期或初期形式。

2. 旅游史是以完全发生在过去的客观存在的旅游事实、旅游现象及其问题为研究对象，包括历史时期旅游活动、旅游资源的开发与利用、旅游服务体系的建立及发展、旅游典籍与思想文化以及近现代旅游业的产生及发展，等等。

3. 学习中国旅游史，有助于总结历史时期旅游活动产生与发展的规律，为现代旅游业的规划、设计和管理提供积极的借鉴。学习本课程，要注意开拓历史的视野；转换思维方式；尊重历史的客观事实，活学活用，以服务于当代旅游服务业。

【重点概念】

旅行　旅游　旅游史

思考题

1. 如何从旅游的产生看旅游的基本属性？
2. 试论中国旅游史的研究对象。
3. 简述中国古代旅游活动的主要类型。
4. 谈谈你对中国旅游史学科的基本定位及学习方法的认识。

古代旅游活动概览

学习目标→

总体把握中国古代的帝王巡游、军旅、外交朝使、官游、士游、商旅、宗教旅游和民间旅游等旅游活动从无到有、由简单到多样性的发展脉络,掌握这些旅游活动的基本特征、发展规律。能够把古代旅游活动与现存的旅游资源结合起来分析思考历史问题。

学习难点→

天人合一　朝贡贸易　选官制度　重农抑商　宗教思想

中国古代的旅游活动类型繁多,社会各阶层的旅游活动形形色色。这些"旅行"与"远足"活动都存在一个产生、沿革、发展和提高的基本发展趋势。我们应当探索古代旅游活动发展的规律性,认识到时代在前进,历史要发展,社会要进步,随着生产力的发展和社会的进步,人,作为社会的人,全面发展和进步,将是人类社会不可逆转的潮流。本章我们选择最具普遍意义的以旅游活动的主体来作为重点讲授与研究的对象,兼顾旅游活动的对象和内容,以全面认识和了解中国古代的旅游活动。

从时间跨度上,我们将把视野拓展至整个中国历史时期,同时也考虑到旅游活动的历时性特征,会把主要内容定格在中国古代时期,即从中国历史的起源到鸦片战争之前。近现代旅游业的产生、发展与逐步完善的历程,因有其相对独立的体系,故单独介绍。

2.1 政治军事旅游

通过对远古先民最早的出行做一些推理性探寻,我们可以发现:离开自己长期居住的地域出行,并在一定的时期内归回到原居住地,或者虽然长期不再回到定居地,却把旅居地的信息带回到原居地的行为,在远古时期,与政治活动与军事行动有极其密切的关系。

2.1.1 政治军事旅游产生的背景

2.1.1.1 社会性聚落的出现

社会性聚落的出现，即氏族部落的形成。我们认为，自从有了人类的活动，跨区域的旅行就已经开始了。旅行是有其基本前提条件的。从人类社会的组织发展来看，人类早期社会大致脱离了原始人群以后，经历了母系氏族社会、父系氏族社会。氏族部落的出现及其相关组织，为社会活动的组织提供了可能与方便。先民们一旦形成了相对稳定的聚落，他们便会为寻求适宜生存的自然环境而迁徙奔走，这也可以说是先民们旅行的最初行为。

人们习惯于把神话时代的炎、黄二帝率部寻找芳草地的迁移之旅看作是人类最早的旅行，原因是炎帝、黄帝等部落离开了曾经生活的昆仑之巅，远涉他乡，定居于今天陕西一带水草丰美的地区，结束了流徙漂泊的生活。炎黄二帝以后，在早期国家的建立者中，像夏王朝和商王朝的部族首领在立国之初，也都经历过较大规模、较大范围的迁徙，也大抵都与组织较为严密的氏族部落为寻觅适宜生活的环境有很大的关系。迁徙还有两种可能，一是由于部族战争导致原来生活环境的恶化，二是由于定居的条件和观念还不稳固，人们迁徙或出于狩猎与采集，或出于物资交换等目的。

2.1.1.2 定居

我们不排除先民们在早期人类时代为了生存而持续、盲目地游走，甚至再也没有回到原来的居住地。这种“迁徙”或“漂泊”虽然更多的带有动物生存本能的基本特征，但他们在这种为了生存而进行的探索过程中，积累了丰富的生存经验，为避免后世子孙重复漫无目的的漂泊、为定居生活创造了条件。人类社会一旦实现了定居，不仅为提高自己的生活质量创造了条件，也使旅游成为可能。定居是人类展开旅游行为的一个基本前提条件，换言之，没有定居地，何谈出外旅游？

2.1.1.3 剩余产品的出现

在生产力的不断推动下，随着社会分工的细分，生产工具不断改进，剩余产品源源不断。剩余产品归属问题的出现及解决，最终导致了贫富的分化与阶级对立，人类社会发展到阶级（等级）社会，或者是早期国家阶段。

生产力是人类社会发展的永恒动力。生产力水平的提高，不仅可以创造更多的物质产品，也可以促进社会生产关系不断调整。

就物质产品的丰富而言，生产工具和生产方式的改进使剩余产品有了可能，而剩余产品的处置方式，则有可能使人们的旅行活动成为可能和必需。一则，剩余产品要交换，交换则要有市场、有流通、有交流。二则，职业化的商品经营者——商人的出现，促兴了贸迁之旅的产生与不断发展。三则，剩余产品的大量出现，社会财富不断积累，可以使劳动者不必在所有的时间都为了生存需要而碌碌终生，相对于劳动时间而存在的闲暇时间的存在，使以旅游观光和娱乐消闲的生活方式成为可能，其所占的比例呈逐步增加的趋势。

从社会生产关系的变革方面看，正是由于剩余产品的出现，使剩余产品的支配者和所有者成为不劳而获的统治者。社会出现了阶级对立，统治阶级脱离了生产领域，并通过国家政权过上奢华的生活，这些人成为最早一批享受旅游娱乐生活的群体。

2.1.1.4 阶级社会的催生物

早期国家脱胎于原始的部落，这种部落的建立依存于区域性的氏族社会聚居群体。一方面，他们集中生活在一定的区域内，为理顺组织内部的秩序而努力；另一方面，又要为改善组织的生存状态、拓展生存空间，进行艰苦的探索之旅，开展和大自然、其他部族之间的殊死搏斗。这是人类社会最早的政治和军事行动。

在阶级社会里，政治斗争与军事行动，较多地表现为捍卫疆土的统一、抵御敌对力量或消弭管辖区内的反叛力量。这种政治的、军事的行动，其地域性特征表现为统治者对自己辖区内安全感的判断，以及采取措施的实施效果。这种地域性特征，对于研究历史时期旅游活动的展开具有特别的意义，如统治者对本辖区经营的需要，或者对辖区以外不安定因素的判断，都会带来影响深远的"旅"或"游"的行动。政治方面，如帝王对疆域内进行的狩猎、巡游等活动，行政官员异地任职制度，在辖区内驿站的设立、水利的兴办、运河的开辟和海道的实行，等等。军事方面，包括统一战争、开疆拓土、屯垦戍边、中西交通等。

2.1.2 帝王巡游

政治军事性旅游活动，主要包括作为最高统治者的帝王、作为统治者的官员、执行国家任务的外交官员等群体的活动，以及为捍卫统一政权、领土完整和祖国统一而进行的军事行动等。

帝王巡游是早期政治军事游的重要形式。帝王巡游，在史前时代和早期国家时期，被称之为"巡狩"，稍后亦称"巡守"。它是指作为权力的最高拥有者，帝王本人率众到他的权势所能覆盖的范围内(统治区域)进行的巡视、巡狩、视察等行为。这种行为既可能是早期英雄时代的个人巡游(包括早期国家时期的迁都寻找稳定的可控制地区)，或者是在政局稳定以后，定期或不定期的体察民情、宣威四方的出行。据说史前时代的帝王"五年一巡"，其他四年，各地诸侯王到京觐见，以视臣服之意。国家出现后，帝王首先要做到政局稳定、长治久安。为此，他们会采用多种方式加强统治，亲临天下、监察四方就是其重要的方法。

帝王是社会权力地位的至尊者，"普天之下莫非王土，率土之滨莫非王臣"，帝王是社会财富最具权威的调配者，也是最有条件享受最奢华生活的人。帝王的出游虽然带有巡视天下的性质，但往往具有旅行四方、游览观光的真实目的。纵观中国历史的发展进程，可见不同历史时期的帝王巡游，呈现不同的态势和特征。

2.1.2.1 史前时代"帝""王"的神秘之旅

"史前时代"，即人们一般意义上所指的"原始社会形态"，或称"前国家时代"。这一时期的"帝""王"以三皇五帝为代表。历史上，"三皇"和"五帝"有不同的含义和所指。"三皇"之称最初见于《周礼·春官·外史》，其名传说有伏羲神农黄帝、天皇地皇泰皇、伏羲神农泰皇、伏羲女娲祝融、天皇地皇人皇、伏羲神农燧人等多称说法；"五帝"则有伏羲、神农、黄帝、尧、舜和黄帝、颛顼、帝喾、尧、舜，以及少昊、颛顼(高阳)、高辛、尧、舜等不同的说法。尽管如此，他们都是远古时期的部落首领，都生活在神话传说时代，这是一个蒙昧的时代，一个与大自然不断抗争的时代，一个英雄主义的时代。几位伟岸、勇敢、智慧的英雄，率领早期的先民，创造了中华民族最悠远的历史，成为那个时代的象征。这一时期

的迁徙与游走，除了为生存需要而存在的生理本能之外，氏族部落之间的地域之争渐显端倪，并愈演愈烈。

由于缺乏可信的文字记载和充分的考古资料，加上几千年来的传说，使得这一时期帝王之游踪变得神奇而诡秘，我们姑且称之为“神秘之旅”。这一旅游形式的主要内容有：

第一，率领先民们为生存而进行的迁居。史前时代行旅最显著的特点是人类在大自然面前所付出的艰辛探索。他们去认识自然、利用自然、开发自然，共同开创美好的生活，女娲补天的努力，神农（炎帝）踏遍千山万水尝百草以疗救百姓，燧人氏钻燧取火改善了人们的生活质量、增强了抵御自然的能力等。

炎黄二帝本为兄弟，所辖部族最初生活在西北的昆仑山区，为了拓展生存空间和改善生活环境，他们都选择了迁徙。黄帝是中华民族的始祖，为探寻适宜的生活环境，他的行踪遍布神州大地。《史记・五帝本纪》中说，黄帝善游，而尤以名山大川为乐，“华山、首山、太室、泰山、东莱，此五山黄帝之所常游，与神会”。据说他“使风后负书，常伯荷剑，旦游洹流，夕归阴浦，行万里而一息”①。与黄帝同时代的炎帝、蚩尤也一同被认为是中华民族的始祖。他们在选择生活区域方面发生了争执，彼此之间展开激烈的争夺。这大概是中国早期社会形态之间比较常见的关系。在自然生态与部落争斗的双重压力下，部落迁徙与整合是当时社会的一种普遍现象，是早期的一种行旅之举。

这一时期，还出现了一位旅行的“祖神”——修。据《风俗通义・祀典第八》载，“共工之子曰修，好远游，舟车所至，足迹所达，靡不穷览，故祀以为祖神”。这里不排除古人在“天人感应”“君权神授”思想影响下附会对山岳的崇拜，但先祖的神游，被后人尊为旅游文化的始祖却流传至今。

第二，以帝王为统帅，部族之间的争夺导致人口的流动。早期国家中的夏、商、周三朝族人都是从最初的氏族部落发展壮大并逐步建立起国家政权的。建立国家之前的夏族人、商族人和周族人都经历了长期的、持续的、大规模和大范围的迁徙活动，部族战争是其重要的原因之一。这些部落的迁徙多以部落族长或酋长为统领而进行的，在很大程度上带有首领本人的个人英雄主义行为色彩，所以我们也把这类迁徙并入帝王的巡游。

夏部落是由十几个氏族部分联合发展而来的，这种联合以武力吞并为前提，导致部族人口大规模的流动与社会变迁。夏人的活动地域大致相当于今天河南西部和山西南部，东至河南、河北和山东一带。传说当时黄河流域大水频发，舜派禹治水，禹治水有功，声望提高，赶走了舜，又以武力打败南方三苗部落，死后传位于儿子启，以世袭制代表氏族民主制。商的始祖契与夏禹生活时代大体一致，其活动区域遍及今天河南、安徽、山东、河北、陕西、山西等地，周族是一种古老的部族，自称为“有夏”，可能曾为夏族的一个分支，其最早生活在今陕西渭水中游一带。三代的共同特点是从西部迁至中原，并把活动的足迹延伸到东部沿海地区。

第三，帝王对其所辖区域的巡视和治理。神话时代的地理观，我们只能从目前尚无法确信的文献典籍中去探寻，这些观点不论是来自他们的直接经验还是传闻甚至是想象，都

---

① 王嘉：《拾遗记》卷一《轩辕黄帝》。

不妨碍我们对先人的地理方位、地理观念及管辖权观念等水平给予高度的评价，毕竟那是先人从直立行走、一步步迈向他们陌生的世界时，去观察世界、认识世界并试图去管理它们所必经的阶段。这些地理观对后世历史地理发展的重要影响自不待言。

据《尚书·禹贡》，九州为冀、豫、雍、扬、兖、徐、梁、青、荆等，九州又称"九域"，后来泛指中国。古人以他们真实的眼睛与丰富的想象去感知和理解他们生活的空间，如"天圆地方"的空间观，"地倾东南"的地貌观，以及"五藏之山、四方之海"的原始世界地理观。这些方位与地理观，与他们所生活的社会群体相结合，就形成某一社会组织的辖区观。

据动物学家们的研究，群居性的动物有一种辖区观，即生活空间的独享性或排他性。作为高级动物的人，尤其是在剩余产品出现以后，在权力欲的影响下，捍卫、扩展生活空间的动力会大大增加，并由此引发了不同的利益群体之间的冲突。"史前时代"的帝王对其所辖区域巡视和治理背景下的旅行活动，在这一时期就凸现出来。这类"巡视"主要出现在史前时代的后期，巡游的意图非常清楚："王者巡狩，以诸侯自专一国，威福任己，恐其壅遏上命，泽不下流，故巡行问人疾苦也……犹恐诸侯国异，或不齐同，因巡狩合正之。"[①]

例如，舜有"入于山林川泽"的野外探险本领，所以"尧老，使舜摄行天子政，巡狩"。舜在行天子之权期间，勤于政事，治理山川，开拓疆王，还经常外出巡视，他最远时竟然到达南国广西苍梧一带，打通了江南与中原的通道，史载"位三十九年，南巡狩。崩于苍梧之野"[②]。大禹治水的故事，数千年来妇孺皆知。据说，大禹治水时，对其游历地区的地形地貌、风土人情和奇异物产悉数纪录，将中国的山岳河湖悉数记载分录，即是后人所说的《禹贡》。此外，流传广泛、对后世地理典籍产生重大影响的《山海经》也与禹的游历有大关系。禹在位期间，他的足迹几乎遍及天下，治水修河、降魔除怪、安抚黎民，他最终也死在巡视天下的途中，据载："十年，帝禹东巡狩，至于会稽而崩。"[③]

2.1.2.2　早期国家时期国王的巡游活动

此处所指的"早期国家"时期，指夏、商、西周和春秋战国时期，这是一个从氏族部落社会向传统国家时代转变的时期。

国家，从某一角度可以解释为"一个阶级压迫另一个阶级的工具"。氏族社会晚期，由于生产力的发展，剩余产品的出现后，剩余产品的归属与利用，以及统治地位确立的需要，国家机关与国家机器的创立亦属必然。在氏族社会末期，氏族社会的禅让制被王位世袭制所取代。禹的儿子启战胜竞争对手，建立中国历史上第一个国家——夏朝。夏王朝活动的区域大致是：黄河至长江流域的河南、河北、山东、山西等区域。夏代的历史依然缺乏足够的文献材料可证，但关于夏代的考古学探索始终没有停下脚步，多学科学者在努力绘制它的面貌和轮廓[④]。这一时期的国王巡游，主要集中在商、周时期。

"商人善迁"。商代是中国历史上第一个有确切的文字记载的朝代，商代有六百余年的历史，活动的区域有陕西、河南、河北、山东、江苏、安徽、湖北等长江与黄河流域。商王

---

① 《史记》卷一《五帝本纪第一》。

② 《史记》卷一《五帝本纪第一》。

③ 《史记》卷二《夏本纪》。

④ 沈长云：《关于夏代国家产生的若干理论与实证问题》，《中原文化研究》2015 年第 1 期。

朝曾经有过八次迁都（一说五次迁都）。大规模的迁都有五次：仲丁自亳（今河南商丘）迁嚣（今河南荥阳）；河甲自嚣迁相（今河南内黄）；祖乙居庇（今山东定陶）；南庚自庇迁奄（今山东曲阜）；盘庚自奄迁殷（今河南安阳市）。盘庚迁殷是商代历史巨大的转折点，扭转了商王朝的颓势，走上了中兴的道路，出现了“百姓由宁，殷道复兴”的政治局面。从此商王朝结束了屡次迁都的动荡岁月，直至商亡再也不曾迁都，迎来了政治、经济、文化发展的新时期。

“商人善迁”的原因引起了学者多方面的思考，主要有以下几种观点：①“水灾”说；②“游牧”“游农”说；③“去奢行俭”说；④“王位纷争”说。大体概括为：自然灾害的原因、生产方式及水平的原因，以及政治和军事目的等，其中最后一种原因更符合当时的历史实际。为了寻找更适宜的生活环境，也是为了稳固自己的统治，在商王的率领下，商族贵族与普通百姓一次又一次地大规模迁徙。国王率主要国家官员迁移，以期建立稳定的统治，这在中国历史上还是罕见的。

周穆王西游。西周时期，周天子的地位确立后，为建立稳定的统治，周王在其“封建”的诸侯国内巡游各地，或旅游，或固化其统治，也借以彰显其“普天之下，莫非王土”的特殊地位。

周代有三位天子喜欢旅游，周昭王（武王曾孙）、周宣公和周穆王。其中，周穆王“即位三十二年，巡行天下，驭黄金碧玉之车，傍风乘气，起朝阳之岳，自明及晦，穷宇县（即天下）之表”[①]。其颇具传奇色彩的西巡事迹主要载于《周天子传》一书中。

《周天子传》又称《穆王传》《周王游行记》等，是晋代从一座战国时期墓葬中发现的先秦古书（《汲冢书》）之一，作者不可考，属传奇小说类著作，是在历史故事基础之上加以演绎编辑而成。该书前五卷写周天子驾八骏西游之事，后一卷记穆王妃盛姬之死和丧事。该书的大致情节是，周天子乘八骏马、率“七萃之士”，从都城镐京（今陕西长安区附近）出发，西行到西王母所居之地，途经许多王国，游览沿途风光。最后周王与西王母在瑶池相聚、诗酒和唱，两情依依，难舍难分。

周天子游历所到之地，受到西北少数各民族地方政权的高规格接待。诸侯国地域分布之广，行程计数万里，是令人震惊的。据后人考证，穆王旅行的路线是从河南洛阳出发，北越太行山，往河套，再折向西，渡黄河至西宁，经过大积历山，上溯至黄河之源，登昆仑山（古人认为昆仑山为黄河之源），又沿叶尔羌河北上到巴基斯坦的石罕，最后从喀什东归。有学者认为穆王西巡，最远到达波斯（伊朗）等国，是中国通往西方道路的最早开辟者。周王所到一地，带有非常虔诚的祭祀活动，“隆礼”盛况空前。这次巡狩带有极大的娱乐性。游记用大量的笔墨描写了沿途秀美的风光，以及周朝歌舞升平的美好景象。

2.1.2.3 秦始皇的全国巡游

秦统一六国后，始皇帝曾进行五次大规模的出游。他的巡视名义上因循三皇五帝时的“巡狩”，背景则是在初定天下之时，希望提高自己的威望、打击六国旧贵族势力，加强对全国的控制。巡游地域涉及今天的是甘肃、陕西、河北、山东、湖北、湖南、江苏、浙江和

---

① 王嘉：《拾遗记》卷三《周穆王》。

安徽等地。

秦始皇统一六国的第二年(公元前220年),他西出咸阳,游历甘肃、宁夏,意在加强对西北匈奴的防范。次年,他选择了向东巡视,“东巡狩郡县,祠驺峄山”。此次出行历经今河南、山东、江苏、湖北等地,经武关返回咸阳。公元前218年,秦始皇再次向东游历,并到“东海”(渤海)边求神问仙,欣赏沿海风光。公元前215年,他巡游至碣石(今秦皇岛附近),眺望沧海,历河北、山西、内蒙古和陕西等北边边塞而返。最后一次出游是在公元前210年,他南巡荆楚之地,游嬉于云梦、扬帆于长江,到达今安徽、浙江和江苏、山东等。秦始皇所经之处,造访名山,探访圣水,下海捕鱼,渡水问舟,“乐而忘归”①。

秦始皇的出巡,政治和军事目的兼而有之。①到巡游地刻石,批评战国纷争的灾难,宣传统一的优越性;②刻石以宣传秦朝的各项政策与规定;③泰山、东海之游体现了秦始皇的山水旅游情结,并对后代的旅游资源的开发与利用产生重大的影响。始皇出巡,看到边地的交通极为不便,遂下令拆除原来诸侯国所建障碍物,修建驿道、驰道和直道,道边植树,对后世产生了很大的影响。

2.1.2.4 汉武帝大规模的出游

经过西汉初70年的休养生息,至武帝时,国力渐盛,“都鄙禀庚尽满,而府库余财……太仓之粟陈陈相因,充溢露积于外,腐败不可食”②,为帝王大规模的巡游提供了丰厚的物质基础。武帝在位期间,巡游全国达数十次之多,以其“爱巡游、喜猎射、嗜山川、慕神仙”而著称。汉武帝重视对各郡县的巡视,足迹遍及陕西、山西、内蒙古、宁夏和辽宁、河南、山东、湖北、江西等地,以期加强对地方的控制。公元前119年,他巡历至陕西、山西和内蒙古等地。公元前110年,“天子巡边,亲至朔方,勒兵十八万骑以见武节”③。武帝一朝,匈奴问题也得以解决。

汉武帝还有巡视海上的经历,意在寻求长生不老之方。据司马迁在《史记·封禅书》中记载,武帝第一次东巡前往海滨是在元封元年(公元前110年)。第二年,又有公孙卿者称在东莱山看到神人,汉武帝拜公孙卿为中大夫再到东莱,宿留数日。此后的四年间,他又三巡东海,“考神仙之属,未有验者”。他一次次来到海边,期望找到求仙之路,然而方士们传播的神话,始终没有得到应验。

2.1.2.5 隋炀帝的龙舟巡游

隋朝结束了诸侯割据的局面,建国之君文帝克勤克俭,社会经济出现了空前的繁荣。至炀帝时,他强调:天子巡游,乃治国之道,他“巡幸”之事不断,在位十四年期间,留居京城的时间不足两年。隋炀帝巡游的理由也非常简单:“朕故建立东京,躬亲存问。今将巡历淮海,观省风俗。眷求谠言,徒繁词翰,而乡校之内,阙尔无闻。恇然夕惕,用劳兴寝。其民下有知州县官人政理苛刻,侵害百姓,背公徇私,不便于民者,听诣朝堂封奏。庶乎四聪以达,天下无冤”④。

---

① 《史记》卷五《秦本纪第五》。

② 《汉书》卷二十四(上)《食货志》。

③ 《汉书》卷九十四(上)《匈奴传第六十四上》。

④ 《北史》第十二《隋本纪下》。

炀帝即位不久,便发工匠艺人数十万修建东都洛阳,广建御苑宫殿。他在长安和江都等地兴建了40多处行宫,作为皇家游览区。他开凿大运河,为巡游江南创造便利的交通条件。他三次乘龙舟巡游江南,周围跟着九艘三层的楼船作为宫殿,带上数千的宫女、大臣和必需日用品,队伍浩浩荡荡,每次巡游“羽仪填街溢路,亘二十余里”①。

除南巡之外,炀帝还到北边和东北,考察边塞及长城布防等。为此,他下令数十万人修建“驰道”“御道”。然而,炀帝终因大兴土木、劳力伤财过甚,百姓怨声载道,并最终导致丧国。

2.1.2.6 明武宗的荒诞嬉游

明朝武宗朱厚照是一个极其荒诞的帝王,他生活在承平日久的明中期,自幼“好逸乐”②。他即位后,在身边宦官刘瑾和江彬等人的怂恿下,四处巡游,做出许多荒唐的事情。

明武宗恃勇逞强,自封为“总督军务威武大将军总兵官”,亲率大军四处游走。宦官江彬投其所好,“导帝微行”,甚至“夜至教坊观乐”,常常经宿始回。正德十二年(1517年),他率军士数人,至顺天府大街而还,又“微行至石经山、汤峪山、玉泉亭”③。他的大规模出巡,第一次到达京畿长城沿线,如宣府、大同等地,历时达半年之久。第二年,仍沿旧路巡历。第三次,至昌平、密云,达四十余天。回京不久,他再次巡历,至宣府、大同、太原等,又有半年之久。武宗最大规模的一次巡游是在正德十四年(1519年),他借宁王朱宸濠反叛之际,以“亲征”为名南下,沿途经过今河北、天津、山东、河南、江苏、江西等地,“巡幸所至,捕得鱼鸟,分赐左右,受一脔一毛者,各献金帛为谢”,到清江浦后,又打鱼数日,到扬州后,又在水面嬉戏数日。直到第二年的九月,正德皇帝才有返回北京的意思,一路上歌乐声色,还居然掉到水里,落下病根,并于次年三月病死④。武宗出巡反映了最高统治者的为所欲为、追求个人享受与荒淫的腐朽性。

2.1.2.7 清帝巡游南方的娱乐与巡视

满族建立的清王朝,既是中国传统统治制度的延续,也带有本民族独特的属性。清帝巡游,以康熙和乾隆二帝为甚。二人各六次下江南。自唐朝以后,大规模的帝王巡游已不常见,何以到清朝又有如此之盛呢?究其原因,第一,清朝以少数民族入主中原,“以夷治华”,统治者一直保持着高度的警惕,他们大多居安思危、勤于政事,唯恐天下出现什么变故,尤其是南明时期南方如火如荼的“反清复明”运动让清朝统治者心存忌惮。帝王对南方加强巡视的政治及军事意图显而易见。

第二,清帝的巡视体现了少数民族地位的正统观。他们到南方后,与南方士人交流,既体现满族作为统治者的尊重,又强调满汉一家,尊重汉族传统文化,以达到政治稳定的目的。

第三,康熙和乾隆二帝的巡游也都带有明显的游山玩水的性质。二人都喜欢江南传

---

① 司马光:《资治通鉴》卷一八〇。

② 《明通鉴》卷四十。

③ 《明通鉴》卷四六、四七。

④ 《明通鉴》卷四八。

统园林艺术，喜欢汉族的传统文化。每次到南方巡游后，都要仿照南方园林的造园艺术，在北方构成皇家园林。

帝王出巡以唐朝为分界，前期主要以固邦定国为主要任务，秦汉之时还有炫耀国力之嫌。隋朝灭亡之后，唐朝皇帝慎重对待出行。尤其是唐太宗李世民汲取了隋炀帝好游而亡国的教训，约束自己及后世帝王的巡游行为，他说"沟洫可悦，何必江海之滨乎？麟阁可玩，何必两陵之间乎？忠良可接，何必海上神仙乎？丰镐可游，何必瑶池之上乎？"①对前世帝王巡游导致的劳民伤财提出批评。两宋时期，国势渐弱，处于偏安局势，所以帝王出行更少。元朝以草原民族四海为家，大规模的征战之后，武力定天下，并不善于以出游作为巩固的统治方式，加之元朝统一不足百年，内部权力纷争，巡游并不为帝王所接受。

另外，从唐朝起，在"天人合一"思想的指导下，祭天祀地的方式从巡游名山大川、祭天封禅，改为以谒祖拜陵，封山祭地之举也因此改在皇宫京畿举行，宋元明清莫不如此。此举也促兴了皇家园林和京师祭祀天地礼制的进一步发展和谒陵活动的制度化。

2.1.3 征战戍守

中国是一个多战争的国家，既有国内的统治者与被统治者之间的战争，也有"中央政府"与"地方少数民族政权"之间的战争。战争的性质决定了背井离乡，所谓"千里征战几人还"，"青山处处埋忠骨"，"军旅"这种远距离的出行戍守，为后世的社会交往、交通路线的开辟、相关自然和社会资源的认识和利用，产生了重大的影响。

2.1.3.1 秦朝统一多民族国家的初步形成

秦以武力扫除六合而统一天下，为防止各国旧贵族的复辟，除大规模的巡视外，秦始皇还派出大批军士到军事要地戍守镇边。有统计说，秦朝全国军队的数量在百万人以上，戍边的军队占据大半。在北边，面对势力日渐强大的匈奴，秦始皇于公元前218年派大将蒙恬征伐河套，收复广大地区，置34县，迁三万户居民定居于此。为了防止匈奴贵族的反攻，"修长城以拒胡"，东起辽东碣石西到临洮（今甘肃岷县），把过去秦、赵、燕三国的长城连接起来，并派大军戍守边关②。

在南方，为消除楚国的残余势力，公元前221年，秦始皇派尉屠睢指挥50万大军分五路南下，对百越之地进行了大规模的军事行动，为配合军事行动，开凿了沟通湘水和桂江上游漓江之间的灵渠（今广西兴安县内）。公元前214年，平定南越诸族，设桂林、南海和象郡，迁民50万以戍守五岭之地。此举在客观上促进了这一地区社会经济的发展和文化的交流。

2.1.3.2 汉朝统一多民族国家的发展

秦汉纷争之际，匈奴再次南下，占领河套地区，控制西域诸地，拥兵达30万，成为北方最强劲的少数民族。

公元前201年，西汉政权初立，西汉冒顿打败韩信，进入山西大同、太原一带，高祖刘

---

① 李世民：《帝京篇·序》，彭定求等编《全唐诗》卷一，中华书局，1960年，第1页。

② 郦道元：《水经注》卷三《河水注》。

邦无奈地实行“和亲”政策。文、景之时，逐步采取边防军轮换制度，移民实边，增强边防，并“造苑马以广用”[①]。至汉武帝刘彻时，国力渐强，遂多次对匈奴用兵，公元前129年至公元前119年，进行了十余次战争。大将军卫青和霍去病分兵合击，深入沙漠腹地数千万，追击匈奴部族，并建武威、张掖、酒泉、敦煌等河西四镇，驻军长期镇守。稍后，由于匈奴族贵族自身力量的削弱，遂归附西汉王朝，建立宗主臣服关系。

两汉时期，汉民族逐步形成，西北、西南和东南各少数民族与中原交流日趋频繁，促进了各民族之间的融合和共同发展。

2.1.3.3 魏晋南北朝乱世的征战与戍守

东汉末年，军阀混战，征战讨伐活动不绝、戍守御敌之举不断；北方少数民族大举南下，中华大地呈现出前所未有的战乱局面。以征战与屯田戍守为背景的“军旅”活动带动了人口的流动与社会的变迁。

在北方，曹操与曹植都拥有灿烂的军旅生活，从官渡之战到赤壁之战，从华北平原到江汉水域，从壶口关到碣石山，刀光剑影、烟炎张天中都隐约可闻见军旅悲歌，“建安七子”之一陈琳在其《饮马长城窟行》中写道：“男儿宁当格斗死，何能怫郁筑长城。长城何连连，连连三千里。边城多健少，内舍多寡妇。”

在西南，蜀国丞相诸葛亮采取“和戎抚夷”的政策，以攻心为上，附以军事进攻，在南中打造了“纲纪初定，夷汉粗安”的局面，加强了南中地区少数民族与汉族人民的友好交流。

在东南，吴国加强了“山越”地区的军事征伐。“山越”之地相对封闭和原始的状态。孙吴政权数次出兵，并派大批军队驻扎、屯田，发展农业生产，极大地促进了江南经济的开发，带动了当地大规模的人口流动。

2.1.3.4 元朝空前绝后的欧亚“游步”

马背上打下天下的元朝贵族有以“四海为家”的特质。蒙古贵族曾分别由成吉思汗、拔都和旭烈兀率军三次西征，纵横驰骋于欧亚大陆。建立元帝国后，在中亚、西亚等广大区域建立钦察、察哈台和伊儿汗国等地跨欧亚大陆的庞大帝国。为加强对这些区域的统治，在岭北其“祖宗根本之地”，迁民屯田、驻军戍守，“因屯田以给军储，岁不乏用”[②]；在东北和西北地区设立行省驻军管理。为加强全国的联系，元朝普遍建立驿站制度，元顺帝时，全国有驿站1 500多处，东自奴儿干地区，北到叶尼塞河上游，西南至西藏，设立专门的站户进行管理。这一管理制度对当时的波斯、俄罗斯、埃及和西亚诸国都产生了极大的影响。

2.1.3.5 明朝卫所制度的普遍设立

明朝治理国家的政策与前元大不相同。明朝帝王自朱元璋始，除明成祖之外，大多采取“内敛”的防御政策，为防止加重边地百姓负担，在广大的边疆地区不设行政机构，而是代之以“屯戍结合”的卫所制度，或者大量迁移内地汉军携家带口戍守，或利用边地原来

---

① 《汉书》卷二四《食货志》。

② 《元史》卷一六六《石高山传》。

的政权组织形式设立羁縻卫所。即使是在内地,在大中城市或险关要隘,也普遍设立具有相对独立行政管理权的卫所。卫所内的官军均采用世袭方式,从全国各地调取军户充作守军。这在某种程度上促进了人口的流动和民族的融合与发展。

北边是明朝征战戍守的中心,出于边疆防御和京师防御的双重压力,明朝在构建北边防御体系时面临重重困难。在漫长的边防线上,如何充分利用有限的武装力量,既能保证沿边有军兵承担日常防御之责,又能保证重点地区的重兵布防,一旦出现战事,又可以迅速集结足够兵力,对明朝统治者确实是一个很大的考验。以防御为基本国防策略的明朝防御体系,调配有限的军兵资源以达到最佳的防御和征战的目的成为统治者经常性的做法。按明朝统治者的设想,当局部地区出现战事时,会采取统一调兵遣将的方式,包括京军在内的所有旗军、民兵、乡兵和土兵(土著兵)都会被集结参与征战,不论战事在哪里发生,地方官员均可奏请发京军援助。这也因此导致全国范围内兵力的经常性、大规模调动。①

2.1.3.6 清朝多民族国家的巩固与维护祖国统一的战争

满族以少数民族入主中原,以武力定鼎天下之后,由于国内阶级矛盾和民族矛盾空前激化,征战戍守之事此伏彼起。清王朝最大的贡献在于排除万难,为祖国的统一与领域完整所做出的巨大贡献。但是,由于制度腐败,所做的军事努力终归于失败,丧权辱国终未避免。具体在南方,康熙时的平定三藩之乱,收复台湾,对南海群岛的经营;西藏的管理,以及在西南的改土归流;在北部和西部,对漠北、漠西蒙古对分裂势力的打击等。

征战戍守等"军旅"活动在中国古代旅游活动中占有极为重要的地位,首先是围绕"军旅"开展的边关军事防御体系的构建,交通线路的开辟;对自然地理环境详尽的纪录;对人文社会资源的描述与整理等。其次,则是围绕军旅活动展开的军旅文学的创作,对边关自然与社会风貌的感悟,以及对军旅生活的体验等,产生了一大批慷慨悲凉的边塞诗、军旅文化、边关志书、军旅纪实等形式的作品。

2.1.4 外交朝使之旅:不同政权间的平等交往

外交是独立的主权国家或民族,依据一定的制度、惯例、准则和礼节等以谈判或其他和平的手段进行的正常外交往活动。中国古代出现真正意义上的外交活动始于春秋战国时期。虽然当时先民们不具备近代以来的平等国家观念,"礼仪"也只是外交的一种形式,但不同政权之间不同的外交礼遇在当时已经深刻地影响着外交的实质进展。由于交通条件的限制和对世界认知的局限,不同历史时期对外交礼节的理解有很大的偏差。到明清之际,虽然在东亚地区形成了以中华帝国为宗主国、以其周边国家为藩属国的东方国家体系,但随着西方传教士的来华,尤其是西方主要资本主义国家近代化进程的加快,中西外交礼仪的分歧与争论显得引人注目。这些外交朝使之旅对我们了解古代中国的跨国"旅行"礼节和今天从事国际交流都具有重要的意义。

2.1.4.1 春秋时期诸侯之间的外交朝聘

春秋后期,周王室日渐衰微,失去了对诸侯的控制能力,诸侯远交近攻,恃强凌弱,兼

---

① 彭勇:《明代北边防御体制研究》,中央民族大学出版社,2009 年,第 361-362 页。

并不止。各诸侯国之间朝、聘、会、盟等活动频繁进行,战争和使节往来相交织,成为春秋时期社会政治的一个特征。仅《春秋》中所记的242年间,就记战争483起,记朝聘会450次①。朝聘、盟誓、联盟等是这一个时期诸侯争霸的重要内容。所以,各国之间建立在礼仪制度基础之上的交流比较频繁。朝聘仪节中的伦理特征、饮食文化、礼仪文化、娱乐文化及玉文化等方面丰富了礼仪文化,朝聘中的舞乐、诗赋、贡赐等形式,都是古代旅游的重要内容,具有较高的文化交流与传播功能。这一时期,诸邦国之间的外交朝使既可以看成是会议旅游的范本,规范着不同政权和不同的地位、等级和身份者之间交流的秩序,也对今天的国际旅游礼俗具有借鉴和启发意义。

2.1.4.2 张骞出使西域

公元前138年,汉武帝为夹击匈奴,派侍卫张骞出使西域大月氏。途中,张骞被匈奴拘禁十余年,返回时仅剩下两人,但收获却是极为丰厚的。张骞向汉武帝递了一份翔实的报告,详细描述了当时西北地区和中亚、西亚、南亚等地域内的山川形势、地理位置、人口兵力、经济物产和风俗人情等,对汉朝安定西域诸地和加强对亚洲其他国家的联系与交流起到了重要的作用,也改变了西汉的地理观。从此,天山南北成了中西交通的桥梁,掀开了中西交往的新篇章。

张骞通西域后,汉朝又先后派出使者十余起,考察西南地区,与东南亚一些国家加强联系。张骞的壮游大大拓展了汉民族与其他民族和国家交流的层次与水平,出现了《汉书·西域传》描述的"殊方异物,四面而至"盛况。

2.1.4.3 盛唐与亚洲各国广泛的经济文化交流

唐朝在当时国际上享有极高的声望,其国际交往是空前的,都城长安是世界各国经济文化交流的中心。朝鲜和日本这两个东方邻国有大批的遣唐使到长安居住生活。唐时与东南亚和南亚各国的经济文化交流也趋于繁盛。如753年,真腊(今柬埔寨)王子率领随员访唐,玄宗赠以"果毅都尉"的荣誉称号。真腊副王及王后亲自访唐,代宗以"国宾礼"接待。

长安的鸿胪寺是唐朝中央接待各国使节和外宾的机构。在长安,印度、斯里兰卡、尼泊尔、东罗马、伊朗等阿拉伯诸国,以及亚洲和非洲等几十个国家和地区的诸色人长年居住在这里。唐朝长安城分市而居,其中西区既是商业区,也是各国商人聚居的场所。

2.1.4.4 元代空前活跃的国际交际

蒙古族大军横扫欧洲大陆,在欧洲统治者内部引起极大的恐慌,罗马教皇派使臣到元大都,试图通过传教并阻止战争的继续。在欧亚这条东西大道打通后,元朝的上都和林、大都来了络绎不绝的欧洲传教士、官员和贵族,当时出现了著名的四大旅游家:马可·波罗、鄂多立克、伊本·白图泰和尼哥罗·康蒂。

元代的国际海运盛极一时,开创了海上国际交流的新时代。海上旅游有周达观奉旨出使真腊的壮举。1296年年初,他从明州港出发,七月份到达真腊首都吴哥,在此旅居近一年,亲身感受了吴哥城的风土人情、文化艺术和社会经济的发展,并著成《真腊风土记》

---

① 范文澜:《中国通史简编》(第一卷),人民出版社,1955年,第179页。

一书。1328 年,又有汪大渊从泉州港出发,环旅东南亚和印度洋沿岸诸国,前后两次历八年之久,并把游历写成了《岛夷志略》,成为研究这些国家和地区历史文化的宝贵资料。

2.1.4.5 郑和下西洋

自永乐三年(1405 年)至宣德八年(1433 年)的 28 年间,郑和奉诏率众上万人,7 次远航,友好地访问了东南亚、印度洋、波斯湾、阿拉伯海、红海和非洲沿岸 30 多个国家和地区,最远到达索马里和肯尼亚。有学者认为郑和船队甚至到了非洲南部等地①。航行远涉十万余里,与各国建立了政治、经济和文化的联系。

郑和七下西洋是史无前例的伟大壮举,郑和是世界上最伟大的航海家之一。郑和船队所到之处,深得访问国家的欢迎和拥戴,以致跟随郑和船队回访中国的宾客,每次达几百人到上千人之多,其中不乏一些国家的大臣乃至国王。郑和船队访问过的不少国家和地方,至今都保存着有关郑和的各种纪念物、遗迹和传说。如泰国的三宝公庙、三宝塔寺、三宝港,马来西亚有三宝镇、三宝山、三宝庙、三宝井、三宝宫、三宝城,新加坡有三宝山,苏门答腊有三宝公庙、印度尼西亚有三宝洞、三宝船,菲律宾有三宝颜,印度有郑和像,非洲索马里有郑和屯,肯尼亚有郑和村等。

2.1.4.6 明清之间耶稣会士来华

明中后期,耶稣会士来华揭开了中西交往的新篇章。最初到明朝的传教士以着汉服、习汉俗、遵汉制为前提在中国获得立足和发展的机会。葡萄牙、西班牙、意大利、荷兰等欧洲国家都多次遣使来华,最初都是按中国的跪拜叩谢之礼。后来,由于传教士传教的方式发生了变化,以及清政府对意识形态领域控制的加紧,中西方在外交礼仪方面发生了重大分歧,双方的交流受到严重影响,俄国的巴伊科夫使团、尼果赖使团都因礼仪之事未能成行。乾隆时期,英国公使马嘎尔尼访华的礼仪风波尤其受到关注,强悍的英国试图彻底改变轻视中英贸易、闭关自守的大清的传统,第一次吃了闭门羹,第二次仍然在觐见礼问题上与清廷争执不少,②礼仪问题成为影响中西交流的重要因素。

2.1.5 官宦之旅

“宦游”,“宦”者,官宦,以官员的身份游历在异域他乡,是中国古代旅游的重要形式。“与君离别意,同是宦游人。海内存知己,天涯若比邻”,唐代诗人王勃在《送杜少府之任蜀州》中表达了任职在外游子的心声。

官宦之游,与士人之旅是两个不同的概念。士人虽然可以入仕而为官,但在入仕之前,其旅游目的、组织与入仕后有很大的不同,士人的旅资大是自筹的,其主观性更强。而官宦之人,因其身份,决定了其旅行的性质以公务为主,即便是因私出行,仍然可以享受国家的优惠政策和待遇,如费用、交通工具、地方接待等,因此,将其混为一谈显然是不合适的。

---

① 彭勇:《从“文献郑和”到“文化郑和”:近十年国内外郑和研究评述》,载赵轶峰、万明:《世界大变迁视角下的明代中国:国际学术研讨会论文集》,吉林人民出版社,2012 年,第 244 页。

② 王开玺:《隔膜冲突与趋同——清代外交礼仪之争透析》,北京师范大学出版社,1999 年。

同时，我们注意到，毕竟官员主要来自于士人阶层，作为古代社会掌握着丰富文化知识的特殊阶层，官宦与士人的旅游活动所具有的娱乐性、求新求奇和享受性带有极大的相似性。官员宦游的情况极其普遍，这与中国古代选官制度和官员的职掌有很大的关系。

2.1.5.1 任官回避制度——“千里去做官”

所谓回避制度，是为防止官场中的请托说情、徇私舞弊等不正之风，在任命官员时采取的一种限制性规定，主要包括地区回避、亲属回避、师生回避、亲谊回避、选官回避、交往回避、审判回避和部门回避等。其中，地域回避是其重要的组成部分，它在很大程度上带来了官员大范围的流动，促进了“宦游”的发展。

回避制度始于东汉时期的“三互法”，规定姻亲之家及两州人不得交互为官。唐朝规定不许任本籍及本籍相邻内的州县官。北宋时，官员铨选之时，正式规定了任职须避原籍。政和六年(1116 年)诏令“知县注选虽甚远，无过三十驿”，一驿大约三十里，三十驿也有九百里之遥。明清两代官员任职，大体以江淮为限，遵循“北人南官，南人北官”或“东西互换”的原则，而且指定有相应的区域。清朝明确规定，官员任职地与其原籍地或寄籍地为五百里，其中亲属、师生、亲谊亦需明确交代。如据清朝《内乡县志・职官志》，自公元前 6 年至清末的 1900 年之间有名可考的资料中，180 多名官县没有一位河南人。

2.1.5.2 官员的休假、致仕与终养

官员可以利用公私假期选择自主旅游，其中以休假、致仕和终养期最为集中。官吏的休假与节庆、日令、庆贺等又有密切关系。休假制度萌芽于春秋时期，形成于战国，汉代制度化。

第一，常假，犹如今天的双休日。古代规定的假期有“洗沐”，又称“休沐”，汉代五天休息一天，唐代旬休。通常采取轮班休息方法。

第二，时令节日。即冬至、夏至、腊日、元旦、端午、中秋，官员可以与民同乐。

宋代官吏假期最多，一年有 76 天，主要是扩充了公休节假日的天数，元旦、寒食、冬至都休假七天，夏至、腊日(合祭百神，腊八)各休三天。同时增加了固定性的全国性节日，如凡遇立春、春分、清明、立夏、立秋、重阳、立冬等，各休一天。

明、清时，假期减少，仅以岁首、元宵、端午、中秋和腊日为主要节日。节日时封印二天，朱元璋曾下令在元宵节燃灯十日。清时，以万寿节(皇帝生日)、冬至和元旦为三大节。这些节日，商家歇业、官府关门，以游乐为主。

第三，告假。有事请假曰“告假”，以病假为多。其他如省亲、侍亲、修墓、迁葬和婚娶等可以请假，假期长短大体以离家远近而定，通常不超过四个月。

第四，丁忧。通常，官员父母之丧，给假三年(实际是 27 个月)，特殊情况下皇帝可“夺情”取消其假期。

第五，赴任途中或处理公务之余的规定。由于有一定的时期宽限，这实际上是法律允许的，以国家公职的身份从事旅游活动。

官宦之旅的途径及含义比较广泛。官宦之旅在中国旅游史上的地位又主要在于其任职范围内所从事的各种政治、经济、军事和社会文化等活动本身所蕴含的旅游价值因素。

2.1.5.3 官员的职掌与旅游

在古代社会，官员作为治理国家的公务人员，其工作性质和官员制度，使之成为古代

社会旅游重要的群体，其具体表现有：

第一，临民治事的职责决定了在其行政职责范围内有效的监察、管理、行政的要求。这些职责既可以是在一个部门，更多的则是在一定的地域，特别是在中国古代官员的行政职责相当综合的，比如，行政、司法、监察、军事等于一身的职责。这种职责决定了官员们在一定的区域或者部门内要开展大量的旅游活动。

第二，官员回避制度决定了他们要在任职的数年里在较大区域的流动。中央官员离开居家到京师任职的远足自不待言，而地方官员的回避制度，以及南北官员调任的形式，则加速了这种人口的流动性。

第三，官员的职责在某种程度上决定了他们是旅游文化资源的最重要的创造者。他们或在任职地进行城市建设和山水开发与利用，对辖区内进行治理规划等，这些活动在旅游史上都占有重要的地位。

第四，官员，特别是文官，是当时社会的知识精英群体，是旅游文化产品最大的消费群体，文官之文化特质决定了其追求心灵深处的宁静、宣泄的情结。同时，中国传统“以文治武”的治国理念，使得武官的日常生活也充满了文化消费内容和理念。这些官员或利用任职之便从事旅游活动，或在休假、致仕之时纵情都市、山水之间，成为旅游群体中最为活跃的一支。

2.2 士人阶层的旅游活动

“士”的历史源远流长，从武士、游士，再到“士大夫”和文士生员等，前后经过很大的变化。历史时期的士人旅游，更多的是来自“文士”的影响。秦汉以后，“文化知识”成为选官的首要因素，随着文化的普及和教育的深入发展，大批文士走向仕途，造就了更多的士人。“以文取仕”虽然造就了一批出身贫寒的读书人，然而毕竟入仕的门槛很高，又造成了一大批无法进入仕途的学者。换言之，中国古代的选官和用人制度注定有一大批饱学之士无法入仕为官，他们对人生的感悟和体验在某种程度上甚至超过了养尊处优的官员。这些知识群体，他们抱定“修身齐家治国平天下”的信念，或以天下为己任，或奔走号呼；或乐山或识水，与大自然融为一体，寄情其间，创造了灿烂多彩的旅游文化；或怀着“读万卷书，行万里路”的执着，游学交友，采民风谱务实之识，创博物自然之学。他们的旅游活动，不仅丰富了中国古代旅游活动的内容，还创造了颇具特色的旅游文化。

2.2.1 “士”的含义及演变

古代中国对社会各阶层分类最常见的是“四民分类法”，即“士、农、工、商”。士为四民之首，这种说法，最早见于春秋时期。最早的“士”，源自西周贵族之士。吕思勉认为：“士即战士，平时肆力于耕耘，有事则执干戈以卫社稷者。”最初，士与农民一样从事耕耘，有战事时则组成军队作战，稍后发展成为专门的武士。他们的地位很低，仅靠自身的勇力才获得一些无保障的职务。最初的“士”，拥有贵族身份，又可能是掌握一定技艺的最低级官员，是“政治等级、亲缘等级和文化等级这三者”的统一体①。

东周时期，王室衰微，诸侯并起，等级松动，“士”的贵族身份逐渐丧失。原来并非贵族的庶人，同样有机会扮演官员或知识者的角色，并得到社会的认同，因此也获得了“士”的地位与身份。官僚与学者都可以被称为“士”，比如诸子中的名家、道家等，扮演的是比较纯粹的学士的角色；而所谓的游士，扮演的是纯粹的官僚的角色。可见，东周之士的实质，既可能是学者，也可能是官僚。

春秋战国时期的“士”的来源，主要有三种途径。①与“武士”有关，这一点从“士”的文字象形可以看出；②春秋时期“士”“卿”阶层的崛起后，迅速增长为新兴地主；③读书人或门客。

武士的演变轨迹，“士”的本意是指执利器以卫邦国的武士，“士”阶层一直都是武士阶层。到了春秋时期，“士”阶层开始出现分化与蜕变，但在过渡阶段“士”仍然都能武。战国以后，“士”字虽然有专指文人的倾向，但“士”所指代武士的含义一直并未消失。《唐六典三·户部尚书》中有言，“凡习学文武者为士，肆力耕桑者为农，工作贸易者为工，屠沽与贩者为商”，表明“士”包括了文士与武士两部分，是以知识与武力为职业者阶层。

“文士”含义的演变历程大体是：秦汉间，士人阶层在国家政治中发挥着越来越重要的作用，“士人”不再主要表现为“游士”，而是与政权、宗法相结合，出现了一批“士大夫”。东汉至魏晋南北朝间，“士族”受到冲击，“庶族”崛起，加之隋唐时期科举选官之法的实行，“士”这一称谓逐渐为“知识分子”所独享。北宋以后，科举取仕成为最重要的选官之法，而无法入仕的“士人”大量出现。“士”人出现贫困化倾向，他们或倡导“本生治业”，或“亦儒亦贾”，但大都喜爱四处游览山水，结社郊游等，因此构成了颇具特色的文士旅游生活。

2.2.2 从武侠之风到武人好文

“武士”旅游包括两大类，一是豪侠之士的浪迹江湖，二是武官士兵的好游风气。前者主要表现在侠文化的盛行，后者表现为武士的“附庸风雅”。

2.2.2.1 春秋战国时期武士的活动

早期的武士是贵族社会的最低阶层，处于贵族与平民之间的过渡层，不乏武力，对贵族的上层社会与统治之道又有相当的了解。在那个礼崩乐坏的时代，有一批身怀绝技的武士。当时，诸侯国林立、异学纷呈，思想意识领域相对宽松；大国图谋称霸，小国以求自保，所以各国都非常重视人才。武士们胸怀大志，为知己者死，为明君而走，他们在诸侯纷争年代、在血雨腥风的嗜战年代，如行空天马，如不归的游子，出入各国，“合纵”或“联横”，为后世侠义之风的形成奠定了坚实的基础。侠文化和中国武术文化、隐士文化、山水文化等交织在一起，构成了丰富多彩的旅游文化。

鲁仲连、荆轲、唐且、聂政等是这一时期侠义之士的代表。他们有勇有谋，奔走四方，不辞劳苦，在诸侯纷争年代发挥了重要的作用。如荆轲，战国时齐国人，后迁居卫国。

---

① 阎步克：《士大夫政治演生稿》，北京大学出版社，1996 年，第 466 页。

《史记·货殖列传》说他"好气任侠,卫之风也"。荆轲从小深受卫国侠义之风的熏染,"好读书击剑"。曾想凭借武艺为卫王元君服务。失意后离开卫国,开始了游侠生涯。他先到榆次与武侠盖聂论剑,再到燕、赵等国与诸色人等交往。后与燕太子丹交往,行刺秦王,其"风萧萧兮易水寒,壮士一去兮不复返"的豪侠之气为后世传扬。又如鲁仲连,据《战国策》,他曾游历齐、赵等国,为齐国解燕围,为赵国解秦围,拯救了无辜百姓的生命,却不受封爵财物。他曾说:"所贵于天下之士者,为人排患、释难、解纷乱而无所取也。"这正是游侠周游天下的宗旨。

这一时期的游侠大都智勇双全,是战国时代出类拔萃的人才,并非头脑简单的一介武夫。文献称战国中期的游侠孟施舍,"视不胜犹胜也,量敌而后进,虑胜而后会",是个很有头脑的人。游侠荆轲"为人深沉好书",颇有修养。他行刺秦王嬴政前,制订了周密的计划。

2.2.2.2 后世的"以文治武"与武士好文

战国以后,"士"的文武分途日趋明显,军功地主的普遍存在仍然使社会上保留有大批"武士阶层"。同时,由于各朝统治者都加强了对武官的防范,采取了"重文轻武"和"以文驭武"的政策,在军政上削夺功臣的权力、在经济给予厚禄成为一种普遍的政策。在这一政策的引导下,军功地主利用其权势与地位从事一些旅游等活动,成为颇具特色的文化现象。

南朝时期(420—589 年),恃武功而立的门阀政治渐趋衰落,长年的征战与混乱使他们深知心灵上的清静与超脱的重要。许多大族"不乐武事",生活方式上追求物质上的奢华,精神生活中转向矫揉造作的"名士"之风,形成养士、修建庄园、园林之风。到唐代时,许多武官、勋戚在京城的宅院内购置山水。贞元四年(788 年)时德宗下令,"左右神武、神策等军每厢共赐钱五百贯文,金吾、英武、威远诸卫将军共赐钱二百贯文"以鼓励、补贴百官游玩[①]。宋代赵氏以"黄袍加身"夺取兵权后,汲取藩镇割据之祸的教训,为防止武官擅权,在"虚外实内"思想的指导下,创立了一套"官职分离"的官制,实行"将不识兵,兵不识将"的方法,大大地限制了武官的权力。同时,宋朝的偏安政局决定了大量军队的存在,宋太祖末年,禁军和厢军有 37.8 万人,真宗时有 91.2 万人,仁宗时,大臣富弼曾说:"自来天下财货所入,十中八九赡军。"[②]宋朝采取"以文驭武"的方法,养军而不予以重用,并鼓励军民皆参加科举考试,所以武官军兵中一部分富有者,就走向治文谋生,或者附庸风雅的道路。宋代的武官军兵中不乏喜好文学的慷慨悲歌之士。如抗金名将岳飞的《池州翠微亭》中记道:"经年尘土满征衣,特特寻芳上翠微。好山好水看不足,马蹄催趁月明归。"在都城开封或杭州,大批武功勋戚衣锦食玉,游乐嬉戏。

明清时期,"武士"好文以及旅游的倾向更趋明显。明代卫所武官均实行世袭制度,他们拥有丰厚的俸禄却没有与之相应的兵权,"宽衣大袖,清谈恣肆,武备月弛",唯以享

---

① 《旧唐书》卷一三《德宗纪》。

② 李焘:《续资治通鉴长编》卷一二四,宝元二年九月。

受、游玩为乐[①]。清朝的八旗军事制度下，旗人拥有优越的社会和经济地位。统治地位稳固后，八旗子弟日趋败落，他们在京师及京畿地区的旅游活动中亦成为日常生活的重要组成部分。康熙二十年(1681年)设立的木兰围场，固然其主观有狩猎"习武绥远"、整军备武和训练八旗士兵的目的，但更多的则是满足其狩猎娱乐需要的娱乐功能。清中期以后，"八旗子弟"成为腐化败落、不务正业的代名词，"八旗巡游"、满族风情成为游山玩水的代称。

2.2.3 春秋战国时期的游士之旅

"士"之成为文士的称谓，起始于春秋末年"士"阶层的独立。士阶层的独立，除了与诸侯争霸有直接关系外，与周王室日趋衰微导致的权力下移、原来宗法之制束缚的降低有很大的关系。一向被认为脱离社会生产领域、仅凭口舌为生计的读书人，在社会上发挥了越来越重要的作用。诸子百家，自孔子儒家始，墨子、孟子、庄子、荀子、老子，乃至战国策士如乐毅、鲁仲连以及公孙衍、张仪等，都各怀一套理想，或抱一片野心。有的凭借其人格魅力，有的凭借其如簧之舌，寄冀于以思想改变当时天下纷争，踏上了漫漫的游说之路。钱穆在《中国历史研究法》中把这一历史时期称为"游士社会"，突出了游士在其中的作用。这一时期的游士包括游学、游说和游侠等三类群体。

游侠前此有述，游学与游说分别侧重于"自学"和"说服他人"，但在许多情况下二者又是合二为一的。在游学和游说之"游"中，影响较大、有代表性的有孔子、孟子、墨子、法家诸子等。

孔子(公元前551年—前479年)，其祖先为宋国(今河南商丘)贵族，祖籍夏邑，生于鲁国曲阜。家道中落后，曾做过小吏，在鲁国任过中高级官员。去职后，周游卫、宋、郑、曹、陈、蔡和楚等国，四处游说讲学，达14年之久，晚年回到鲁国讲学。孔子游学与游说合二为一，游说各国以展示自己的治国理念，其间率众弟子讲学、读书和悟道等。他认为在游历中向各色人等学习各方面的知识非常重要，"三人行，必有吾师焉。择其善者而从之，其不善者而改之"[②]。渔家女、采桑娘、农夫、顽童、老者，都是孔子学习的对象。孔子"游乎缁帏之林，休坐乎杏坛之上"[③]，他的学生几乎遍及各个诸侯国，"弟子弥众"。

孟子(前372—前289年)，名轲，战国时邹国(山东邹城)人，鲁国贵族孟孙氏之后，家道中落，靠母亲供养勤学成长，情况与孔子类似。为推行其"仁义"纲领，中年以后的20余年里，他率众子周游列国，足迹遍及邹、滕、魏、齐、宋、鲁等国。在齐国的稷下学宫讲学，"得天下英才而教育之"[④]，弟子影从。孟子出游时，"后车数十乘，从者数百人"，规模远远超过当年的孔子。

墨子，名翟，生于孔孟间，出生在鲁地(今地不详，一说河南鲁山)。"兼爱非攻"的思想让他一生致力于维护和平。他四处奔走，结交诸侯。墨子学生最多时达数百人，常率领

---

① 《明孝宗实录》卷一四二，弘治十一年十月丙寅。

② 《论语·述而》。

③ 《庄子·杂篇·渔父》。

④ 《孟子·尽心上》。

他们往来于吴、越、宋、鲁、齐、梁、楚等,“周游五岳,不止一处”。墨子出游多步行前往,为了制止楚国进攻宋国,他日夜兼程十昼夜,“脚坏,裂裳裹足”。他多次制止像齐、楚等大国对邻近小国的侵犯。

纵横家是当时典型的游说之士。苏秦早年曾先入说秦国,希望协助秦国国君谋取霸业,由于时机尚未成熟,游说不成而归隐故里。二次游说,他选择入燕赵及其他六国,策划六国合纵,佩六国相印,联合抗秦。而张仪则凭“三寸不烂之舌”由齐而秦,拆解六国合纵,助秦国扫除群雄,一统天下。纵横家在很大程度上影响到当时的政治走向。

2.2.4 秦汉以后的游学之风

“读万卷书,行万里路。”“读万卷书”讲治学当博览群书,“行万里路”讲学习要结合实际、问学山水,“读书”和“行路”是求知必不可少的两个方面。要求知,首先要“读万卷书”,是一个闭门苦读的过程。但只读书是不够的,“闻之不见必谬”,则“不若见之”,因此博览群书之后,必进入求知的第二步,即遍游各地,亲见亲历,称为“游学”。知行合一,学术交流一直是士人阶层所追求的更高层次的精神要求。游学各地,或拜师访友,或问学山水,或博阅物理知识,历朝历代的读书人走出家门,离家远行,构成了中国古代颇具特色的游学之风。在游学历史上,诞生了一大批思想家、文学家、史学家和博物学家,对古代中国旅游活动产生了重大的影响。

2.2.4.1 西汉司马迁“读万卷书,行万里路”

“史圣”司马迁能著出“史家之绝唱,无韵之离骚”的《史记》,得益于他踏遍千山万水、寻访历史古迹的治学精神。司马迁受其父亲司马谈的影响,他从小对悠久的历史文化产生浓厚的兴趣。20 岁时,就在父亲的支持下开始了他对祖国各地的第一次漫游。此后,他多次陪汉武帝巡游各地或受命游历名山大川、人文古迹,足迹遍布今甘肃、山西、陕西、河南、河北、山东、四川、湖南、江西、江苏、浙江、贵州、云南等地。

《史记》之所以能经得起时间的考验,不仅在于他任太史令之时的博览群书,还在于他的游学考察。在南方,他在湖北汨罗江畔凭吊屈原遗迹;他登临九嶷山,欣赏了满山的斑竹,探访了舜的葬地;在庐山考察大禹疏通九江的遗迹与传说,再到浙江会稽山拜谒大禹陵和禹王庙。在北方,先到韩信的家乡淮阴了解韩信的生平;到曲阜,采访儒家发源地,瞻仰孔子陵墓和庙堂;再访魏国信陵君旧址;又到安徽考察秦末农民起义的策源地——宿县大泽乡;又折向东南,在“楚汉之争”最激烈的彭城(徐州)古战场,广泛搜集刘邦、项羽的史料。他任侍卫郎中时,曾陪汉武帝巡视了西北地区,到三皇五帝与夏商周三代的中心地区搜集大量史迹资料;他奉命到巴蜀、云南一带,了解当地民情、物产。此后,又陪汉武帝巡视万里长城,从九原(内蒙古)沿道回到长安,行程万余里。这些考察经历在后来成书的《史记》中都有反映,像《封禅书》《蒙恬传》《河渠志》《货殖列传》都来源于其亲身经历。全书记载了全国各地的自然、人文和社会资源,对于今天旅游资源的开发与利用仍然有很大的参考价值。

2.2.4.2 唐李白“一生好入名山游”

李白(701—762 年),字太白,号青莲居士,祖籍陕西成纪(今甘肃泰安东),幼年随父迁居昌隆(今四川江油)。他一生喜好游历山水,“大丈夫必有四方之志,及仗剑去国,辞

亲远游”,结交诗文贽友,写下大量名篇佳作。他20岁时游历了巴蜀的名山胜水,25岁开始在各地长期漫游,到唐玄宗召他至翰林院为止,连续漫游17年之久。在长安三年(实际为一年半)之后,天宝三年(744年)他离开长安。开始第二次为期10年的漫游,并最终病逝于旅途。他“浪迹天下,以诗酒自适”“五岳寻仙不辞远,一生好入名山游”。其足迹遍及今四川、重庆、湖北、湖南、江西、安徽、江苏、浙江、山东、河南、河北、山西、陕西等地区,在黄河、长江、黄山、庐山、峨眉山等祖国的名山大川都留下了题咏。如在陕西,他在终南山乐而忘返,写下了《下终南山过斛斯山人宿置酒》和《春归终南山松龙旧隐》等诗,咸阳和长安数十次出现在他的笔下,他的《月下独酌四首》中的第三首,即以咸阳起句:“三月咸阳城,千花昼如锦。”在《寓言三首》之三中,李白写道:“长安春色归,先入青门道。绿杨不自持,从风欲倾倒。海燕还秦宫,双飞入帘栊。相思不相见,托梦辽城东。”李白一生的漫游为他的创作提供了素材,为后世创造了无穷的文化旅游资源。

2.2.4.3 宋代的鹅湖之会

宋朝是理学产生和发展最为重要的时期。淳熙二年(1175年),朱熹、吕祖谦、陆九渊、陆九龄及其友朋弟子共同讲学于江西上饶铅山鹅湖寺,组织学术讨论,四方求学之士如云而集,此举轰动一时,也成为中国理学发展史上里程碑式的事件。

朱熹(1130—1200年),字元晦,号晦翁、晦庵,云谷老人、沧州遁叟等。祖籍婺源(今江西婺源),出生于福建省尤溪,后居福建建阳。陆九渊,江西抚州人,中年以后曾在贵溪市龙虎山居住讲学,修建“象山书院”,自号象山居士,世称“象山先生”。他们在鹅湖“留止旬日”,朱陆之辩“语三日”,就道德境界、道德教育以及修养方法等问题展开了面对面的论争。争论的焦点是关于认识论的问题,朱熹主张“泛观博览,而后为之约”;陆九渊则主张“先发明人之本心,而后使之博览”。这就是朱、陆两派的分歧点。朱熹认为陆学太简易;陆九渊则认为朱学太支离。这次争论,就是哲学史上著名的“鹅湖之会”。时值春末夏初,山雨初霁,泉声喧静。参会士人们衣冠森列,切磋学术,会况之盛,实乃学术一段佳话。后人先建“四贤祠”以纪念这次学术盛会,又在此基础上建鹅湖书院。

三年后,朱熹与陆九龄再会于紫溪之观音寺。十余年后(1188年),南宋爱国词人辛弃疾约朱熹、陈亮再会鹅湖,朱熹因故未到,而辛、陈二人“憩鹅湖之清阴,酌瓢泉而共饮,长歌相答,极论世事,逗留弥旬乃别”,被称为第二次“鹅湖之会”。辛弃疾也曾在鹅湖书院讲学。此处遂成为文人墨客造访寄兴之所。明景泰年间,鹅湖寺正式称为“鹅湖书院”。鹅湖书院之所以能几百年来永留胜迹,誉满江南,正与朱、陆诸子的“鹅湖之会”有关。

2.2.4.4 明代的文人结社

明人多结社讲学,有案可查的社团近200个,有以诗文唱酬应和者,有读书研理者,有讥评时政者,有吹谈说唱者,甚至有专事品尝美味者。这些宗旨不一、形态各异的社团,都有成文或不成文的会规、社约,在士大夫中有一定的凝聚性。如以地域扬名的吴中四才子、台州三学、嘉定四先生;以朝代著称的嘉靖八才子;以官职称道的中朝四学士、东海三

司马；以家族标榜的公安三袁，以同一师门类聚的杨门七子，等等。[①] 文人学士以此相互联络或标榜，在社会上产生了较大的影响。

这些文人社团常常结伴成群，优游林下，吟风弄月，旅游之举蔚为大观。明人方九叙在其《西湖八社诗帖序》中有如下描述说："夫士必有所聚，穷则聚于学，达则聚于朝，及其退也又聚于社，以托其幽闲之迹，而忘乎阒寂之怀……古之为社者，必合道艺之志，择山水之胜，感景光之迈，寄琴爵之乐，爰寓诸篇，而诗作焉。"早在元末时，诗社已极发达。明初因经济凋敝，一度沉寂，至成化、弘治间重新崛起，如在宁波，"每良时美景，辄饤野蔌园蔬为会，素衣藜杖，散步逍遥，人望之如神仙也"[②]。嘉靖间的诗文社大盛，仅杭州就有"西湖八社"，即紫阳诗社、湖心诗社、玉岑诗社、飞来诗社、月岩诗社、南屏诗社、紫云诗社、洞宵诗社。[③]

文人结社，较为普遍地出现在江南、东南和岭南等经济比较发达的地区，在北方、边地在人口稠密的都会城镇也比较常见，但在明代中期的豫东夏邑县这样一个既非都邑重镇，商品经济和社会生活又不甚发达的普通县级地方，也出现了"十老会"，说明当时文人雅会的盛行。十位长期生长和生活于夏邑的离退休官员等"致政耆德"，深刻地影响到当地的地域文化[④]。他们创作的"栗城十景"[⑤]包括：泮沼晴波、隋堤烟柳、巴河晚渡、黄堌春耕、耿祠夕照、慈寺晨钟、会亭春霁、黄冢秋风、白河烟雨、平台夜色，是当地极其珍贵的历史文化旅游资源。

明中后期以来持续高潮的结社之风在清代得以延续，或以结社教学相长，或以结社彼此促进学术，文人的聚集在其学术生涯中仍然占有极为重要的地位。如理学大师孙奇逢寓居河南期间，他的河北学友也不乏追随者，如新安名儒魏一鳌、范阳人耿极等都与孙奇逢交往甚密。魏一鳌每隔一年就要到河南来一次，一住就是数月。后来，他也在苏门山上构建"雪亭"以居，在此受孙奇逢之托编写《北学录》。他还为孙奇逢编修年谱，并在此为门徒讲学。

2.2.5 书院之风

书院名称始于唐中叶开元年间官方设立的丽正书院和集贤殿书院，其职责是收集整理、校勘修订图书，供朝廷咨询，兼作皇帝侍读侍讲。唐末五代时，读书士子多隐居避乱于山林，聚众授徒讲学之所，常以书院命名，遂演化为一种教育组织形式。书院教育兴盛于宋，延续于元，全面普及于明清，清末改制为新式学堂，延绵千余年。古代士人以书院为阵地，从事"讲学、积书、接待游学"等三项事务。其中，接待游学，凸显了书院在古代士人旅游中的作用。

---

① 刘志琴：《明代饮食思想与文化思潮》，《史学集刊》1999 年第 4 期。

② 《古今图书集成·方舆汇编·职方典》第九八二《宁波府郡》。

③ 陈宝良：《中国的社与会》，浙江人民出版社，1996 年，第 279 页。

④ 彭勇：《明代国家意识形态与地域文化构建——夏邑"十老会"现象解读》，《中原文化研究》2014 年第 6 期。

⑤ 嘉靖：《夏邑县志》卷一《建置·景十》。

北宋初年，全国出现了一批颇有影响的著名书院，如白鹿洞书院（江西庐山）、岳麓书院（湖南长沙）、嵩阳书院（河南登封）、应天府书院（河南商丘）、石鼓书院（湖南衡阳石鼓山）、茅山书院（江苏金坛茅山）。南宋时期更是吸收和借鉴佛教禅林讲学制度，使书院得到进一步发展和完善。随着理学的发展，书院渐成为学派活动基地，如张栻于岳麓、朱熹于白鹿洞、吕祖谦于丽泽、陆九渊于象山。明中期以后，为解决基层孩童教育的大事，一些人士在本乡本土建立家族书院或乡村书院，聚集藏书，择聘名师，招收本族、本乡子弟读书其中，从而使"文风日盛，学子日多"。书院也是乾嘉学者进行汉学研究、培养汉学人才、扩大学术影响的重要场所。惠栋、杨绳武、江永等汉学大师分别讲学于苏州紫阳书院、南京钟山书院、徽州紫阳书院和毓文书院、扬州安定书院和梅花书院，培养出大批的汉学人才。如钱大昕、王鸣盛、王昶等出自苏州紫阳书院；戴震、程瑶田等出自徽州紫阳书院；段玉裁、汪中、王念孙、孙星衍、焦循等出自安定、梅花书院。这些汉学名家，大多又主讲外地书院，促进了乾嘉汉学的发展，也营造了当地良好的文化氛围。

乡村书院在全国分布极广，数量极为可观，承担着僻远地区普及文化知识的任务。如在清代的河南，书院几乎遍及各府州县，最有名气的是嵩阳书院、大梁书院、二程书院、紫云书院等。在嵩阳书院，理学大师耿介聘请了当时不少名家大儒，像睢州儒学大师汤斌、上蔡学者张仲诚，以及经学大师窦克勤、李来章、张度正等，来此讲学、论道。四方学者纷至沓来，一时书院声名鹊起。①

在江西，吉安高峰坡有书院性质的"西原会馆"，原是"诗圣"杜甫的祖父、上元年间贬任吉州司户参军的杜审言创建的"相山诗社"遗址。明朝时这里每季有小会，9 月有大会，四方诗人、学者上千人在此聚会，讲学游学，以文会友，许多文士雅士游历其间，亦可见以书院为阵地的游学之风的盛行。

2.2.6　博物学之旅

自然科学的研究必须源于对自然界长期科学的观察，古代许多著名的科学家在科研探索时，都十分注重实际调查，足迹也遍及祖国的大好山河，既留给我们一批无价的科技成就，也创造了辉煌的古代博物学之旅。

2.2.6.1　郦道元与《水经注》

郦道元（466 或 472—527 年），字善长，范阳涿鹿（今河北涿州）人。郦道元出生于官宦世家，有较好的家庭条件进行科学考察。他自幼对河流、山川具有浓厚的兴趣，尤其喜欢研究各地的水文地理、自然风貌。他充分利用在各地做官的机会进行实地考察，足迹遍及今河北、河南、山东、山西、安徽、江苏、内蒙古等广大地区，调查当地的地理、历史和风土人情等，掌握了大量的第一手资料。每到一个地方，他都要游览名胜古迹、山川河流，悉心勘察水流地势，并访问当地长者，了解古今水道的变迁情况及河流的源头所在、流经地区等。同时，他还阅读了大量古代地理学著作，如《山海经》《禹贡》《禹本纪》《周礼职方》《汉书·地理志》《水经》等，积累了丰富的地理学知识。《水经注》全书共40 卷，记载的河

---

① 彭勇：《广收人才，以资吏治——清前期河南地方教育体系略探》，《南都学坛》2000 年第 1 期。

流水道有 1 252 条,文字是《水经》的 20 余倍,达 32 万字,是继《山海经》《禹贡》之后中国地理学的经典名作,毛泽东称赞他说:"是一位了不起的人。他不到处跑怎么能写得那么好？这不仅是科学作品,也是文学作品。"[①]该书对 1 252 条大小河流进行了全面记载,描述了各个河流的发源地点、干流大小、支流分布、河谷宽度、河床深度、流程长短、方向以及水量的季节变化、含沙量、汛期等情况,内容非常丰富。全书以水道为纲,将河流流经地区的古今历史、地理、经济、政治、文化、社会风俗、古迹等做了尽可能详细的描述。

2.2.6.2 沈括与《梦溪笔谈》

沈括(1031—1095 年),字存中,钱塘(今浙江杭州市)人。北宋科学家、政治家、文学家。出身官僚家庭,因父早丧,家境贫寒。仁宗嘉祐八年(1063 年)中进士,历任地方和中央官吏。他一生从政宦游,行程上万里,遍历祖国的名山大川。晚年退居润州(今江苏镇江市)的梦溪园(今镇江东郊),据平生见闻,专力撰写《梦溪笔谈》(26 卷)、《补笔谈》(3 卷)、《续笔谈》(1 卷),于 11 世纪末年成书。《梦溪笔谈》是一部大型的综合性的学术著作,笔记体,分故事、辩证、乐律、象数、人事、官政、机智、艺文、书画、技艺、器用、神奇、异事、谬误、讥谑、杂志、药议 17 目,共 609 条。内容涉及天文、数学、物理、化学、生物、地质、地理、气象、医学、工程技术、文学、史事、音乐和美术等领域。

沈括的科学成就,很大一部分来自他多年的游学与实地考察。如宋神宗时,他参加过王安石变法,时常出京到各地察访新法实施情况,先后到过两浙、河北等地,还奉命出使过辽国。每到一地,都留心观察自然风物和风土人情,随时做记录。他通过观察浙江雁荡山的地形,认识了水的侵蚀作用;从太行山岩石中海洋生物的遗迹,推知山东的陆地原为海洋;等等。在天文历法方面,他注重观测,分别对测量天体位置的浑仪、测量时间的浮漏和测量日影长短的景表这三种天文仪器,提出了改进意见和设计方案。在物理学方面,沈括通过纸人实验,发现了"共振现象",他还亲自做凹面镜成像实验。在地学方面,沈括对地形地貌做了大量的观测研究,指出泥沙的淤积作用是华北平原形成的真正原因。他首创的立体地图很快得到推广。在医药学方面,沈括根据实物,对药物名称做了大量的证同辨异工作,并注意收集验方,编有《苏沈良方》15 卷。正是在实地考察、仔细观测和科学实验的基础上,应用合理的逻辑推理方法,他创造了许多世界自然科学史上的奇迹。

2.2.6.3 朱橚的博物学成就

朱橚,明太祖朱元璋的第五个儿子,被封为周王,国都在开封。朱橚以其在植物学、医药学和文学方面的卓越成就而名垂青史。元末,旱灾、蝗灾、水灾、冰雹和地震等多种自然灾害频繁出现,灾害遍布全国。明初,开封经济虽得到恢复,国家经济实力增强,但河决一次,人民难免颠沛流离之苦,且"林林总总之民,不幸罹于旱涝,五谷不熟,则可以(野菜)疗饥,恐不得已而求食者,不惑甘苦于荼荠,取昌阳弃鸣啄,因得以裨五谷之缺"。[②] 鉴于此,朱橚把很大的一部分精力用于科学研究,主要成果有《救荒本草》2 卷、《普济方》168 卷等。他重视实践和实地调查。朱橚"购田夫野老甲坼勾萌者四百余种,植于一圃,躬自

---

① 张贻玖:《毛泽东批注历史人物的我闻我见》,《人民日报》1995 年 12 月 28 日。

② 朱橚:《救荒本草》,《卞同序》,上海中华书局,1959 年。

阅视，乃召画工绘之为画，仍迹其实根于皮叶可食者”，在自己的植物园里观察引种来的各种野生植物的生长、发育、繁殖、成熟，甚至对植物的习性、味道、加工、制作等直接观察或亲手操作，取得第一手资料。书中所载植物的产地和分布，以开封为主轴，北至太行山西麓的辉县，南至桐柏山、南阳，西达伊洛二水、伏牛山之崤山、嵩山，远及陕西的华山、太白山。《救荒本草》实是中国最早以植物群为基础的河南植物志。作者实地考察和征集实物的方法，影响了明清时代一批自然科学家。

2.2.6.4 吴其濬与《植物名实图考》

吴其濬（1789—1847 年），字季深，号吉兰，别号雩娄农，河南固始人，出身官宦之家，祖孙三代进士。他自幼受到良好的家庭教育，嘉庆十五年（1810 年）中举，嘉庆二十二年（1817 年）中进士，在殿试时录取为状元，时年仅 29 岁。他一生历任湖南、浙江、福建、山西等省巡抚，以及湖广、云贵总督。吴其濬任职期间能以民生为念，务实为民。在云贵做官两年，调查研究矿产，发展矿业，为采矿、冶炼、贸易、税收和争讼制订章程；在山西任职期，裁革盐规，奏裁公费一万两，洁己奉公，上谕“褒嘉清洁”。从政之余，非常喜欢科学研究。吴其濬在植物学、矿物学、水利学、农学等方面均有所作为，其中最著名的就是《植物名实图考》一书。

自然科学的研究离不开实验与观察等，自然离不开博物学之旅，像李时珍的《本草纲目》、徐宏祖的《徐霞客游记》等也都是这方面的代表。

2.2.7 隐逸神游

中国有着悠久的隐逸文化传统。据说在上古时期，就有了巢氏和许由这样的隐士，到殷商时，有伯夷和叔齐，姜尚子牙入仕从周之前也是一位隐士。中国隐逸文记的思想渊源于庄子，他为隐逸思想提供了系统的理论。《庄子·缮性篇》中说：“古之所谓隐士者，非伏其身而弗见也，非闭其言而不出也，非藏其志而不发也，时命大谬也”，意谓士人不满于现实“或隐居以求其志，或曲避以全其道，或静己以镇其躁，或去危以图其安，或垢俗以动其槩，或疵物以激其清”①。

魏晋南北朝时，社会动荡，民不聊天，官戚厌于世俗，社会各色人等慨于人生短暂和变幻无常，冀希太平和心灵上的解脱与宁静成为普遍的追求。士大夫们把《老子》《庄子》和《易》称为“三玄”，对人生、现实、性命、自然等言尽意与言不尽意等抽象的哲理问题进行思考，玄学盛行一时。加之，此时佛教传入中国，道学和儒学思想的宗教化倾向，对当时社会产生了巨大的影响。作为物质和精神生活兼而有之的旅游生活，成为皈依自然、遥寄情感的重要场所。“越名教越自然”，任性而自然，游山玩水、渔猎躬耕、品茗饮酒、谈玄论虚、吟诗赋文、营园作画、书墨抚琴、品藏文玩、坐禅论道、肆性放情等成为各种隐逸游仙的生活方式。

阮籍（210—263 年），字嗣宗，陈留尉氏（河南开封）人。曾任步兵校尉，世称阮步兵。嵇康（223—262 年），字叔夜，谯国至（今安徽宿县西南）人。嵇康是魏宗室的女婿，任过

---

① 《后汉书》卷八三《逸民列传第七十三》。

中散大夫，世称嵇中散。《魏氏春秋》说："（嵇康）与陈留阮籍、河内山涛、河南向秀、籍兄子咸、琅琊王戎、沛人刘伶相与友善，游于竹林，号为七贤。"竹林七贤是当时山水之游和性灵文学的杰出代表。

同期的陶渊明被誉为"千古隐逸诗人之宗"。陶渊明（352 或 365— 472 年），字元亮，字渊明，浔阳柴桑（今江西九江）人。他的曾祖陶侃是东晋初名将，都督八州军事，封长沙郡公，负责镇守长江中游，声威煊赫一时。因幼年丧父，家道中落。虽曾出仕江州祭酒，后陆续做过镇军参军、建威参军等官职，地位不高，一直过着时隐时仕的生活。他向往和平安宁、自耕自食、无竞逐无虚伪、没有相互压迫和残害的社会；他追求淳朴真诚、淡泊高远、任运委化、无身外之求的人生；他所喜爱的生活环境，也是恬静而充满自然意趣的乡村。他留存下来的散文、辞赋等诗文总共只有十多篇，但几乎每一篇都很出色，尤以《桃花源记》和《归去来兮辞》最负盛名。

谢灵运（385— 433 年），出身官宦之家，东晋名相谢玄之孙。曾随军游历今江苏、安徽、江西、湖北等地名胜古迹。后因攻击朝廷被贬官至永嘉（今浙江温州）担任太守，更是寄情于山水，称被为"山水诗人的开山祖"。谢灵运现存百余首诗作中有半数是山水诗。

唐代道教发展迅速，助长了隐逸之风。在唐诗中，晚唐体的诗人喜好以自然意象入诗，并以此抒发清苦幽僻的情怀，潘阆、魏野、林逋等隐逸诗人，在苦吟中加入了闲吟，潘诗清丽孤峭，魏诗清淡野逸，都有独到之处。宋代的隐逸文化丰富多彩，各种隐逸文化类型趋于完备。他们既不放弃世俗的享乐，又能在物欲横流的世俗社会人生中努力守护、经营自己的精神家园，不为外物所役，求取个体人格的独立与自由，成就自己的闲适生活和诗意人生。①

隐逸生活创造了灿烂的旅游文化，如游记、田园诗词，还有园林文化等。古典园林中，人们几乎随处都可以感受到隐逸者厌弃仕途、志在归隐山林的心声，比如"沧浪""拙政""退思""遂初"等园名和类似内容的楹联等，都艺术地营造出摒弃尘嚣的自然山野气息，化为千百年中隐逸文化的最重要的组成部分。到明中叶以后，已有"江南园林甲天下"之说，园的主人大都是退隐的官宦、豪富和文人士大夫等，他们皆热衷于园林的构筑，过起"大隐于市"的生活。例如，苏州园林外观极其朴素，但高墙之内布置极为考究，于随意中见精巧，恬淡雅致，不落脱套。

2.3 商贸之旅

"商旅"是以商品生产和流通为目的而进行的旅行活动，它是古代旅游活动的重要组成部分。商品的流动性特征和商人追逐利润的本能促成了"商旅"存在的必要和可能，商业利润的丰厚回报为商人提供了旅游的物质基础。建立在物质消费基础上的文化消费让商人成了整个社会群体消费的弄潮者，他们是古代旅游活动的参与者和旅游文化资源的创造者。

---

① 张玉璞：《"吏隐"与宋代士大夫文人的隐逸文化精神》，《文史哲》2005 年第 3 期。

从经济学的角度看,剩余产品的出现既是社会生产力发展的结果,它又促进了社会生产力的发展,导致社会生产关系急剧变革。剩余产品出现后,有两个问题亟待解决,一是剩余产品的归属问题,二是剩余产品的利用问题。产品的归属带来财富的分配不公与贫富的悬殊,而剩余产品的利用则带来了物品的流通,并促生了新兴的行业——商业这种以交换为目的而进行的社会生产行业的出现。

到商朝时,商品经济已经成为社会经济的重要组成,商业活动成为重要的社会活动。商贸是古代社会人口流动与社会交往的重要方式。

2.3.1 商品流通和商业发展

夏商周时期,商业作为自然出现的行业,并没有像在中国传统农耕社会那样受到过多的抑制。到秦统一六国之前,商业尚有充分的发展空间。早期国家曾对商业活动进行有秩序的管理,并采取了一系列有利于商业发展的措施,一些实力雄厚的商人进入最高统治者阶层。但到战国时期,法家所倡导的"耕战思想"主张抑张商业,秦国因此在诸侯争霸中获得最终的胜利。秦统一六国后,继续以法家思想立国,抑制商业的发展。西汉建立,百废待兴,在"休养生息"的大旗下,以恢复和发展农业成为头等大事,实行"贱商"政策,至汉武帝时,又采取更为严厉的措施打击商人,"重农抑商"政策遂作为传统的经济思想固定下来,并延续千余年。

2.3.1.1 "农商并重"时期

夏商周三代至战国中期是农商并重期。限于史料,夏代的商人地位及活动不甚清楚,但从几处夏代的墓葬发掘出天然贝币,表示这一时期商品交换的存在。

商代上自国君下到普通百姓都热衷于商贸。商代的畜牧业比较发达,贝币已经成为广为接受的等价物。商族人善迁,"商旅"亦非常活跃,在"国"与"都"中,出现了更大的专门市场。据甲骨文记载,商王亥与弟弟恒善于交易贸迁,曾到黄河以西"服牛贩羊",普通百姓也是"肇牵车牛远服贾,用孝养厥父母"①。姜太公师望曾在朝歌贩卖肉食,据屈原在《天问》中讲,"师道在肆昌何识?鼓刀扬声后何喜?"文中的"鼓刀"即屠宰,"扬声"是叫卖的意思。

周朝对商业采取鼓励与管理相结合的措施。在国都和都邑,有专门的经营市场,规定每天集中三次交易:"大市日侧而市,百族为主;朝市朝时而市,商贾为主;夕市夕日而市,贩夫贩妇为主"②。商人趋利经商已成为普遍现象。这一时期,商人并没有受到歧视,周文王曾发布过类似于招商的文告:"四方游旅,旁生忻通。津济道宿,所至如归。币租轻,乃作母以行其子,易资贵贱,以均游旅,使无滞。"③意思是说,四方的游商们,我们这里交通便利、政策优惠,欢迎你们到这里来经营。

周王室衰微后,各诸侯国"农商并重"的商业政策仍然没有发生大的变化。虽然孔孟

---

① 《尚书·酒诰》。

② 《周礼·地官司仪下》。

③ 《逸周书·大臣》。

倡导“贵义贱利”，但他们都不反对商业经营，如孟子说：“古之市者，以其所有，易其所无，而有司者治之耳。”[①]其他学者，如荀子、墨子、兵家吕尚等都认为商品生产和商业流通在社会运行中发挥着重大的作用。[②] 各诸侯国非常注重发挥商业互通有无的功能，多采取“轻关”“易道”和“通商”等政策，保护商人的利益，促进商品经济的发展，各国的商品贸易呈现欣欣向荣的局面，所谓：“天下熙熙，皆为利来。天下攘攘，皆为利往。”[③]这一时期，出现了一批著名的大商人，如范蠡、计然、子贡、白圭等。

范蠡，字少伯，楚宛三户（今河南南阳）人，春秋末期杰出的政治家和大商人。曾是越王勾践门下的相国，辅助越王打败了吴王夫差，成就一代霸业。他功成身退，以微利起家，靠煮盐、开荒、贸迁贩卖等，经营商业 19 年，三致千金，遂至巨富。他千财散尽，救济穷苦，成为商人的典范，人称“陶朱公”，被称为“商业始祖”“商圣”等，为后人敬仰。[④] 白圭，名丹，战国时周人，曾为魏惠王的相国。他主张轻税，主张用“人弃我取，人取我与”的办法贸易致富，被历代商贾尊为鼻祖，“天下言治生者祖白圭”。[⑤]

2.3.1.2 “重农抑商”时期

自战国中期始，传统经济思想进入“重农抑商”时期，这一思想源于法家所倡导的“耕战”思想。法家学者认为，农业是社会财富的唯一源泉，工商业“雕文刻镂，害农之事也”，会与农业争夺劳动力。韩非把工商业列为“五蠹”之一，提出“农本工商末”和“重农抑末”的观点。由于法家的“富国强兵”思想在实践中颇具成效，得到各诸侯国君的普遍认同，影响很大。西汉初年时，统治者实行黄老之术，休养生息，发展农业生产，也采取了限制商业发展的政策，如汉高祖刘邦下令商人不得“衣丝乘车”，并对经商者征收重税[⑥]。汉武帝进一步打击商人势力，并把“重农抑商”政策作为一项长期的、一贯的治国思想确定下来。

西汉初年，思想家贾谊是一位兼容儒、法二家的学者，他从“安天下”出发，提出重农积粟的主张，同期的晁错也认为商人“男不耕耘，女不蚕丝”，却可以“衣必文采，食必粱肉”，并能“千里游遨，冠盖相望，乘坚策肥，履丝曳缟”，原因就在于其“操其奇赢，日游都市，乘上之急，所卖必倍”，主张采取“以粟为赏罚”为措施[⑦]。汉武帝出于文治武功的需要，变本加厉地打击工商业者。

商品经济对自然经济具有很强的瓦解作用。例如，商业的投机暴利对农业经济的固守是一种冲击；商品经济倡导的流通与传统国家对户口的严格控制是背道而驰的；商人的奢华生活与农人的艰苦形成了鲜明的对比。所以，统治者会在社会地位、科举考试，如出仕、衣着、车驾等方面对商人加以限制。

---

① 《孟子·公孙丑下》。

② 陶一桃：《中国古代经济思想评述》，中国经济出版社，2001 年。

③ 《史记》卷一二九《货殖列传》

④ 李显杰，冯晓仙，李仁瑞，等：《商圣范蠡研究》，中国商业出版社，2005 年。

⑤ 《史记》卷一二九《货殖列传》。

⑥ 《史记》卷三〇《平淮书》。

⑦ 《汉书》卷二四《食食志》。

汉武帝时“重农抑商”的经济政策与董仲舒的“大一统”思想融为一体，成为传统治国思想体系的重要组成部分，从此，它成为历代统治者的基本治国国策，这种思想一直持续到清代中期以后，历时千余年。[①] 隋和唐初，统治者又曾重提汉初贱商之令，禁止工商业者入仕为官，高宗时还仿刘邦之法，对工商业者的车骑、服饰等做了规定，“禁工商不得乘马”，只准穿白衣，不准着黄[②]。明朝甚至规定，农民之家可以穿绸纱绢布，而商贾之家则只许穿绢布。如果农民之家有一人从商，则取消其穿绸纱的权利等。尽管这些管理制度并未严格执行，但其导向性却是不言而喻的。

2.3.1.3 “工商皆本”时期

汉代以后，虽然也有思想家认为“农末俱利”，而且商品经济的发展水平及规模也都在周期性增长，但并没有思想家和政治家明确表示反对“重农抑商”的政策。即使在盛唐之时，仍然实行较为严格的工商业政策，对商人的经营范围和时间控制均较为严格。这种情况直到唐末及北宋初年才有所改变。北宋时，市场管理有所松动，行商活动区域逐步扩大，坐贾可以通宵经营。逐步发展的商业水平反映在思想界是南宋时功利主义思想的盛行，以叶适为代表的“永嘉学派”对“重农抑商”的传统思想提出质疑。叶适（1150—1223年），南宋哲学家，浙江永嘉（今温州）人，他反对理性空谈，提倡对事物做实际考察。他主张“商贾往来，道路无禁”，指出“夫山泽之产，三代虽不以与民，而亦未尝禁民自利”，当时“坐盐茶、榷酤及它比、巧法、田役、税赋之不齐以陷于罪者，十分之居其六七矣。故曰比三代之刑为重”[③]，他请求政府改变政策。叶适对工商业的重视，不仅表现在反对重本抑末和夺商专利方面，而且提高到欲使工商业者参政议事、进入统治集团的程度：“其要欲使四民世为之，其理固当然，而四民古今未有不以事。至于丞进髦士，则古人盖曰无类，虽工商不敢绝也”，他提出的“既无功利，则道义者乃无用之虚语耳”“功利与仁义并存”新价值观，在当时“重农抑商”思想盛行的社会里无异于一道划过夜空的闪电[④]。

永嘉学派，又称“事功学派”“功利学派”等，它的出现是南宋时期永嘉地区商品经济发展的结果。当时，这一地区商贸繁荣、经济发达，人文荟萃，出现了富工、富商及经营工商业的地主，可以说，永嘉学派的思想家反映了这些新兴阶层的要求和呼声。他们纷纷著书立说，提倡实事和功利，要求减轻捐税，恢复工农生产，强调买卖自由、尊重富人，主张抵御外侮，维持社会安定。[⑤]

在元代国内外经济恢复发展的基础上，随着明代初期农业的恢复与发展，到明代中期以后，商品经济获得突飞猛进的发展，在“农商”关系方面，又有了较大的进步，“工商皆本”的思想交汇迭起，出身新安商人的汪道昆，是这一时期江南新兴商人阶层的代表人物。政治家张居正主张“厚商而利农”，认为商业对促进社会生产有积极的作用。这些思想出现在明中后期资本主义经济萌芽之时，有其必然性。启蒙思想家顾炎武明确反驳传

---

① 钱穆：《中国文化史导论》，商务印书馆，1994 年。

② 《唐会要》卷三一。

③ 叶适：《水心别集》卷一《治势下》；卷二《国本下》。

④ 李绍强：《中国封建社会工商管理思想的变迁》，《东岳论坛》2000 年第 5 期。

⑤ 连晓鸣：《弘扬浙东文化　传承浙学精神》，《光明日报》2005 年 5 月 21 日。

统的“工商为末”的思想，他明确提出“工商皆本”的命题。在《明夷待访录·财计篇》中，他论述道：“世儒不察，以工商为末，妄议抑之。夫工固圣王之所欲来，商又使其愿出于途者，皆本也。”公开呼吁发展工商业，把对“重本抑末论”的批判推向那个时代可能达到的最高限度。可惜的是，清军入关以后，清统治者继续沿用“重农抑商”的政策，加之出于对郑成功等“反清复明”的海上敌力势力的防范，实行了极其严厉的“迁海禁海”政策，深重打击了处于上升势头的海内外贸易，稍稍抬头的“重商”思潮也很快被遏制，商人的活动仍然在简单重复着传统社会的经济运行方式，没有跟上商品生产与交换的近代化步伐，这种情况一直持续到近代工业革命以后。

2.3.2 商业的发展与商旅活动

战国中期以前商旅状况已如前述。秦朝时虽然对商贾进行了打击，但秦朝统一全国的措施却为商品流通创造了便利的条件，如秦人入川时所修的栈道，成为东汉时商旅的重要通道。秦汉之间，出现了一大批富商大贾，据《史记·货殖列传》，秦汉时期，产生了一批富商大贾，他们大都以矿冶致富。猗顿用盐起家，郭纵以铁冶致富，家财可比王侯；巴蜀寡妇清传丹穴，擅利数世，蜀卓氏用铁冶富，至僮千人，田池财猎之乐拟于人君。此外以冶铁致富者，尚有程郑、宛孔氏、曹邴氏等，宣曲任氏以窖藏致富。则齐师史以运输致富，乌氏倮以畜牧致富，等等。[①]

汉初的休养生息、发展农业的政策为商业经济的发展提供了雄厚的物质基础。西汉朝廷并没有对私人经营铸钱、制盐、冶铁等高利润行业严加限制，对山泽渔盐之利也未加禁绝，所以商人势力增加迅速。西汉时已经形成了一批商业市镇，除京师长安外，还有洛阳、临淄、邯郸、成都和宛等，城市内各地富商大贾熙熙攘攘、非常活跃，为追逐利润“周流天下”“交通王侯”，商旅活动频繁。当时的洛阳“东贾齐鲁，南贾楚梁”，有“善为商贾，不为仕宦”的传统，许多商人常年在外地跑生意，做贸易，故《后汉书·王符传》有言：“今察洛阳，资末业者什于农夫”，可见商人活动之频繁、实力之强。就连极力主张抑制商人势力的晁错也无可奈何地说：“今法律贱商人，商人已贵矣；尊农夫，农夫已贫矣。”[②]

东汉初期的商业政策相对松弛，商人非常活跃。王符形容说：“商贾牛马车舆，填塞道路，游手为巧，充盈都邑。”加之，两汉在处理西域问题上，致力于中原与西域的沟通与交通，采取了较为进取的开拓政策，为商路的开辟创造了良好的条件。以“丝绸之路”为主线的中西商路成为此后千余年中原与中亚、欧洲等地最为重要的商业通道。

唐代虽然有贱商令，但商业的不可或缺性决定了在农业恢复和发展后，商业及商人的实际地位逐步提高，私营商业就得到了蓬勃发展，商业资本迅速膨胀，以至出现了许多像邹凤炽那样“其家巨富，金宝不可胜计，常与朝贵游”的富商巨贾。[③]

北宋初年，考虑到社会经济的恢复和发展需要，曾颁布了一系列“恤商”法令，宋太祖

---

① 竺可桢：《为什么中国古代没有产生自然科学》，《竺可桢文录》，浙江文艺出版社，1999 年。

② 《汉书》卷四九《晁错传》。

③ 《太平广记》卷四九五《邹凤炽》。

即位之初，即明确宣布“所在不得苛留行旅”，严禁各级官员吏勒索、刁难商贾，并规定了处罚条例。所以，宋代商品经济发展到前所未有的程度，并不是没有政策依据的。①

宋代东南六路经济发达，不仅有杭州、苏州、扬州等大城市，而且诸多市镇、集市市场获得较快的发展。水陆交通与海外贸易比前代更加方便，形成了多层次、多类型的城乡区域市场网络。大量宋钱在东南沿海流向海外，如日本、高丽及南洋各国家和地区。两浙市舶司先后管辖杭州、明州、温州、秀州华亭县、青龙镇五处市舶务，说明这里外贸兴盛。②在永嘉地区，商业繁荣，商旅频繁，成四方辐辏之地，“四方流徙，尽集于千里之内，而衣冠贵人不知其几族”③！消遣观光旅游非常普遍，据《梦粱录》记杭都盛景，多处讲到这里风俗奢侈，骄奢淫逸，“至于贫者，亦解质借兑，带妻挟子，竟日嬉游，不醉不归。此邦风俗，从古而然，至今亦不改也”④。

明清立国之初，“重农抑商”的思想仍在，但建立在传统的农耕经济基础上，商品经济持续发展，商人的活动范围也日趋广泛。明代厉行海禁，客观上刺激了海上走私贸易的兴盛。以宁波为例，明朝末年，宁波的商品经济已经呈现新的近代性特征，商贸繁荣、经济发达，人文荟萃，出现了“洋船至宁波者甚多，番船云集”的繁荣景象⑤。宁波人趋之若骛：“有力者自出资本，无力者辗转称贷，有谋者诓领官银，无谋者质当人口，有势者扬旗出入，无势者投托假借，双桅三桅，连樯往来，愚下之民，一叶之艇，送一瓜，运一罅，率得厚利。训至三尺童子，亦知双屿之为衣食父母，远近同风，不复知华俗之变于夷矣。”⑥

明清之际，商帮大量出现。如江右（江西）商、闽商、粤商、吴越商、关陕商、武安商（原属河南，今属河北）等，其中尤以晋商与徽商的经济实力最为雄厚。晋商的活动区域非常广，东南到台湾、海南，西南到云贵，西北到新疆伊犁，东北到黑龙江；国外到俄罗斯彼得堡、莫斯科、日本、朝鲜、伊朗等地，“非数百万不称富”⑦。徽商方面，“徽俗十三在邑，十七在天下”，他们主要在两淮、江浙或长江中下游地区一带活动，有时顺运河、海路北上至京津地区。徽商海外势力强大，在日本、暹罗、东南亚各国以及葡萄牙等地都有活动，无论从业人数、经营行业与资本数量，都居当时全国商帮之首。

在广大市镇和农村，市场繁荣，定期集市不断增加，行商活动区域的不断扩大。在农村，庙会贸易盛行。庙会在中国有着悠久的历史，至清朝乾隆、嘉庆年间，伴随着农业和手工业恢复发展及商品经济的繁荣，庙会贸易日趋活跃，成为城市和乡村人民经济和社会生活的重要组成部分。

以清前期河南商品市场为例。省会开封是河南最重要、最繁华的城市，市内形成了一批专业市场，吸引了海内外的客商。洛阳是豫西北一大都会，最繁华的商业区分布在城南

① 丁孝智：《中国封建社会抑商政策考辨》，《社会科学战线》1997 年第 1 期。
② 叶坦：《宋代浙东实学经济思想研究——以叶适为中心》，《中国经济史研究》2000 年第 4 期。
③ 《水心别集》卷二《民事中》。
④ 吴自牧：《梦粱录》卷一《八日祠山圣诞》。
⑤ 梁廷枏：《粤海关志》（校注本），广东人民出版社，2002 年。
⑥ 《明经世文编》卷二五〇《朱中丞甓余集》。
⑦ 王士性：《广志绎》卷三。

门和东门大街。康熙年间已有山陕商人来到老城南关马市街瀍河旁边建立山陕会馆。中小市镇经济也显著发展。孟县(今孟州市)的棉花、棉线和棉布等商品,深受山陕商人欢迎,“车马辐辏,廛市填咽,诸业毕兴”①。号称清代“四大名镇”之一的朱仙镇,凭便利的水路交通,培育了发达的商品流通市场。朱仙镇位于开封城南45里,贾鲁河穿镇而过,是当时全省最大的商业市镇,清前期贾鲁河水深面宽,南北过往船只络绎不绝,“朱仙镇天下四大镇之一也,食货富于南而输于北……朱仙镇最为繁夥,江西景德镇则窑瓷居多耳”②。赊旗镇为唐河及其支流所环绕,距县治所90里之遥,该镇3里长、5里宽,乾隆四十七年(1782年)《创建春秋楼碑记》称:“地濒赭水,北走汴洛,斯镇居荆、襄上游,为中原咽喉,洵称胜地”。镇内72条大街店铺林立,是“北走汴路,南船北马,总集百货”的豫南名镇。泼陂河镇“南北两街,商旅辏集,居民颇众”。③

庙会成为社会各阶层物资交流和商贸旅游的重要场所。庙会“以祈、以报、以敬事神,且因以立集场通商贩,以为士女游观之乐记有之”④。河南著名的庙会有辉县百泉洗佛节庙会、禹州药材大会、宝丰县马街书会、登封中岳庙会、西峡马山口火神庙会、开封东岳庙会、淮阳太昊陵庙会、洛阳关林庙会等。登封中岳庙会,“四方进香者络绎辐辏,商贾赍货鳞集,贸迁有无。土著者因肆酒备、搭铺棚,博绳头,资助耕稼所不足”⑤。百泉庙会,“四月初八日祭卫源神庙,四方贸易者至,南北药材亦聚十余日始散”⑥。在宝丰马街书会上,每年正月十三至十五日,湖北、安徽、陕西、山东、江苏、上海、四川等各地艺人千里迢迢赶来,扩大了当地的影响。庙会成为社会各个阶层娱乐、交流、旅行和狂欢的场所。

2.3.3 商贸之旅的特点

以商品生产和交换为主要目的进行的旅行活动有着悠久的历史,这类旅行在人类旅游史上也占据着非常重要的地位。商业经济的特质——流动性决定了商人的活动性特征,这种流动性在客观上构成了旅游活动的丰富内容,商人们所获得的丰厚利润也使他们的旅游消费成为可能,成为历史时期旅游消费之先导者。

在客观上,商贸旅游活动给后世留下来的是便捷的交通路线,这是由商人追求的安全、效率因素所决定的。丝绸之路的开辟及管理的事例就非常典型。又如,巴蜀地区土地肥沃但交通不便,自秦国时,出于政治和交流的需要,陆续开辟蜀道和西南驿道,到唐代时,这里建成了非常重要的商旅通道,唐代成都至关中的道路,是巴蜀通往关中的交通干线,也是唐代长安和成都之间驿道的南段。作为当时全国四大干道之一,唐朝政府在沿途兴建了大量馆驿。据史载,当时沿途“皆有店肆,以供商旅,远适数千里,不持寸刃”⑦。水

---

① 乾隆《孟县志》卷四(上)《田赋附物产》。

② 光绪《祥符县志》卷九《建置·沿革》。

③ 乾隆《光山县志》卷一一《市集》。

④ 乾隆《林县志》卷五《风土》。

⑤ 景日珍《嵩岳庙史》卷六《时祭》。

⑥ 光绪《辉县志》卷四《风俗》。

⑦ 杜佑:《通典》卷七《历代盛衰户口》。

路方面,长江上游与中下游地区的航运日益发展。岑参的《万里桥》诗云:"成都与维扬,相去万里地,沧江东流疾,帆去如鸟翅。"公私商旅往来不断。是时,"其交、广、荆、益、扬、越等州,运漕商旅,往来不绝"。陈子昂的《上蜀川军事》一文,更把巴蜀描绘得非常繁荣:"国家富有巴蜀,是天府之藏,自陇右及河西诸州,军国所资,邮驿所给,商旅莫不皆取于蜀。又京师府库,岁月珍贡,尚在其外,此诚国之珍府。"①

在主观上,商人并非是只懂经营获利、缺少知识素养的人,他们大都有较高的文化素质,有较高的精神消费需要。当物质生活有保障后,他们更有能力从事旅游等文化消费活动。他们在城市、在乡村,在家乡、客地,在繁华的都市里、在静谧的山水间,在饮食、建筑、服饰和文化娱乐等方面进行大量的消费投入与支出,大大丰富了旅游消费的主要内容②。

2.4 宗教旅游

随着旅游业的蓬勃发展,旅游文化这一概念逐渐被人们所接受,它是一种建立在旅游实践基础上的,融知识性、历史性、文化娱乐性、民族民俗性等于一体的综合型大众文化。上至最高统治者,下及黎庶百姓,都是这种文化的主体。在众多的旅游活动中,宗教旅游是一种颇富特色的旅游活动。

2.4.1 宗教活动的基本特点

2.4.1.1 宗教旅游的广泛含义

宗教旅游是一种独特的文化旅游。一般来讲,宗教信徒都有朝圣的习俗,以表示对宗教的信仰和虔诚,就世界范围来讲,麦加、耶路撒冷以及佛教、基督教、伊斯兰教的寺观教堂,都成为宗教徒朝圣的必然场所,旅游热盛行不衰、香火不熄。如中国的佛教四大名山、道教名山,都是朝圣游人络绎不绝。

总的来说,宗教旅游是指宗教信仰者的朝圣活动以及一般旅游者参观宗教景区景点的活动。它不仅仅是指那种拥有强烈或唯一宗教动机的一种旅游形式(朝觐旅行),还包括非朝拜目的的宗教景点景区观光、修学以及游憩行为。③ 改革开放以来,随着宗教政策的逐步落实和国内旅游的兴起,中国宗教旅游得到迅速发展。大批游客以高度的热情参与了形式多样的宗教旅游活动,旅游界和宗教界也以前所未有的热情投入宗教旅游项目的开发中,宗教旅游"供求两旺",是中国旅游业中重要的棋子之一。如具有"东方明珠"之称的上海,不仅是当今中国的经济中心,而且在中国宗教旅游资源中也占有重要的地位。无论是佛教的静安古寺、龙华寺院,还是徐家汇天主教堂、圣母堂等每年都吸引大批中外游客前来观光。

2.4.1.2 宗教旅游开发的可行性

首先,市场需求是宗教旅游开发的一个先行条件。宗教是一种文化现象,在产生、发

---

① 姚乐野:《论汉唐间巴蜀地区开发的历史经验》,《华中科技大学学报》2005 年第 2 期。

② 陈宝良:《明代旅游文化初识》,《东南文化》1992 年第 2 期。

③ 曹绘嶷:《剖析中国的"宗教旅游热"》,《海南大学学报》2003 年第 2 期。

展和传播过程中,展现出极为丰富的文化内涵。如佛教,在东汉末年传入中国以后,与博大精深的中华文化融会,逐渐成为中华文化中的一个重要组成部分,反过来又对中华文化许多方面产生深远影响。又如中国传统的道教自产生那天起,就在中国民众中有广泛的影响。基督教也是如此,逐渐广为中国民众所接受。

因而,开展宗教文化旅游既有广泛的群众基础,又有深厚的文化市场,是一种市场看好、前景远大的富有中国特色的旅游产品。在国际市场上,特别是西方欧美各国,由于国情不同,民族文化与生存背景不同,一般游客对宗教文化的兴趣特别浓厚,对信仰文化、宗教民俗天生怀有一种热烈关注和探索的欲望。过去旅游界有句老话,说:“外国人到中国是白天看庙,晚上睡觉。”此话虽意在批评,却也从侧面反映了宗教文化产品的独特魅力。中国的佛教文化,作为中华文化的一个分支,不仅对日本、港澳台地区,乃至对东南亚都有较大影响,具有典型的东方人文色彩,对于西方人,特别是那些求新逐异,热衷探寻生活之迹、文化之迹的外国游客而言,更是一种具有强大竞争力、吸引力的旅游产品。佛家崇尚的“行善修道、因果报应”,道家的“清静无为”的人生追求、生活方式、健身秘诀等都与当今世界回归自然的旅游潮流——生态旅游、绿色食品保健旅游、森林旅游等旨趣相吻合。因而此类旅游资源,一旦推出必受到国内外旅游者的青睐,具有典型经济学研究的价值。

其次,宗教旅游资源丰富,具有巨大的吸引力。中国是一个多种宗教并存的国家,除原始宗教外,还有佛教、道教、基督教、伊斯兰教等,可以说中国的宗教历史悠久,资源十分丰富。中国宗教旅游资源主要包括以名山、寺庙、洞窟、佛塔为主的佛教旅游资源,以名山、宫观庙宇、洞窟石刻及遗迹为主的道教旅游资源,以清真寺庙、著名遗迹为主的伊斯兰教旅游资源和以教堂、著名遗迹为主的基督教旅游资源。

具有两千年历史的中国佛教经过历代信徒与官方的支持,形成了一整套的佛教艺术旅游资源。其中的佛教建筑、佛教雕塑绘画的出现,更为中国旅游文化的发达,开拓了广阔的天地。著名的峨眉山、五台山、少林寺、白马寺、龙门石窟等都是佛教丰富的旅游资源。道教是中国本土宗教,得到历代政府的支持,修建和开发了许多道教建筑,生动逼真的道教神像,雄伟庄严的道教宫观;又可听到各种富有神秘色彩的道教奇异民间传说,人物掌故,道教史实等。还可现场观摩道教的气功养生之术,学习道教的修身养性之法,等等。道教的建筑艺术、园林环境、装饰造像艺术、音乐书画艺术等无一不是绝好的旅游资源,有巨大的开发潜力和利用价值。

另外,基督教、伊斯兰教也都是历史悠久的宗教,具有十分丰富的旅游资源,如小桃园清真寺、北京东四清真寺、牛街礼拜寺、西安化觉清真大寺、西什库教堂,天津老西开、望海楼教堂等宗教建筑都是绝好的旅游资源。总的来说,作为当今经济文化大国的中国在宗教文化上也具有十分珍贵的旅游资源。

那么宗教与旅游为什么会紧密联系在一起,原因就是中国宗教旅游资源具有巨大的魅力。具体表现为:一是宗教教义的理论性。各种宗教都具有自己独特的哲学观、伦理道德观、人生价值观、社会观等,其中必然具有部分积极的内容,如劝人为善、净化身心等,常会被游客所接受。二是宗教神秘性。宗教观念产生的最初原因就是人们对自然世界的不能解释现象的反映。三是宗教建筑的艺术性。如上文提到的少林寺、白马寺、龙门石窟、白云观、化觉清真大寺、西什库教堂都代表各种文化迥异的建筑风格。因此宗教的发展、

传播中,也常把这些神秘色彩带入人们的脑海中,旅游者对神仙鬼怪、菩萨佛祖、上帝天使将信将疑的心态,以及对宗教仪式神秘气氛的好奇心态,很自然会将旅游与宗教探奇联系在一起。也正因为中国宗教有如此多的魅力所在,所以能深深吸引更多旅游者偏爱宗教旅游。

再次,国内旅游交通优势明显,保障了宗教旅游的可操作性。纵观中国现存宗教旅游资源或在山林荒野,或在城乡市区,因此必要的旅游交通是保证宗教旅游的一个重要的条件。目前中国旅游交通可以分为公路旅游交通、铁路旅游交通、航空旅游交通、水陆旅游交通等几种。①

公路旅游交通是最普遍、最重要的短途运输方式。铁路一直是国内旅游者选择的主要交通方式。铁路旅游交通具客运量大、票价低、受气候变化影小、安全正点、环境污染小等优点。水上游览也是一种重要的交通方式,具有经济、舒适、安全等优点。索道旅游是目前的一种时尚旅游方式,它用架空绳索支承和牵引客车运送的机械运输设施。

历史上,我国各宗教旅游景区已经修建了较为便利的陆地和水上交通线路,在交通工具的使用和管理方面已经积累了不少经验,保障了宗教旅游的可操作性。

2.4.2 佛教旅游活动

2.4.2.1 佛教传入及发展

佛教起源于公元前6世纪至公元前5世纪的古印度。东汉永平十年(64年),明帝夜梦金人飞行殿庭,问群臣。太史傅毅说:"西方有神,其名曰佛,陛下所梦恐怕就是他。"明帝就派使者西行求法。邀请摄摩腾、竺法兰来内地传法,并得佛像经卷,用白马驮着共还洛阳。明帝建立精舍给他们居住,称作白马寺,两人在寺里译出《四十二章经》。这即是汉地佛教初传的普遍传说。

东汉末年是佛教传入中土初期阶段,僧教徒为了使佛教迅速传播开来,翻译了大量的佛经,可以说讲究质朴的直译是当时佛经翻译的一种标准。

随着佛经翻译开展,佛教也渗透到社会世人中。但就整个趋势而言,东汉时期佛教的发展必须依附道术、鬼神方术,为之附庸,方能有发展,此为汉代佛教之一大特点。无论对汉末上层贵族,还是民间百姓,佛教只是一种类似鬼神方术的事物。

魏晋南北朝是中国佛教的发展时期。首先,佛经翻译有了更为迅猛的发展。著名佛教学者昙柯迦罗、竺法护、菩提流支、支谦、僧伽婆罗和真谛等人分别在洛阳、长安、嵩山、建康等地,或翻译经典,或弘传教义,或从事其他佛教活动,因此佛教比起前代有了相当的发展。

佛教民间化是这时期佛教发展的一个特点。印度佛教传入中国后,经历了一个中国化的过程。其内容之一就是佛教民间化,即佛教不断地深入中国老百姓的日常生活当中,佛事活动成了中国民众社会生活的重要内容。如北方地区由于安世高传授小乘佛教的流

① 关于旅游交通的研究,参见周新年、林炎:《中国旅游交通现状与发展对策》,《运输市场》2004年第11期。

行，重在修持、禅定，重视因果报应的传播，使得民众深惧因果报应之说，故而多做功德。表现主要在于，大量民众从事各种佛教法事，包括写经、刻经、诵经，以及开石窟、造佛像和修佛塔等活动，这种活动既可以全体家庭成员都参与，也可以由家长或者是家庭中的主要成员出面，为整个家庭或者是某个家庭成员祈福消灾。另外，平民百姓在进行一些比较大型佛事活动的时候，甚至还会自发地组织起来，成立“社”“邑义”“邑会”等佛教团体，也就是佛社。同时，佛教诸神的民间化也是佛教民间化的内容之一。原本高高在上的佛祖、菩萨也进入百姓民间的祭祀中，观音、阎王等佛教形象神也开始民间化。

尽管一度兴起了反佛思潮，但佛教依旧在魏晋南北朝时期得到飞速发展。佛教宗派林立，是其起兴盛的表现标志之一。

南北朝时期，介绍印度佛学的使命已经完成，中国佛教徒得以研究佛法，各承一说，故而宗派林立。按照佛学系统划分，主要有两大系统。一是大乘系统，如涅槃师、三论师、地论师等。一是小乘系统，如成实师、俱舍师等。

魏晋南北朝时期佛教宗派属于初创阶段，形式多由一个精通某种经典的僧人师傅，带领一些徒弟共同研习同一种经典，这样逐渐形成了一个小门派，由于这种宗派多是以师傅为中心，故而有称这种宗派为“师”。至隋唐时期，佛教发展已经进入实质性的综合阶段，佛教发展呈现繁荣气象，进入繁盛阶段。

隋唐皇帝中，对佛教支持最有力的为隋文帝、武则天，其余多为承袭，或略有变化。

隋文帝造寺度僧、开设译场，广做佛事。武则天实行佛先道后的政策，大兴佛教。武则天，并州文水人，唐高宗李治的皇后，唐代女政治家。性巧慧，多权术。公元690年，废李旦自立为皇帝，改国号为周，改元天授，史称“武周”。她是中国历史上的女皇帝，在她当政时期，中国佛教发展达到高峰。究其崇盛佛教的原因，大致有两方面：一是家传渊源。其母为杨氏宗室，素来信仰佛教，故“神皇幼小时已被淄服”①；二是与李唐政治斗争的需要。李唐王朝以儒道思想为治国方针，尊奉道教老子为自己的祖先。而儒家文化不允许妇女参与国政，因此为了贬低道教，打击李唐势力，故假托佛经，宣布自己即位的合法性，因此尊崇佛教信仰也是武周王朝的一大政治措施。②

隋唐时期佛教的繁盛状况主要表现在四个方面。

一是统一性。隋唐时期的佛教在各方面都得以统一。在佛学理论上，（哲理、佛教指的智慧）政治上的统一为南北佛学理论融合，创造了条件。北方注重的禅修行为，南方流行的玄学化，在此时得到融合。在宗教组织上，作为佛教本身，隋唐僧人是修行与理论并重的。如当时禅宗虽强调修行，但有精密的理论。当时口号“破斥南北，禅义均弘”。法相唯识，本为理论系统，但也有瑜伽修行。这些都表明隋唐佛教已统一南北。

二是国际性。隋唐时期，中国佛学的地位仅次于印度，从国际上看，中国的佛教或比印度更为重要。中土周边地区国家如要求法，都不用再到印度了，而是直接到当时的佛学中心长安就可以了。其表现为两方面：①更多中土僧人到国外求法、传法。②越来越多外

① 伦敦博物馆藏敦煌写本《大云经疏》。

② 陈寅恪：《金明馆丛稿二编》，生活·读书·新知三联书店，2001年，第153页。

国僧人来中土求法。如朝鲜、新罗把中国天台、华严、禅宗搬过去了。当时高僧圆测、义湘、波若等都是新罗人。日本的“古京六宗”也是唐代中国佛教的宗派。著名传法大师最澄、空海等也都把中国佛教内容传播到日本。

玄奘(602—664 年),俗姓陈,河南洛州人。少时家境困难,在洛阳净土寺学习佛经,贞观三年(629 年),西行求法,广游周国,历经艰辛,求法印度,是中国佛教史上最主要的佛典翻译家之一,法相宗创始人,中印文化交流的推动者。

鉴真(688—763 年),唐代律宗僧人。俗姓淳于,扬州江阳县人。晚年受日僧礼请,东渡传律,履险犯难,双目失明,终抵奈良。鉴真东渡对日本文化各方面影响重大,被称为“日本律宗太祖”“日本文化的恩人”等。

三是自主性或独立性。与汉魏时期相比,隋唐佛教已经不用再借助皇帝和士大夫的提倡,便能继续流行,佛教组织已成为一个体系了。因此隋唐时期的佛教已经不是中国文化的附属分子,它已经能自立门户,不再仰仗外力了,而是有了自己发展的独立性。

四是系统性。隋唐时期佛教的系统性可以从两方面来理解。一方面是宗派上的系统性,魏晋时期的学派(师)到此时演化成各宗派,每宗有自己的庙宇、禁律,对于佛学有自己的看法。宗派意识浓厚,如禅宗尊达摩为祖宗。天台、法相、华严等各有谱系,各有一个全国性的组织。另一方面是学术上的系统性。在这个时期,中土僧人依据佛典,各自阐释,禅宗、天台、法相、华严等各派都有一套严谨的学理。其中,禅宗在中国佛教各宗派中流传时间最长,至今仍延绵不绝。它在中国哲学思想上也有着重要影响,宋明理学代表人物如周敦颐、朱熹、陆九渊、王守仁都从禅宗中汲取营养。

经历了隋唐时期的鼎盛后,佛教逐渐走向衰弱。五代以来,佛教总的情况是大势已去,由高峰向下跌落,但由于各个朝代的佛教政策也不尽相同,有的是支持,有的是限制,因此,佛教在各个朝代、地区的发展也是不一样的,但总的趋势是走向衰落。

2.4.2.2 佛教旅游的主要内容

佛教自东汉末年传入中国以后,对中国文化产生了巨大影响。与中国传统文化不同的是,佛教文化在向众生宣示的过程中,不仅仅靠言传身教,而更注重于借助一定的外在条件,如固定的讲经布道场所、特定的佛神形象和特定的音乐语言。这样寺院建筑、雕塑绘画、佛教音乐、佛经故事、佛教制度为主体的旅游资源便成为中国佛教旅游的主要内容。

首先,佛教寺院建筑主要包括寺院、佛殿、佛塔等。这些建筑一般坐落在远离尘嚣的市郊,或者是掩映在风景秀丽的青山绿水之间。中国最早的一座佛教寺院洛阳白马寺,坐落在离洛阳市东 10 千米处,虽历经千年风雨,建筑规模依然十分宏伟壮观。再如中国最早的禅宗寺院少林寺,坐落在河南登封市西 12.5 千米的嵩山山脉少室山北麓的五乳峰下,它面对少室山,背靠五乳峰。寺院共有七进,规模气势森然可观,殿内也有大量的雕塑壁画,是中外游人的向往之地。

其次,与佛教旅游有关系的就是佛教名山。所谓“天下名山僧占多”,山与佛寺建筑相得益彰,互相辉映,一个沾地脉之气,一个沾佛灵之光。纵观中国佛教四大名山:五台山、九华山、普陀山、峨眉山,无一不是天造地设的自然景观与佛教建筑珠联璧合的产物。再如辽宁的千山、浙江的天台山与天童山、江西的庐山、云南大理的鸡足山、台湾高雄县的佛光山、山东的泰山、南京的栖霞山等亦是深山藏古寺,幽径通禅房,给游人提供了一种静

谧、祥和、净化心灵的时空，在流动中产生美感。

神秘的礼仪、法会制度也是佛教旅游的一项重要内容。这些佛教旅游都为所在城市、所在地区平添了历史沧桑之感，也丰富了这些城市和地区的旅游资源。

2.4.3　道教旅游

2.4.3.1　道教发展概述

道教是在中国土生土长的一种宗教，其思想可追溯至两千年的历史。为便于准确把握道教的发展历程，本条目我们主要利用李养正的研究来加以评述。[①] 远在殷商时代，统治者崇拜鬼神，就有了卜筮吉凶和祈福禳灾的巫师。他们被认为能沟通神天。周代鬼神信仰进一步发展，形成了天神、人鬼、地祇的鬼神体系。这些成为道教多神崇拜的来源。战国时期出现了知仙方、炼仙丹的方士。他们鼓吹升仙的神秘方术，扬言只要人服了仙药、仙丹，立即可以登仙。于是形成了《史记·封禅书》所称的方仙道和《汉书·艺文志》所称的神仙家。这是道教信仰神仙，并宣扬人可“修仙”思想的来源。西汉初期，统治者以黄老之术治天下，黄老之说大兴。神仙家受到儒家神化孔子的启示，开始与黄老结合，推崇黄帝，继则抬高老子。东汉初期佛教传入中国后，更给了神仙家创立宗教的刺激，进一步与老子哲学结合起来，推奉老子为教祖，与儒、佛分庭抗礼，形成了黄老道。汉桓帝时，曾派亲信宦官去苦县祭老子，又在宫中立黄老、浮屠祠，以神仙术为核心内容的黄老道，便成了公开的宗教，黄老道即道教的前身。

西汉成帝时，信奉黄老道的齐人甘忠可，吸取齐国邹衍的阴阳五行说，创作《天官历包元太平经》十二卷。后此道转入民间流传。到东汉顺帝时形成了于吉的《太平青领书》。汉灵帝时兴起的太平道，便是信奉《太平青领书》的一个道派。《后汉书·皇甫嵩传》说：“钜鹿张角自称大贤良师，奉事黄老道，蓄养弟子，跪拜首过，符水咒说以疗病，病者颇愈，百姓信向之。”十余年间信徒遍及青、徐、幽、冀、荆、扬、兖、豫八州，汉官吏认为“以善道教化，为民所归，不加禁阻”。汉灵帝中平元年（184 年），张角率众起义，起义者皆戴黄巾以为标帜，当时遂称这些起义军为“黄巾”。黄巾起义失败后，太平道为统治者所禁止信仰，继而转入民间秘密流行。

汉顺帝时，沛国人张陵在蜀郡鹄鸣山也造作道书，创立“五斗米道”。自黄巾失败后，太平道同时受了打击，不能公开传布，只有张陵的孙子张鲁雄踞汉中二十余年，尽力推行五斗米道，取得民间部分人的信仰，后来张鲁归降曹操，得封万户侯，五斗米道才得以公开传播。

魏晋南北朝时期的道教按照地域可以分为两派。一种是主要在南方流传的道教宗派，如丹鼎派与符箓派。而另一种是在北方崇奉的五斗米道。

南方道教的代表人物是两晋葛洪（284—364 年），他系统论述了战国以来的神仙家理论，并总结了神仙方术，最有代表性的著作是《抱朴子》。

北方道教最大的发展是北魏寇谦之改革的五斗米道。北魏拓跋嗣时，嵩岳道士寇谦

---

① 李养正：《道教概说》，中华书局，1989 年。

之，自称太上老君亲自授他天师之位，继承张陵的地位，赐给他《云中音诵新科之诫》二十卷。据《魏书·释老志》载，寇谦之对五斗米道做了一番改革，主要是“除去三张伪法，租米钱税，及男女合气之术”，而改为“专以礼拜求度为首，而加之服食闭练”，即提倡坛仪，以礼拜求度为主，而辅以服气、食药、闭精、练气。张鲁时五斗米道男女师皆可自立治所（宣教场所），寇谦之取消了蜀土二十四治，不再用“宅治”之号。寇谦之还制造了许多道书，托言太上老君的玄孙“李谱文”传给他《图箓真经》六十余卷，教他辅佐北魏太武帝拓跋焘。太武帝始光初，寇谦之便到平城献道经，得宰相崔浩的推荐，为魏太武帝所信任。寇谦之对五斗米道的改革，实际上是对五斗米道组织的瓦解，使之不为农民起义用作团结、联络群众的旗帜与纽带，而转向适应封建统治者的需要。由于统治者的支持与利用，同时也由于寇谦之增加了一些新科仪，魏晋南北朝时期道教便发展起来，《隋书·经籍志》中说：“自是道业大行。”

隋唐时期是道教发展的繁盛阶段。唐王朝因道教崇奉的老子姓李，自认为是老子后裔，提倡道教，意图在于更好地利用神权，显示唐室上承天命。在政治上，由于唐时佛教势力很大，占有土地和免役人口过多，妨害了俗权利益，统治者也欲兴道抑佛，削弱佛教势力，因此，道教在唐朝曾特别兴盛。唐高宗乾封元年（666 年），追号老子为“太上玄元皇帝”。玄宗开元二十四年（736 年），道士女冠隶宗正寺，视道士为宗室；开元二十五年（737 年）置崇玄学于玄元庙，道家诸子（老子、庄子、文子、列子）皆号真经；开元二十九年（741 年）建玄元皇帝庙于各地，画玄元皇帝象。唐武宗时，信任道士赵归真、邓元起，兴道灭佛，道教大为兴盛。

道教在宋朝仍然保持了繁盛发展的势头。一方面宋王朝是个积贫积弱的国家，外有契丹、金、西夏的威胁，内有农民起义的扰乱，政局连年不稳定。因此统治者感到统治地位不稳，必须借助神力以安定人心，巩固其统治。如宋真宗模仿唐朝宗祖老子的办法，来抬高宋皇室的地位。以道教祀奉的“赵玄朗”为宋王朝的先祖。同时布告天下，命诸大臣与礼官等议上尊号曰“圣祖上灵高道九天司命保生天尊大帝”，同时尊奉老子为“太上老君混元上德皇帝”。此外，建筑玉清昭应宫、会灵观。封华山道士陈抟为希夷先生，封龙虎山道士张正随为虚静先生，立授箓院、上清宫，蠲其田租，封号准其世袭。各路亦遍置道观，以侍从诸臣退职者领之，号为祠禄。徽宗时期也是道教发展的一个重要阶段，徽宗政和三年（1113 年），诏求道经于天下。四年，置道阶，立先生、处士。又置道官二十六等，封道士林灵素等为先生，参与政事。以灵素之言立道学，于大学内各置内经、道德经、庄子、列子博士二员。宋徽宗还托言是昊天上帝长子神霄帝君下降，由道士们册封他为“教主道君皇帝”。①

辽金之际，道教起了较大的变化，开始分衍宗派。南北割据，造成了道教分裂为北派和南派。

金、元时期，道教派系又增多了一些，在正一道和全真道外，又有新起的真大道和太一道。这些教派中，以王重阳的弟子邱处机最受元太祖隆遇。道教的丛林制度也是在这时

---

① 《宋史》卷二一《徽宗三》。

完成的。

明朝朱元璋统一天下后，对待道教的态度是一方面表示尊崇，另一方面则加强利用与控制。世宗在明代皇帝中最信道教，自号"玄都境万寿帝君"，崇信符箓，日事斋醮，幻想长生。最受宠信的是龙虎山道士邵元节与正一道士陶仲文。邵元节拜礼部尚书，赐一品服，陶仲文被授"少保、礼部尚书、加少傅、少师、封恭诚伯"，均出入宫廷，参与朝政。

明朝最有名的道士是张三丰，又称三丰真人、邋遢道人，曾在武当山（一名太和山）修道，后离武当山云游。太祖、成祖均曾遣使寻觅，不遇，乃营修武当宫观，赐名太和太岳山。道教从此而有南派之武当山派，又称邋遢派。

清朝时期是道教的衰落阶段。乾隆年间宣布黄教为国教，道教为汉人的宗教。乾隆四年（1739 年），禁止正一真人传度，道光年间停止张天师入觐，由二品降至五品，足见道教地位已低落下来，不及以前之盛。清朝道教虽渐趋衰微，但民间祈祷斋醮之事仍照常流行。

2.4.3.2 道教旅游的主要内容

与佛教旅游相比，道教旅游有其独到之处，为其他旅游项目难以替代的多元化功能，正为越来越多的人所关注。历代修建的道教名山、宫观，道教神像、法事，有趣而神秘的道教故事传说都是旅游者津津乐道的内容。

道教称"神仙"所居的名山胜境为洞天福地，昔日在"十大洞天""三十六小洞天"和"七十二福地"中都建有很多道教建筑，随着历史的推移，很多洞天福地现在已经仅有其名。今天著名的道教名山有泰山、衡山、华山、恒山、嵩山、茅山、青城山、龙虎山、终南山、武当山、崂山等。

著名宫观有江西龙虎山的上清宫、四川成都的青羊宫、北京的白云观、河南鹿邑的太清宫、陕西户县的重阳宫、山西芮城的永乐宫、苏州的玄妙观等。

此外，造型各异的道教神像，各种富有神秘色彩的道教奇异民间传说，人物掌故，道教史实等。现场观摩的道教气功养生之术，学习道教的修身养性之法，等等。这些都是绝好的旅游资源，具有巨大的旅游价值。

2.4.4 其他宗教性旅游活动

2.4.4.1 基督教旅游

关于基督教是什么时候传入中土的，有许多历史传说，如东汉时叙利亚传教士来华传教、多马传教、巴多罗买东来华传教等。但学术界根据中国历史文献的记载以及保存在西安碑林的大秦景教碑等实物考证。认定唐代贞观年间，基督教的一支异端派别（Nestorian）聂斯托利派开始传入中国（称为景教），此即为基督教真正传入中国的最早时间①。

唐代是基督教的传入和发展时期，时称"波斯经教"，或景教、波斯景教。唐朝中前期

---

① 确定基督教在唐朝时传入研究论著很多，如张晓华：《佛教与景教在华早期传教策略的比较研究》，《史学月刊》2001 年第 6 期。

对景教(基督教)采取了赞同支持的态度。贞观十二年(638 年),太宗下诏在京师义宁坊建寺(波斯寺)一所,度僧(传教士)21 人。天宝四载(745 年)九月,玄宗又下诏将两京、地方所有的波斯寺,都改为大秦寺。① 唐朝时代全国各地遍布景教寺院,《景教碑》有:“法流十道…寺满百城。”开元二年(714 年)至开元十六年(728 年)间,景教在中国立大主教,景僧等 17 人。当时景教曾经借助宫内的兴庆宫人宣传景教。碑文列举自太宗以至德宗六代帝王,都优待景教的传播,可见唐代景教之盛。②

纵观唐代景教传播之盛,原因在于社会稳定、国力强盛、文化繁荣,与西部诸国(包括波斯)关系较为友好。另外作为统治阶级,它为维持自己统治,不仅需要精神支柱的儒家思想,也需要能帮助它统治的其他精神工具,而景教也恰好迎合了这一需要。

景教自公元 635 年传入中国至 845 年被禁为止,在唐朝一共流行了 210 年。由晚唐朝至宋朝,其教士、教徒进入蒙古、新疆一带,该地所发现的景教徒墓石,可以证实。后来景教在元朝时再由蒙古进入中国,景教卷土重来,这时的景教被称为“也里可温”“十字教”。古代著名意大利商人马可波罗(Marco Polo)及奥多利克(Odoric de Pardenone)的游记与中国史籍均有元代景教传播的记载。

元代“也里可温”人数众多,遍布于各州、各路,仅镇江一地就有 23 户,160 人左右。另外,在福建泉州地方,掘得了五块有十字的石碑,都是元代遗物。泉州是中国中古时代的通商海口,是多数阿拉伯人及其他外国商人教士们进出的地方。1919 年在北京西南 40 里地方的十字寺里,又发现了两块刻花的石碑,碑头上都有十字,与泉州石碑相似。此外在新疆、蒙古等处,有几个义冢里有十字形的墓碑,大都刻着 13、14 世纪的年代。凡此皆能证明元代基督教的发达。汉化也是当时也里可温教发展传播的一大特点,许多也里可温教徒通晓中华文史,信奉儒家伦理,在朝为官。《元史·孝友·郭全传》:“马押忽,也里可温氏。事继母张氏,庶母吕氏,克尽子职。”哈剌,也里可温氏,能文辞,好书法。③

随着元朝由盛而衰,基督教在元代的流传也趋于衰弱。原因一是语言不通,成了西方传教士来华传教的主要障碍。几批来华的传教士,如约翰·普兰诺·加宾尼根本没有任何东方语言的知识。二是元代西方传教士来华目的,并非以传教为主,而是幻想高举十字架从精神上去征服东方,以便采取有效措施予以防范,可以说他们充当了间谍和侦察兵的角色。三是宗教信仰和风俗习惯的差异。蒙古人和欧洲人在宗教信仰上有所差异,而蒙古人的统治地位又必然会导致其做出一些违反基督教规的事。因此在这样一种状况下,元代基督教的衰弱也就是自然而然。④

明清时期是基督教在中土的复兴时期。明代初期政府的宗教政策就是兼容并包,除了佛教、道教外,回回教等也有流传。基督教就是在这样状况下,在欧洲马丁·路德的宗教改革运动影响下,随着方济各在主教再次传入中土。明清时期著名的传教士有利玛窦、范礼安、马礼逊、禆治文、丁韪良等。在 16 ~ 19 世纪基督教在中国有了长足的发展,其原

---

① 《唐会要》卷四九。

② 《大秦景教流行中国碑颂》现在仍然保存在西安碑林博物馆内。

③ 陈垣:《元也里可温教考》,《陈垣学术论文集》(一),中华书局,1980 年,第 17 页。

④ 丁光泮:《再论蒙元时期基督教在华传播》,《涪陵师范学院学报》2005 年第 1 期。

因在于传教士的传教方法有了改变。

一是他们以科学知识吸引人，强调科学知识，如天文学、数学、地理、建筑和机械制造等。这些新奇知识很受中国学者的欢迎，导致传教士变成受欢迎的人物。

二是文化融合法。即在可能的范围内，迁就传福音的对象，用适合的途径，向其传福音。他们学习华语、中国传统的礼节，运用“四书”“五经”进行传道。如清代传教士丁韪良一踏上中国的土地就开始“学土音，习词句，解训诂，讲结构”，对中国文化做到“音无不正，字无不酌，义无不搜”的水平。① 在传教过程中，他也是充分运用儒家伦理思想来比附基督精神，经常强调仁、义、礼、智、信五种规范也是基督上帝所具备的品德，认为儒家的孝与基督提倡的思想是完全相同的。

纵观明清时期基督教的发展，其根本目的是从精神上征服中国，他们花费了一番工夫对中国社会做了调查和研究，认识了中国的大致国情，看到了基督教要在中国立足必须适应中国国情的重要性，在此基础上，他们选择了利用儒家经典和介绍西方科学知识为传教手段的途径，开始了他们对中国社会的渗透。由于利玛窦等人走的是拉拢统治阶级上层的路线，且当时中国的统治阶层也需要外国传教士的宗教，于是，基督教在明清的相当时期内，获得了发展，各地设立了不少教堂，教徒的队伍也壮大了。但是，雍正初年，由于传教士改变传教方法，清统治者认为传教士影响到统治稳定，下令禁绝之，传教活动跌入谷底。

基督教堂是基督教旅游资源的重要内容之一。中国的基督教堂很多，著名的有北京南堂、西什库教堂，天津老西开、望海楼教堂，哈尔滨南岗尼古拉教堂，上海的徐家汇天主教堂，南京石鼓路天主教堂，河南开封天主教堂，广州圣心大教堂，广东宁县普宁流沙教堂，成都平安桥主教座堂，四川金堂苏家湾天主教堂和土瓦堆天主教堂、四川双流县银家坝于主堂等。另外，基督教著名人士的墓地、遗址、藏书楼也是基督教旅游资源的重要组成部分，著名的有北京利玛窦墓、上海松江西余山教堂遗址、上海徐家汇藏书楼、开封红洋楼和新疆阿力麻里古城石刻等。

基督教旅游资源主要包括历史人物、事件、建筑实物等，也包括与宗教有关的有形和无形艺术形式，如宗教音乐。在厦门，鼓浪屿被名为“音乐之岛”，就与基督教艺术传播有关系。从 19 世纪中叶起，外国传教士在教堂举办宗教活动，总伴有唱诗节日，教会兴办的学校也都开设唱圣诗的课程。伴随着基督教的传播，西方音乐开始涌进鼓浪屿，岛上潮音海韵、鸟语花香，没有车马喧嚣，美丽的环境使鼓浪屿人以音乐为乐，并潜心练琴学唱，陶冶情操，音乐与优雅的人居环境相融合，造就了鼓浪屿今日的音乐传统。鼓浪屿的人均钢琴拥有率全国第一，被中国音乐家协会命名为“音乐之岛”。

2.4.4.2　伊斯兰教旅游

伊斯兰教约于公元 7 世纪中叶由阿拉伯传入中国。据《旧唐书》记载：唐永徽二年（651 年），大食遣使来唐朝贡。中国史学界一般以这一年为伊斯兰教传入中国的标志年。

---

① 咸丰范蓉隶序《天道溯源》清刊本，华东师大图书馆藏。

唐代与大食的关系十分密切。[①] 在唐王朝许可下，大批阿拉伯、波斯商人生活在广州、扬州、泉州、杭州和长安、开封、洛阳等地，按照自己的信仰和风俗习惯过着平静的生活，在那里兴建清真寺和墓地，不少人久居不归，与当地居民通婚，繁衍后代，逐渐形成了早期中国穆斯林群体。如《旧唐书·邓景山传》记载田神功兵掠扬州时，就有数千人大食商胡死于战乱之事。可以说，阿拉伯、波斯商人在长安及沿海各地经营和生活也为伊斯兰教在中土的传播提供了条件。

元明两代是伊斯兰教在中国广泛传播和发展的重要时期。蒙古汗国征服中亚和西亚信仰伊斯兰教的国家和民族后，于1258年灭亡了阿拉伯帝国阿拔斯王朝，他们将战争中俘虏的阿拉伯人和波斯人编入蒙古军队，来参加蒙古的战争。大批的中亚、西亚各族穆斯林被迁移到中土，其中有军士、工匠、宗教学者和社会上层中人士，总人数有几十万之众。元朝建立后，这些人多在中土居住，势力很大。另外，这时期中国出现了政治经济发展的新时期，中西交通大开，两地经济贸易往来频繁，国家关系友好，因此中亚、西亚各族穆斯林商人也大量来华。故《明史·撒马尔罕传》中说："元时回回遍天下。"如著录于《元史·氏族表》中的回回人就有数百人之多。著名的回回人有丁鹤年，著有《丁孝子集》，也黑迭儿则为今北京宫城之创建者。[②] 可以说，大量的史料都证明元时伊斯兰教在中国已经形成相当规模，中国伊斯兰教模式基本确立，信仰伊斯兰教的穆斯林群体已形成，穆斯林聚居区出现在广大的城市和乡村，元代中国伊斯兰文化体系已开始形成。

明末清初是中国伊斯兰教的成熟时期，表现在于三方面。

一是外来回回人的汉化程度日益加深。自元代以后，由中亚来的回回人在中土居住已几百年，此时的回回人已经逐渐从武功建业转向汉人文化，回回人读书应举者很多。如元统年间，一科的回回进士就有十人。[③] 回回人汉化之盛可想而知。

二是伊斯兰教已为回回民族以外几个少数民族所接受，回族穆斯林在社会生活各个方面发挥了重要的作用。为使伊斯兰教和伊斯兰文化在穆斯林中得到传播和发展，中国穆斯林的先贤们开始注重和发展伊斯兰教育。陕西著名经师胡登洲（1522—1597年）倡导的伊斯兰经堂教育的出现，对中原和西北的广大地区影响深远，使伊斯兰文化在中国获得较大的发展。

三是汉文翻译活动的开始促进了中国伊斯兰教宗教哲学体系，加快了伊斯兰教中国化的进程。翻译活动是这一时期伊斯兰学术文化发展的新标志。著名穆斯林学者有王岱舆（1560—1660年）、马注（1640—1711年）、刘智（约1655—1745年）、金天柱（1736—1795年）、马复初（1794—1874年），这些人被人们尊称为"学通四教""中阿兼通"的"回儒"，他们以儒诠经，著述和翻译了大量伊斯兰教经籍，他们用中国古代哲学中的某些概念和思想解释伊斯兰教教义，从而形成了中国伊斯兰教宗教哲学体系，促进了伊斯兰教中国化的进程。

清代中后期，伊斯兰教遭到了政府的打击，势力有所衰弱。据统计，自乾隆中叶至光

---

① 陈垣：《回回教入中国史略》，《明季滇黔佛教考》（外宗教史论著八种）河北教育出版社，2000年。

② 陈垣：《回回教入中国史略》，《明季滇黔佛教考》（外宗教史论著八种）河北教育出版社，2000年。

③ 陈垣：《回回教入中国史略》，《明季滇黔佛教考》（外宗教史论著八种）河北教育出版社，2000年。

绪初年,伊斯兰教徒反抗清朝的就有五次之多。如苏四十三之乱、马明心之乱等。[①] 此外,自明末清初以来,中亚、西亚的苏菲主义教义不断传入中国西北地区后,逐渐形成门宦(在新疆称之为依禅)。各门宦都以一宗教领袖为中心,管理清真寺教务,形成了各自不同的存在模式,为中国伊斯兰教教派活动增添了新的内容。

新疆地区各族人民接受伊斯兰教时间大约在明清时期。这一地区群众接受伊斯兰教的方式与内地有所不同。这种方式不是在有了广泛的穆斯林群体后推进伊斯兰教传播的,而是首先在王朝的达官显贵们归信了伊斯兰教后,才在臣民中传教,突出了伊斯兰教政教合一的特点。在历史上新疆各族穆斯林与内地穆斯林一道,在生产和生活中也创造了具有浓郁的新疆各民族特点的文化艺术,极大地丰富了中华民族文化和中国伊斯兰文化。

中国伊斯兰教旅游资源众多。与佛教、道教不同,伊斯兰教旅游资源不是以风景为主,而是强调纪念性。伊斯兰教寺庙建筑,即清真寺,是世界历史文化和建筑艺术遗存的重要组成部分,即是伊斯兰教旅游资源的最丰富的内容。据不完全统计,中国目前有清真寺2万多座。[②] 其中比较著名的有北京东四清真寺、牛街礼拜寺,西安化觉清真大寺、泉州清净寺、杭州真教寺、山东济宁大寺、新疆哈什的艾提卡尔大清真寺和宁夏大同清真寺等。这些都是建于宋、元、明时代的古老伊斯兰寺庙,具有很高的旅游欣赏价值。

2.5 民间群体的旅游活动

2.5.1 民间的含义

"民间"是相对于"官方"而言的,它是指除王公贵族、文武官员等统治者阶层以外的其他社会群体,主要包括农村的普通地主、普通农民,城镇中的手工业者、小商人以及普通市民和士人阶层等。在中国传统的"士农工商"各个阶层中,每一个群体均存在"民间"群体,他们构成了中国古代社会最广大、最普通的群体。这一群体的基本特点是其行为的自发性、直观性,以宗族、血缘、伦理和社会风俗为纽带来规范日常生活和行为。本节所研究"民间群体"的旅游活动,我们首先排除掉政治、军事和职业宗教者群体的旅游,考虑到职业商人的旅游有专业介绍,所以研究仅限于处于社会中下层的普通的农民和市民阶层等普遍民众,尤其关注久被忽视的群体,如妇女的旅游活动等。

农民,是指从事农业生产的最为广大的社会最基层群体,主要包括自耕家和雇工(考虑到在夏、商、周三代的具体情况,奴隶或农奴亦生活在社会的最基层)。他们日出而作,日落而息,以耕种自有的或者承租的耕地谋生,在绝大部分时间内,世世代代生活在狭小的空间里。

市镇居民,在京城、大中城市和中小市镇里生活的普通百姓,主要包括从事手工业者及经营生活和生产物资的商人,以及服务于统治者阶层的群体。自从城市产生后,在城市

① 陈垣:《回回教入中国史略》,《明季滇黔佛教考》(外宗教史论著八种)河北教育出版社,2000年。

② 郑嫱婷,陆林,杨钊:《宗教旅游可持续发展研究》,《安徽师范大学学报》2004年第5期。

里生活的，统治者阶层外，还有一批已经脱离了直接的农业生产、保证城市职能正常运转的群体，当然，还有相当一批在城市谋取生存、发展的群体，他们共同组成了市民阶层。随着社会经济的发展，市民阶层的崛起促进了城市经济的发展和城市生活的繁荣。他们的精神文化消费，以城镇为载体，以都市文化生活消费为主旨，以近地旅游为基本特征，促进了旅游基础设施的不断完善，也丰富了都市人文旅游的内涵。

以上城乡居民的分类当然只是一种粗略的分类，农民与市民两大群体之间是互通互融的。在城乡接合部的农村，农民亦农亦工亦商；长期在城镇生活，本来已经脱离农业生产的城镇工商业者出于获利的目的，或者教育、宗教信仰等目的，在农村定期或不定期居住或长或短，开展丰富多彩的交流活动。许多旅游活动，如节令习俗导引下的旅游活动是带有民族性和普遍性的。城乡居民居住的区域界限也不断缩小，旅游形式、区域和内容带有共融共生的性质。

2.5.2 民间旅游形式

深受传统思想和宗教信仰影响的普通民众以时令节日、祭祀仪礼、原始宗教等为契机，创造多种交友游行的机会，以丰富多彩的方式满足精神欢娱的需要。

2.5.2.1 时令节日

这是民间游乐最重要的内容组成。远在上古时代，先民们就非常重视生活起居的节律，创造“历法”来计算划分年月日时。城乡民众根据阴阳时节，以农时定生活节律，以时令为节点，或在闲暇时节的欢娱，或在农忙备种之前物资交流等，创造了丰富多彩的旅游文化。随着时间的推移，在各地城市或乡村，在不同的季节，逐渐形成固定性的、以时令节日为缘由的旅游活动。中国各地、各民族在各个历史时期的时令节日极其丰富，在此大略介绍，来说明其中旅游娱乐的功能①。

春节是一年中最重要而隆重的时令节日。按照中国农历，正月初一是“岁之元，月之元，时之元”，是一年的开始，又称“元日”或“元旦”。节日从除夕一直持续到正月十五元宵节。其间，人们要走亲戚串朋友，四处拜亲访友。在城市或乡村经营的商客、游子，在春节前也一定要赶回自己祖籍的家里，过一个团圆年。其中自然包含了近地走亲访友和“游子”回家过年的长途旅行。

元宵节，在农历正月十五晚，是中国民间传统的节日，又称“上元节”“灯节”。元宵节始自东汉，佛教的传入后，“僧史谓，西域腊月晦日，名大神变，烧灯表佛”。元宵节张灯庆贺始自唐朝初年，百姓点灯欢娱游玩，从节日当天一天，发展到两天、三天，到宋朝时，节日时放假五日。到明朝以后，元宵节已经成为王公贵族和普通百姓等社会各个阶层交流和旅游的节日了。如明末的北京城，“今北都灯市，起初八，至十三而盛，迄十七乃罢也……灯之日，省直之商旅，夷蛮闽貊之珍异，三代八朝之古董，五等四民之服用物，皆集。衢三行，市四列，所称九市开场，货随队分，人不得顾，车不能旋，阗城溢郭，旁流百廛也……勋家、戚家、宦家、豪右家眷属也。向夕而灯张，乐作，烟火施放。于斯时也，丝竹肉声，不辨

---

① 杨玉厚：《中原文化史》，文心出版社，2000年。

拍煞，光影五色，照人无研媸，烟罥尘笼，月不得明，露不得下。永乐七年，令元宵节赐百官假十日。今市十日，赐百家假五日……妇女相率宵行，以消疾病，曰走百病，又曰走桥”[①]。

清明节，又称寒食节，本为纪念春秋时代晋朝“士甘焚死不公侯”的介子推。清明是二十四节气之一，时逢阳春三月，春光明媚，桃红柳绿。节日期间，民间有禁火寒食、祭祖扫墓、踏青郊游等习俗。另外还有荡秋千、放风筝、拔河、斗鸡、戴柳、斗草、打球等传统娱乐和旅游活动。

端午节，又称端阳节、端五节、天中节，除汉族外，还有满、蒙、藏、苗、彝、畲、锡伯、朝鲜等约28个少数民族庆祝这个节日。中国的端午节很早就传入了日本、朝鲜、越南等国家。[②] 端午节源于中国远古的祭龙日，用龙的威慑力驱除所有的灾疫邪祟，因为在古代人看来，五月为毒月，初五又是毒日，有五毒，即蛇、蜈蚣、蝎子、蜥蜴、癞蛤蟆。此月多灾多难，甚至生孩子都会夭折，因此必须采取各种方法预防，避五毒乃是过“端午”之初衷。端午节前后，人们以节庆祛病强身，所以在大江南北都有赛龙舟的习俗，十里八乡的民众前来游玩观赏。[③]

中秋节，农历八月十五日，因月亮圆而明亮，故又是“团圆节”，亦是亲人团聚的节日。秋分时节，秋高气爽，皓月当空，亦是祭月赏月之时。唐李白有诗句“举头望明月，低头思故乡”，传颂千古。此时，城乡民众，亲朋好友相聚一起，秋游抒情，其乐融融。

重阳节，农历九月初九。古代以九为阳数，以九为最，九月初九日即重阳，所以重阳节又是“老人节”。人们要喝菊花酒，要吃“糕点”表示步步高，健康长寿，老人们在这一天或赏菊以陶冶情操，或登高以锻炼体魄，给桑榆晚景增添了无限乐趣。节日前后，活动极为丰富，有登高、赏菊、喝菊花酒、吃重阳糕、插茱萸等。唐代诗人王维的一首《九月九日忆山东兄弟》把登高、思乡、游子的心情刻画得精细传神，诗中写道：“独在异乡为异客，每逢佳节倍思亲。遥知兄弟登高处，遍插茱萸少一人。”

2.5.2.2 祭祀礼仪

祭祀，即“祭神祀祖”，祭礼源于西周，周王自称天子，通过实行嫡长子继承制、等级分封制和宗庙祭祀制，将血缘传承关系变为世袭继承的宗法制。同时，中国是一个泛神的国家，神化的祭祀主要对象有山岳、河流、湖泊、石头、植物、动物和偶像等，祭祀的神也非常之多。人们修建宗庙、以礼乐牲品表达对先祖神人的敬仰，祭祀与宗教活动是不相同的，其意义在于表达对先祖、先圣、先贤的缅怀敬畏之情，又起到化民成俗、敦厚民风的作用。[④]

在对神、人、物的崇拜中，神、人、物三者又合为一体。各地、各民族、各宗亲家族都有自己祭礼的对象，也有共同的祭祀对象，如“三皇五帝”。如祭祀炎、黄二帝是历代统治者所重视的，以此显然君权神授、帝位传承和多民族统一融合的积极意义，所以，“千百年来，每逢清明时节，祭扫黄帝陵，已成为中华民族精神世界的庄严典礼”。在盛大的祭祀

---

① 刘侗，于奕正：《帝京景物略》卷二《城东内外·灯市》，北京古籍出版社，1980年，第58–59页。

② 冰庵：《从抢救端午节原文化形态说起》，《光明日报》2004年4月14日。

③ 韩晓东：《断裂、整合中的中国传统节日文化》，《中华读书报》2005年2月23日。

④ 瞿明安，郑萍：《沟通人神——中国祭礼文化象征》，四川人民出版社，2004年。

活动中,普通民众又可以以娱神达到娱人的游乐目的。[①]

如山西晋祠,曾是晋国始祖唐叔虞的宗祠。据清末刘大鹏在《晋祠志》中记载,清光绪年间,在悬瓮山麓南北延袤三里、东西不过半里的晋祠镇,竟建有各种祠宇亭榭100余座,专事祭祀的祠庙近60座,塑像、壁画和碑刻,祭天、祭地、祭人、祭物、祭神灵,内容丰富,规模宏大,形式多样。从北魏时的初具规模,经隋、唐、五代、宋、元、明、清、近现代不断重建与扩建,演变成现在这般具有北方祠庙特色的大型古典园林[②]。晋祠祭祀时,盛况无比,游人如织,"每届祭期,正若思之念,貌仰如在之神。列黍稷而馨感明灵,奏合乐而声闻霄汉。由是丁男子妇,攘往熙来,壤叟衢童,趋前逐后,献酒、献帛、献牲之众,不一其人。夫晋阳胜景,全在晋祠,更兼四时景色,极其鲜妍。非但公子王孙,五陵年少,赏心乐事,必于此而放浪其形骸,即诸贫穷亦多解质借兑,扶老携幼,竟日嬉游,从古而然,至今不改也"[③]。晋祠的建筑及祭祀文化在历代都是人们旅游览胜的重要内容。

社火是在城乡各地演出的一种群众娱乐形式,大部分时间在春节至元宵节之间进行。它来源于古老的土地与火的崇拜。社,即土地神;火,即火祖,是传说中的火神。社火的本意可能是焚祭品于社,就是"燎",引申为"祭社"的仪式[④],是游神队伍行进中的演出祭祀活动形式。社火活动期间又会开展丰富多彩的娱乐活动,如山西的民间社火,据统计,全省约有200多种,按其形式可分为锣鼓类、秧歌类、车船轿类、阁跷类、灯火类、模拟禽兽类、模拟鬼神类、武技类等。[⑤] 陕西宝鸡社火的种类很多,有山社火、车社火、马社火、背社火、抬社火、高芯社火、高跷、地社火、血社火、黑社火等。大都在正月祭社、庙会迎神、祈雨时表演,而正月十五最隆重,声势最为浩大。宝鸡市赤沙镇的血社火是陕西乃至全国唯一保留的一个社火种类,每逢闰年表演一次。

社火呈现由祭祀神向纯粹的文艺表演形式转化的发展趋势。社火活动以农村活动为主,城市也会参与其中,其主要是以"社"为单位,以社庙为地点,以社神为祭祀的对象。以里社为负责组成"文化社区"或"民族社区"。社火作为一种民间基层各色人等参与的一种主要的娱乐方式,其中包含了大量的基层群体旅游的元素。如在山西一些地方的社日祭祀活动,城里人也踊跃参加,称为"走社",黎城、屯留等地秋社时,"士女走社愈盛";长子社日士女出游称"走社",这时"乡人张乐赛神,曰'结秀'"。[⑥] 看似一种祭祀仪式,其本质上反映的却是人们心灵的寄托与精神的狂欢。

2.5.2.3 宗教信仰

在民间的旅游娱乐中,时令节日、祭祀活动和宗教活动往往又交织在一起,如每年正月十五的元宵节就来源于佛教中的"燃灯"习俗。中国传统的"尊祖敬宗"的祭祀活动也带有原始宗教的性质,这些祭祀活动也多有固定的时节。但三种活动的实质还是有很大

---

① 瞿林东:《黄帝祭祀与历史文化认同》,见《光明日报》2005年4月5日。

② 玄武:《晋祠寻梦》,山西古籍出版社,2005年。

③ 刘大鹏:《晋祠志》卷第七《祭赛》,山西人民出版社,1986年。

④ 晁福林:《试论春秋时期的社神与社祭》,《齐鲁学刊》1995年第2期。

⑤ 段友文:《汾河两岸的民俗与旅游》,旅游教育出版社,1995年。

⑥ 赵世瑜:《狂欢与日常——明清以来的庙会与民间社会》,三联书店,2002年版,第231-246页。

不同的，时令节日从节气出发，重视时日在活动中的重要性，祭祀以神灵祖宗为主要内容，宗教则包含了更多的超现实的信仰活动。

佛教节日甚多，尤以浴佛节规模宏大。洗佛节，在农历四月初八日，是佛祖释迦牟尼的生日。据说，佛祖出生后，有两股水从天泻下，沐浴在王子的身上。后来，佛教徒每年为庆祝佛祖诞辰举行浴佛仪式。洗佛仪式上，信徒手持净水，内心诚恳祝祷，转五浊恶世为清净的净土，导邪曲人心为善良菩提。洗佛仪式吸引了众多的善男信女和各方游客的普遍参与。据《三国志・吴书》说：每逢浴佛节，寺院都在路边陈设饭食，供往来的善男信女自由取食，“经数十里，人民来观及就食且万人”，节日规模宏大，人数众多。这一天，在许多地方有郊游、放生之俗。在四川成都，在东门外锦江边，“人家市鳅鳝鳝鱼鳖，盈挑盈担，以锣鼓、香烛放舟送之江中，谓之‘放生’”，在“放生”仪式中，锦江江中江岸，官绅富商，热闹非凡，“或由北门上舟者，或由东门上舟者，或绕舟于南河者，或维舟于濯锦楼者，官绅商民之妇女，无论老幼，亦结队游宴，两岸之民家楼口，红袖绿鬟，目不暇接。秦淮河之风趣，今日一见，白塔寺、望江楼，游人如织”①。

据游子安的《道在民间——多神崇拜与岁时节日》一文介绍，道教信仰主要源于原始宗教，道教节日即道教特定的纪念、庆贺、朝诵、追荐之日辰仪式，节日来临都要举行斋醮仪式（祝寿、庆贺科仪），包括祭星与设道坛诵颂。道教节日与民俗活动早有关系，它融合了中国传统节气时令的风俗内容，所以道教的节日很频繁。如天官大帝的生日与上元灯节（元宵节）相重合，百姓与道教信仰者一起给天官大帝过生日，娱乐气氛显得更张扬。宫观举行祈福道场或庆灯园游盛会，竞投胜灯；民间则举办赏灯活动，成为民间热闹非凡的时节。

伊斯兰教节日以古尔邦节（宰牲节）、开斋节（肉孜节）和圣纪节等最为著名。古尔邦节在伊斯兰教历的 12 月 10 日，节日上，青年男女有说有笑，载歌载舞，开展各种庆祝活动，节日期间洋溢着欢乐的气氛，它是中国的回、维吾尔、哈萨克、乌孜别克、塔塔尔、塔吉克、柯尔克孜、撒拉、东乡、保安等少数民族的宗教节日。开斋节是伊斯兰教最重要的节日，伊斯兰教规定，在伊斯兰教历太阴年 9 月 29 日若见新月，则第二天为开斋节，否则推迟一天。圣纪节是纪念伊斯兰教的创始人穆罕默德的，这一天穆斯林前往清真寺听教长、阿訇讲经，然后游玩一天，有的还宰杀牛羊，设宴聚餐。在普通百姓生活中，这些节日既是盛大的节日，也是人们走亲访友、游乐玩耍的好机会。

2.5.2.4 庙会

庙会既是购物的场地，也是旅游的场所、娱乐场所。庙会在城乡广为建置，在河南，庙会在各地、各个时节均有。从省城到各州县乡间，只要有庙就可能有会。据王兴亚在《明清河南集市庙会会馆》中统计，在庙会全盛时期，全省各县各类庙会时间累计少则百余天，多则上千天，濮阳、滑县、荥阳、温县的庙会都超过 200 天。这些庙会在时间选择上虽然各不相同，几乎每个月份都有，但大多选在农闲季节。庙会给当地人民物资交流、经济发展和旅行娱乐提供了方便。河南最著名的庙会有辉县百泉洗佛节庙会、禹州药材大会、

① 王雪梅：《论清代成都地区的旅游休闲活动及其影响》，《四川师范大学学报》2002 年第 3 期。

宝丰县马街书会、登封中岳庙会、西峡马山口火神庙会、开封东岳庙会、淮阳太昊陵庙会、洛阳关林庙会等，实际上都已发展成为地区性的中级市场，赶会者不仅有来自周边各县的，还有许多来自东西南北各省的，人数可达数万以至数十万人。[①]。

在山东泰山，因为历代帝王的庆典仪式、佛道的宗教活动以及民众的朝山进香活动，在岱庙一带形成了以贸易活动和娱乐活动为主要内容的东岳庙会。宋元以后，东岳庙会成为北方规模最大、影响最大的庙会，泰安也成为重要的商品集散地和华北最大的骡马交易市场，并吸引了大批的游客前来旅游观光。据明末清初张岱在《岱志》中记述："东岳庙……阔数百亩。货郎揹客，错杂其间，交易者多女人稚子。其余空地，斗鸡，蹴鞠，走解，说书，相扑台四五，戏台四五，数千人如蜂如蚁，各占一方，锣鼓讴唱，相隔甚远，各不相溷也"，亦可见盛大的场景、热闹的场面。

2.5.3 妇女旅游

妇女是社会基层群体之重要部分。妇女在中国传统社会中的地位决定了她们的旅游活动形式既有普遍性，又具有特殊性。

2.5.3.1 传统妇女的社会地位

在中国传统社会几千年的发展历程中，妇女的地位前后有很大变化。父系氏族社会以后，女性的地位呈下降趋势（受少数民族母权政治影响，女性地位有时会略有上升，如魏晋南北朝、唐代时）。尤其是到宋代以后，理学家们系统地提出了"三纲五常"理论，把妇女的贞节观制度化，要求处女严守童贞、为夫殉节，将妇女的贞节观念推向高潮，把妇女打入社会的最底层。有学者据《古今图书集成》所录历代列女统计，为夫殉节的妇女人数，先秦 7 人，占总数的 0.06%；秦汉 19 人，占 0.16%；魏晋至隋唐五代 64 人，占 0.54%，宋（含辽金）元 538 人，占 4.42%，而明清仅计至康熙末年即达 11 529 人，占总数的 94.83%。从这种加速度增长的数字中，可以看到贞节观的的确确影响着人们的生活[②]。这种情况一直持续到民国以后。

总体而言，传统妇女的地位并不高，其社会活动（包括旅行）多受限制，主要表现如下：政治地位观上，妇女"国不可使预政"，"事在供酒食布局"，甚至宣称女人在家庭中也不能持家掌权，"牝鸡无晨，惟家之索"；在人生价值观，有"三从四德""七出之条"的束缚，要求妇女绝对服从于家庭和丈夫，"嫁得鸡，逐鸡飞；嫁得狗，逐狗走"，在许多地方甚至有"娶来的妻，买来的马，任我骑来任我打"之说，更有甚者，以"缠足"等方法来摧残女性的身体以满足男人的畸形需要。在文化观方面，宣扬"女子无才便是德""妇人识字多诲淫"等思想，以期更好地控制妇女。

2.5.3.2 妇女的旅游

女性离开自己的家居出门旅行，是社会群体交往的重要组成，这不仅仅是政治、军事或社会活动的要求，女性在其中可以发挥和男性同样甚至更为良好的作用。同时，有女性

---

① 程有为，王天奖：《河南通史》第三册，河南人民出版社，2005 年，第 605 页。

② 曹大为：《中国历史上贞节观念的变迁》，《中国史研究》1991 年第 2 期。

参与的社会交流也是极其正常的物质和精神需求，与两性相悦的生理或精神需求有很大的关系。因此，在古代，女性在许多情况下有机会参与社会交往，包括民间旅游等。

女性最基本、经常性的旅游形式是本地旅游，属于民间基层旅游性质。她们会因为宗教信仰、祭祀或时令节日等机会，以参与宗教、祭祀仪式而获得在本地短暂旅行的机会，在寺庙、庙会、社火表演时都可以看到妇女的普遍参与。在元宵节期间，妇女外出郊游“走百病”。妇女可以公然出入于寺庙之间，以求子、求福、求平安、求长生等为名义，进行短暂的旅游观光。

“迎紫姑”和“乞巧”节都属于妇女自己的节日。“迎紫姑”是在上元节前后妇女，尤其是未嫁少女的活动。紫姑信仰起源较早，在南朝时就已经流行，故事的意义是，紫姑作为人妾遭正妻的嫉妒，常被迫做污秽之事，被折磨而死后成为厕神。古代的妇女祭拜紫姑往往和拜“蚕桑之神”合一，其意义有二：一是占卜一年的收成，如河南灵宝“十五日后，妇女插紫姑，以卜一岁之丰歉”；二是妇女出于对紫姑的同情，祈求自己婚后能免遭厄运①。“乞巧”节，则属于妇女的专门节日，这与牛郎织女的故事有关系，希望织女保佑，成婚以后有个好手艺、受到婆婆的夸奖。②

妇女也有在特殊背景下进行的旅游活动。有偶然性的婚嫁出行、丧葬礼仪、战乱女性逃亡等。帝王巡游时，会带大量的女眷随从；一些少数民族地区仍然是女权社会，妇女有许多出游的机会；士人、官宦出游时常多带歌伎、侠女等，这些都构成了独特的妇女出游方式。③

2.5.4　中外民间旅游

限于人们的活动空间以及对世界的认识和沟通信息、工具等，中外交流受到很大的限制。中外交流有出于政治的目的，还有军事的、文化的和商贸的交流。其中，既有官方的交流，也有民间的交流。中外民间交流活动中以官方许可下的政治、商业以及文化交流为主，也不乏纯粹的旅行活动，此外也有自发的甚至是非法的交流。中外朝使之旅、中外商贸交流以及单纯性宗教旅游，本节不做详细介绍。此处所讲民间交流，既有为了生计的海外私人贸易，也有宗教信仰的个人行为。总体而言，民间交流水平和规模受到政治形势和外交政策的影响极大。然而，在商业活动和宗教传播的影响和推动之下，民间的中外交通同样起步很早。

2.5.4.1　经济因素的影响

沿海先民傍海而生，有较强的海外交流和移民的倾向。一旦政治局势恶化和迫于生活，就会举家或成群结队迁居海外。尽管这种迁居并不具有旅游的基本属性，但海外移民源源不断地把海外信息带回到国内，并把海外的自然环境、社会风俗等反馈回来，这样又会进一步吸引更多的人到海外发展。这类人口的流动带有明显的家族性、地域性特征。

---

① 光绪《重修灵宝县志》卷三《风俗志》。

② 赵世瑜：《狂欢与日常——明清以来的庙会与民间社会》，生活·读书·新知三联书店，2002年，第277页。

③ 张冬林：《浅议古代女子旅游》，《甘肃行政学院学报》2002年第2期。

以江苏为例,在吴越争霸时期,吴王夫差身亡国灭,吴国遗民"南下百粤"大迁徙,部分吴国臣民和王室后裔流亡海外,徙居今日本、越南等地。东吴、东晋和南朝的宋、齐、梁、陈等王朝相继建都于南京(时称建邺、建康),江苏成为当时政治、经济、文化及对外交往中心。东吴巨舶远航海外,吴地丝绸是"海上丝绸之路"的重要商品。在民间,有许多具有纺织、制镜等技艺的工匠从石头津远渡海外,流寓日本、朝鲜、扶南等国传艺营生。唐末黄巢起义、五代十国之乱,以及南宋、南明王朝覆灭之际,粤、闽、江、浙沿海地区人口都曾因战争和社会动乱而徙居海外。

到唐宋时代,随着中国海外贸易的足迹远及东洋、南洋,乃至阿拉伯世界,许多华商定居于贸易地,也有外国人随之来到中国。13 世纪的蒙古帝国迅速扩张、崛起,影响到亚洲乃至欧亚大陆的政治与社会巨大的变化,促进了中外交流在各领域的广泛开展。那时出现了许多著名的旅行家,既有中国人到域外去旅行,也有外国人到中国来,使中外交流大大加强。但总体而言,这一时期参与人口流动的数量还相当有限。元明之际,海外移民规模逐渐扩大,主要分布的地区在东亚、东南亚,浙江、福建和广东沿海居民聚居于此,频繁往来。这样的势头,在郑和下西洋时代一度受到严厉的限制,但并没有绝迹。

明代中叶以后,随着东南沿海地区商品经济及商业资本的发展,私人海外贸易迅猛发展,大有取代官方的"朝贡贸易"之势,并成为中外经济交流及民间交往的主要形式。尽管封建王朝持续严厉控制私人出海贸易,海商及沿海群众仍然不顾重重禁令,千方百计携人载货远航东北亚、东南亚,以及南亚诸国,从事海外贸易。其中不少人长期流寓海外,以至终老于异国他乡。以"海商"贸易为主要渠道的中外民间交往及移民,从明代一直延续到清代中后期。

明清时期民间在海外的活动区域,一是集中在日本的长崎、平户等地。万历四十六年(1618 年)仅在长崎的华人就达 2.3 万人之多,"海土之民,以海为田……闽、粤、三吴之人,住于倭岛者不知几千家,与倭婚媾长子孙,名曰'唐市'。此数千百家之宗族姻识潜与之通者,实繁有徒。其往来之船,名曰'唐船',大都载汉物以市于倭"①。二是东南亚,主要分布在菲律宾的马尼拉,印度尼西亚的巴达维亚、万丹,马来西亚的北大年,暹罗的大城等地。到鸦片战争时,海外中国移民的总数约在 100 万~150 万,遍布东南亚、东北亚各地。三是清后期民间海外自发的移民范围进一步扩大。美洲、澳洲和非洲成为中国人新的活动地区。到晚清时期,南洋地区中国移民总数约达 500 万左右。19 世纪末,契约华工激增及华商的发展,美国、加拿大、澳洲及古巴、秘鲁、南非等地的华侨社区亦已颇具规模,到 20 世纪初整个海外华人移民的总数已达到 700 万~800 万。②

2.5.4.2 宗教因素的影响

在宗教信仰影响之下,信众的跨国旅行也成为一种普遍的现象。中国传统文化具有极强的包容性,对外来宗教一直采取为我所用的态度,宗教信众的广泛与普及,使得宗教

① 《明熹宗实录》卷五八,天启五年四月戊寅。

② 杨国桢,郑甫弘,孙谦:《明清中国沿海社会与海外移民》,高等教育出版社,1997 年,第 39-44 页。

成为民间社会沟通、交流和旅行的强劲动力。

宗教人士走出国门的旅行，也丰富了中国古代民间的国际旅游。佛教传入中国后，在中外文化交流和民间交往中，不少僧侣陆续流寓海外，就地传播中国佛教及中华文化。仅东晋和刘宋两朝(317— 479 年)流寓海外的僧侣见于文献记载的就有 121 名。元人李志常(1193—1256 年)，出身儒门，但早年无意于功名，便携书作云水游，学道于莱州即墨诸山。后投入全真教主长春真人丘处机门下为弟子。丘处机以宗教、政治或军事目的旅行多地，李志常亦常随从游。长春真人及其门徒对旅行见闻多有记载，李志常以此为基础著成《长春真人西游记》。该书对西域各地的记录，提供了丰富的中外交通线路、山川物产、各地经济生活、宗教文化等多方面重要资料。陈得芝认为“与同时代许多东西旅行家的西域地区行记相比较，它无疑是价值最高的一种”①。

2.5.5 民间旅游的特点

民间群体之“民间”地位决定了他们的旅行不同于帝王的“巡游”和军将征战戍守中的“军旅”，也不同于官员的“宦游”和行商坐贾的“商旅”，与纯粹的宗教旅行也有很大的不同。对这样一些处于社会较低层的“弱势群体”而言，其生存的压力、生活的空间和精神上的需求决定了他们的旅行呈现自己的“特质”。

(1)季节性　旅游总是要尽可能选择较为恰当的时节，以尽可能获得最大的满足感。基层社会群体自身的特征决定了他们的旅游带有极强的季节性。完全基于气候而耕作的农民、以农产品的生产和供给为特征的工商业者，以及农业经济运作的诸色人等，时令节日成为最广大社会群体的旅游形式就不难理解了。由于旅游活动较强的季节性，决定了他们旅游带有明显的时效，往往时间比较短暂且相对集中。如腊八节在南朝时已定在十二月初八，腊日在古代主要是祭祀百神之日，它来源于丰收后的赛神狂欢活动。孔子的学生子贡目睹了腊祭盛况，他对孔子描述当时举国上下交友游乐盛况时说：“一国之人皆若狂，赐未知其为乐也。”倒是“至圣先师”孔子颇能体谅人们的心情：“百日之劳，一日之乐，一日之泽，非尔所知也。张而不弛，文武弗能，弛而不张，文武弗为。一张一弛，文武之道也。”②

(2)地域性　普通百姓是基层旅游的主体，他们只有在闲暇时或特定时节从事旅行活动，所以活动的范围有限，主要在本地旅行娱乐。普通的市民与工商业者他们也只能在城镇里的市镇游、近郊游等。这一点与宦游、商旅、军旅等旅游活动有着明显的不同。如在唐宋间，在洛阳城大致每年的“清明次五日”，“花开花落二十日，一城之人皆若狂”，讲的是洛阳牡丹花好，使游人若狂，而花期短暂，游人唯恐错失良机，争相观赏，甚至秉烛夜游、掌灯观看。“唯有牡丹真国色，花开时节动京城”，京师虽然当时汇集了当时海内外的“游客”，但更是广大民众的节日。

(3)宗教性或原始性　即在普通百姓的盛大节日娱乐活动中，以原始宗教或儒、佛、

---

① 李志常：《长春真人西游记校注》，尚衍斌，黄太勇校注，中央民族大学出版社，2016 年。

② 何孟春：《孔子家语注》卷第七《孔子观射第二十八》，齐鲁书社，1995 年。

道等为组织形式的非常普遍。从最早的原始崇拜或宗教仪式,越来越多地转化成一种风俗时尚。既有宗教成分,又有旅游色彩。

(4)非理性 它是指基层群体旅游所体现的狂欢而非理性,主要表现在基层游乐突破了男女交往的禁区、突破了政治禁区,以及超出实际承受能力。

首先,民间旅游突破了男女交往的禁区。在许多地方,男女交往只有在时令节日或庙会时进行。妇女出游为男人提供了"养眼"的机会,成年男子平日难得一睹群芳的容貌,亦可借此欣赏,女性同样有与其他女性和男性相悦的要求。宋代一则轶闻:"司马温公在洛阳闲居,时上元节,夫人欲出看灯,公曰:家中点灯,何必出看? 夫人曰:兼欲看游人。公曰:某是鬼耶?"[①]光绪年间,江苏南汇四月十二日"城隍白夫人诞,商贾云集。庙中演戏,小家妇女排坐东西楼观剧,浮浪子弟评头论足,腆不为怪"[②]。

其次,突破了政治禁区。清代虽然强制推行"易发令",但同时规定妇女不禁、戏曲不禁,于是人们便多借戏曲结发、着汉服等。又如在东南沿海地区,人们为了表达对明朝崇祯帝的祭奠,制造了"太阳生日"的传说,在崇祯皇帝自缢的三月十九日这天,家家户户早晨在庭院设置香案,妇女们点烛焚香,望太阳祭拜,后来人们把这种"野哭"仪式化和象征化,来表达他们的哀思。[③]

再次,旅游消费的超前性。在乾隆年间的安肃县,"借端演戏,男女趋走如狂,原非淳俗,乃穷乡僻壤之民,资生不给,独喜看戏。好事者为首敛钱,从中射利,而穷民偏安心忍受,乐此不疲",虽经地方官员多次劝诫,仍不能制止。[④] 嘉靖年间的郑州也有类似情况。精神生活看似非理性,实则是每一个健全人的正常需要。在洛阳牡丹花开之日,达官贵人倾资消费自不待言,就是普通百姓也沉迷其中。唐人王亦真写洛阳牡丹:"牡丹妖艳乱人心,一国如狂不惜金。"白居易在《买花》一诗中写道:"一丛深色花,十户中人赋""家家习为俗,人人迷于悟",时人有描写说:"看花看到牡丹月,万事全忘自不知。"上述材料都反映了普通百姓在游乐之时挣脱经济的束缚,追求"高消费"的普遍状况。

【重点概念】

帝王巡游　军旅　朝贡　宦游　重农抑商　商旅　游学　士人　宗教　道观　民间时令节日　庙会

【本章小结】

1.政治军事性旅游主要包括作为最高统治者的帝王、作为统治者的官员、执行国家任务的外交官员的政治活动,以及为捍卫统一政权稳定、领土完整和祖国统一而进行的军事行动。

---

① 王初桐:《奁史》卷五八《事为门二·岁节》。

② 光绪《南汇县志》卷二十《风俗志》。

③ 赵世瑜,杜正贞:《太阳生日:东南沿海地区对崇祯之死的历史记忆》,《北京师范大学学报》1999年第6期。

④ 乾隆《安肃县志》卷一《风俗》。

2. 帝王出巡以唐朝为分界，前期主要以固邦定国为主要任务，特别是在秦汉之时，同时也不乏炫耀国力之嫌。隋朝灭亡之后，唐朝皇帝慎重对待出行。此后，以“天人合一”而起的祭天封禅，改由谒祖拜陵为特征，封山祭地之举改为在皇宫京畿举行。

3. 官宦之旅的显著特征，在于官员任职范围内所从事的各种政治、经济、军事和社会文化等活动本身所蕴含的旅游价值因素。

4. 士人阶层抱定“修身齐家治国平天下”的信念，或以天下为己念，或奔走号呼；他们或乐山或识水，与大自然融为一体，寄情其间，创造了灿烂多彩的旅游文化；他们或怀着“读万卷书，行万里路”的执着，游学交友，采民风谱务实之识，创博物自然之学。他们的旅游活动，不仅丰富了中国古代旅游活动的内容，还创造了颇具特色的旅游文化。

5. 商人在物质消费基础上的文化消费使他们成为整个社会群体消费的弄潮者，他们是古代旅游活动的参与者和旅游资源的创造者。

6. 宗教旅游是指宗教信仰者的朝圣活动以及一般旅游者参观宗教景区景点的活动。它不仅仅是指那种拥有强烈或唯一宗教动机的一种旅游形式（朝觐旅行），还包括非朝拜目的的宗教景点景区观光、修学以及游憩行为。

7. 民间是指非官方的广大基层群体，主要是指处于社会中下层的普通的农民和市民阶层等普通民众，尤其关注久被忽视的群体，如妇女的旅游活动等。休闲旅游并非拥有政治特权和经济基础阶层的特有权力，休闲旅游之需求和行为人人皆有，处于社会基层者同样拥有丰富多彩的旅行游乐活动。其主要形式有：时令节日、祭祀礼仪、宗教信仰和庙会等。妇女作为传统社会地位较低的社会群体，同样可以有机会参与旅行游乐。民间旅游的特点有四：季节性、地域性、宗教性和非理性。

思考题

1. 帝王巡游的主要特点是什么？
2. 古代军旅对现代旅游资源的开发与利用有哪些影响？
3. 结合中外交流谈一谈礼仪在跨国旅游中的重要意义。
4. 谈谈中国古代士人阶层旅游的主要形式和特点。
5. 传统国家的经济政策对商旅有哪些影响？
6. 谈一谈历史时期宗教活动的旅游价值。
7. 何谓民间？你对民间基层群体是如何理解的？
8. 结合自己所熟悉的时令节日，谈一谈其在民间旅游中所起到的作用。
9. 妇女在中国历史时期的社会地位是如何演变的？古代妇女有哪些外出旅游的机会？

旅游资源的开发与利用

学习目标→

根据当代旅游的客体划分，城市、园林、自然景观和宗教资源构成了旅游资源的主体。这一章学习目的是了解城市的发展、城市建制的演化以及城市文化的进步；古典园林的发展历史与造园艺术；历史时期自然景观的存在状况及人文内涵；宗教简史以及宗教圣地的历史。

学习难点→

旅游资源　园林艺术

旅游资源的含义，不同学科的专家学者有不同的解释。据《中国大百科全书·地理学》：凡能为旅游者提供游览、观赏、知识、乐趣、度假、疗养、娱乐、休息、探险猎奇、考察研究，以及友好往来的客体和劳务，均可称为旅游资源。旅游资源一般分为自然旅游资源和人文旅游资源两大部分。根据当代旅游的客体划分，我们选择了城市、园林、自然和宗教资源介绍给大家，这些内容是当代重要的旅游资源，无不有着深刻的历史印记。了解其历史，有助于认识其中所蕴含的旅游资源价值。

3.1　城市历史与城市文化

3.1.1　城市的定义

城市有多种定义。《中国大百科全书》："城市是规模大于乡村和集镇的以非农业活动和非农业人口为主的聚落。是一定地域范围内的政治、经济、文化中心。"

《不列颠百科全书》："城市是一个相对永久性的和高度组织起来的人口集中的地方，比城镇和村庄的规模大，也更为重要。"

《美国百科全书》："城市是一个特定的市政自治体的类型，是比较密集的相当规模人口的聚合体。"

综观以上定义,城市是与乡村相对而言的一个概念。城市是人类聚落的高级形式,是政治、经济和文化的中心。从历史的角度看,城市是文明的要素之一,城市的产生和发展,标志着人类活动由低级走向高级。在漫长历史进程中,城市体现着人类文明的最新进程。

3.1.2 城市的起源 夏商周三代

旧石器时代的原始聚落是城市的源头。聚落意味着定居,定居是聚落产生的先决条件。根据社会学的定义,聚落是人类进行生产、生活及其他社会活动的场所,是人类在地表聚居的空间组织形式。

原始时期人类居住条件大约经过这样一个演化过程:旧石器时代早期为树居、树居与地面露天居住并存、继而发展到洞穴居。如,北京猿人洞穴文化堆积从70万年前到23万年前,持续40万年之久,说明北京猿人已经进入定居阶段。旧石器时代中晚期由穴居、半穴居或地面房屋,发展到原始聚落的雏形。如,北京山顶洞人有专门的居室,山顶洞口向东有长约12米、宽约8米的内部空间。内分两部分,近洞口较高处为居住地方,洞深处低凹处曾为居住处,后来成为埋葬地。又如,河南安阳小南海洞穴遗址定居地,已经有专门制作石器的场所。

新石器时代早期,原始农业出现,人类最终定居下来从事生活和生产。真正意义上的人类聚落,半地穴房屋组成的固定居民点——村落诞生。属于这一时期的遗址,如河南省裴李岗遗址发掘显示,人们开始定居生活,居住房屋为圆形和方形两种半地穴式建筑。

至新石器时代中期,人类进入半地穴式和地面建筑并存的时代。北方仰韶文化遗址多半为半地穴式,但后期已有地面建筑,并已有了分隔成几个房间的房屋。在长江流域,河姆渡文化中出现了干栏式建筑。

到目前为止,中国已经发现众多的史前村落遗址。聚落布局与氏族公社社会结构相适应,一般包括居住区、制陶等手工业场所、公共墓地等。位于河南省渑池县仰韶村的仰韶文化遗址是中国发现的第一个史前村落遗址,陕西西安半坡、临潼姜寨等遗址都完整保留着当时的村落布局。

至新石器时代晚期,城市开始萌芽。原始社会末期部落争战,防御的需要是城市产生的时代要求,而新石器时代发展起来的建筑技术,如夯筑、木构、土坯砌墙等,则成了城市产生的技术基础。这些古城都有夯土或石砌墙垣包围,但尚未发现大型宫殿宗庙遗址,所以只是军事城堡,还不是真正意义上的城市。

真正意义上的城市是与国家同时诞生的。国家在城市形成中具有重要作用,只有国家能够组织财力人力投入大规模建设,建筑围墙等防御工事以保护国王及其私有财产,并建造宫殿作为享受生活的场所。考古发现的早期城市最先出现于夏代,经历夏商周三代,古代城市逐步成熟。

城墙是中国古代城市的显著标志,黄土夯筑或砖砌的城墙是城市风貌的外围风景线。除了城墙,大型宫殿宗庙建筑也是古代城市的重要标志,此外还有兵器、礼器、人口规模、手工业作坊等都是城市的要素。20世纪50年代至80年代,考古工作者在河南偃师二里头遗址发现大型宫殿、宗庙基址,史学界基本确认为夏代的都城。

商代城市的工商业功能比夏代更为显著。郑州的商城、安阳殷墟都有手工业区。商

代城内常设交易场所——市，内有各种商业行业“肆”，如酒肆、肉肆等。

西周在古代城市发展史上占有重要地位，表现在两个方面：其一，分封制度下，诸侯国于各地筑城，这为后世城市体系的形成奠定了基础。其二，西周城市建造逐渐形成制度，成周所开创的“小城连大郭”“左祖右社，前朝后市”、宫城“坐西朝东”的布局，成为后世城市建设的制度渊源。

3.1.3 中国城市的发展历程

3.1.3.1 春秋战国时期

春秋时期王室式微、诸侯并起的政治形势正是城市变化发展的契机。首先是城市体系发生变化，随着诸侯国势力增强，诸侯国的都邑发展为区域中心，这样，多中心的城市格局代替了西周的单一中心的城市体系。其次是城市数量剧增，城市数量增加有两个主要原因：一是部分卿大夫实力增强，其采邑发展为城市；二是春秋时期新的行政单位郡、县开始出现，其治所也为城市或未来的城市，与卿大夫的采邑城市共同构成诸侯国都之下的二级城市。总的说来，春秋时期为多中心的复合的二级城市体系。

战国时期城市体系趋于简化、深化。首先，经过长期兼并战争，鼎立局面形成，中心城市减少，但是城市的控制区域扩大。其次，战国时期分封制逐渐退出历史舞台，诸侯国的城市大为减少。中央集权的政治体制之下，中央、郡、县构成各国行政体制，相应地，初步形成了比较单纯的都城—郡城—县城的三级城市体系。

春秋战国时期城市发展的另一个表现，是城市经济的发展与商业都会的形成，这使城市由政治、军事中心进而兼备经济中心的地位。春秋战国时期铁器的使用促进了农业进步，兼并战争的需要推动了以城市为中心的交通发展，农业与交通的发展奠定了经济的基础。手工业门类日渐完备，有冶金、木工、漆工、陶工、革工、纺织、酿酒、琉璃、煮盐、矿业等。《论语·子张》：“百工居肆，以成其事”，可知城市集中了多种手工业技巧。

春秋战国时期打破了西周“工商食官”的传统，私营手工业，尤其是小工业、大型工矿业构成城市经济的重要力量。在私营手工业中，家庭手工业的主要目的是自给自足，只有小部分产品用于交换，在经济中占有很少份额。门类繁多的小手工业的生产目的就是交换，是经济的中坚力量。以制盐、冶铁为主的大规模工矿业，因为资本、劳动密集型产业，成为经济的领头军。

商业也突破官府控制，出现自由经商热潮，独立商人阶级出现，富比王侯的大商人成为商业繁荣的代表。根据司马迁《史记·货殖列传》所列举的商业行业，当时商品种类极其繁多。同时金属货币作为主要流通手段，进一步促进了经济的发展。独立的商人阶层、繁多的商品种类、金属货币为主要流通手段，这些都是商业繁荣的标志。当时的列国都城如燕之涿蓟，赵之邯郸，魏之温、轵，韩之荥阳，齐之临淄，楚之宛、陈，郑之阳翟等，首先成了商品荟萃的商业都会。

春秋战国时期城市经济的发展，商业都会的形成，标志着完整意义上的城市发展成熟。

在城市建设方面，春秋战国时期城市建制具有一定规律和特点。从都城建制看，中原地区的城市如鲁国都城曲阜、齐都临淄、郑、韩都城新郑、晋国都城新田、秦国都城雍、赵国

都城邯郸、魏国都城安邑，都更多地继承成周建制，采取皇城“坐西朝东”、西“城”东“郭”“小城连大郭”的连结布局，这成了春秋战国时期中原都城布局的一个特点。这种布局是适应当时政治、军事需要而采取的。首先，中央集权政体之下，需要兴建大规模宫殿区以便举行盛大礼仪活动，同时需要在宫殿附近建设官署，集中办公区便于行政。其次，春秋战国时期的战争形势下，防御始终为城市重要功能。建立大的郭区作为防御工事，安置军队，是当时的重要战术。“三里之城，七里之郭”的小城大郭布局，是长期战争经验的总结。春秋战国时期城市建制的第二个特点是郭区经济功能增强，表现为郭区内市场规模更加扩大。第三个特点是战国时期某些城市出现了文化区的设置，如临淄的西城西面稷门外设有学宫招待学者。

春秋战国时期，以木构架为主要结构方式的中国古建筑体系开始形成。宫殿奠基于夯土高台以增加气势，青瓦铺顶，屋檐长伸，精美制作的瓦当保护装饰着屋檐一线，建筑形态“飞檐反宇”，这些都成为中国古典建筑的特色。

早期城市文化的核心内容为宗教礼仪文化。夏商周城市的宗庙、礼器、甲骨文等反映了这一点。成周宫城坐西朝东的布局，还影响到礼仪活动的坐次尊卑，以坐西面东为至尊，其次为坐北朝南。春秋战国时期城市文化有继承也有发展。祭祀仍然是城市文化中最为隆重的内容。礼仪活动中的座次尊卑也沿袭下来，如秦末项羽刘邦鸿门宴上的坐次就是项羽东向坐，亚父范增南向坐，刘邦北向坐，张良西向侍，为最卑位。

这一时期城市文化的最大变化来自于私学的兴起。教育开放造就了一个广泛的“士”阶层，“士”异常活跃于文化领域，产生了著名的“诸子百家”，文化领域出现“百家争鸣”的活跃气氛，使这一时期城市文化表现为典型的“士文化”。

3.1.3.2　两汉时期

从秦统一六国开始，中国城市史长期陷入建设与破坏相轮替的循环之中。不过，正如中国历史历经治与乱，始终保持着上升趋势，城市的演化趋势也是发展的。

两汉时期城市发展的特色是国际都市和地区都市的繁荣。西汉都城长安为世界最大城市，周长 22 600 多米，超过罗马城三倍以上。作为丝绸之路的起点，长安是世界文化荟萃的国际都市。

除长安外，洛阳、临淄、邯郸、宛、成都是当时著名的大都市。洛阳水陆交通方便，为天下之中。临淄丝织业发达，人口集中，为齐鲁中心。邯郸是黄河以北的商业中心。宛位于南北交通要道，为冶铁中心。成都为西南中心，蜀锦驰名全国。成都是西南丝绸之路的起点，故也可称为国际城市。东汉迁都洛阳，丝绸之路的起点延伸到洛阳，洛阳成为全国最大都市和国际都市。

东汉时期地方城市发展出现新趋势，即，中原之外地区城市更加繁荣起来。南阳一带因为帝乡，宛、汝南成为繁华城市。东汉初年中原大乱，人物迁移至安定的河西地区，姑臧城商贾荟萃，河西走廊上的武威、张掖、酒泉、敦煌都是西北丝绸之路上的重要城市。长江流域的丹阳、豫章、江夏、荆襄得益于都城洛阳，与中原贸易往来增加，发展为商业口岸。东南沿海的东冶、番禺、徐闻、合浦，位于海上丝绸之路，是海洋贸易的重要口岸。

汉代为加强北部边防，在长城一线设置了一批郡县和边塞城市，西至敦煌，东至辽西，共设 19 郡，290 县。迄今为止在长城边塞发现的 100 多座秦汉边塞，主要是军事边堡，以

及一些郡县城市。汉以后，由于北方游牧地区边境南移，农垦区沙漠化，人口锐减，长城沿线一带边城多永久放弃，成为大片荒漠。“大漠孤烟直，长河落日圆”，这是唐代诗人白居易在当地看到的景象。

两汉时期城市建制发生了显著变化，皇城由坐西朝东演变为坐北朝南。长安城沿袭先秦建制，皇城位于西南，未央、长乐二宫东西并列，以西南部的未央宫为朝廷中心，以北门和东门为正门。外郭城在皇城的北、东北两面。洛阳城坐北朝南，二宫南北纵列，以南门为正门，外郭城在皇城的东、南、西三面。

“前朝后市”的理念也发生变化。西汉长安城遵守传统将市场设在皇城之北，长安城有九市，以杜门大道为界分为东市、西市，《三黄辅图》卷二中：“六市在道西，三市在道东。”东汉洛阳城的郭城在东、西、南三面，故市场分设在这三个区域，东称马市，西称金市，南称南市。这样的市场结构沿用至北魏，影响到隋、唐，隋唐长安、洛阳城也分设东市、西市。

自东汉至魏晋洛阳城在历史上有专门称谓。洛阳城规模大约南北九里，东西六里，故历史上每称之为“九六城”。又因其位于洛水之北，又被称为“洛京”。

3.1.3.3　魏晋南北朝时期

魏晋南北朝时期总的历史特征是，既有普遍的战争的破坏，也蕴含着创新发展的无限生机。在中国古代史上，这一时期是承前启后的，这一时期的城市史具有同样的意义。

与分裂相伴随的，是都城并列的局面，这为定都城市带来了发展契机。211 年孙权由京口迁都秣陵，改名建业，小城秣陵迅速发展，初具都城规模，奠定以后东晋南朝都城基础。蜀国定都成都，进一步推动了传统织锦业和商业发展。建安年间东汉定都许昌，实际政治中心在曹操受封的魏国国都邺城，邺城发展显著。在城市建制方面邺城是魏晋南北朝时期城市建设的典范，如邺城显著的中轴线布局以及铜雀三台，都为魏晋洛阳城所取法。

398 年拓跋鲜卑所建魏国定都平城（今山西大同），经过大力营建，平城迅速成为中国北方大都会。在 494 年迁都洛阳之前，平城是国际性大都市。

北魏对洛阳城的建设规模是空前的。在汉魏晋“九六城”之外，北魏增建外郭城，使洛阳城扩大为东西二十里，南北最长距离也为二十里，成为当时世界最大城市。城市建筑华丽，交通发达，“万国千城”人物荟萃，物资丰富，文化昌盛，一时为世界最繁华所在。

在江南，东晋南朝建康作为都城，标志着南方拥有了第一流的大城市。此时期建康城在中国城市史上具有重要地位，它标志着全国政治中心的第一次南移。东晋南朝是中国历史上的门阀制度由鼎盛而衰落的时期。东晋两大门第王、谢居住的乌衣巷曾经显赫一时，终而归于沉寂，刘禹锡《乌衣巷》诗云：“朱雀桥边野草花，乌衣巷口夕阳斜。旧时王谢堂前燕，飞入寻常百姓家。”

除建康外，镇江（时称京口）等城市也发展起来，《隋书 · 地理志下》记载京口“东通吴、会，南接江、湖，西连都邑，亦一都会也”。绍兴（时称山阴）在东晋以后为豪门聚居地，著名文人谢灵运、王羲之等曾居于此。

这一时期，由于西北丝绸之路上的文化交流活跃，丝绸之路沿线兴起了不少城市，作为中外交流的中介而繁荣，著名者如鄯善、且末、车师等，至今它们所在的城市及其附近地

区,都是著名的旅游地。

魏晋南北朝时期城市建制与前相比有五大特色:一是结束了东汉以前二宫制的历史,变成单一宫城模式。二是普遍采用城市中轴线的布局。邺城东西七里,南北五里,宫城在北半部正中,东为贵族居住的戚里,西为王室的铜雀苑,著名的具有军事与观光功能的邺城三台冰井、铜雀、金虎就建在西北角。中央官署集中建在听政殿正门司马门内外。曹魏定都洛阳,仿照邺城三台在宫城内西北角建金墉城。北魏洛阳城也仿照邺城将官署、社稷、宗庙等对称分布于宫城阊阖门外的南北中轴大街两侧。建康城中轴线为皇城大司马门外的御道,南北方向直通秦淮河上的朱雀浮航。三是由于南北朝时期佛教鼎盛,寺院在数量和规模上都成了城市的显赫建筑。北魏洛阳城内寺院最多达1300多所,国家寺院永宁寺内九层佛塔,为全城最高建筑。建康城有寺院480所,城北鸡笼山上华丽的同泰寺(现在的鸡鸣寺)为国家寺院,梁武帝曾几度出家于此,其中也有九层佛塔。同泰寺开启以后朝代在宫城之北建寺或观的先例。佛教对于城市建筑面貌的另一个影响是莲花纹瓦当的使用,北魏平城就已经使用了莲花纹瓦当,在洛阳城和建康城,考古发现莲花纹瓦当的使用极为普遍。四是园林建筑兴起,除了皇家苑囿,很多私人宅第与寺院都建成园林式,园林有很高的覆盖率。关于北魏洛阳城寺院与园林,北魏至北齐人杨衒之在《洛阳伽蓝记》里有详细记载。五是多种建筑艺术风格的融会。魏晋南北朝时期是中外文化交流、融合的高潮期。例如,北魏平城的云冈石窟是乾陀罗、北方草原和中原文化风格的聚会地;在洛阳城、建康城内,印度风格的佛塔与中国风格的殿堂共同构成寺院建筑。再如,魏晋玄学与佛学共同影响到园林建造。

魏晋南北朝时期城市文化开始繁荣。通常说来,中国封建社会中,城市居民的观念与生活方式,以及为城市居民服务的政治法律体系等构成城市文化的主体。通过《洛阳伽蓝记》的记载可以发现,在北魏洛阳城,以城市居民为主体感受者的城市文化开始出现。这一时期大乘佛教鼎盛,居民观念与生活方式深受其影响,因而这一时期城市文化具有突出的宗教性特征。众多寺院是市民休闲场所,每年四月八日释迦牟尼生日是洛阳市民出游的最隆重的节日,每月的六斋日也是市民游观的好机会。佛教信仰左右着市民的思维,如洛阳城西大市殖货里的太常民刘胡兄弟杀猪,听见猪喊"救命",于是兄弟出家,舍宅为寺。

3.1.3.4 隋唐五代时期

隋代在行政制度上的建树直接影响城市的发展。魏晋南北朝时期地方行政制度为州郡县三级行政体制,在普遍战争形势之下,为了安置有军功的人做官,人为增置州郡县,以致"十羊九牧"。隋文帝变三级为郡县两级制,大大简化了地方行政体制,也有利于地区中心城市的发展。

隋代城市的另一个发展特点是南方城市增加,南北方城市分配相对均匀。北方地区(通常以秦岭—淮河为界将中国版图分为南、北方)有91郡,南方有95郡,这样郡级的城市数量南北方大致相当。不过,南方地区城市发展尚不平衡,仍然以江淮之间、长江三角洲、成都平原地区城市分布最为密集。

至唐代城市发展到一个新的高峰,城市数量增加,尤其是大中规模的城市数量增加,另一个发展表现是城市分布更加均匀,南方城市数量超过了北方。

在北方城市中,长安、洛阳为国际大都市。长安城建制宏伟,建筑面积 84 平方千米,是中国古代面积最大的城市。大明宫内的麟德殿 4 900 平方米,是古代面积最大的殿堂。长安城中轴线朱雀大街宽达 80 米。此外还有如汴州(开封)、太原、魏州(今河北大名)等都是北方大城市。汴州因为南北漕运中转枢纽,在依赖南方经济区的唐后期,汴州地位日益重要,以致五代、宋各朝都定都于此。

在南方,随着南方经济地位增强,扬州和成都成为举足轻重的繁荣城市,所谓"扬一益二"。扬州是较早出现夜市和夜生活的城市,唐代诗人王建《夜看扬州市》"夜市千灯照碧云,高楼红袖客纷纷"。扬州有发达的漕运、盐运、木材、瓷器、茶叶、药材等工商业,富商云集,数千名阿拉伯商人以经营珠宝致富。扬州城相当美丽,杜牧《扬州》诗"街垂千步柳,霞映两重城"。唐代扬州城人文汇集,李白、白居易、刘禹锡、孟浩然、张祜、杜牧、韦庄等,都曾游览或生活于扬州。成都仍然是西南地区最发达的城市,唐末黄巢起义,僖宗逃往成都避难,成都成为行都,当时称为"南京"。其他还有苏州、杭州、潮州等都是著名城市。

隋唐城市建制基本沿袭魏晋南北朝的城市模式,唐长安城的皇城以南地区,被中轴线朱雀大街分为东西两部分,里坊规则分布于中轴线两侧,两侧分设东西二市,市场封闭管理,定时经营。从魏晋南北朝开始成为城市重要构成部分的寺院佛塔至此完成了中国化的历程,以大雁塔为代表,塔平面均为正方形,简洁朴素厚实,体现了黄土高原的朴实风格。

唐代晚期至五代,传统的封闭管理的里坊制和市场制度有了明显的瓦解迹象,出现临街开店。城市经济出现的新事物具有迅猛发展势头,长安市场内出现了邸店和柜坊,店类似于今天的批发商、联系贩运商和零售商。柜坊属于专业性金融机构,是中国最早的一种银行雏形。

隋唐城市文化领域和场所都有很大拓展,宫廷"百戏"和民间娱乐都有扩展。隋炀帝大业二年(606 年)开始,每年正月十五在端门外有绵亘八里的大型歌舞表演,参加表演的有三万人。寺院依然是开展城市文化的重要场所,北魏洛阳的寺院只在行像日和六斋时有歌舞音乐表演,唐代寺院中则经常设有表演歌舞和百戏的"戏场"。唐代人盛行赏花,最盛行的是春季赏牡丹,李肇《唐国史补》:长安"贵游尚牡丹三十余年,每春暮车马若狂,以不耽玩为耻。"又如白居易《大林寺桃花》诗"人间四月芳菲尽,山寺桃花始盛开",也反映了赏花的社会风气。除了寺观与园林,长安城的大街和市场也开始成为城市文化的重要场所,朱雀大街上经常有音乐曲艺比赛,市场中有表演杂戏和讲小说的,并出现了书肆。同时唐代科举制度以及相对自由的政治环境使文人阶层享有活跃的文化生活,文人的聚会、交游是唐代城市文化风貌的一大特色。唐代繁荣的诗歌、传奇小说中有许多就是反映城市文化生活的,白行简《李娃传》描写长安东西两个市场的凶肆长主持"士女大和会",陈列丧事器用,进行哀歌比赛。

3.1.3.5 两宋时期

宋代城市在空间结构和数量上都出现了新的发展气象。晚唐五代封闭的里坊和市场管理制度已经开始破坏,北宋取消了坊市围墙,同时也取消了市场定时经营制度,并且开放夜市,城市的空间格局和城市经济由封闭型变为开放型,有利于形成繁华的商业街。其

结果是城市容量增加,经济繁荣,人口激增。开封人口当在百万左右,临安次于开封。①

城市数量增加的一个重要原因是镇的发展。镇有军镇、交通型镇、商业市镇和手工业市镇等。商业性集镇中,以大城市周围最为发达,各府下有多个镇。如密州板桥镇(今山东胶县),是宋代唯一在北方设市舶司的港口,它是东南沿海和海外蕃商汇集之地,也是北方内地商品输出的通道,李焘《续资治通鉴长编》称"其人烟市井,交易繁夥,商贾所聚,东则二广、福建、淮、浙之人,西则京东、河北三路之众,络绎往来"。

唐宋之际城市的市场也发生了重大变化:一是坊与市开放;二是在沿河近桥和城门口兴起新的"行""市"。吴自牧《梦粱录》记载大梁(开封)"处处各有茶坊、酒肆、面店","盖经市井之家,往往多于店舍,旋买见成饮食,此为快便耳"。三是出现周期性的市场,有庙会集市,亦有专项商品交易会。四是以勾栏为中心的瓦市兴起,成为活跃的城市生活的中心之地。

就都城建制而言,南宋临安城(今杭州)一改传统,为皇城"坐南朝北"的特殊布局,作为城市中轴线的御街也是由南向北。杭州古称钱塘,秦代建县治于西湖以西之武林山(今灵隐山后)脚下。隋代设杭州,治所从余杭迁至钱塘,大运河通达此地,唐代钱塘开始成为著名城市。杭州西靠西湖,东南临钱塘江,南部、西南多山为丘陵地带,这种地势使杭州城垣呈腰鼓状,故五代时杭州有"腰鼓城"之称。由于统治观念认为政治中心应该居高临下,故五代吴越定都于此,就是在南部的凤凰山麓建立子城。南宋临安依然将皇城建在此处,这样就形成了皇城坐南朝北的特殊布局。对此,当时有一个"先兆"的传说,从堪舆(看风水)的角度看,临安的山势由西北而南呈"龙翔凤舞"状,皇城建筑在南边正好顺应了这种气势。

两宋城市建筑也具有特色,与唐代相比,建筑规模较小,组群和单体建筑都缺少唐代的大气,但着重于秀丽与多样,出现了多种复杂的殿阁楼台。在装饰、色彩方面使用了灿烂的琉璃砖瓦和精美的雕刻花纹及彩画。现存的开封佑国寺铁塔为琉璃塔,因其外壁砌褐色琉璃砖而得名"铁塔"。北宋的建筑技术更加标准化,《木经》《营造法式》是当时建筑经验的总结性著作。

宋代具有浓厚世俗意味的城市文化蓬勃兴起。封闭的坊市制度崩溃,经济经营活动自由,手工业者和小商人构成浩大的市民队伍,面向广大城市居民的文娱活动异常活跃,出现固定的专为群众演出的戏场,即以"勾栏"为中心的"瓦子"(或称瓦肆、瓦舍、瓦市)。北宋东京有六家瓦子分布于交通要道上。《东京梦华录》说:"街南桑家瓦子,近北则中瓦,次里瓦,其中大小勾栏五十余座。内中瓦子莲花棚、牡丹棚、里瓦子、夜叉棚,象棚最大,可容纳数千人。"东京的书肆很多,在大相国寺集市上有专售书籍的场所,大相国寺东门也有许多书铺。东京饮食也极为兴隆,有各种地方性食店。当时的东京风俗,清明节扫墓是群众性的郊游节日,东郊沿汴河一带游人尤其多。著名的《清明上河图》反映的就是清明时节开封城内的群众生活情形。

南宋时期政治中心南移,在经济、文化方面江南地区也具有了领先的地位。南宋民间

---

① 郭正忠:《唐宋时期城市的居民结构》,《史学月刊》1986 年第 2 期。

兴起了各种诗文、武艺、技艺和戏曲团体，临安城内外瓦子多达30多处。周密所著《武林旧事》记载临安的演出形式有50多种，瓦子23处，一个瓦子有多个勾栏。当时表演的有杂技、傀儡戏、影戏、杂剧、角抵、说话等。临安西湖风景优美，吸引大批游人，西湖游舫就有数百只。西湖的热闹景象正如宋人林升《题临安邸》诗云："山外青山楼外楼，西湖歌舞几时休。暖风熏得游人醉，直把杭州作汴州。"

3.1.3.6 元代

元代实行的行省制开创了省作为地方最高行政建制的历史，并延续至今。这种以省为中心的地方行政制度，促进了省会级城市体系的出现。不过，元代在行省设置的地方监察机构——22个肃政廉访司道的驻所，倒是更接近于今天省级行政区划。今天的省会治所大部分为元代的行省以及道的驻所。元代城市发展的其他表现是快速发展的工商业市镇，市场网络开始形成。由于奥斯曼土耳其帝国兴起，隔绝了西北丝绸之路，海上丝绸之路发达起来，福建泉州，广东潮汕、广州、徐闻，广西合浦，香港和澳门等沿岸城市得到很大发展，泉州被马可波罗和伊本·拔图塔称为"东方第一大港""世界第一大港"，广州仅次于泉州为第二大港，与广州贸易往来的国家和地区有140余个。

元代第一个有计划建设的都城是上都（也称上京、滦京，今内蒙古滦河上游闪电河北岸，遗址保存较好，蒙古语称"兆乃曼苏默"，意为一百零八庙），对之后元大都以及明清北京城都有一定影响。负责元上都和元大都设计的是深得忽必烈重用的汉族士人刘秉忠。元世祖忽必烈迁都大都后，上都成为避暑的离宫，元代皇帝每年四五月至八九月之间居住于此。元上都结构特别，由外城、内城、宫城三部分组成，包有宫城的内城为城市主体结构，占有城市东南大部分，外城只是附加在内城的西、北两面。

元大都是明清北京城的前身，在中国建筑史上具有重要地位。规划者首先选定中心台地作为全城中心点（今什刹海东北方向），这是中国都城建筑史的首创。根据中心台地确定全城中轴线的方向位置，这条中轴线从外城南门丽正门开始，经过萧墙南门灵星门、宫城南门崇天门，穿过宫城，经宫城北门厚载门，萧墙北门厚载红门，经万宁桥（海子桥）直达中心台地，这条中轴线也是以后明清北京城的中轴线。全城重要建筑物都根据中轴线来布局，四面城墙方位以及东西城墙正中城门位置也是根据中轴线来对称确定的。

元大都由外城、萧墙、宫城三套方城构成。外城北墙以及东西城墙的北段遗迹就是今天北京北郊的"土城"。萧墙指的是宫城等皇家建筑之外的围墙。宫城也称内城，尊称为"皇城""内皇城"。当时将萧墙以内统称为"大内"。宫城位于大都南部，这种"坐南朝北"的布局，主要是满足水源和都市经济发展需要。

元大都建筑风格多样。元是一个由多民族组成的国家，作为政治性中心的大都，不论人种、宗教、建筑乃至商品，都体现了多元并存兼蓄的特点。这一时期大都城内建筑以汉族传统样式为主，但内部装饰富于蒙古族"毡帐"的色彩，凡属木构露明部分都以织造物予以覆盖。宗教建筑风格多样，以喇嘛教寺庙为主，其中有些建筑由外国工匠设计。

元代城市文化以元曲、小说、绘画最为突出。大都集中了一批著名的剧作家，关汉卿、王实甫、马致远、白朴为元曲四大家。在宋代话本的基础上，元末出现了《水浒传》和《三国演义》。元代绘画在中国美术史上具有重要地位，由于元代不设画院，加上科举及民族压迫政策，许多画家隐居，不问政治，作画追求"不求形似"的写意风格，成为后世山水画

的主流。如元初赵孟頫及后来的"元四家"——黄公望、吴镇、倪瓒、王蒙均出生于城镇经济最为发达的江南,黄公望的平静幽深,吴镇的空灵飘逸,倪瓒的清旷淡雅,王蒙的恬淡自然,着意于个人内心体验。

元代有节日集市,即专供居民购买节日所需物品的集市。在元大都有正月一日、三月二十八、端午节、七巧节、冬至日等,有学者认为元大都的民俗大致相同于江南,南宋临安居民把三月二十八日当作"掌天下人生死"的东岳大帝的生辰,届时有盛大的香火奉献,元大都居民在这一天也倾城出动,前往大都南北所设四处东岳庙烧香。

3.1.3.7 **明清时期**

明清两代是今天地方行政体系的形成时期。明代对元代行政制度进行了改革,废除中书省和行省制度,在全国设立 15 个省级行政区——布政使司,有京师、山东、山西、河南、南京、浙江、福建、江西、广东、湖广、贵州、广西、陕西、四川、云南;清朝再将南京、湖广、陕西分为江苏、安徽、湖北、湖南、陕西、甘肃。

明清时期工商业城市发展显著。明代徽商、洞庭商、山西商、闽商、广商的出现意味着商业的繁荣,至明代中期全国共有 50 多个具有专业分工的重要工商业城市,南京、杭州、苏州、成都等为纺织业及商贸中心,开封、济南、武昌等为粮食贸易中心,福州、泉州、广州、宁波等为外贸中心。明代兴起了一批运河城市,包括天津、沧州、德州、临清、东昌、济宁、徐州、淮安、扬州、镇江、常州、无锡、苏州、嘉兴、杭州、绍兴,宁波,这些城市为漕运及商业中心。以生产功能为主的专业化较强的工商业市镇蓬勃发展起来。明代江南地区工商业市镇发展最为显著,乌青镇、菱湖镇、震泽镇等以丝业为主,双林、硖石镇等以绸业为主,鹤王、七宝等镇以棉业为主,枫桥市(苏州城外)、平望镇、长安镇(杭州府)为江南三大米市。

边镇也构成了明代城市发展的内容。明代北边为防备蒙古,沿长城分设九镇,此即著名的长城九边。九边镇治所分别为甘州(甘肃张掖)、宁夏(银川)、固原、榆林、偏头(山西宁武)、大同、宣府(河北宣化)、三屯营(河北迁西)、广宁(辽阳)。其中宣化和大同发展成为大城市。另有张家口因开设民市很快成为繁荣城市。为防备倭寇,从辽东半岛到广东沿海设置卫所 108 处,其中登州卫(山东蓬莱)最为著名。

清朝兴起于东北,东北地区城镇发展很快。清天聪十年(1636 年)自东京(辽阳)迁都盛京沈阳,此后沈阳成为东北地区中心城市。清朝在东北地区设 59 个县,为东北地区城市发展奠定了基础。清代改善了与蒙古的关系,乾隆元年(1736 年)绥远城建成,成为内蒙古地区一大都会,即现在的呼和浩特。在西北、西南以及台湾设县,促进了当地城市的发展,西北的乌鲁木齐、喀什、伊宁、巴里坤,西南的个旧、东川、打箭炉(康定)等城市兴起。

明代是中国古代城市建设史上的一个辉煌时期。除了在南京、凤阳、北京大力修建都城,大规模修建地方中心城市甚至县城的城墙和衙署,至今一些城市中保存着明代的建筑。

明代北京皇城也回到"坐北朝南"的传统建制上来。明成祖时期重建北京城,布局皆仿照南京城,而"高敞壮丽过之"。与元大都相比,新建皇城和宫城向南推移 400 ~ 500 米,大城城墙则向南拓展一里半,这样使皇城前面有足够空间容纳中央官署以及作为街市。宫城正北玄武门外有周围约 2 里的土山,即煤山,清代称为景山,为"大内之镇山",

为全城以及中轴线的制高点，并加强了坐北朝南的布局威势。

清朝沿用明代皇城和紫禁城布局，但对其中重要建筑则有所改名或改建。朱元璋尚节俭，南京、北京城大殿均为九开间，清代恢复了金、元时期以十一开间为尊的制度，将明代皇极殿改为十一开间并改名为太和殿，太庙前殿也改为十一开间。北京故宫建筑严格按照对称布局，红墙与大片金黄色琉璃瓦构成了金碧辉煌的基色，烘托出庄重威严的皇家气势。

在民间，北方四合院的布局到明代臻于成熟。南方民居也出现多样而成型的形式，如以高大马头墙、青色蝴蝶、鱼鳞瓦以及雕刻的木、石、砖为标志的园林式的徽州民居，形制独特的客家围屋，等等。

明清两代城市文化可以北京城市文化为代表。北京城著名的文化街——前门外的琉璃厂出现于明代，集中了书画古玩铺、南纸铺、刻字铺、眼镜铺等。乾隆年间修四库全书，书商汇集，琉璃厂书肆发展到十几家。北京城风俗每年正月初三到十七日“逛厂”，即游逛琉璃厂。

北京城盛行“赶庙”，庙市很多。每月初三外城西南的土地庙（宣武门外）有庙会。初四、初五内城西边白塔寺（即妙应寺，阜成门内）有庙会。初七、初八城西四牌楼和护国寺有庙会。初九、初十内城东四牌楼和隆福寺有庙会。正月十五元宵节北京城有盛大灯市，前门以内的六部附近有“六部灯”，前门外花市、菜市、琉璃厂等处也有灯市。正月十九日为燕九节，广安门外白云观有盛大庙会。

京城居民爱好花草，外城崇文门、宣武门外的土地庙，隆福寺和护国寺都有花市。北京饮食也极为丰富。如打磨厂口内三胜馆以吴菜著名。半截胡同的广和居以蒸山药和鱼著名，士大夫常会于此。肉市的正阳楼以烤羊肉和蟹著名。户部街的月盛斋以酱羊肉著名。适宜平民饮食的地方称为“二荤馆”，煤市街的百景楼，出售的食品价廉物美。

京剧是北京城民间娱乐发展的硕果。发源于江苏昆山的昆曲在明万历年间已经在北京流行。清朝前期北京城流行昆曲、梆子腔、弋阳腔以及皮簧调。乾隆五十五年（1790年）徽班进京，逐渐融合汉调、昆曲、秦腔，形成了以西皮、二簧为主要唱腔、以京胡为主要伴奏乐器的新剧种，京剧大为流行。剧院也迅速发展，正阳门外大栅栏最为集中。

3.1.4 中国古代城市发展的总结

关于城市分布。经过长期发展，至明清时期中国城市分布特点为：长江中下游最为集中，其次为黄河中下游，再次为珠江三角洲，总的说来东南沿海为城市发展区，大中城市多分布于此。

关于城市建筑与建制。城墙唐以前基本为黄土夯筑，城门两侧包砖。宋至元夯土、砖砌并存，明清全部砖砌。建筑物顶所用瓦、瓦当的变化，由先秦汉晋卷云纹、文字瓦当为主体演变为南北朝兽面、莲花纹瓦当为主体，唐宋以后琉璃瓦成为重要建筑物的覆顶用材。魏晋南北朝到元明清都城都采用了城市中轴线，中轴线是中国古代城市的一个显著特色。关于都城内宫城与皇城的坐向，东汉至北宋的传统为坐北朝南；南宋临安、元大都一度为坐南朝北，明清北京城回归坐北朝南的传统。

历史名城，影响深远。1982 年国务院批准了第一批历史文化名城共 24 个：北京、承

德、大同、南京、苏州、扬州、杭州、绍兴、泉州、景德镇、曲阜、洛阳、开封、江陵、长沙、广州、桂林、成都、遵义、昆明、大理、拉萨、西安、延安。1986年公布了第二批共38个：上海、天津、沈阳、武汉、南昌、重庆、保定、平遥、镇江、常熟、徐州、淮安、宁波、歙县、寿县、亳州、福州、漳州、济南、安阳、南阳、商丘、襄樊、潮州、阆中、宜宾、自贡、镇远、丽江、日喀则、韩城、榆林、武威、张掖、敦煌、银川、喀什、呼和浩特。中国的历史文化名城可分为六类：

（1）古都型　北京、南京、西安、洛阳、开封、安阳和杭州。

（2）传统城市风貌型　这些城市还保留有比较完整的古代建筑群体，如平遥、榆林、绍兴、商丘等。

（3）风景名胜型　如桂林、承德等。

（4）民族文化型　如曲阜、拉萨、日喀则、大理、丽江、银川、敦煌、呼和浩特。

（5）特殊职能型　如“盐都”自贡、“瓷都”景德镇。

（6）一般史迹型　包括历史时期的中心城市。

3.2　自然景观

3.2.1　景观的含义

“景观”（landscape）一词在苏格兰语中指美丽风景画。16世纪被引入英国语系，韦伯斯特（Webster）认为景观是视野中一望无际的自然景色。德国地理学家认为景观指人们对整个环境的空间视觉体验，并且具有美感和心灵层面的特性，景观通常指人类所感受到的自然界与非自然界的整体形象。中国学者认为风景是地理景观的一部分，是由自然的山、水、花、木、变幻的天气和人文建筑、文物古迹以及民族风俗等在时空上形成的艺术综合体。①

3.2.2　古代社会对山岳的认识和利用

3.2.2.1　对山岳的理解

中国是一个多山的国家，山地占全国总面积的1/3。从西端的帕米尔高原到东部沿海，从黑龙江畔到南海之滨，大大小小的山脉纵横交错，构成了中国地貌的骨架，控制着地貌形态类型的空间分布格局。如果把分割的高原、盆地中崎岖不平的山地性高原、丘陵性高原、方山丘陵性盆地包括在内，连同起伏和缓的丘陵合计来算，广义的山地约占陆地总面积的65%。山地类型众多，景观内容丰富，构成了自然风光的主体。山地按其高度可分为极高山、高山、中山、低山、丘陵等。中山和低山丘陵往往因环境宜人、风景秀丽而吸引游人，高山和部分极高山则是科学研究和登山旅游的理想场所。作为旅游资源的山岳主要有以下几种：①风景名胜区中的山岳；②自然保护区和森林公园中的山岳；③历史名山；④佛教、道教名山；⑤冰山雪峰和登山地；⑥有科学考察意义的山岳。

---

① 陈文君：《山水风景旅游资源开发利用研究》，《干旱区地理》1997年第3期。

山岳地貌景观按其地质地貌成因,可分为如下几种主要类型:①花岗岩地貌景观;②变质岩地貌景观;③砂岩峰林地貌景观;④火山及熔岩地貌景观;⑤丹霞地貌景观;⑥岩溶山地景观;⑦冰山雪峰景观等。

与平原相比,山地是古人类更为集中的居住区域。从考古发现的新石器时代遗址看,新石器时代人们选择的居住环境是丘陵地带和山区边缘地带,甚至是高山。东北地区古文化主要集中在海拔1 000米的燕山一带,长白山脉到辽东半岛的丘陵地带也是古人类集中居住区域。山东省内著名的大汶口文化与龙山文化是以泰山为中心发展起来的。在南方,河姆渡文化处于丘陵小山之间;在长江中上游地区,更多的遗址分布在云贵高原。在西南,海拔4 000~5 000米的青藏高原也是早期人类的生活场所。在西北,新石器时代人类依偎着昆仑山和天山繁衍生息。

多山的地貌特征,山地作为早期人类的集中居住地,山的神秘雄伟、葱郁灵秀引发了中国古代的"山崇拜"思想,山崇拜意识普遍存在于各个地区和民族。《山海经》所反映的历史初期对于华夏地理空间与格局的认识,就是以山岳为标志的。《山海经》记载了众多山神及其祭祀礼仪,表现了浓烈的山崇拜观念。先秦九州分别有镇州之山,称为"九镇",为扬州会稽山、荆州衡山、豫州华山、青州沂山、兖州岱山(泰山)、雍州岳山(嵩山)、幽州医巫闾山、冀州霍山、并州恒山。其中衡山、华山、泰山、嵩山、恒山后来演变成"五岳";会稽山、沂山、医巫闾山、霍山则仍为"镇州之山",合称"四镇"。之后吴山被纳入镇山之中,于是有了所谓的"五镇",为东镇沂山、西镇吴山、中镇霍山、南镇会稽山、北镇医巫闾山。

山崇拜与山神体系是古代民间信仰的重要内容。在民间信仰里,山神主管人事,山神满意则风调雨顺。在中原观念中,山是灵魂的归所,最典型的是泰山府君信仰,泰山府君的洞府是阴间的中央机构,泰山主人间生死,人死魂归泰山,这一观念自先秦产生至明清越来越普及。其他地区和民族的山和山神崇拜同样热烈,在突厥人心中,高耸入云的山峰离苍天最近,高山在他们心中是神圣的,有些萨满教仪式要在山上举行,至今维吾尔族人见到奇山异石还有跪拜的习俗。藏族对山的崇拜格外痴迷,所有的山都有神奇力量,都是神的化身。

山往往成为宗教圣地。刘禹锡《陋室铭》:"山不在高,有仙则名。"佛、道修炼要求清静的自然化外之境,道教特别讲究清新空气与适宜的时辰,灵秀的安静山间便成为理想之地。特别值得指出,古代道教发祥地多在丹霞地貌名山,今天的道教四大名山江西龙虎山、湖北武当山、安徽齐云山、四川青城山(一说以鹤鸣山代青城)中,鹤鸣、青城、龙虎、齐云都为丹霞地貌。因丹霞地貌的自然与美学特征与仙山琼阁一致,使其更合适用作营造仙话世界的蓝本。

3.2.2.2 对山岳景观的探索

山岳一向是古人游览探索的对象,在此意义上,古代的山岳访探与现代山峦旅游并无二致。概言之,古代社会的山岳探访大致有三途。

第一途为感受山岳之美,赋予人类生活更为精致高尚的意义,这是最为普遍的游山宗旨。先秦时期俞伯牙在老师成连引导下游览东海的蓬莱山,领略了大自然的壮美神奇,悟出了音乐的真谛,于是他的琴声如高山流水。南北朝时期,谢灵运特地改装其木屐,上山时去前齿,下山时去后齿,当时称为"谢公屐"。他是如此沉迷于山峦,曾在刘宋元嘉五年

(428 年)带领数百随从在今天浙江东部著名的四明山、天台山风景区跋涉数日,导致被误认为山贼。"谢公屐"之为专门游山工具至唐依然,唐代李白梦游天姥山,都不忘"脚着谢公屐"。在此风气下,人类所能到达的山岳美景,无不留下观光者的足迹。在江西庐山,陶渊明、谢灵运、李白、李渤、白居易、苏轼、苏辙、王安石、陆游、朱熹、杨万里、唐寅、王守仁、紫霞真人、魏禧、潘耒、康有为等人,都曾为其美景倾倒,留下了脍炙人口的诗篇、题记、墨迹和佳话。

第二途为寻求山中奇异事物。如处在仙居县淡竹乡境内的韦羌山,山壁如刀削,山顶林莽如盖,绝无人迹。但自从东晋时在山中发现了摩崖蝌蚪文,直到现代此山时常被造访。东晋义熙年间(405— 418 年),周廷尉曾以飞梯攀崖,拓下蝌蚪文。其后台州守备阮铭以及宋朝仙居县令陈襄、清人潘耒等学者,曾入山寻觅,只因山崖陡峭,难以攀缘而未果。

第三途为游览与科学考察兼行。宋代科学家沈括游览并考察雁荡山,对雁荡山地貌的成因做出解释,认为雁荡山的奇峰叠嶂是由流水冲刷而成的,这比欧洲地质学界提出的侵蚀学说早了 600 多年。徐霞客的探访最为代表。清初潘耒《徐霞客游记》序文说:"其行不从官道,但有名胜,辄迂回屈曲以寻之;先审视山脉如何来去,水脉如何分合,既得大势,然后一丘一壑,支搜节讨。"徐霞客(1587—1641 年)从 22 岁起开始地理考察和探险旅行,他的旅行可分为两个时期,崇祯八年(1635 年)以前,以慕游名山为主,足迹遍及江苏、浙江、安徽、山东、河南、河北、北京、陕西、山西、江西、福建、广东、湖北等省市,浙江天台山、雁荡山、安徽白岳山、黄山、福建武夷山、江西庐山、河南嵩山、陕西太华山、湖北武当山、山西五台山和恒山等都是他的考察对象。崇祯八年之后,他出游虽只有一次,却历时四年,经江苏江阴、浙江、江西、湖南、广西、贵州达云南。他曾在桂林山水间流连近一个半月,游遍桂林四周胜景,如虞山、叠彩山、伏波山、七星岩、隐山、雉岩、南溪山、崖头山、象鼻山、穿山、龙隐岩等,攀登过桂林东北的最高峰尧山,考察过阳朔附近的龙洞、来仙洞、读书岩、白鹤山、登富山等。

3.2.3 对水(河流和海洋)的认识与利用

3.2.3.1 对水的认识

今天的中国版图上,有辽阔的海域和绵长的海岸线,还有众多的江河。流域面积在 100 平方千米以上的河流有 50 000 多条,在 1 000 平方千米以上的也有 1 500 多条。这些河流大多顺地势向东、向南流入大海,统称外流河,构成了约占全国面积 66% 的外流区域。在外流河中,长江干流长 6 300 千米,是中国第一大河,世界第三长河。黄河是中国第二长河,干流长 5 464 千米。中国北部和西部有许多内流河。最长的内流河是新疆南部的塔里木河,全长 2 179 千米。中国还有世界上最长的运河京杭大运河,北起北京,南达杭州,全长 1 794 千米。

但是这一切与古代相比大为逊色,古代中国大地河流极其发达。长江流域"江边有湖泊,湖泊边有湿地",荆襄之地古称"云梦大泽",明清之际湖北省仍有"千湖之省"的称号。北方地区同样水源充足。在宋代之前,华北地区的水环境相当优越,河流、湖陂、泉水极其丰富。就河流而言,河流水系发育良好,汛期比较长,即使枯水期也有较大水量,较大

河流基本没有出现枯竭断流记载，汾、渭、伊、洛、滹沱、桑干等河流都能通航。中心城市附近往往有良好的水运条件，如北魏时期“邺城平原千里，漕运四通”。因为流经这一地区的漳、淇诸水流量可观；洛阳濒临黄河，兼有伊、洛诸水之利，水上交通历来发达，隋朝以后更成为大运河的中心，舟舶穿梭，无异水城；长安虽处内陆，但汉唐时代号称八水环绕，水资源亦相当丰富。潏水在“八水”之中不算大河，但唐人取其水流的一部分入漕渠即可通行船只，可见其流量甚大。就湖陂而言，北方东部平原有众多的湖泽陂池，西部也不少，《水经注》记载太行山、伏牛山以西较大的湖泽陂池近 40 个，其中在今山西境内有 12 个，豫西汝、颍、伊、洧诸水上游有 16 个，关中盆地及其以西以北也有 10 多个，它们在唐代基本上都还存在。就泉水而言，在燕山—太行山—伏牛山一线以西的山前岩溶地带和高原深切河谷泉水资源相当丰富，《魏书》《水经注》《旧唐书》和《新唐书》记载的泉水之名不下百个，其中既有温泉亦有冷泉。不少泉水量很大，《水经注》形容为“渍泉上涌，大几如轮”，“大泉涌发，洪流巨轮，渊深不测”，“泉径五尺，源穴奋通，沦漪四泄”。这些泉水往往成了大小河流的源头。

水孕育生命，是生命的保证，但往往带来破坏。水的这种双重性格引起早期人类的敬畏，表现为普遍的水崇拜。仰韶文化、细石器文化、屈家岭文化、大溪文化、印纹陶文化陶器上，条纹、涡纹、三角涡纹、水波纹、漩纹、曲纹、漩涡纹等，都是代表水的纹饰，是先民对水的信仰和祈求。殷商卜辞中祈雨的内容占了很大比重。傣族泼水节有祈雨与求子的意义。彝族的水崇拜也具有十分丰富的思想，在凉山各地，无论是民间口头流传，还是史诗《勒俄特依》，都有提及雪水孕育出各种动植物乃至世界的故事。在西藏地区，广泛流行的“神山圣水”的说法表达了山水崇拜。

“河洛”所代表的中原地区是中国文明发源地，河图洛书是关于中国古代文明的著名传说，《易经 · 系辞上》云：“河出图，洛出书，圣人则之。”六七千年前，龙马跃出黄河，身负河图；神龟浮出洛水，背呈洛书。伏羲根据河图洛书绘制了八卦。之后大禹治水，河伯献河图，宓妃献洛书，帮助大禹最终战胜洪水。研究《山海经》30 多年的王红旗说：河图和洛书原本正是黄河地形图和洛水地形图，在漫长历史时期内成为中国远古文明中神秘的文化集成载体。

同山一样，古人认为江河也是有神灵的，用“五岳四渎”作为山川代表，古代国家对其神灵有封拜与祭祀。《尔雅 · 释水》：“江、淮、河、济为四渎。四渎者，发源注海者也。”应劭《风俗通》：“江、淮、河、济为四渎，渎，通也，所以通中国垢浊。”显然，古人对于独流入海的大河有特殊的敬仰。

把水上升到哲学高度，是中国古代思想的特色之一。老子《道德经》五千言，可以称之为水的哲学，水中几乎蕴含了“道”的所有美德。“上善若水，善利万物而不争，处众人之所恶，故几于道。”“江海所以能为百谷王者，以其善下之也，故能为百谷王。”“天下莫柔弱于水，而攻坚强者莫之能胜，以其无以易之。”孔子以水比拟人的品德，认为水具有十一种美德。他的千古名言“逝者如斯夫，不舍昼夜”，被南怀瑾先生称为《论语》的精华。中国古代政治哲学也以水性作为比喻，此即著名的“水能载舟，亦能覆舟”。

水保证了农业社会成员的生存，“祓禊”“曲水流觞”之民俗文化则赋予古人无限的精神食粮。古代习俗认为流水能够涤荡污浊除去晦气，先秦已有“祓除”的大规模民俗活

动,《周礼·春官·女巫》:"女巫掌岁时祓除衅浴",此俗演变出后世的上巳日。两汉有三月三日与六月三日,魏晋以后,该节日改为三月初三。在汉代,上巳日水边"祓禊"便已派生出"曲水流觞"之俗,流传至清代才逐渐消失,著名的《兰亭序》即诞生于东晋永和九年(353 年)的上巳日。

山水可以说是大自然的代称,今天人们常用"绿水青山"形容自然之美。古人钟情于山水游,魏晋南北朝时期自然山水审美意识兴起,成为此后中国思想的重要内容,中国古典园林,灿烂的山水诗文以及山水画,都是山水审美意识的成果。

3.2.3.2 水资源探索与水利兴修

现知最早的水资源考察应该在大禹治水之际。《尚书·禹贡》记载了大禹治水之后,按当时的山川河流把全国划分为九州。《禹贡》记载了九条河流,其中扬州有三江,故今江浙历来被称为"三江之地"。秦、汉两代都有《水经》,秦代《水经》记载了 26 条水道的发源地、流向和归宿;汉末《水经》137 条,并附《禹贡山水泽地所在》60 条,记述每条水道的发源地、流向、流经地区、归宿、主支流的分布关系等,较完整地反映了全国河流水系概貌。

现知最早勘探考察河流的人应该是司马迁,司马迁为写《河渠书》曾做过大量实地考察和研究,例如,他发现井渠的开凿原因是"岸善崩",褒斜道的失败是由于"水湍石"。为记载禹迹,他沿江、淮、河三大河流最危险地段实地勘探,悟出大禹不迳挽黄河东行入海,反而使它东北流入渤海湾的原因,在于自朔方至龙门一段地势高,水流急,孟津以东地势渐低,落差太大,易生水灾,把它引入鲁西北高地是为了减小水势。《史记·河渠书》首开体例,此后正史以及地方志都将水道列为专节。

北魏范阳(今涿州)人郦道元(466 或 472—527 年),博览群书,爱好游览,足迹遍及河南、山东、山西、河北、安徽、江苏、内蒙古等地,每到一地,都留心勘察水流地势,探访源头。他在《水经注》里记述了 1252 条河流的发源地、流经地、支渠分布、古河道变迁、瀑布、含沙量、水位、流速、冰期等情况。郦道元首次对金沙江水系做了详细描述,可惜未能言明金沙江与长江干流的关系。

徐霞客的考察研究极为全面深入。徐霞客考察的江、河、川、水、溪、沟、渎、涧、谷等大小河流有 551 条,湖、泽 59 个,潭、塘、池、坑等 131 个,沼泽 8 个,海 2 个。他考察了长江、黄河的流域范围和源头,将江、河源头定在昆仑山,"按其发源,河自昆仑之北,江亦自昆仑之南,其远亦同也"。关于长江的上源,徐霞客首次提出为金沙江,纠正了自《禹贡》以来"岷山导江"延续两千年的谬误,丁文江称此论断为徐氏地理五大发现之一。徐霞客正确指出了澜沧江的下游即湄公河,它不仅入交趾至海,而且经过老挝、真腊(今柬埔寨)。徐霞客还认识到河水流速与河床坡度相关,这是世界上最早的。

古人不只是被动地崇拜水,也在积极能动地利用水。中国古代十分重视水利工程的兴修,春秋战国时期出现第一个兴修水利的高潮,秦国的都江堰与郑国渠是显著者,为秦国积累经济力量完成统一大业提供了重要保证。魏惠王十年(公元前 361 年)开始兴建的鸿沟是中国古代最早沟通黄河和淮河的人工运河,历秦、汉、魏晋南北朝时期一直是黄淮间主要水运交通线路之一。秦国统一后为加强对南方的控制,于公元前 214 年建成灵渠,沟通了长江支流湘江和珠江支流桂江。在西北沙漠地区,早在 2000 年前,古代新疆人创造了地下水利灌溉工程坎儿井。许多古代水利工程沿用至今天,成为珍贵的旅游资源。

3.2.4　历史时期植被环境的变迁

研究显示，在五六千年前中国大部分地区覆盖有天然植被。东北大小兴安岭、长白山区分布着以寒温带、温带森林为主的茂密植被。在华北，二三千年前仍普遍分布有茂密的天然森林、沼泽植被。辽南地区、燕山山地南部情况亦类似，如北京平原兼有森林、草原及沼泽等天然植被。《禹贡》描写兖州（华北平原东部）“厥草惟繇，厥木惟条”，指草木茂盛，大树参天。从兖州往南到徐州境内（鲁南苏北皖北一带）为“草木渐包”，指草木丛集，覆盖大地。到南方的扬州（长江下游）为“筱簜既敷，厥草惟夭，厥木惟乔”，“筱”为箭竹，“簜”为大竹，扬州盛产竹子，其竹箭尤美。在今天黄土裸露的黄土高原东南部，2000 年前有着茂密的森林和竹林。在两广丘陵山地和云贵高原南部地区分布有茂密的原始森林和沼泽植被。秦岭山脉、大巴山、大别山、闽浙山地、长江中下游平原，四川盆地、云贵高原北、中部、南岭山地、两广山地丘陵北部及青藏高原东南部等地，是中国森林面积最大的区域。

在中国大兴安岭南段、呼伦贝尔草原、东北平原和内蒙古高原、黄土高原西北部及青藏高原中部和南部，在古代则是广大的草原地带，其景状正如《敕勒歌》所描绘：“天苍苍，野茫茫，风吹草低见牛羊。”在西北，在内蒙古西部、宁夏、甘肃河西走廊、青海柴达木盆地和新疆等地也分布有不少森林草甸，如河西走廊、祁连山地、天山山地、阿尔泰山地都有成片天然森林。

战国时期开始，大规模人类活动影响到天然植被。这一时期铁器工具普遍使用，各国大力发展农业，奖励垦荒辟草莱。黄河中下游首当其冲，到西汉时环境破坏的恶果已经显现，据《史记 · 河渠书》记载河南中部地区已“无长木”，山东丘陵西麓的泗水流域已“无林泽之饶”，冀、鲁、豫三省交界的东郡已缺乏薪柴。在之后的2000 多年间，这一地区战争频繁。晋末十六国时期，大片农田荒芜，变为次生草地和灌木丛。隋唐时期，曾有大片栽培植被替代了次生的草地和灌木丛，但宋金以后黄河经常泛滥于河南、淮北之间，沙地和盐碱地比比皆是，天然植被破坏殆尽。

内蒙古高原与黄土高原的沙漠化进程开始于秦汉时期的农垦。今天成为北方沙尘暴之源的乌兰布和沙漠就是从那时开始形成的。秦汉以前乌兰布和是匈奴的牧场，汉武帝将匈奴驱逐到阴山以北，设立朔方郡，内地迁移来的军民凭借黄河水资源之便进行农业生产，粮食产量一度很高。西汉末年受战乱影响，垦区衰落，大量农田废弃，失去灌溉的土地风蚀加剧，就地起沙。之后北魏、唐代都在河套进行过农垦，到 10 世纪时，流沙堆积愈加深厚，乌兰布和草原终于变成了乌兰布和沙漠。明代在长城以外地区每年进行烧荒，植被几乎破坏殆尽，以致沙地不断扩大。

太行山中段地区植被变迁很大。从商代开始许多政权的都城设置在太行山东麓，宫室的营建均取材于此，日久天然森林遭到大量砍伐。历代河北平原上每逢战乱、灾荒，饥民多入山谋生，滥垦滥伐。北宋时太行山区半为“童山”（不毛之山）。明代随着玉米、甘薯等作物传入，山区林木砍伐更甚。

元代以前人烟稀少的豫鄂川陕交界地区的亚热带森林，在明清时期被大量移民开辟，多年老林均遭砍伐，水土流失严重，是中国天然植被破坏较晚但程度极为严重的典型

地区。

3.3 古典园林

中国享有“世界园林之母”的美称，中国园林先后影响到日本、英国等亚欧国家的园林建设。中国古典园林是中国传统文化的重要组成部分，它客观真实地反映了历代王朝政治经济的兴衰以及所达到的工程技术水平，反映了中国的传统哲学思想，综合了多种艺术形式，如山水诗画、书法、建筑、雕塑、植物学、园艺学。这一部分学习目的是了解中国古典园林的发展简史，理解中国古典园林的特色和基本构成要素，掌握中国古典园林的类型、特征及典型代表，掌握中国古典园林构景的基本手法并举出各种手法运用的典型实例。

3.3.1 古典园林的构造要素与分类

3.3.1.1 古典园林的构造要素

中国古典园林为自然式园林，造园的基本思想是取法自然而高于自然，选取自然景观与人文景观作为造园的基本要素。关于古典园林构成要素目前有下列几种说法：一是山、水、花木、建筑；二是山水、建筑、树木花草、书画墨迹；三是筑山、理池、植物、建筑、书画。第三种说法较具体，也是比较认可的。

(1)筑山　这是表现自然的重要手法。筑山始于秦始皇建长池宫(也称兰池)，《史记·秦始皇本纪》：“秦始皇都长安，引渭水为池，筑为蓬、瀛，刻石为鲸，长二百丈。”长池宫开创了仙山构园历史。战国有海上三神山(蓬莱、方丈、瀛洲)的传说，自长池宫之后，仙山是汉唐明清历代皇家园林设景的重要内容。

土石结合是古典园林造山的主要形式。西汉梁孝王兔园采用了以石叠岩的造山手法，为首例土石结合的假山。东汉梁冀累土构石模仿崤山，至北宋，爱石成癖的宋徽宗所筑艮岳是历史上规模最大、结构最奇巧、以石为主的假山。

东汉梁冀模仿伊洛二峡累土构石为山，这标志着造园艺术开始模仿自然，以现实生活作为创作的起点。《后汉书·梁冀传》：“广开园囿，采土筑山，十里九坂，以象二崤，深林绝涧，有若自然。”魏晋南北朝时期出现写意式的叠山。魏晋南北朝的文人雅士，采用概括、提炼手法，所造山的真实尺度大大缩小，力求体现自然山峦的形态和神韵。这种写意式的叠山，比自然主义模仿大大前进一步，成为后世园林筑山的主要艺术手法。

(2)理池　池也是表现自然的重要手法。秦始皇引渭水建长池宫，西汉上林苑穿凿许多池沼，最大最著名者为昆明池，开始为水兵习战场所，后来为宫廷泛舟的游弋场。昆明池先后使用一千多年，唐代仍为巨津，宋金之际才干涸成为农田。古典园林通常以表现静态水景为主，追求平静如镜或烟波浩渺的寂静深远意境。但也表现动态水景，如西汉茂陵富人袁广汉在北邙岩下筑园，“积沙为洲屿，激水为波潮”；西晋石崇在依北邙山与金谷水所建金谷园内有龙鳞泉喷涌。北魏张伦宅园中景阳山有“深溪洞壑，逦迤连接”，为山中流水。

(3)植物　园林植物不仅是独立的景观，也是园林山水、建筑、道路、雕塑、喷泉等构

景的重要组合材料。更重要的是,园林植物是有生命的要素,它的生命过程如颜色的变迁、花香、结果等赋予园林流动的景观;在时间片段上,只有植物能够迎合风、雨等自然信息而摇曳,它的枝叶、花香随之摇摆、飘散,这些都赋予园林活跃的生命气息。

可以说,园林植物与自然植物种类是对等的。不同的是,造园者往往有意收集珍贵植物。西汉上林苑既有丰富的天然植被,也栽植树木花草,其中各地集中来的名果异树有两千多种。一般说来,园林植物的功能是观赏性的,是构成园林美景一分子,但是,古代园林植物的生活消费功能也是很突出的。西汉上林苑种植梨、枣、栗、桃、李、柰、查、棠、梅、杏等水果,古典园林中的果木种植是一大传统,《洛阳伽蓝记》记北魏洛阳城是“京师寺皆种杂果”,皇家、私人园林也如此,如景阳山有“百果园”。除了果木、蔬菜甚至药材等都有种植。

(4)建筑　古典建筑斗拱梭柱,“飞檐反宇”,具有庄严雄伟、舒展大方的特色。园林建筑常作为景点,与山水林木互相配合共同营造气氛。常见的建筑物有殿、阁、楼、厅、堂、馆、轩、斋,它们都可以作为主体建筑布置。

(5)墨迹　书画墨迹在造园中有润饰景色、揭示意境的作用。中国园林自魏晋南北朝时期便与山水诗画结下了深远的渊源,古典园林的特点之一是富于“诗情画意”,所谓“寸山多致,片石生情”,这种意境需由墨迹来揭示。墨迹主要有题景、匾额、楹联、题刻、碑记、字画。匾额指悬置于门振之上的题字牌,楹联是指门两侧柱上的竖牌,刻石指山石上的题诗刻字,书画布置于厅馆中。颐和园玉澜堂楹联为“渚香细裛莲须雨,晓色轻团竹岭烟”,十七孔桥楹联为“虹卧石梁,岸引长风吹不断;波回兰桨,影翻明月照还空”。苏州园林以写意见长,拙政园西园的北半部,池水环抱岛屿,岛上八角状双层建筑浮翠阁为全园最高点,登阁四望,满园古树耸翠浮青,人如浮在翠色树丛之上,故借苏东坡诗句“三峰已过天浮翠”作为匾额题字。

3.3.1.2　古典园林的类别

(1)按照古典园林所有者身份　目前有如下分类:皇家园林、私人园林,寺院园林、公共园林、衙署园林。其中以前三类为主体。私人园林中、文人园林因为高超的艺术表现力和丰富的文化内涵而独树一帜,所以有学者将文人园林单列一类。

1)皇家园林:皇家园林专供帝王休息享乐,特点是规模宏大,真山真水较多,园中建筑色彩富丽堂皇,建筑体型高大。现存著名皇家园林有北京颐和园、北海公园、河北承德避暑山庄,后者是中国现存最大的皇家园林。

2)私家园林:所有者为宗室外戚、王公官吏、富商大贾,与皇家园林相比规模较小,建筑小巧玲珑,表现其淡雅素净的氛围。现存的私家园林,如北京恭王府,苏州拙政园、留园、沧浪亭、网师园,上海豫园等。

3)寺院园林:寺院园林兴起于南北朝,佛塔是寺院园林的代表性建筑。某些寺院园林建筑极其豪华奢侈,如北魏洛阳永宁寺佛塔九层,为全城最高建筑,现在尚残存5米高的塔座。现存古典寺院园林有昆明圆通寺、筇竹寺等。

4)公共园林:唐代以后公共园林发展起来,是城市文化发展的标志之一。唐代有不少公共园林,长安城著名者如乐游原、曲江池与杏园。乐游原在大雁塔东北,杏园北与大慈恩寺相接,东邻曲江池,以盛植杏林得名。早春时节,满园杏花盛开,游人纷至沓来赏花

游园。每年二月，新进士及第后在此举行“探花宴”，亦名“杏园宴”。在晋阳城，著名的晋祠是游览胜地。

5）衙署园林：汉代开始在衙署中营造园林，汉武帝时会稽太守朱买臣在苏州郡治府衙署中有园林。始建于隋开皇年间的隋朝名园“绛守居园池”，是晋中一座衙署园林，也是中国现存的最古园林遗址。又如现存崇州罨画池，其源头即唐代衙暑园林——东亭。

（2）按照地域差异　将古典园林分为北方类型、江南类型、岭南类型。

1）北方类型：北方园林的代表大多集中于北京、西安、洛阳、开封，其中尤以皇家园林为代表。园林规模宏大，建筑体态端庄，色彩华丽，建筑风格上雍容华贵，着重体现帝王威风与富贵的特色，如颐和园、北海公园、承德避暑山庄等。

2）江南类型：南方人口较密集，园林地域范围较小，但是因为河湖、园石、常绿树较多，园林景致细腻精美，形成了明媚秀丽、淡雅朴素、曲折幽深的特点。典型的南方园林大多集中于南京、上海、无锡、苏州、杭州、扬州等地，其中尤以苏州为代表，苏州集中了江南园林的精华，拥有代表宋、元、明、清不同建筑风格和艺术特点的古典园林，如拙政园、网师园等。

3）岭南类型：岭南地处亚热带，终年常绿，河川众多，造园条件优越。热带风光是岭南园林的显著特征。岭南类型以广东园林为代表，既有北方古典园林的稳重、堂皇和逸丽，也融会了江南园林的素雅和潇洒，并吸收了国外造园的手法，因而成了轻巧、通透、明快的风格，如广州越秀公园、潮州西湖等。广东顺德清晖园、东莞可园、番禺余荫山房、佛山梁园，被称为“广东四大名园”。

3.3.2　古典园林的发展历程

3.3.2.1　殷周秦汉

这一时期属古典园林的生成期，造园活动的主流是皇家园林，两汉出现了少量的私人园林。早期帝王园林称为苑囿，文献记载中国最早的苑囿为商纣王所建沙丘（今河北平乡东北），周文王所建灵囿（西安北四十里）。沙丘、灵囿中筑台凿池，开创了后世园林筑山、开池的先河。春秋战国时期，诸侯国竞相构筑宫室苑囿，推动了古代园林的发展。这一时期的园林中出现成组的风景，土山、池沼、亭、桥、花木等相配，标志着自然山水园林的萌芽，并且初步具备园林构成要素。总的说来这一时期造园处于模仿自然阶段。

3.3.2.2　魏晋南北朝

魏晋南北朝是中国园林发展史上的转折期。园林在艺术表现、功能、类型等方面都有重大变化。就造园艺术而言，这一时期是写意山水园林的奠基时期。受同一时期兴起的山水诗画影响，园林注入写意的成分，以概括、提炼的写意手法表现自然，力求体现自然山峦的形态和神韵，从而达到“有若自然”的效果。写意园林开创了文人园林的先河。在艺术成就上，皇家园林和文人园林具有最重要的地位，而古典园林的艺术传统是以后者为代表的。文人园林是与山水诗画相辅相成的文化形态，以意境为审美导向。写意手法的出现代表着古代园林向古典园林的转折。

这一时期所建皇家园林，如邺都铜雀苑，洛阳、建康华林园等御苑，其功能由前一时期游猎型转变为以游乐为主。这一时期兴起的佛教与中国本土思想相结合，寺院园林涌现。

同时，佛教的象征——佛塔也被引入园林，与山水花草树木等融为一体。在私人一方，私家力量的壮大与玄学之风的影响，私家宅第竞相建为园林。古典园林的三大类型已具备。

3.3.2.3 隋唐

唐代文人写意山水园林进一步发展。从南朝兴起的山水诗画，到盛唐臻于成熟，诗人王昌龄首先提出了诗的"意境"之说。"诗中有画，画中有诗"体现唐人对诗、画的艺术追求。在此时代背景下，造园追求诗情画意，在小的空间中体现山水的主要特点。文人园林以幽雅简朴的格调，与某些达官贵戚园林的豪华绮丽形成鲜明对照。如白居易在洛阳履道里的宅园："十亩之宅，五亩之园。有水一池，有竹千竿。勿谓土狭，勿谓地偏，足以容膝，足以息肩。有堂有庭，有桥有船。有书有酒，有歌有弦。有叟在中，白须飘然。识分知足，外无求焉……"据宋代李格非《洛阳名园记》，唐宋宅园大多与此类似，在较小空间表现主人的艺术品位和生活追求，因地制宜造山理水，筑亭建台，使茂林耸天，花草铺地，小桥流水，曲径通幽，既有自然之美，又有诗情画意，将幽雅情趣与简朴悠闲融为一体，这正是写意山水园林的特色。

唐代文人园林的发展还表现在文人造园很是普遍，入仕或未入仕的一般读书人都在能力范围内营造一片园林。除了在宅旁或宅后造园，文人也多在郊外建别墅。宋代张舜民《画墁录》："唐京省入伏假三日一开印，公卿近郭皆有园池。以至樊杜数十里间，泉石占胜，布满川陆。"城郊园林成为风尚，主要在西京长安和东都洛阳。

唐代开始探讨造园理论。王维在《辋川集》谈到如何欣赏山水、植物之美，如何在可歇、可观、可成景处选地构筑亭馆，如何利用自然胜景组成优美的园林别业。柳宗元也有许多探讨，他在《柳州东亭记》里介绍了变弃地为园林的经验，文曰："出州南谯门，左行二十六步，有弃地，在道南。南值江，西际垂杨传置，东曰东馆……始命披制蠲疏，树以竹箭松柽桂桧柏杉，易为堂亭，峭为杠梁，上下徊翔，前出两翼。凭空拒江，江化为湖。众山横环，嶛阔瀴湾……乃取馆之北宇，右辟之以为夕室；取传置之东宇，左辟之以为朝室；又北辟之以为阴室；作屋于北牖下以为阳室；作斯亭于中以为中室……"柳宗元利用自然形势，巧妙运用借景、选景的艺术形式，构筑润饰出一座名园。

唐代私人园林和衙署园林的发展盛况空前，以长安、洛阳最集中。长安是"公卿近郭皆有园池"，"省寺皆有山池"。公共园林曲江池一片繁华景象，"曲江各置船舫，以拟岁时游赏"。洛阳城在唐中后期有公卿贵戚一千多家居住，宅第多有园林，很多文人也在洛阳置园居住。扬州的宅院式园林也很多。

3.3.2.4 两宋

唐代园林写实与写意相结合的传统，到两宋时完成向写意的转化，并普及于各类园林。宋代山水画繁荣是一个重要原因，宋代山水画讲究写实技巧，但更追求立意，此种画风影响到园林，促使写意园林臻于成熟。宋代写意山水园的特色，"其主题是以冷洁、超脱、秀逸等为高超的意境；以吟风弄月、饮酒赋诗、踏雪寻梅等为风雅的内容。即要在一块小的境地里，布置有千山万壑、深溪沼池等形式为主的境域"。宋代叠山艺术的最典型代表是宋徽宗所筑艮岳，它是历史上规模最大、结构最奇巧的假山。

宋代大量"园记"涌现，这是园林发展的表现之一，有些"园记"记述了宋代人的造园思想和追求。宋代造园艺术的成就集中表现在李诫编著的《营造法式》中。《营造法式》

是中国第一部建筑学著作，被誉为“中国古代建筑宝典”，这本书总结了宋及宋以前造园的实际经验，成为后代园林建筑技术上的典则。宋代还产生了专门造假山的能工巧匠，他们能“堆垛峰峦，构置涧壑，绝有天巧”。

两宋皇家园林和私人园林都有很大发展。开封、洛阳、临安和吴兴（浙江省湖州）是四大园林中心。皇家园林中，宋徽宗营造的东京东北隅的艮园最为宏丽，是宋代写意园的代表之一。与汉唐皇家园林不同，艮园整体布局着眼于景，以艮岳为中心分有多个景区。艮园从安徽灵璧、浙江太湖、河南林县等地征集奇石造山，多仿名山大川。私人园林中，司马光在洛阳的独乐园可作为一个典型。洛阳园林中独乐园最为简约，但因其主人的缘故，为时人所钦慕。

两宋开始，皇家园林和私人园林向社会开放。如洛阳天王院花园子有牡丹数十万株，《洛阳名园记》载，牡丹盛开时节，园内“张幕幄，列市肆，管弦其中。城中仕女，绝烟火游之”。洛阳人也必到司马光独乐园一游。城市园林对于宋代城市文化具有十分重要的意义。南方园林大显风骚。杭州至少有 40 多处园林，苏州的私家园林多达 50 多处。

3.3.2.5 元明清

元代在古典园林史上具有特殊地位。元代山水画成为绘画主流，成就显著，著名山水画家如赵孟频、倪瓒等亲自设计构筑园林，园林与山水画直接结缘，如赵孟频在归安的莲庄，苏州的狮子林和环秀山庄，倪瓒在无锡的清闭阁和云林堂。

明代的园林建造热潮开始于明代中叶，北京，南京，苏州，太湖周围城市尤其兴盛。北京地区则集中于积水潭、海子一带，东南泡子河周围，西郊海淀地区。明代造山艺术更为成熟和普及。计成在《园冶》的“掇山”一节中，总结了明代的造山技术，列举了园山、厅山、楼山、阁山、书房山、池山、内室山、峭壁山、山石池、金鱼缸、峰、峦、岩、洞、涧、曲水、瀑布等 17 种形式，明代造园特点之一是盛行叠石为山，流行峰峦洞壑与峭壁危径。

明代出现了专业造园的艺术家和工匠。江南地区园林艺术的提高得力于张南阳、周秉中、计成等人由画家而为专业造园家。计成《园冶》一书系统介绍了作者的造园见解和江南造园艺术，是中国最完整的造园著作，被日本人改名为《夺天工》。书的主旨是“相地合宜，构园得体”，要“巧于因借，精在体宜”，要做到“虽由人作，宛自天开”。明末清初李渔《闲情偶寄·居室部》山石一章，对庭园叠石掇山有独到的见解。

清代造园无论在数量还是艺术水平上都达到巅峰。康熙以后清廷开始大规模修建北京的皇家园林和承德行宫。与此同时江南城镇和扬州也出现私人造园热潮。特别是盐商集中的扬州，为迎接乾隆帝南巡大造园林，数量达三四十处，一时盖过苏州。南北两股园林建造热潮汇集在一起，使清代成为中国古典园林建设史的一个鼎盛时期。有不少明清园林保留至今，如无锡寄畅园，苏州留园、拙政园，上海豫园等。

3.3.3 中国古典园林的艺术手法

（1）理水之法　一是掩。以建筑和绿化将曲折的池岸加以掩映。园内的临水建筑除了主要厅堂前的平台，其他如亭、廊、阁、榭，皆将前部架空挑出水上以突出建筑的地位，使水好像从其下流出，这样可以打破岸边的视线局限；或临水岸边种蒲苇等杂草木，产生池水无边的印象。二是隔。或筑堤于水面，或隔水净廊可渡，或架设曲折的石板小桥，或涉

水点以步石，正如计成《园冶》所谓，“疏水若为无尽，断处通桥”。可增加景深和空间层次，使水面有幽深之感。三是破。如曲溪绝涧、清泉小池等较小水面，可用乱石为岸，怪石纵横、犬牙交错，并植配以细竹野藤、朱鱼翠藻，营造仿佛深邃山野的感觉。

（2）构景方法　一是抑景，追求含蓄意境，最好的景色藏在后面，“先藏后露”“欲扬先抑”“山重水复疑无路，柳暗花明又一村”，如园林入口处常迎门挡以假山，这种处理叫作山抑。二是添景，追求过渡和层次感，乔木、花卉都可以作为添景，如北京颐和园昆明湖南岸与万寿山之间的垂柳。三是夹景，用建筑物或树木花卉屏障远方空旷处的风景两侧，如自然的山或人文的建筑，使之更加富有诗情画意。如颐和园后山的苏州河以远的苏州桥，为两岸起伏的土山和美丽林带所夹峙，便显出明媚动人的景色。四是对景，两景相对，可相向观赏。五是框景，用门、窗、洞，或乔木树枝抱合而成的景况，把远处美景包含其中。六是漏景，园林的围墙上，或走廊一侧或两侧的墙上，常常设以漏窗，或雕以带有民族特色的几何图形，或雕以葡萄、石榴、老梅、修竹等植物，或雕以鹿、鹤、兔等动物，透过漏窗的窗隙，可见外面的美景。七是借景，通过借景可以扩展空间，《园冶》“园林巧于因借”。借景有远借、邻借、仰借、俯借、应时而借。借远方的山，叫远借；借邻近的大树，叫邻借；借空中的飞鸟，叫仰借；借池塘中的鱼，叫俯借；借四季的花或其他自然景象，叫应时而借。

（3）园林建筑的艺术处理　古典园林通常是一个主体建筑附以一个或几个副体建筑，中间用廊连接，形成一个建筑组合体。这种手法能够突出主体建筑，强化主建筑的艺术感染力，还有助于造成景观，其使用功能和欣赏价值兼而有之。

在总体布局上，皇家园林建筑采用中轴线布局，主次分明，高低错落，疏朗有致，以此体现威严以及对称、均衡的艺术效果。私人园林则比较灵活。主厅建在地位突出、景色秀丽、足以影响全园的紧要处所。厅前凿池，隔池堆山作为对观景，左右曲廊回环，大小院落穿插渗透，构成一个完整的艺术空间。苏州拙政园的中园部分就是这样一个格局，以“远香堂”为主体建筑，布置了一个明媚、幽雅的江南水乡景色。

园林建筑采用小体量分散布景。园林建筑首先是景观，其次才具有实用功能，正如“最懂古典园林”的陈从周在《梓翁说园》所说：“山林之美，贵于自然，自然者存真而已。”建筑物起“点景”作用，其与园林似有所别，所谓锦上添花，花终不能压锦也。皇家园林中的殿堂结构要比皇宫简洁，平面布置也比较灵活，就是为了适应园苑的宁静幽雅气氛。

3.4　宗教类旅游资源的开发与利用

3.4.1　佛教旅游资源的开发与利用

3.4.1.1　佛教寺院

寺院的起源与布局。佛教寺院是供奉佛和菩萨的地方，也是僧人居住、修行的场所，是佛教活动的中心和宗教宣传的基地。从中国传统文化来看，也是古代文化活动中心之一。

“寺”原是中国古代官署名称，如大理寺、太常寺等。东汉末年佛教进入中国时，白马驮经至洛阳，住官署，后来皇帝建寺，称白马寺，为中国佛教寺院的开始。寺院也称“寺

刹”“梵刹”，由于寺前幡杆称刹的原因。寺院也称兰若，是梵文音译，佛寺的意思。

中国汉地寺院发轫于汉代，三国以来，长安、洛阳和长江中下游建寺渐多，六朝时期更加兴盛，如北魏时洛阳城内有寺院 1 367 所，各州郡有佛寺 3 万多所。隋唐时期，佛教空前繁荣，寺院林立。宋代以来，寺院一般分为禅、教、律三种。

佛教寺院已经成为人们欣赏娱乐的文化遗产，各地遗留寺院也很多。现今佛寺共有 736 处之多，以河南少林寺、白马寺，青海塔尔寺、陕西法门寺、北京天宁寺、法源寺，苏州寒山寺，镇江金山寺较为著名。①

佛教传入中国，兴建的第一座寺院白马寺是以汉代官署格局建造的，后又有官僚和富家施舍府邸和私宅为佛寺。中国汉地寺院发轫于汉代，风靡于六朝，兴盛于隋唐，衰落于明清，可以说，中国汉地佛寺在近两千年发展过程中，基本继承了中国的文化传统。中国汉地佛寺的平面布局非常灵活，大体上可以概括为单体布局、组群布局和园林布局三类。单体式布局除了在佛教圣地中的茅庵、精舍、精室之中可以找到范例之外，中国汉传佛教寺院一般没有此种形制。园林式布局有可以分为三种。一是城市型，一般位于城市及近郊，寺外无园林环境，常有独立的寺园，园内以人工造景为主，其风格和构景特征与私家园林差异不大；二是山林型，一般位于自然风景优美的山林村野，寺外有园林环境或山林环境，以自然景观为主，辅以人工造景；三是综合型，一般位于风景条件好、地形复杂的近郊，既有以自然景观为主的构景，又有以人工景观为主的构景，两种构景方式综合并用。

中国最常见的寺院布局为组群布局。其又分为两种形式。

一是廊院式。这是一种比较早的寺院布局，受印度佛教寺院影响，并结合中国传统构图形成的形制，即在每个寺院或佛塔四周以廊屋围绕，形成独立院落，大型寺院可由很多廊院组成。据载，汉献帝时笮融在徐州所建寺院即是廊院式布局。如以塔居中，前有寺门，后有佛殿或讲堂、佛殿、方丈室等主要建筑成为寺院的核心。廊院式寺院构图特色是向心的，对于独院来讲可以形成强烈的艺术面貌。

二是纵轴式。汉传寺院建筑自明清以来渐成定制，即纵轴式。一般坐北朝南，中轴线设有山门、天王殿、大雄宝殿、法堂、藏经阁及配殿等。东侧后面有戒台与优婆离殿，前面为生活区。西侧中间有独立殿堂，前面为接待区，如禅堂，以容四海来者。这种类型成了中国佛寺中应用地域最广、时间最长的寺院布局。

3.4.1.2 寺院旅游的主要内容

寺院本是僧人修行苦练的场所，但中国的佛教寺院往往建在深山幽谷，清净空灵，山泉幽幽，环境十分优美，既利于身心健康，又利于僧人修行。同时，中国传统建筑文化与印度佛教寺院的相结合，塑造了具有传统审美的寺院建筑，再加上寺院举行的法会，前来参观寺院的文人墨客留下的对联、寺院门前的庙会等。这些都是寺院旅游的主要内容。

首先，寺院建筑是寺院旅游的主要内容，其主要包括如下内容。

(1)山门、天王殿　山门是寺院的大门，本是对佛教寺庙中一般殿堂的称呼。中国佛教寺庙的规模因各地情况不同，布局也不尽相同。一般设计有三道门，又称“三门”，象征

---

① 郑嫱婷，陆林，杨钊：《宗教旅游可持续发展研究》，《安徽师范大学学报》2004 年第 5 期。

佛教的三解脱门（空门、无相门、无作门），山门多座北朝南，多为拱形，中间大，两侧小。也有中间方形，两侧圆形。可分为牌坊式、殿堂式。一般来说，山门与天王殿合为一组，称为前殿。天王殿是寺院的第一进院落。主体建筑是天王殿。东西两侧是钟、鼓楼（寺院钟的种类比较多，有大钟、殿钟、堂钟等，多为青铜铸成。钟、鼓楼的功能是僧人作息信号，一般是在清晨、黄昏时敲响）。天王殿两侧各供奉两尊大佛，这四尊佛像为四大天王（俗称"四大金刚"），又唤名"风调雨顺"，意在由风调雨顺带来"五谷丰登"与"天下太平"。

天王殿主要供奉的是弥勒佛，也就是家喻户晓的大肚弥勒菩萨。弥勒是梵语的音译，意思为"慈氏"。据佛经记载，他原本是一个贵族子弟，后出家为佛祖的弟子，继承佛祖的事业，在龙华树下三次讲法，度化众生。后来他的造像与中国本土的"布袋和尚"融合。此后，地方寺院都以布袋和尚的形象，作为弥勒佛供奉在天王殿中。弥勒佛后即是韦驮菩萨像，韦驮又叫韦琨，原是南方增长天王手下的八将之一。韦驮居其首位。他保护释迦坟墓，打退各路盗贼，为佛门立下了大功。

（2）大雄宝殿　大雄宝殿是寺院的主体建筑，是佛寺的正殿，俗称"大雄宝殿"，大雄是称赞释迦佛祖威德高大的意思。建在中轴线中心部位的高台基上，大多为重檐歇山式建筑。它供奉的主体是教主释迦牟尼佛像。殿中立供的佛像有一、三、五、七尊四种。供一尊主佛的为释迦牟尼佛。如杭州灵隐寺、上海龙华寺。释迦牟尼是佛教的创始人，被称为"世尊"，又称为"如来"。常见的塑像有三种姿势：一是结跏趺坐，即盘腿打坐。左手横放，表示禅定；右手直伸下垂，表示释迦成道以前，曾为了众生牺牲自己，这一切唯有大地做证，这种造像名为"成道像"。另一种也是盘腿打坐，左手横放，右手向上屈指作环形，这是表示佛说法的"说法像"。还有一种释迦立像：左手下垂，表示能满足众生愿望；右手曲臂向上伸，表示能解除众生苦难，这一造像称之为"旃檀佛像"。

供三尊主佛，也有不同名目。有的供"横三世佛"，横三世是指同时存在的空间世界。殿内居中为娑婆世界的释迦牟尼，左侧为东方净琉璃世界的药师佛，右侧为西方极乐世界的阿弥陀佛。有的供"竖三世佛"，这里三世是指过去、现在、未来三世。殿内居中为现在世释迦佛，左侧为过去世燃灯佛，右侧为未来世弥勒佛。供五尊佛的，通称东南西北中五方佛，又称五智如来。

供七尊佛的，如辽宁义县奉国寺。据公元1世纪左右形成的佛教大乘派别宣称，在遥远的过去便有古佛存在。大雄宝殿的主尊两侧，常有"胁侍"，即左右近侍。释迦牟尼的胁侍，一般是伽叶和阿难两弟子或文殊、普贤两菩萨。阿弥陀佛的左右胁侍为观世音、大势至两菩萨；药师佛的胁侍是日光和月光两菩萨。这种习惯的格局称为"一佛两罗汉"或"一佛两弟子"。

殿内的东西两侧有的供十六罗汉（或十八罗汉），有的供二十诸天（或二十四诸天）。主尊佛座板壁的背后常塑海岛观音群塑图，这是中国佛寺中雕塑造型中的一组规模很大的群像：观音菩萨手持扬枝净瓶，脚踩大鳌鱼，立在普陀落伽山的山海之间。两边近侍是善财童子和龙女。上下左右有许多小像，或是有关善财的故事，或是观世音救难的故事。

（3）方丈院、祖师殿、罗汉堂　方丈院是寺院主持所居之地，源于一丈见方之义。祖师殿内为供奉祖师之像。罗汉堂中塑有五百罗汉，洋洋大观。

（4）法会仪式　佛教寺院也是僧人举行佛教法会的地方。通常来说，佛教法会可以

分为日常佛事活动、节日佛事活动及其他法会几种。

日常佛事活动是指僧人日常修行生活中所必须做的功课。课诵是指佛教寺院定时念持经咒、礼拜三宝和梵呗歌赞等法事,因其冀获功德于念诵准则之中,所以又叫功课。它又可以分为早课、晚课。早课就是全寺僧人在每天早上寅、丑之时,聚集大殿念诵《楞严经》《大悲咒》《心经》各一遍。念诵过程都配有歌赞。晚课即是僧人每天暮时聚集大殿,念诵功课《阿弥陀佛经》《大忏悔文》。

节日佛事活动指为特定节日佛教寺院而举行的法会,比较著名的节日法会有浴佛法会。浴佛法会是佛教最大的节日之一,为每年的四月初八。佛诞节举行浴佛法会,即在大殿用一水盆供奉佛的诞生像。全寺院僧人及信众以香汤浴之,以为纪念。同时还用尊贵之车载着佛像,巡行街市,称行像。据《大宋僧史略》记载:"浴佛者,唐义净三藏躬游西域,见印度每日禺中,维那鸣钟,寺庭取铜、石等像,于盘内作音乐,磨香或泥灌水,以毡揩之。举两指沥水于自顶上,谓之吉祥之水,冀求顺利焉。"是为纪念佛祖诞生而举行的法会。

盂兰盆会。盂兰盆会是佛教最大节日之一,每年七月十五举行。根据《佛说盂兰盆经》举行超度历代宗亲、祖师的佛事而来。佛经中记载目连以天眼通见其亡母生饿鬼道,受苦而不得救拔,因而驰往白佛。宋代后,演变为一种由施主出钱,在寺院内为其追荐亡灵的一种佛事活动。

除了几个重要的节日法会外,佛教寺院也举行其他的宗教仪式、法会活动。忏法是悔除所犯罪过以便积极修行的一种宗教仪式。盛行于禅宗兴起之前。近世通行忏法有《梁皇宝忏》《慈悲水忏》《大悲忏》《净土忏》等。《梁皇宝忏》是中国流传最久一部。传戒是设立法坛,为出家僧尼或在家教徒传授戒法的一种宗教仪式,亦称开戒或放戒。就求戒人说是受戒、纳戒或进戒。佛教大、小乘戒法有:五戒、八戒、十戒、具足戒和菩萨戒五种。

水陆法会。又称水陆道场,悲济会等,是为救度受苦众生而设置的斋会。法会一般由施主出钱资助,以七日为期,是中国佛教经忏法事中最隆重的一种。"水陆"之名,始见于宋遵式的《施食正名》,谓系"取诸仙致食于流水,鬼致食于净地"。无遮大会。无遮大会源自印度。意为参加法会者不分贵贱、贫富、道俗,一律平等进行和施舍财物。以示祈福。放生法会就是将抓获的动物再放还湖泽、山野。汉地大规模的放生活动开始于隋代。次后这项活动就成为中国佛教的一项重要的法事活动。这些宗教仪式、法会活动都是游客参观旅游佛教寺院游览的内容。

其次,文化民俗也是寺院旅游的一项重要内容。

寺院是僧人修行禅定的地方,但同时也是古代文人墨客、平民百姓旅游、买卖的场所,因此,围绕着寺院也就形成了相应的文化民俗,这些也是寺院旅游的重要内容之一。

世俗文人在寺院里留下了珍贵的人文景观。如著名的诗人李白、杜甫都在寺院中留下了碑铭、诗歌。以诗歌为例。寺院题诗的习惯表现得非常随意,他们常常就地取材,有题叶的,如许浑在《长庆寺遇常州阮秀才》中云:"晚收红叶题诗遍,秋待黄花眼酒浓。"也有题竹的,如张继在《游灵岩》中云:"青松阅世风霜古,翠竹题诗岁月除。"寺院诗歌的种类繁多,内容性灵,意趣高雅。这些古代人文诗歌题壁都是现今寺院旅游的重要内容。

民间庙会也是寺院旅游文化一项重要内容,在寺庙节日或规定日期举行,届时百货云

集,一般在寺庙内或其附近所以称作庙会。老百姓在寺庙里求神拜佛来祈福消灾求得心理的平衡;围绕宗教节日的大规模迎神赛会,形成了众多的民间团体。一些寺庙拥有众多的信徒和游人,地理位置优越,也为集市提供良好的条件。许多旅店、饭馆、商店依寺而建,在大寺院周围形成经济圈。寺院处在市场中心。人们在庙会上可以自由自在地聚餐饮酒、观戏买物、观灯赏月、品茶闲话、买卖商品,好不快乐。这些民间庙会围绕在寺院周围,可以说是寺院文化的另一种旅游娱乐的形式。

3.4.1.3　佛教名山的开发与修建

"天下名山僧占多",佛教自传入中土以来,与中国传统文化相融合,原本枯燥的宗教修行,升华为一种生活的情趣审美的理念。天下名山便成为佛教发展的胜地。因此,历代也十分注重对佛教名山的开发与修建。下面以著名佛教名山为例略加介绍。

(1)峨眉山　峨眉山是中国佛教四大名山之一。从晋代开始,峨眉山一直为佛教普贤道场,距今已有一千多年的文化史。峨眉山高出五岳、秀甲天下,山势雄伟,景色秀丽,气象万千,素有"一山有四季,十里不同天"之妙喻。

历代官方与民间不断对其开发与修建。开发与修建重点在于两方面:

一是峨眉山的自然资源。峨眉山以优美的自然风光、丰富的动植物资源、独特的地质地貌而著称于世,被人们称之为"植物王国""动物乐园""地质博物馆"等。唐代诗人李白诗曰:"蜀国多仙山,峨眉邈难匹";明代诗人周洪谟赞道:"三峨之秀甲天下,何须涉海寻蓬莱。"古往今来,峨眉山就是人们游览观光、科学考察和休闲疗养的胜地。故而清代诗人谭钟岳将历代峨眉山开发的景色概为十景:"金顶祥光""象池夜月""九老仙府""洪椿晓雨""白水秋风""双桥清音""大坪霁雪""灵岩叠翠""罗峰晴云""圣积晚钟"。

二是佛教文化资源。峨眉山为普贤菩萨道场,是中国四大佛教圣地之一。经过历代修建,著名的佛教旅游资源有报国寺、伏虎寺、清音阁、洪椿坪、仙峰寺、洗象池、金顶华藏寺、万年寺等。寺庙中的佛教造像有泥塑、木雕、玉刻、铜铁铸、瓷制、脱纱等,造型生动,工艺精湛如万年寺的铜铸"普贤骑象",报国寺内脱纱七佛、贝叶经、华严铜塔、圣积晚钟等均为珍贵佛教造像。万年寺是峨眉山八大寺庙之一,创建于晋,唐时名白水寺,宋时为白水普贤寺。宋太平兴国五年(980 年),茂真禅师奉诏入朝,太宗命他回山重兴六大寺庙,并派遣张仁赞,于成都铸普贤铜像,运至万年寺供奉。明代数次遭火灾,清康熙年间重修,现在万年寺是 1954 年人民政府拨款修复的。有大雄殿、巍峨殿、行愿楼、斋堂、山门、弥勒殿和毗卢殿、般若堂,成为峨眉山规模最大的寺庙。金顶华藏寺是个较大建筑群,过去包括锡瓦殿、铜瓦殿、金顶(金殿)、光相寺、祖殿等。金顶金殿为明万历年间妙峰禅师创建的铜殿,万历皇帝朱翊钧题名"永明华藏寺"。金顶的得名,即来源于"金殿"。当早晨朝阳照射山顶时,金殿迎着阳光闪烁,耀眼夺目,十分壮观。

(2)普陀山　普陀山是佛教四大名山之一,又称为"南海佛国",是中国佛教的旅游胜地。是中国首批 44 个重点风景名胜之一。岛上风景秀丽,古刹林立,集海上胜景和人文景观于一体。故而前人曾有评语"以山而兼湖之胜,则推西湖;以山而兼川之胜,则推桂林;以山而兼海之胜,当推普陀"以赞扬其景色之美。佛教旅游资源是开发普陀山的重点内容。

历代修建普陀山寺庙很多,以明、清时期为代表,是建筑技术与建筑艺术发展到最成

熟阶段的产物。[①] 整个道场主要有普济、法雨、慧济三大寺。普济禅寺始建于宋，为山中供奉观音的主刹。后复建于明代。法雨禅寺始建于明，依山凭险，周围古木参天，极为幽静。慧济禅寺建于佛顶山上，又名佛顶山寺。

(3)九华山　九华山位于安徽省池州市，是中国四大佛教名山之一，总面积120平方千米。原名九子山，因大诗人李白见此山“高数千丈，上有九峰如莲花”，更名为九华山。唐开元年间，新罗国(今韩国境内)国王来到九华，潜心修持75年，99岁圆寂，佛门认证他是地藏菩萨化身，九华山由此被辟为地藏道场。素有“东南第一山”之称，自古就是中国著名的旅游胜地。寺院建筑是九华山佛教旅游开发的一大特色。九华山寺庙建筑颇具特色。宗教气氛与地方风格相结合，寺院建筑与自然环境融为一体，众多金碧辉煌的梵宫玉宇和玲珑别致的茅棚精舍，或雄踞在峰顶陡壁之上，或散布在山谷丛林之间，把九华山装点成神采奇异的“佛国圣境”。著名景点有百岁宫、上禅堂、甘露寺、化城寺等。甘露寺位于山前景区，坐南朝北，茂林修竹掩映，盘山公路环抱。全寺由3组民居建筑与宫殿式大雄宝殿组合，建筑面积3 500平方米。为清末建筑，九华山“四大丛林”之一。殿宇宽宏，楼阁整齐。化城寺为四进院落式民居建筑。明代时期得到修建，四进殿宇分别部署在三个台基上，层层升高，序落有致。

(4)五台山　五台山是中国佛教第一圣地，是文殊菩萨的道场，位于山西省五台县境内，方圆五百余里，海拔三千米，由五座山峰环抱而成，五峰高耸，峰顶平坦宽阔，如垒土之台，故称五台。自汉唐以来，五台山就一直是中国的佛教中心，此后历朝不衰，对其开发与修建也是持续不断，鼎盛时期修建的寺院达300余座。寺院经过不断修整，更加富丽堂皇，雄伟庄严，文化遗产极为丰富，举世称绝。台怀镇是寺庙最集中的地方，寺院一个挨着一个，显通寺、塔院寺、菩萨顶、殊像寺和罗侯寺并称五大禅林。显通寺是五台山历史最悠久的佛寺，始建于东汉永平年间，初名大孚灵鹫寺，后为花园寺、华严寺，明太祖时重修，赐额大显通寺。寺宇面积8万平方米，建筑400余间。中轴线上，有文殊殿、大雄殿、无量殿等7座大殿。中间台上有大铜佛。门前钟楼上有一口重达万斤的铜钟，敲击时声音传遍全山。塔院寺原是显通寺的塔院，明代重修舍利塔时独立为寺，寺内以舍利塔为主，舍利塔是一座藏式白塔，故又名大白塔。中国共有珍藏释迦舍利子的铁塔19座，五台山的一座慈寿塔就藏在大白塔内。此塔居于台怀诸寺之前，高大醒目，一向被看作五台山的标志。

3.4.2　道教旅游资源的开发与修建

在世界宗教体系中，道教无疑是颇具中国特色的古老宗教，人们对道教亦有着独特的感情色彩。作为道教文化为主要内涵的旅游胜地，也正是旅游者旅游审美的好地方。道教的旅游资源以“神仙”所居的名山胜境为主，即道家所说的洞天福地，昔日在“十大洞天”“三十六小洞天”和“七十二福地”中都建有很多道教建筑。历经各代开发与修建，道教的旅游景点以道观、道教名山为主。

---

① 王文洪:《普陀山自然文化遗产保护与利用研究》,《杭州市委党校学报》2005年第2期。

3.4.2.1 道教宫观

自古以来,道教宫观往往建于幽远秀绝的名山大岳,似乎与风景区有天然的联系,其或占领"江山"或点染"江山",处在地群山峻岭,沟壑溪谷,千变万化的自然景观自成天然之趣,加之与历史文化名胜古迹交相映衬,创造出如诗如画的人间仙境。

道教宫观,是道士修道、祭神和举行宗活动的场所,也是道教文化旅游的一个重要窗口。道教庙宇是祀神之所,一些由帝王兴建的庙宇和规模较大的庙宇,经过帝王的颁赐名额亦可称"宫"。道教称为宫的庙宇,一般都要经过帝王特许或"赐额"。宫是道教庙宇最隆盛的称谓。道教庙宇称"观"始于陕西周至县古楼观,即终南山楼观台。

历代王朝都非常注重对道观的修建和开发。魏晋南北朝时期,刘宋陆修静首先设立简寂馆、崇虚馆,是正式见于文献记载的道馆,在北朝称之为道观。道观一词,遂为历代沿用。隋唐时期,道教得到飞速发展,道观的修建更是迅猛发展。道教在宋代也得到发展,文献记载依照帝王的要求几次大规模地修建道观,如上清太平宫、玉清昭应宫、景灵宫、五岳观、宝箓宫等。

道教宫观有两类:一类是子孙庙,一类是十方常住。子孙庙收徒弟代代世袭相传。十方常住也称十方丛林,有传戒特权而不得私收徒弟,这种宫观性质是属于全国道教徒公有的。现今著名的道教宫观有江西龙虎山的上清宫、四川成都的青羊宫、北京的白云观、河南鹿邑的太清宫、陕西户县的重阳宫、山西芮城的永乐宫、苏州的玄妙观等。

白云观位于北京市西便门外,始创于唐代。金大定七年(1167 年)道教全真派在此建大道场,名太极宫,元代改名长春宫,并于宫东建白云观,明代又曾改建。现存建筑多是清康熙四十五年(1706 年)重建。白云观总体布局规整,依南北纵轴线布置建筑,序列疏密有致。观前为照壁和牌坊组成的入口,牌坊后为山门,山门内有水池,池左右有云水堂、十方堂等小建筑。水池后布置灵官殿和主殿玉皇殿,东为辰鼓、西为暮钟,十分罕见。三清殿后为老律堂,堂后分为三条轴线。正中轴线主体为邱祖殿,传说为元代全真派首领邱处机的墓地。观后为花园,有亭子、假山、树木,格调清雅。观内建筑都是明清北京官式做法,体量都不太大,但比例严谨,造型端庄,尺度合宜。总体的艺术效果主要是依靠尺度、形式不同的庭院互相穿插联系,构成活泼多变的序列,以及大小不同的建筑巧妙搭配而取得的。

3.4.2.2 道教名山

"天下名山僧占多,也该留一二奇峰,栖吾道侣。"这是明末清初思想家傅青主发的感慨。佛教名山固然众多,但道教名山也为数不少。著名的五岳,以及武当山、青城山、庐山、崂山、武夷山等,均是道教圣地。此外,龙虎山、茅山、终南山、罗浮山等道教仙山,也吸引着众多的游客。俗话说,"山不在高,有仙则名",经过千百年的文化积淀,中华大地上遍布道教名山洞府,形成了丰富的道教文化旅游资源。

与道教宫观相比,道教名山在构景上寄情山水,崇尚自然,在构景手法上强调因借,"屏俗收佳",在布局上自由曲折,幽邃深远。其布局雄伟肃穆,建筑气宇轩昂,装饰精美细腻,令人赞叹不已,它们既渲染了宗教氛围,又与周围环境构成特殊的文化"意境",潜移默化地影响着人们的心理情绪。可以说,道教名山既是香客求神祭祠之所,又是游客探秘访幽。观赏游乐之地,这一双重功能使它不仅有雍容华贵的气派,也有朴素典雅的格

调,表现了道教追求精神自适,纯任自然的风尚。除此之外,无数旷达风雅的文人墨客游览这些胜景时总是激情澎湃,豪性大发。他们吟诗作画或题词作文,留下了无数脍炙人口的绝妙诗词,许多佳句借山水以传情,山水也因而借之以显名。这些道教文学作品表现了名山道观的幽雅超绝,梦幻迷离,使景点更添玄妙色彩,令人向往。

道教称“神仙”所居的名山胜境为洞天福地,昔日在“十大洞天”“三十六小洞天”和“七十二福地”中都建有很多道教名山。今天著名的道教名山有泰山、衡山、华山、恒山、嵩山、茅山、青城山、龙虎山、终南山、武当山、崂山等。

武当山是位于湖北十堰市境内著名的道教圣地,素有“亘古无双胜境,天下第一仙山”之美誉。武当山建设始于唐代,唐太宗因均州太守姚简在武当山祈雨灵应而敕建五龙祠。宋代是武当山真武信仰兴起和武当道教形成的时期,皇家和道教在建造宫观殿宇方面都起到了很大的作用。据相关史料记载,宋代武当山已落成“五龙宫”“紫霄宫”“南岩宫”“王母宫”等宫及“佑圣观”“云霞观”“太上观”“威烈观”“玉仙观”五观和“自然庵”“大顶圣坛”等景观节点。元代,全山已建有十六宫、十九观、十一庵、十九庙、四祠、十道院、三寺院、五亭、六台、一坛、十二池、三井、二十四桥。以屋宇为单元的景观节点有 80 多处,全山形成了一个庞大的景观体系。明朝作为武当山兴旺发展的时期,景观规模比前朝形成的据点大为扩张,景观序列也按照真武传说故事序列进行调整,景观格局得到进一步完善,并达到顶峰,将武当山装点成人间仙境,旅游胜地。① 1994 年 12 月,武当山古建筑群作为世界文化遗产入选《世界遗产名录》。

3.4.3 其他宗教旅游资源的开发与利用

随着伊斯兰教的传入,独特的清真文化也受到历代的开发与利用。清真寺的修建是其中一项重要内容。早在唐朝时,在政府许可下,大批阿拉伯、波斯商人生活在广州、扬州、泉州、杭州和长安、开封、洛阳等地,在当地兴建清真寺。元明清以来,清真寺的修建更是兴盛,如泉州清净寺、杭州真教寺、南京净觉寺、西安清修寺、北京东四清真寺等,都是建于这一时期的伊斯兰寺庙。总的来说,中国内地清真寺的开发与修建大部分受到元代风格的影响,多为院落式,木结构体系,而少数民族地区清真寺的建筑则更见伊斯兰文化的特点②。

少数民族地区清真寺的修建与开发是当今国内伊斯兰教旅游资源的另一大宝库。其中又以信奉伊斯兰教的西北地区较多。较著名的有内蒙古呼和浩特清真大寺,建于清代前期,藏有阿拉伯文《古兰经》30 册,为珍贵的文献资料;宁夏同心县的清真大寺,是宁夏现存规模较大的,相传始建于明代,是一座汉族传统建筑艺术与伊斯兰教建筑艺术融为一体的建筑。青海西宁市的东关大寺是西北地区著名的清真寺之一,也是西北地区伊斯兰教的教育中心和最高学府,是西宁地区广大穆斯林礼拜和集会的重要场所,每当伊斯兰重大节日,数以万计的穆斯林教徒聚集在此,举行宗教活动。它也是国家 3A 级旅游景点,

---

① 李慧,王向荣,王小平:《武当山景观格局的历史变迁》,《中国园林》2014 年第 3 期。

② 潘宝明,朱安平:《中国旅游文化》,中国旅游出版社,2001 年。

兼具中国古典建筑和民族风格的建筑特点，精致玲珑、庄严雅静，吸引各地的游客前来旅游观光。新疆喀什市内的艾提尕清真寺，是新疆最大的清真寺，相传始建于明末，占地约15亩，是一座具有代表性的古建筑。①

相对清真寺而言，教堂则是历代对基督教文化资源开发与修建的重要对象。早在贞观十二年(638年)，太宗就下诏在京师义宁坊建寺(波斯寺)一所。天宝四载(745年)九月，玄宗又下诏将两京、地方所有的波斯寺，都改为大秦寺。② 唐朝时期全国各地遍布景教寺院，《景教碑》有："法流十道……寺满百城。"但真正意义上教堂的修建则开始于明清时期。明朝万历年间，意大利传教士利玛窦抵达北京，揭示了基督教在中国传播的第三次高潮，为中世纪后期中西文化交流写下了新的一页。清朝康熙年间传教士更加得到了皇室的重用，大量的教堂在这个时期得到修建，如著名的宣武门南堂、西什库北堂等。

宣武门教堂，又称南堂。意大利传教士利玛窦来中国传教，于明万历三十三年(1605年)在宣武门内建立，是北京现存最古老的天主教堂。南堂有三层院子。第一进院以圣母山为主，东院为教堂，西院为住房。此外还有天文台、藏书楼等。教堂内三个雄伟而不失细腻的拱门将入口装点得很有特点。西什库教堂，又称北堂。始建于清康熙三十二年(1693年)，原在中南海紫光阁西侧的蚕池口(称老北堂)，光绪十一年(1885年)因修中南海，由国库出资迁到西什库重建。北堂是一座典型的哥特式建筑。它有四个高高的尖塔，左右各有一中式四角攒尖黄色琉璃瓦顶的亭子，亭内是乾隆皇帝亲笔题写的石碑。主入口两侧的圣者雕像是北京其他教堂中没有的。

3.4.4 宗教旅游资源开发与利用注意的问题

3.4.4.1 做好宗教文化资源调查研究和宣传工作

宗教教义的哲理性、宗教建筑的艺术性，宗教氛围的神秘性，无时无刻不在对我们旅游者放射出吸引力。中国作为奥运会、世博会的承办者，又具有十分丰富的宗教资源，在旅游文化中蓄积着巨大的热能，但目前并未充分开发出来，特别是现在国内的宗教旅游大多是进庙烧香，祈祷祝福，对求法、求真理的追求不够，即对宗教教义中的积极内容宣扬不够。如佛教的积善积德、道教的无为清净、基督教劝人为善的观点等。因此有必要组织专家学者对中国宗教文化古迹进行综合调查研究，这样做不仅具有学术价值，还能为有关部门提供可靠依据，使领导敢下决心，有底气。还可开展宗教文化学术研究活动。如举办"北京佛教文化研讨会""上海基督教与旅游研讨会""上海道教文化旅游节"等活动，提高国内宗教旅游品位。

3.4.4.2 搞好与该项旅游相配套硬件、软件建设

中国大陆及港台、日本、韩国、东南亚等地区深受佛教、道教文化影响，欧美游客又对东方宗教抱着好奇心态，因而，观光客中虔诚的宗教人数十分可观。据国家有关部门统计调查，东亚、东南亚来华想了解中国历史文化的游客占49%，而欧美游客中了解中国历史

① 流方:《旅游与宗教》，旅游教育出版社，1993年，第269-276页。

② 《唐会要》卷四九。

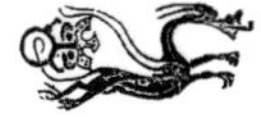

文化的占到80%。[①] 因而大力开拓国外市场是十分可观的。但目前已有的设施还不足以满足国外游客的需求,必须花大力气搞好与之相关的配套设施建设才能具有与同类产品的竞争优势。这包括:政府制定优惠政策,加大对宗教旅游有关景点设施的投入,包括建筑、各种娱乐设施的建设,使设施的外形与景观相协调。特别是要提高导游人员的宗教知识修养,对从业人员进行宗教知识培训,不断提高旅游服务质量。

3.4.4.3 重视保护周围大环境,保持宗教旅游与周围大环境的和谐一致

在宗教教旅游产品的开发过程中,绝不能以发展旅游名义,做出开山破石、毁坏林木、破坏环境的事情。再如,在宗教旅游开发过程中,要遵循宗教建筑的选址、布局、结构顺应自然,巧妙地利用自然、灵活布局、就地取材、与周围环境保持和谐的特点,保持各种宗教建筑的原有意境和风格。深山藏古观,曲径通殿堂。切忌在游览区内修建现代化的游乐场以及高大的建筑,以防弄得不伦不类。[②]

3.4.4.4 开展更多宗教主题活动,增强游客的体验兴趣

目前旅游活动已进入体验式旅游时代。宗教建筑外环境首先是一种宗教场所,它应满足宗教的功能,以体现对教徒的关怀。其次,它为人们业余休闲活动提供极好的文娱场所,如开放忏悔室,安排牧师倾听信徒或非信徒的忏悔,缓解生活压力,释放负面情绪;又如,适当开放教堂为新人举行婚礼提供场所;再如,它可以成为学习历史和接受爱国主义教育的基地。

此外,随着传统文化旅游热,寺院、道观可为发展国学旅游提供载体。小到妙龄儿童,大到花甲学者,无论中外游客,均可通过此窗口体验到中华文化的精髓。随着现代人生活不规律,亚健康、城市病的出现,道教养生以“养生、养身、养心、养神”为主题的养生度假产品可为一大亮点,在养生培训中配备膳食、起居、静功、武术等动静结合的产品,定将吸引大量多次体验的游客。佛教禅修仪式作为一种缓解现代人生活压力,情感释放的新的生活度假方式,因其净化身心,提升生活层次普遍流行于白领、企业家人群之中。[③]

这些既是对中国传统文化的历史传承,也是发展旅游文化宗教产业的现实选择,更是提升城市品位、重塑文化盛世的有力举措。

我们相信,一个以宗教文化内涵为中心,又具备自然资源,景观天然优势的旅游整合体,只要能每年不断地培育出一个或几个热点项目,逐年配套,步步升华,就可以构筑成长兴不衰的大好形势。

【本章小结】

1. 人类社会是依赖自然界存在进步的。在漫长历史进程中,人类发展了自身,也发现并丰富了自然美景,人文资源和自然资源共同组成了取之不尽的旅游资源宝库。

2. 城市与园林既是人类文明的结晶,也见证了人类文明的进程。城市是人类文明的要素之一,无论已经消失在地下的或仍然存在着的城市,每一座城市都有着一段历史,饱

---

① 杨时进:《旅游述略》,中国旅游出版社,1987 年。

② 俞孔坚:《景观的含义》,《时代建筑》2002 年第 1 期。

③ 杨宝欣,徐淑梅:《哈尔滨宗教旅游开发研究》,《边疆经济与文化》2017 年第 3 期。

含着丰富的历史信息。古典园林更是人类文化的精华,园林凝聚了人类幽雅的审美体验,也代表了人类追求美好生活的理想。

3. 历史时期人们对于自然资源的所有游览、探访行为都渗透在自然景观之中,是自然中的人文,使得自然资源与人类文化水乳交融。

4. 寺院旅游的内容主要是围绕佛教、道教和其他宗教的建筑和文化民俗进行。宗教旅游资源的开发与利用既要慎重,又要科学。

【重点概念】

旅游资源　城市建制　城市文化　园林构景　地貌　佛教　寺院　道教宫观　宗教旅游

思考题

1. 谈谈你对中国古代城市建制演化过程的认识。
2. 城市文化的进步表现在哪些方面?
3. 园林艺术的特色有哪些?
4. 历史时期人们对自然资源的认识发展过程。
5. 宗教名胜的文化意义有哪些?
6. 如何科学地开发和利用宗教旅游资源?

旅游服务体系的建立及发展

学习目标→

了解中国古代旅游活动所需要的基本服务条件，即如何在最低水平上保障人们旅游所需的基本条件。这些条件包括交通工具、交通线路、食宿的安排和旅游基本技能和知识等。掌握历史时期的旅游服务内容是如何转变为当今重要的旅游资源的。能够理解和总结历史时期的旅游服务体系从无到有，从低水平到高层次的逐步发展的过程、原因等规律性知识。

学习难点→

旅游服务体系　交通工具　交通线路的旅游资源价值

旅游活动需要一定的服务保障条件，如可行性交通路线、可行性交通工具、沿途的食宿、途中行程的安排、目的地的食宿及行程安排、旅行相关信息的提供（如地图、景区介绍和旅行技能）等，以及某些特殊旅游活动所必需的特殊条件等。这些条件是保证旅游活动得以顺利、有效开展的基本保障。在漫长的历史长河中，随着时代的发展与进步，人们的旅游活动日益丰富多彩，与之相关的保障或服务体系也日趋丰富而完备，为近现代旅游业的建立健全奠定了基础。

4.1　古代旅游服务体系的内容和特点

关于现代旅游业的含义及基本特征，根据《国际产业划分标准》以及结合从事旅游业务的具体部门来分析，旅游业主要由三大部门组成，即旅行社、旅店业和交通运输业。但考虑到交通运输业的相对独立性，以及旅游服务内容，也可以把旅店、旅行社和景区视为现代旅游业的三大支柱。同时，考虑到旅游业的综合功能越来越强，再考虑到旅游行业的组织管理，旅游服务体系实际上有五大部分：旅行社、景区、旅店、交通和旅游业管理机构。

历史时期的旅游活动也无法回避旅游的六要素“吃、住、行、游、购、

娱”中的每一个环节，尤其应当充分考虑到交通工具的类别及选择、旅游信息的探讨与提供、食宿的接待和旅游保障系统等旅游条件。考虑到旅游资源的开发前章已经论述，在此不再重复。同时，考虑到历史时期尚没有出现类似今天的旅行社和旅游管理部门等专职部门，本章亦不拟讨论。本章重点讨论食、住、行等三个方面。

服务体系针对不同的对象，有不同的制度法律或基本规定，这些规范实际上可理解为中国古代的旅游法规。为了确保旅游的秩序、规范和依法守规，从中央到地方都对旅行相关参与者有相应的立法、立规，旅游行业也有相应的行业自律。

中国古代各阶层的旅游，因政治等级和社会地位的差异，对旅游行为有明确的立法规定。交通工具的使用有严格的等级规定，皇亲贵戚、公卿官员与黎民百姓和商人的交通工具有高低贵贱之分。官员出行，品级不同，随行人员和饮食标准也有差异，旅途的住宿接待按旅游者的身份不同，被划分为官方接待、经营性接待和慈善性接待。地图的使用长期也是保密的，被皇室和官府垄断，百姓日用旅行图的出现是社会交流和旅游不断发展、产生了实际需要的结果。此外，商业性经营的旅游从业人员，也出现了行业自律性质的规章制度。

历史时期的旅游服务体系的基本特点主要有二。其一，保障旅游的服务内容从无到有、由简单到复杂、由官方到民间、从满足基本需要到较高层次的享受需要，经历了一个极为漫长的历史过程。其二，许多属于保障体系的历史遗存已经演化成后来的旅游对象，如古河道（灵渠、大运河）、古驿站（丝绸之路，茶马古道）、古村镇和建筑物（官邸、酒肆）、食品类（东坡饼、万三肘子）、行程图等，都成了探寻历史文化旅游的重要对象。

4.2 交通工具

作为沟通与交流的载体，交通工具在人们的出行过程中扮演着极其重要的角色。交通工具的演进是伴随着人类交流范围和规模的扩大，以及对交通水平要求的变化而逐步提高的。古人的交通线路有陆路和水路两大系统，空中的交通（旅行）仅仅存在于想象和极个别的状态下。陆地有平原、草原和山地等自然地理环境的不同，水陆有河、湖、海洋等水体状态的差异。从交通工具运行的动力来源看，主要有人力、畜力、自然力和机械力等四种，其中前三者较为普遍。交通工具的发展历程呈现从基本满足需要、到发展成享受娱乐需要的变化特点。

4.2.1 交通工具的出现

早期人类的出行始自徒步行走。神话时代的旅行家们在徒步旅行方面也都表现出卓异的才能。像广泛流传于民间的“夸父逐日”“后羿射日”及“嫦娥奔月”等故事里的主人公都是靠双足旅行，这也大体反映了那个时代最主要“交通工具”的状况。即便是到了传统社会的后期，徒步出行仍然是非常重要的形式，这主要是由旅游的性质以及当时交通工具、交通线路以及交通服务设施的落后状况所决定的。

马作为交通工具较早进入人们的视野是在早期国家出现之前，大体是从黄帝到禹这一时期。古文献中关于马车起源的说法较多，常见者有“黄帝造车”和“奚仲作车”两说，

由于乘马和乘坐马车又有所区别，所以，到三国时的谯周即将两说融合在一起，《古史考》云："黄帝作车，少昊驾牛，禹时奚仲驾马，仲又造车，广其制度也"，认为是黄帝发明了最原始的车子，以马驾车到奚仲时才开始，并广为推行。据此，有学者认为，"据文献记载，中国至迟在夏代已有马车，不过目前的考古工作还未在二里头文化遗存中发现与车相关的讯息"。目前中国发现最早的马车见于安阳殷墟、西安老牛坡、滕州前掌大遗址，均属于商代晚期。在河南偃师商城补城墙内侧发现了商代早期路土上留下的双轮车辙，可以将中国使用双轮车的时间提早到商代早期。这些考古实物发现虽然没有传说时代的早，但大体是可以理解的。即马车的使用，"中国新石器时代发明原始车子的可能性是极高的"①。此后，马车就作为贵族阶层重要的出行（旅游）工具，如西周时周穆王西游昆仑山时，乘坐的就是八骏马车。

从大量车马坑的考古发现看，到商朝时，马车既是贵族出行的工具，也成了普通百姓尤其是商旅的重要交通工具。商代商人的商贸活动频繁，据《周书·酒诰》：（殷人）"肇牵车牛远服贾"，开始了贸迁之旅。殷人封地在商，商地交通便利，四处经商，但运输不便，于是精明强干的商王相土就发明了马车，让商民用马驾的车运载货物，东奔西走，南来北往，到周围的一些小国或氏族部落从事物品交换。同期，牛作为交通工具也投入交通运输过程中。先秦时，马车已经作为一种常见的交通工具。②

"旱地为车，水运为舟。"生活在水乡的先民们在寻找水上通行方法方面也做了不少的努力。相比较而言，"舟"的发展水平稍逊于车。《物原》中有载，"燧人以匏济，伏羲始乘桴，轩辕作舟"，说明先民们最早以"匏济"（葫芦）、"乘桴"（筏子）等在水上航行，作舟的思想可能渊源于先人看到水体上漂浮和流动的枝条或树叶，因此较早的舟可能是"筏"。稍后，人们已经懂得"刳木为舟，剡木为揖"③，制造独木舟以为旅行工具。考古学家们在据今7000年的浙江余姚河姆渡新石器时代遗址上和距今5000年左右的浙江杭州水田贩和吴兴钱山漾的遗址中出土有木浆，说明了独木舟已成为这一带水上重要交通工具。④ 在北方，"舟"的出现也很早，据《史记·禹本记》载：大禹治水时，"禹自涂山南省南，舟济于江，黄龙负舟"。木板船的出现不应当晚于夏代。商代时已经有专门的造船手工业。从甲骨文上看，商代使用舟船的频度比较高，可能并非独木舟，而主要是一些像首尾上翘、平底、用木板拼接而成的木板船。周代的造船技术已相当先进。战国时期南方吴、越两国国势渐强，造船水平很高。船已成为南方上至国君贵族，下至平民百姓出行的交通工具。舟在江河湖海中航行，其动力来源（工具）主要有竹篙、舵桨和风帆等三种。⑤

陆上交通工具，除牛车、马车之外，还有人力车（步）辇、用象和牛等负重物。水上交通工具，除舟之外，还有一些利用水力漂浮的器具，其起源更是各具形态！

---

① 吴晓筠：《近年关于中国马车起源问题研究的述评》，《东吴历史党报》2005年第13期。

② 王星光：《试论中国牛车、马车的本土起源》，《中原文物》2005年第4期。

③ 《周易·系辞》。

④ 金戈：《中国古代交通与水》（下），《海河水利》2003年第3期。

⑤ 吴浩坤：《甲骨文所见商代的水上交通工具》，《陕西师范大学学报》1995年第4期。

4.2.2 交通工具的多样性

“舟”和“车”是中国古代最重要的两种交通工具，它们一直承担着古代出行最重要的职能。在历史的发展进程中，随着生产力水平的提高，社会各阶层需求水平的提高，舟车的种类日趋丰富，以满足不同阶层在不同的地区、不同时节进行的旅游活动的需要。除舟、车之外，人们还发明了极具地域或民族色彩的交通旅行工具。

4.2.2.1 马与马车

马在发挥交通运输方面的作用，在历史长河中，前后有明显的变化。在马被驯化以后，马车作为一种重要的交通工具就出现了，其政治和军事职能一直非常突出。由于马车一直是拥有较高地位的统治者阶层旅游的重要工具，马车的制式和规格等也一直是作为政治统治制度的一个组成部分而存在的。马车这种在等级社会中所处的标志性地位也决定了马车种类的多样性。

直接骑马和乘坐马车有所不同。在汉代，在马鞍、马镫等乘驾器具发明以后，乘者操作较为灵活，乘马车出行转变为直接骑马出行，人们出行的方式发生变化。秦汉时期，战马紧张，马在出行中并不占重要地位。

唐代至五代间，骑马出行(而非乘坐马车)已经非常普遍，无论是帝子王孙还是普通百姓，甚至是妇女都流行骑马出行。据《旧唐书》，刘知己描述了隋唐间出行工具发生变化的过程，“自皇家抚运，沿革随时。至如陵庙巡幸、王公册命，则盛服冠履，乘彼辂车。其士庶有衣冠亲迎者，亦时以服箱充驭。在于他事，无复乘车。贵贱所行，通鞍马而已”，说明王公册命乘坐“辂”车，其他则无论贵贱，则骑马出行。[①] 从唐代出土的骑马女佣看，以及文献记载、唐代绘画看，贵族妇女出游时骑马的概率非常高。

宋代的马，除作战外，主要用于邮传，各驿站均养有数量不等的马匹。宋代的马匹乘骑曰“乘驿”，意思是“乘骑递铺”，目的是方便快捷地传达政令和便于行政人员的往来，因此主要是官员使用，非公务不得用驿站的马匹。官员因公务需要用马时，需要申请用“头子”，即乘驿的凭证，以杜绝私乘或超限用马。马也是官僚日常生活代步之用，这类马匹属于私有财产[②]。

宋代以后，轿子逐渐成为人们出行的代步工具，马车在旅游中起到的作用有所降低，在明代，即便是武官出行也不愿意骑马，而是更愿意乘坐装饰华丽的轿子和游船。然而，马的高高在上的社会地位一直没有被取代，帝王和官宦巡游时乘坐马车仍然是一种权力和地位的象征。

4.2.2.2 牛与牛车

牛与牛车是古人出行的又一种重要工具。总体而言，它是社会地位比较低的士人(读书人)阶层的代步工具，没有成为最为重要的出游形式。由于道学宗师老子曾以“青牛”作为游学代步的工具，骑牛或坐牛车出游成为一批士人寻求个性的表达方式。

---

① 《旧唐书》卷四五《舆服志》。

② 姚瀛艇:《宋代文化史》，河南大学出版社，1992 年。

牛的使用至迟在商代已经出现，周代的牛车车长约六尺，比马车短六尺，前后长、左右宽，与马车相反，骑乘者并不多见。秦汉间，因连年战乱，马匹战死，骑牛或牛车者较多，实属不得已而为之，司马迁说，汉代“诸侯贫者，或乘牛车也”，但到东汉末年，乘牛车渐渐成为一种时尚。古籍对自东汉至隋朝之间乘牛旅行之风进行了大量地描述，一方面是由于汉末诸侯寡弱，贫者至乘牛车。另一方面，即是由于魏晋南北朝时期，士夫追求个性与内心解脱，颇与当时乱世闲余士夫们的生活情趣相一致。据《晋书·舆服志》载，晋皇室在渡江平吴后造五牛旗，“以五牛造旗，车设五牛，青赤在左、黄在中、白黑在右。竖旗于牛背，行则使人舆之。牛之为义，盖取其负重致远安而稳也。旗常缠不舒，所谓德车结旌也，天子亲征则舒，谓武车绥旌也”。在最高统治者和官宦、士人阶层的影响下，牛成了时人主要的交通工具。宋元时中国山水写意画大盛之时，以骑牛为题材的旅行图仍然非常盛行，但唐以后，牛及牛车不再作为一种主要的出游工具。[①] 明末，顾炎武在其《日知录·街道》中说：“古之王者，于国中之道路……后唐明宗长兴元年正月，宗正少卿李延祚奏清止绝车牛，不许于天津桥来往。明制，两京有街道官，车牛不许入城”。可见牛作交通工具的社会地位在唐后期就比较低了。不过，牛在地方的交通运输仍然在发挥重要作用。在北宋，牛车在北方交通中仍占重要地位，运输用的大车，每辆可载四五千斤，多用牛骡十数头。[②] 在《清明上河图》上可以看到包括牛车在内的多种车辆。

乘骑畜力出行，除牛马之外，驴、骡、羊、狗、象等动物也都有可能，在民间和神话传说中，骑乘奇异动物者也比较多。骑驴出行在人们的出行中亦较为常见，尤其是在国家禁马、护牛政策执行比较严厉之时，骑驴不失为一种出行的无奈选择。在唐代，据王定保在《唐摭言》中记，“咸通中，上以进士车服僭差，不许乘马，时场中不减千人，虽势可热手，亦皆跨长耳。或嘲之曰‘今年敕下尽骑驴，短辔长鞦满九衢，清瘦儿郎犹自可，就中愁杀郑昌图’”[③]。从著名诗人李白、杜甫的诗作看，他们也都有骑驴子出行游览的经历。骑骡子的历史也比较悠久。传说西汉武帝时名士李少君死后，曾骑青骡在河东蒲坂等地游历百余日，唐诗人李贺有诗云“少君骑海上，人见是青骡”。在魏晋时有士人以骑骡为时尚。明清之际著名学者顾炎武在华北和西北游学，“还往河北诸边塞者几十年……遍观四方……凡先生之游，以二马二骡，载书自随”，所用有马有骡。[④] 此外，大象在西南等热带地区、骆驼在西北干旱地区，驯鹿和狗在东北的冰雪气候地区的交通和旅游中都发挥着重要的作用。

4.2.2.3 轿子

轿与车应该是相伴产生的。据说在夏桀时曾以人力挽车而行，称“辇”。在此，我们主要谈人力轿子(车)，即“肩舆”或“步辇”。轿又意通“桥”，意为过山岭之具。轿子有广义和狭义之分。根据驱动轿子之力者又有畜力(马车、牛车)和人力(轿子)之别。马车或牛车所载车厢与人力轿子有所不同，但有较多相似的功能。

---

① 谢贵安：《旅游风俗》，湖北人民出版社，2001 年，第 39-43 页。

② 周密：《癸辛杂识》别集上《北方大车》。

③ 王定保：《唐摭言》卷一五《杂记》。另见《太平广记》卷一八三《贡举六》。

④ 全祖望：《亭林先生神道表》，《鲒崎亭集》，《续修四库全书》，上海古籍出版社，2002 年。

轿子成为官宦、士夫、商贾和地主等上流社会的交通工具的历史虽久，但在南宋之前并不占主要地位。汉代时，辇在帝王和后妃的出行时常加使用，但并不广泛，对普遍百官用轿有较多限制。唐朝时，一些官员文士开始较多地使用轿子，使用依然不广。据《唐会要》："御史中丞黎植奏，伏以朝官出使，自合驿马，不合更乘檐子，自此，请不限高卑，不得辄乘檐子。如病，即任所在陈牒，仍申中书门下及御史台，其檐夫自出钱雇。节度使有病，亦许乘檐子，不得便乘卧辇。宰相、三公、师保、尚书令、正省仆射及致仕官疾病者，许乘之"[①]。尊卑贵贱望轿而知之。据南宋著名理学家朱熹考证："南渡以前，士大夫皆不甚用轿，如王荆公(安石)、伊川(程颐)皆云不以人代畜，朝士皆乘马。或老有病，朝廷赐令乘轿，犹力辞后受。自南渡后至今，则无人不乘轿矣。"[②]

自北宋始，轿子进入人们的日常游历生活中，人力轿子始成为一种身份和地位的象征。城市里的贵族、官僚和富商，往往用人力扛抬的轿子等代步。宋代的轿子已经有许多名称，根据等级，用以代步的有车、轿、兜子等，不同的身份乘坐不同的轿子。但到宋中期以后，由于官僚、商贾竞相奢侈，以逾制为荣，乘轿之风大盛，到北宋末年，在东京城内还出现了"凭轿之家"，以至"今京城内暖轿，非命官，至富民、娼优、下贱，遂以为常"。[③] 到南宋时，轿子正式成为官员的代步工具，并在旅游活动中以轻便的特点成为近地旅行的重要工具。

在明代，轿子是人们短途旅游，或长途"地接"旅游的主要交通工具，因为坐在这种特殊的交通工具上，无车马劳顿之苦，安稳舒适。清朝文人王渔洋有诗道："行到前门门未启，轿中安坐吃槟榔"，所以明清时代，连中小地主也"人人皆小肩舆，无一骑马者"，它已经成为以欢娱为目的的旅游活动的主要代步工具。在一些旅游胜地，轿子的种类很多，许多官商以轿子的奢华与奇特取胜。[④] 明朝人黄汴在《一统路程图记》中说，齐云山是一处民间烧香与旅游的胜地，自余杭县至山顶，每处十里，若是杭州轿，则在观音桥雇，在从徽州一直往崇安的路上，全是岭多小路，皆有轿子可雇用。

4.2.2.4　舟船

先秦时期，木船已经作为重要的水路交通工具。秦修灵渠时，已经考虑到让木板船自由地出入珠江和湘江水系。西汉时，"海上丝绸"之路已经出现，水上工具形式及功能日渐多样，仅水战舰船种类就有下濑、横海、戈船、露栈、冒突等。这一时期，"橹"的发明将行船技术大大地推进了一步，有"一橹三桨"之说，意谓橹是桨三倍的功效。汉武帝曾多次南下乘坐楼船巡海，以求安定南方，寻求与海外诸国沟通，据《汉书》："是时，上方数巡狩海上，乃悉从外国客。大都多人则过之，散财帛赏赐，厚具以饶给之，以览示汉富厚焉"……到武帝晚年，已沟通了与南洋各国的海上往来。[⑤] "舵"至迟在东汉已发明并使用，1955 年广州出土的陶船模的舵尾就有一支早期的船尾舵。

---

① 《唐会要》卷三一《舆服上》。

② 《朱子语类》卷一百二十八。

③ 《宋史》卷一五三《舆服志五·士庶人服》。

④ 王崇焕：《中国古代交通》，商务印书馆，1996 年。

⑤ 《汉书》卷六一《张骞传》。

魏晋南北朝时期,由于南方经济获得持续发展,造船技术亦突飞猛进。吴越之地一直是造船业最为发达的地区,据说孙吴政权有船5 000艘。孙权乘坐的"飞云""盖海"等大船雄伟壮观。民船业也很发达,"舸""艑艇""艑舟""轻舟""舲舟""舫舟"都是民船的名称。最有名的温麻船屯造的"温麻五合"海船,由五个大板拼做,故又名"五合"①。

据《隋书·炀帝纪》,隋朝造船极为繁盛,炀帝时造船计有龙舟、凤艒、黄龙、赤舰、楼船数万艘,其中送往东都奉迎隋炀帝的船只就有龙舟、翔螭舟、浮景、源彩、朱鸟、苍螭、白虎、飞羽、青凫、陵波、五楼、道场、玄檀、黄蔑等数千艘和平乘、青龙、艨艟、八棹、艇舸等数千艘②。唐代的舟船种类极为丰富,除战船之外,若以种类分,有木船、竹船、竹木筏、皮船等,以形式分,有海船、轮船、小斛底船、小舸子、大河船、篷船、舫船、舴艋舟、小舫、画舫、楼船、船舶、棹船,以用途分,有偏重于运输的米船、粮船、漕船、盐、租船、饷船、转运船。还有一些满足人们娱乐游玩所用的船,如龙凤船、竞渡船、行酒船、采花船、彩船等。③ 宋代的造船技术有较大发展,许多地方均设有造船场、造船坊,特别是东南沿海的广州、泉州、明州、温州以及杭州等地,形成了制造海船的重要基地,既有官方的造船场,也有民间的造船场。在南方,出现了定期出行的航船,有固定的航线和固定的日期,以旅行观光为主。宋人赵彦卫说:"今浙西临流州县,凡载行旅之舟,谓之'航船'④。"

元朝的四桅远洋海船载重量在300吨上下,在南洋、印度洋一带,技术居世界前列,也是明代建造五桅战船、六桅座船、七桅粮船、八桅马船、九桅宝船的前身。元朝造船数量大,性能好,据危素在《元海运志》说:"延祐(1314年)以来,如造海船,大者八九千,小者二千余石,岁运粮三百六十万石。"

明清时期,传统经济发展到最高峰,造船技术有所发展,郑和下西洋时的宝船数量、规模和吨位都是史无前例的。限于对外政策,海洋运输大受影响,尤其是清前期的迁海以及稍后的闭关锁国政策,导致水上交通不进反退,与西方国家的差距越来越大。

4.2.2.5 **龙舟**

"龙舟"是一种古老的舟船形式,它是以凿木为龙形,或者将船体制造成龙形的船。龙舟既是人们的出行工具,还是人们旅游、娱乐、观赏的重要工具。据《史记·禹本记》载,大禹治水时"自涂山南省南,舟济于江,黄龙负舟",这是龙与舟联系在一起最早的文字记载。⑤ 周天子穆宗西游时,也有乘舟经历,说的是周天子乘乌舟龙"本浮少大沼"。战国时,楚国大夫、一代爱国诗人屈原投身汨罗江后,最晚在三国时期,人们已经开始以赛龙舟的方式、在农历五月初五日这一天来祭奠他。

三国时期魏文帝曹丕在黄初五年(224年)八月"亲御龙舟,循蔡、颍、浮淮。幸寿春"。第二年他还乘龙舟东征孙权。在晋代,龙舟也盛行。据《晋宫阁记》载:晋皇家水上公园人渊池中有"紫宫舟,升进舟,耀阳飞龙舟……"。在南北朝时期,宋国少帝刘义符曾

---

① 张静芬:《中国古代造船与航海》,天津教育出版社,1991年。

② 司马光:《资治通鉴》卷一八〇,炀帝大业元年。

③ 李斌城,李锦乡,张泽成,等:《隋唐五代社会生活史》,中国社会科学出版社,1998年,第162页。

④ 《云麓漫钞》卷六。

⑤ 顿贺:《龙舟史话》,《武汉船舶职业技术学院学报》2005年第3期。

经乘龙舟游湖，流连忘返。隋炀帝下江南巡游时，大造龙舟、凤舟、游坊数千艘。两宋时期的开封和杭州城里，龙舟竞赛热闹红火。元顺帝喜爱游山玩水，更爱豪华的龙舟，他设计的龙舟精美绝妙："帝于内苑造龙船，委内官供奉少监塔思不花监工。帝自制其样，船首尾长一百二十尺，广二十尺。前瓦帘棚，穿廊、两暖阁，后吾殿楼子，龙身并殿宇用五彩金妆，前有两爪。上用水手二十四人，身衣紫衫，金荔枝带，四带头巾，于船两旁下各执篙一，自后宫至前宫山下海子内，往来游戏，行时其龙首眼口爪尾皆动。"①明、清各朝，无论是帝王权贵，还是普通百姓都用各式的龙舟参与巡游和游乐等活动。这种风气一直持续到今天。

4.2.2.6　其他类型的交通工具

葫芦舟。在海南，黎族作为本地的土著居民，有着悠久的历史，他们很早就发明了水上交通工具——葫芦舟。葫芦，又名匏、瓠、壶等，远在新石器时代的河姆渡文化遗址中就发现葫芦及其种子，这说明中国是葫芦的发源地。葫芦舟是将葫芦系于腰间，借助其浮力，用人力划行渡水。除葫芦舟之外，黎族还用竹筏或独木舟为作水上通行工具。② 高山族、苗族等少数民族也用葫芦作为渡水之具。

羊皮筏子。在黄河沿岸地区广泛使用一种叫"皮筏子"的古老的水上交通工具，它在青海、甘肃、宁夏、陕西和山东等地都出现过，现在一些地方仍然在使用。皮筏，古时称为"革船"，是一种古老简易的渡河、运载工具，在《尚书·禹贡》一书中有言："大禹导河自积石，致龙门，入于海"，这种特殊的地理环境促生了"皮筏"的出现。皮筏制作和使用方法是，杀羊后，将羊皮整体剥下来，制作成袋状羊皮囊，将随身携带的物品装入其中，人或以胳臂将皮囊抱夹住与它一起渡河，或以数个皮筏子连结在一起，到对岸后再放气取出物品，登岸前行办理自己的事情，返回时，再将皮囊充上气返回。从学者考订，皮筏的历史非常悠久，最早见于《水经注·叶榆水篇》："汉建武二十三年(46 年)，王遣兵来，乘革船南下水。"《后汉书》中说："护将校尉邓训，缝革囊为船，在青海贵德载兵渡黄河。"以后的历代文献也多有记载，如《旧唐书·东女国传》中说："用牛皮为船以渡。"《北史·验国传》有云："验国有水阔为百余丈，并南流，用皮为舟而济。"至《宋史·王延德传》"以羊皮为囊，吹气实之，浮于水"，已经非常接近于仍然流行于今天西北黄河沿岸的羊皮筏子。历史上，皮筏的地域分布也较为广泛，使用的少数民族也非常多，如古代氐羌、室韦、东女国、喝子族、蒙古族、满族都曾使用过皮船。今天的纳西族、普米族、藏族、羌族、保安族、撒拉族、回族、土族等依然在使用，并把它作为一项重要的旅游资源加以开发与利用。③

4.2.3　交通工具的等级性

在等级秩序日益复杂与森严的阶级社会里，交通工具从它出现不久便成为政权的符号与象征。春秋战国时期，因为车战为重要的作战方式之一，一些诸侯国自诩为"千乘之

① 《元史》卷四三《顺帝本纪》。

② 李露露：《海南黎族古老的水上交通工具》，《中国历史博物馆馆刊》1994 年第 1 期。

③ 常清民：《黄河古筏风俗考》，《民俗研究》2003 年第 2 期。

国”“万乘之国”，就是以战车的多少来炫耀武力，在这里，兵车数量成了国家地位和军事力量的象征。当时，各国在重视制造舟车的同时，也把以舟车为代表的交通工具权力化，成为等级和权力的符号，逐步将其制度化，并最终演化成为严格的等级制度和政治统治制度的重要内容。

研究中国古代交通史的学者认为，中国传统史学中长期以来并没有交通史的地位，对交通史的研究始自礼仪等级制度。直到两晋司马彪所撰《续汉书》时创设了《舆服志》，才有了记载车辆的内容，与交通史有密切关系，但其“用意是在阐明礼制”。在正史的结构中，“只有《舆服志》《车服志》等涉及交通等级制度”，在二十五史中，《晋书·舆服志》《南齐书·舆服志》《新唐书·车服志》《宋史·舆服志》《辽史·仪卫志·舆服》《金史·舆服志》[①]、《元史·舆服志》《明史·舆服志》等 8 种正史中均记载了有关交通工具方面的等级制度，《清史稿》除承袭《舆服志》而外，又始创《交通志》体例。[②]

交通工具及其装饰并列成为社会地位的标志长期持续下去，交通规章制度极为烦琐。在汉代，据《汉书》载，官吏乘车要用法定的马车，即“法驾”，太守所乘坐之车为四匹马（驷）拉的车，所谓“君子一言，驷马难追”。不仅交通工具有严格的等级规定，就连车马装饰也都有非常严格的区别。在用料方面，据《汉书·景帝纪》：“中元六年，诏三百石以上皂布盖，千石以上皂缯覆盖，二百石以上白布盖。”在车盖的高度方面，通常大臣的车盖高度不过一丈，贵族乘坐车辆可用红绝。当然，如果皇帝批准或亲授，王公贵臣或臣民也可以使用高级交通工具及相关装饰物，如东汉至魏晋之时，牛车一度盛行，但“云母车”（以云母纹饰装饰的犊车）只有作为皇帝的赏赐物送高级官员出行时才能使用，据《晋太康起居注》载：“齐王出镇，诏赠清油云母犊车。”违反规定者属“僭制越礼”，要受到严肃的处理，这种现象在中国历史上非常普遍。如西晋时，晋武帝欲免去文淑（文鸯）的职务，便以其所乘的四望车“僭饰过制”为由对其进行了处理[③]。

交通工具的等级性还表现在官驿接待中严格按品级来安排交通工具。在唐代，官驿中备的“官驴”，要根据官员的品级高低配备。在宋代初期，“官舟数少，虽达官贵人不可得乘”，一般官员只得雇乘私船；有资格乘坐官船出行者，要按等级规定了不同的配备船只和服务人员[④]。

轿子的使用也有较为严格的等级限制。在明代，按规定，只有官员才有资格骑马、乘车和坐轿，普通百姓只能步行，不同品级的官员，其允许乘坐轿子的类型、形制、帷子、用料、颜色等方面都有严格的区分。明清时期，不同地位和身份人等的轿子，其名称有所不同，皇室王公所用的，称为舆轿；达官贵人所乘的，叫作官轿；人们娶亲所用的那种装饰华丽的轿子，则称为花轿。一般官吏的轿帷中用蓝呢或绿呢做的，故有“蓝呢官轿”“绿呢官轿”之称。根据身份和地位不同，抬轿子的人有多有少，一般 2 ~ 8 人，普通百姓为“二人抬”的轿子；官员有四人抬和八人抬之分。以清朝为例，三品以上的京官，在京城乘“四人

---

① 《新唐书·仪卫志》《宋史·仪卫志》和《金史·仪卫志》等也有涉及交通等级制度方面的内容。

② 王子今：《中国交通史研究一百年》，《历史研究》2002 年第 2 期。

③ 《太平御览》卷七七五《云母车》《四望车》。

④ 《庆元条法事类》卷一一《职制门八·差借舟船》。

抬”,出京城乘“八人抬”;外省督抚乘“八人抬”,其部属乘“四人抬”;三品以上的钦差大臣,乘“八人抬”等。至于皇室贵戚所乘的轿子,则有10多人乃至30多人抬的。上述规定无不显示出森严的等级制度。①

4.2.4 交通工具的服务性

交通工具是人们出行的代步工具,在使用方便性方面要求比较高,尤其是对旅游者来说,对其适应性、娱乐性要求更高,所以,旅行者对旅行工具的服务功能要求就会逐步提高。特别是伴随着人们经济收入的提高(如富商大贾),或者权臣地位的升高(如权相、贵戚等),或者社会普遍出现了追求奢华生活风尚的风气,尤其如此。在中国历史进入社会经济的稳定和发展期以后,在每一个盛世王朝的中后期,当旅行成为一种普遍的风尚时,即便是等级制度严格的行旅交通制度,也普遍出现了“僭制越礼”的情况,具体表现在旅行工具品种的多样化、工具设计的个性化和服务功能的多层次等方面。

交通工具自诞生始,就一直致力于构造及性能的改进,以提高其服务质量,满足人们多方面、多层次的要求。随着历史的发展,种类繁多的新型交通工具的大量出现,满足了不同社会群体阶层在不同时间和地区在不同用途下对交通工具的需求。

隋炀帝巡游南巡时所乘的龙舟宏伟壮丽,最大的一艘龙舟长200尺,高有4层,计45尺。龙舟的最上层有正殿、内殿和东西朝堂待;中间两层有120间;最下层为随从内侍的寓居之所。整个船队浩浩荡荡,装饰华丽,“饰以丹粉,装以金碧珠翠,雕镂奇丽”。被称为“浮景”的水殿九艘,也有三层高。此外,还有命名为漾彩、朱鸟、苍螭、白虎、玄武、飞羽、青凫、凌波、五楼、道场、玄坛、黄蔑等各种名号的大船数千艘,奴侍、诸王、公主、百官、僧尼、道士、蕃客按品位分别乘坐。这样大规模的船队需要挽船的士卒百姓竟高达8万余人之巨。②

在宋代,即便是用于军事用途的战船,有时也会演变成娱乐之具。皇帝与近臣命军校出动千余艘船只,舞枪弄刀,军兵施放火箭、火炮,云火四起,煞是热闹。据《东京梦华录》载,百姓出行时多了许多选择,“寻常出街市干事,稍似路远倦行,逐坊巷桥市,自有假赁鞍马者,不过百钱”;在宣政年间,在池苑内就“假赁大小船子,许士庶游赏,其价有差”。

在明代,旅游活动最为红火的江南地区有许多游船,有吴越之地长途的航船、有以船为酒肆的香船,在嘉兴,百姓进香时,或游览湖光山色时,多雇用香船。游船中,“夜航船”专供人们长途旅行,为了解除旅途的寂寞,善言者在船中高谈阔论,大家一起交流,甚至表演节目等,丰富旅途生活。“湖船”流行于杭州西湖,早在宋代,就颇为有名。船大约十余丈,可容纳四五十人,小的也是四五丈,供二三十人用。明代的湖船略小,但装饰更加华丽,更便于游览,当时最为著名的湖船无不是游船。这些游船大都有诗情画意般的名字,如“水月楼”“烟水浮居”“湖山浪迹”等。最为高档华美的游船当属楼船。西湖上的楼船,分为大中小三号,头号置歌筵,储歌童;次号装载书画,小号藏美人。每有客至,则让歌

① 《清史稿》卷一〇二《舆服志一》。

② 杜宝:《大业杂记》,转见前引《中国古代造船与航海》。

童演戏。明末文人张岱之父在绍兴也有楼船，又用木排数重搭台演戏，城中村落来观赏者无数[①]。

4.3 道路的开辟与地图的使用

“行”是旅游服务体系中的重要内容。行，不仅仅是指旅行工具，还指旅游线路（或称旅游路线），是指连结旅游者与旅游目的地之间的交通线路。历史上，旅行线路的开辟是人们出于各种目的的需要将旅行者与旅游目的地之间连接起来的线路，并为此付出了的艰辛劳动和管理。它与今天所讲的旅游线路有所不同，因为现代的“旅游线路”与“旅游产品”的内涵有很强的相似类，它是旅游经营者或旅游管理机构有意识地把涉及食、住、行、游、购、娱等各种因素有机地结合起来形成的、作为相对固定的产品向旅游者进行推销的对象。[②] 本节所讲的“旅游线路”是基于历史时期水陆交通线路的开辟而进行的人类通行的历史，并以此为基础开展的旅行活动和游乐观光活动等。历史时期的交通路线以其独特的文化吸引成为现当代旅游资源开发的重要对象。

4.3.1 陆路交通线的开辟与管理

“交通路线”的出现是伴随着人类活动足迹的拓展与经常化而展开的。它是为满足人们沟通与联系的需要而开辟，并使之经常化、制度化。一部人类史，就是一部人类不断拓展与改善自己生存与发展空间的历史，也就是一部沟通交通的历史，是一部活动空间由狭小到宽阔、由曲折到顺畅、由生涩到和谐的交通发展史。交通道路通常包括国道、地方道路和城市街道三大类。历史时期交通路线的开辟与管理，往往又伴随着一些重大的政治、军事、文化和经济等历史事件。具体而言，水陆地交通线路的开辟与国家的统一和疆土的管理有极为密切的关系，如驿道的设置、邮传的经营与管理、大规模的征伐与巡视的道路的建设等政治和军事目的有极为密切的关系。如秦汉时实行郡县制对地方的管理；隋唐朝时大运河的修建及对边镇的管理；元代蒙古族对中亚地区的管理；明初郑和下西洋对亚非海上交通的摸索；清代多民族国家的统一与治理等，都是代表性事件。

同交通工具一样，道路的出现及其管理的历史也非常悠久。殷商贸迁频繁，足迹遍及江河海陆。周天子位居“天中”，对边鄙四野有独特的认识，对交通工具和道路有着宏观的理解与实践。在周人看来，“径、畛、涂、道、路皆所以通车徒于国都也。径容牛马，畛容大车，涂容乘车一轨，道容二轨，路容三轨。万夫者方三十三里少半里，九而方一同，以南亩图之，则遂从沟横，洫从浍横，九浍而川周其外焉”，设司空有职掌管理道路，道有多种，天子、军旅、宾客、商旅各行其道，各有规则[③]。这一时期，道路交通状况已经成为衡量一个国家政治是否稳定的标准，在《国语·周语中》中载：“定王使单襄聘于宋。遂假道于

---

① 陈宝良：《明代社会生活史》，中国社会科学出版社，2004 年。

② 吴国清：《中国旅游地理》，上海人民出版社，2003 年，第 108 页。

③ 《周礼·遂人·郑玄注》，见马端临《文献通考》卷一《田赋考一·历代田赋之制》。

楚……道茀不可行……司空不视涂……道无列树……单子归,告王曰'陈侯不有大咎,国必亡'"①。春秋战国时期,各诸侯国图谋富国强民之道,农商并重,大力改善交通条件,都城之繁华得益于道路的整修。

秦汉时期,出于统一国家建设和政权巩固的需要考虑,陆上交通及管理获得长足的发展。秦统一六国后,为巩固其统一成果,颁布统一法令,统一度量衡、币制,实行"行同伦""书同文""车同轨"等一系列政策②。在交通管理方面实行的"车同轨"打破了原来地域分割造成的交通不便。为便于巡视全国各地,秦始皇下令以咸阳为中心,陆续修筑东至浙江、山东、河北,南至湖南,西至甘肃东部的3条驰道,以及由咸阳经云阳(今陕西淳化西北)直达九原(今内蒙古包头西)的"直道";在西南地区修筑了"五尺道"等陆路交通线,并在这些交通线沿途建立了大量亭、烽燧和邮驿等设施,从而大大便利了从京师到各地的人员往来和信息沟通。

汉朝的疆域比秦朝有较大的扩展,包括:定朝鲜,置四郡;逐匈奴,固北边;通西域,逾葱岭;平西羌,隔羌胡;平夜郎,置诸郡;平南粤,置九郡;平闽粤,定东南等。汉武帝把全国划分为十三州,以巡察郡县。为便于加强对这些地区的管理与开发,汉朝构建了以京城为中心向四面辐射的交通网,自长安而东,出函谷关(今河南灵宝东北),经洛阳、至定陶,以达临淄,为东路干线;自长安而北,直达九原郡(包头市),为北路干线;自长安向西,抵达陇西郡(今甘肃临洮),为西北干线。自公元前2世纪打通河西、西域之路后,这条干线可经由河西走廊,延长到西域诸国,这就是闻名中外的"丝绸之路"。自蒲津(今山西永济西)渡黄河,经平阳(今临汾西北)、晋阳(今太原市南),以通平城(今大同市东),为河东干线;自长安向西南经汉中,以达成都,并远至云南,为西南干线;自长安向东南出武关,经南阳,以达江陵,并继续南进,为南路干线。这些交通线路的开辟,为各地区和各民族的沟通与往来提供了便利的条件。③ 此后,西域同外国商旅交往增加,络绎不绝的商旅驼队,驮载着中国丝绸货物,穿越高山大漠,运往波斯、罗马等地。两汉时期,中央设立西域都护府,管理西域事务,将西域诸部正式纳入汉朝版图。

魏晋南北朝时期的突出特点是分裂和战乱。这个时期的交通路线建设,虽然全国性的线路建设成就不如秦汉时突出,但地方交通建设尤其是南方陆路交通方面还是取得了令人瞩目的成就。由于南北分离、战乱不止、人口流动,南北方在这一时期都得到了全面的发展。这一时期,驰道不如秦汉时发达,栈道却得到长足的发展;边远少数民族地区的交通得以开发,西南、东南、东北地区与中原的联系得以加强。此外,由于这一时期交通的军事和政治目的更加突出,所以其道路的管理采取军事化和行政化措施更为明显。④

在北方,曹操在统一北方的过程中,致力于以邺城为中心的陆路交通网建设,其具体走向为:从邺城南行,经安阳至黎明、白马、阳武,过黄河至官渡、陈留直到许昌。除此外,他还整修了原来的旧道、恢复了与西域的交通,并修筑了若干条道路。在魏蜀吴三国争夺

① 《国语》卷二《周语中》,上海古籍出版社,1988年。

② 《史记》卷六《秦始皇本纪》。

③ 王崇焕:《中国古代交通》,商务印书馆,1996年。

④ 马晓峰:《魏晋南北朝交通研究》,花木兰文化出版社,2012年。

天下时，陈仓道、阴平道、金牛道、旄牛道和入蜀栈道等军事交通线的大量修建，在客观上确实加强了各地的联系，并对以后社会的发展产生了重大的影响。在南方，据《宋书·州郡志》记载，吴、东晋、刘宋时期的陆路交通形成了以建康（今南京）为中心的中央级和以各州州治为中心的地方两级交通枢纽和网络。这些交通线西南到达宁州（今云南曲靖），最北达冀州历城（今山东济南），西北至雍州襄阳（今湖北襄樊），东南至临海（今浙江临海），连接了南方大部分地区，各州各郡之间都有极为密切便利的交通联系。

隋朝存在的历史虽短，其统一中国及其为巩固统一而采取的一系列改革措施却功不可没。在陆路交通及管理方面，隋代的驰道建设因为炀帝的喜好出巡而变得非常突出。在长安和洛阳两京及附近，御苑风景区内道路修建得极为高档奢华。为巡视北方边塞，他征发华北地区数十万人丁修建通向并州（今山西太原）、陕西榆州和蓟州等处御道，“长三千里，广百步，举国就役”①。在南方修筑的大运河和通济渠旁，亦修有御道，如“（通济）渠宽四十步，渠两旁都筑有御道，栽种柳树。从长安到江都设置离宫四十余所”。② 隋朝的统一带来了各民族之间的融合、沟通与交流。依隋而建的大唐帝国将中华盛世推到前所未有的高度。盛唐疆域空前广大，据《旧唐书·地理志》，“东至安东府，西至安西府，南至日南郡，北至单于府”，如果再将羁縻州县的设置及管辖区域算在内，“自高丽以至于波斯，无往无唐官吏之足迹，其疆域之广大，自古以未所未尝有也”③。唐朝京都长安既是当时国内外交通的重要枢纽和中心，也是世界上最大的都市。陆路从长安出发，向东可达朝鲜；向西可通往印度“天竺”、伊朗“波斯”、阿拉伯“大食”，以至欧洲“东罗马”和非洲索马里等许多国家。当时全国形成了以首都长安为中心、遍布于全国的驿路系统。洛阳、长安这样的大都市布置整齐、管理有序。

宋代南北政权并立，陆路交通线的管理成就多于建设成就，尤其是为适应军事的需要，在统一全国驿递的基础上，废除了唐代以民为驿夫的制度，实行一整套递铺制度。递铺分有步递、马递、急递铺和金字牌急脚递等，南宋复有斥堠铺和摆铺等。宋代的交通管理水平较前代有较大的提高，主要表现在管理制度严格，以军卒代百姓为递夫等，突破了旧有规定，把传统的邮驿制度向前推进了一步。宋代驿道四通八达，虽郊野都鄙之间，均设有歇马亭和驿馆，官员们可以凭借证券文书以满足需求。据沈括《梦溪笔谈》，宋代驿传分马、步、急递三等。急递日行四百里，只供军用；熙宁年间，又出现了金字急脚，与古代递羽檄相似，能日行五百里。一般步递称作“邮”，马递称作“驿”。辽、夏、金等少数民族政权仿照唐宋制度，在主要交通干线设置驿铺。在各个政权管辖地，设置有榷场进行贸易，中原民族与草原民族间互通有无，促进了各民族间的融合和经济文化的交流。

元朝建立了前所未有之大疆域，其幅员之辽阔，胜于前代，驿路分布之广，也为前代所不及。在耶律楚材的主持下，颁布了《站赤条划》，并以此为依据统一蒙古站赤及汉地邮驿制。全国各地遍设站赤（驿站），元代的驿道四通八达，东至高丽，东北达奴儿干，北抵

① 《隋书》卷五一《长孙览传附炽弟晟传》。

② 《资治通鉴》卷一八〇，炀帝大业元年三月戊申。

③ 顾颉刚，史念海：《中国疆域沿革史》，商务印书馆，2004 年，第 135 页。

吉利吉思,西通中亚伊利和钦察汗国,西南至乌思藏,南达安南和缅甸等。驿道以大都(今北京)为中心、通向全国乃至境外,形成稠密的驿路交通网,所谓驿站之设"人迹所及,皆置驿传,使驿往来,如行国中"①。

明代的道路交通质量得到了大大的改善。明朝在边疆地区多设置羁縻卫所和土司制度,实行民族区域自治政策,陆路交通比较顺畅,广大内陆也更为方便。据《明一统志》,在明初,全国的道路纵为 10 900 里,横为 11 750 里,具体分布均有详细记载。如向东之极为辽东都司,陆路为 3 944 里,设马驿 64 座,水程兼程为 3 045 里,设驿 40 座,又从辽东向东北直至三万卫,为 364 里,设驿 4 座。受宋元以来国内商品经济发展的影响,由于商品经济的影响而建立的商路得到了高质量的修筑。宋明商路的修建是这一时期国内交通道路修建的主要特点。

清朝是中国最后一个封建王朝,它奠定了近代中国的基本疆域。就清代的交通工具、交通设施、交通动力、交通管理来说,全国道路布局比以往任何时候都更加合理而有效。清朝的驿路分为三等,一是"官马大路",由北京向各方辐射,主要通往各省城;二是"大路",自省城通往地方重要城市;三是"小路",自大路或各地重要城市通往各市镇的支线。这些交通线将清朝中央、省、府、州、县、镇等治所所在的大中小市镇和乡村连结起来。

4.3.2 水路交通线的开辟与管理

水路,指在江、河、湖、海、滩、荡等自然或人工水面上或水体表面上开辟的道路。大体而言,水陆交通运输要具备三个基本条件,即水上交通工具、定向的航线和寄泊港口,夏代时这三要素大体形成。水路交通与陆路交通应当是同时产生的,但水陆交通路线的开辟与管理的水平稍稍落后于陆路交通。唐宋间,水上与陆路交通大体保持着平衡发展的态势。宋元时,水路交通的水平达到鼎盛时期,明初,在郑和下西洋的带动下,海路交通空前绝后。明中后期国内外商品贸易一度兴盛,但清军入关后,执行严厉的闭关锁国政策,海外水路交通水平反而大幅度地倒退。

大禹时代对水体已经有较高的认识。据《禹书・禹贡》,冀、兖、青、徐、扬、荆、豫、梁和雍州皆通水路(河、淮、泗、南河或渭汭),如豫州"伊、洛、瀍、涧既入河……浮于洛,达于河"。春秋战国时期,吴、越、楚、齐、宋等国利用便利的条件,既利用长江、淮河和黄河等天然河道,又相继开凿了胥河、邗沟、菏水和鸿沟等人工运河。这一时期,一度称霸四方的齐国为获"渔盐之利",大力发展海上交通。在中原,形成了以鸿沟为主体的水上交通网。全国的运河交通,恰如《史记・河渠书》所言:"荥阳下引河东南为鸿沟,以通宋、郑、陈、蔡、曹、卫,与济、淮、泗会。于楚,西方则通渠汉水、云梦之野,东方则通(鸿)沟江淮之间。于吴,则通菑三江、五湖。于齐,则通菑济之间。于蜀,蜀守冰凿离碓,辟沫水之害,穿二江成都之中。此渠皆可行舟,有余则用溉浸,百姓飨其利。"②邗沟和鸿沟将长江、淮河和黄河等主要河流连接起来,水上交通已相当可观。

---

① 《元史》卷六三《地理志六》。

② 《史记》卷二九《河渠书》。又见《汉书》卷二九《沟洫志》,两书文字略有不同。

秦汉时期,水上交通围绕统一国家的建立而展开。灵渠开凿的目的是为了加强和巩固对岭南的统一,全长三十余公里,它把长江水系和珠江水系连接起来,扩大了内河航行的范围,将岭南纳入全国交通网络之中。汉朝则开辟了沟通世界两大帝国——东方的汉帝国和西方的罗马帝国的海上航线。据《汉书·地理志》记载:"自日南障塞、徐闻、合浦船行可五月,有都元国;又船行可四月,有邑卢没国;又船行可二十余日,有谌离国;步行可十余日,有夫甘都卢国。自夫甘都卢国船行可二月余,有黄支国……"①说明"海上丝绸之路"兴起于汉武帝灭南越国之后。这条从徐闻(今广东)、合浦(今广西)出发通往印度、斯里兰卡的航线是中国正史记载的最早远航航线,成为以丝绸为象征的中外海上贸易重要通道之一。这条海上交通航线此后一直成为中国商人走出国门、越洋到亚、非、欧各国从事国际贸易最为重要的航线,在中西交通史上发挥着极其重要的作用。

魏晋南北朝时期,战乱不止,政权更迭,像修建交通线等公共产品类大型投资主要围绕战争和局部政治需要而展开的。但在依水存在的南方,为提高地方交通运输能力,一些水渠运河还是得到较好的整修,这也为南方社会经济的发展和随后隋唐盛世的开创,并对中国经济重心的南移产生了间接的影响。

隋朝时完成了贯穿南北的大运河工程,这是世界上开凿规模最大、里程最长的运河。隋代大运河共分四段,即广通渠、通济渠、永济渠和江南河。大运河在自然河道基础上,充分利用原来运河,克服困难,历文帝和炀帝二代而成。它北连卫河,南接钱塘河,把海河、黄河、淮河、长江和钱塘江等五大水系连接起来,构成了自华北到东南的四通八达的水上交通网。它成为此后中国南北交通往来最重要的途径之一,对社会经济的发展产生了巨大而深远的影响,如在唐代,通济渠(汴渠)段"自扬、益、湘南至交、广、闽中等州,公家运漕,私行商旅,舳舻相继"②。晚唐诗人皮日休在《汴河怀古》一诗中高度评价了大运河在古代交通中的重要地位:"尽道隋亡为此河,至今千里赖通波。若于水殿龙舟事,共禹论功不较多。"唐朝长期保持稳定的社会秩序,为政治经济和社会文化的发展创造了有利的条件,水上交通空前繁荣。除继续开凿了一批运河之外,海港建设和开辟新的海上航线是这一时期突出的水路交通成就。唐朝沿海城市,如登州、杭州、泉州、广州、交州、明州等都是对外贸易和沿海贸易的主要场所,与东亚、东南亚、南亚和中亚保持着极为密切的贸易联系。唐朝的城市交通还表现在城市交通和管理水平进一步提高,长安和洛阳均是国际级的大都市。以长安城为例,它周长36.7千米,南北长8 651米,东西宽9 721米。城内有11条南北大街,14条东西大街,把全城划分为百余个整齐的坊市,位于中轴线的朱雀大街贯穿南北。街道两侧多植树,错落其间的是清池溪水、众多的园林、盛开的牡丹。大街上车水马龙,熙熙攘攘,非常热闹,整个城市整齐而美观。

两宋王朝出于安邦定国的需要,重视经济和对外贸易的发展,交通运输水平继续向前发展。宋代将指南针应用到海船上,使航海技术大大提高。帆船成为这一时期的海上交通的重要工具,从广州、泉州等地出航东南亚、印度洋以至波斯湾。北宋都城汴梁繁华而

---

① 《汉书》卷二八《地理志》。

② 《元和郡县图志》卷五《河南府》。

富庶，据李焘的《续资治通鉴长编》言："比汉唐京邑，民庶十倍"，汴梁城的水运也十分发达，所谓"联翩漕舸入神州"，"舳舻岁岁衔清汴"，汴河与东京城乃至整个北宋王朝的命运可谓休戚与共，宋太宗曾说："东京养甲兵数十万，居人百万家，天下转漕，仰给在此一渠水，朕安得不顾。"[①]靖康二年(1127 年)，金兵攻陷汴梁后，汴河遂废。

元朝在水路交通运输方面做出了突出的成就，主要表现在内河航运中对河漕的整治，以及对海运线路的开辟。元朝首先对隋朝大运河进行整治，将旧运河道取直，中段移至山东境内；其次，修通了京津河道，开挖了济州河和会通河，使之更适应交通运输的现实需要，实现了"江淮、湖广、四川、海外诸番土贡、粮运、商旅懋迁，毕达京师"的目的[②]。为保证元大都的供应，元朝还创造性地开辟了固定性的海运航线，即每年二月由长江口刘家港入海，自崇明东入黑水洋，取直线北行，绕胶东半岛入渤海，抵直沽。海运的成本低廉，若在好的天气里，十天即可驶完全程。元朝的海运和对外贸易发达，据汪大渊的《夷岛志略》和陈大震的《南海志》，元人广泛地开展贸易，对象有亚非欧等国家，当时最具盛名的海港有泉州、广州等。

明清社会的水道运输充分利用了唐宋以来的道路，在省、府、州、县等区域性交通线路建设方面做出了突出的成就。在明代，郑和下西洋的宏伟壮举，将中国的海路交通和海洋运输推到了最高峰。郑和远航的真实目的有三：一是了解世界，开拓海洋；二是开拓和赏赐，即构建以宗主国与臣属国关系为名义的友好和睦的国家关系体系：三是开展国际贸易[③]。可以说，郑和下西洋在中国与东南亚、整个亚洲，乃至全球范围内的地缘政治经济、亚洲国际贸易网络的建立和在东西方文明交融与世界一体化进程中均具有重大意义。明清两朝，伴随着传统商业的恢复与发展，在经济发展水平比较高的市镇，内河和地方河道在发展经济方面发挥着非常重要的作用。如在经济不是特别发达的河南，依傍贾鲁河的周家口在雍正初年和乾隆年间勃兴，原因是道光年间由于贾鲁河上游淤积，原来商业巨镇朱仙镇骤衰，而位于下游和颍河畔的周家口取而代之。周家口被两河一分为三，河南、河北、河西共约十里，这里人烟丛杂，樯桅林立，是豫皖商货必经之路，上可通漯河、下可达正阳关，交通十分便利，"三面夹河，舟车辐辏，烟火万家，樯桅树密。水陆交会之乡，财货堆积之薮，北通燕赵，南接楚越，西连秦晋，东达淮扬。豫省一大都会也"[④]。

4.3.3 地图的绘制和管理

地图是根据特定的数学法则，将地球(或星球)上的自然和社会经济现象，通过制图综合，并以符号和注记缩绘在平面上的图像。这种图像能反映各种物体或现象在时空上的分布、组合与联系，揭示事物的发展和变化。正是由于地图可以将自然和社会信息有选择地、直观地反映出来，它为人们认识、利用自然和社会资源创造了条件、提供了便利。地图是人们对自然界和社会现象不断深化认识的结果。地图与地志是相伴相生的。地图源

---

① 《宋史》卷九三《河渠三・汴河下》。

② 苏天爵:《元朝名臣事略》卷二《丞相淮安忠武王》。

③ 张显清:《略论郑和远航动因及历史意义》,《中国远洋航务公告》2005 年第 7 期。

④ 乾隆《商水县志》卷一《舆地》。

于人们出行中的标识行为,与从早期形象的符号标识、发展成为文字记载,随着标识的规范化和内容的丰富多彩,地图的使用日益广泛。地图对人们的出行有很大的帮助,是出行时必不可少的服务工具。

地图是国家权力的象征,所以地图的绘制及管理国家行为占到主导地位,其所承载的主要是政权地位、行政管理和军事征管等职责。随着社会的发展,社会发展的多元化,地图的用途日见广泛,商旅图、旅行图等不断出现。

从现存地图所反映的内容看,根据行政区划,地图又分成全国地图、地方地图和城市地图,又由于这些地图的绘制、保管和使用均主要由国家机构来负责。由于它最重要的职能表现在政治和军事领域,地图既涉及"天下山川险要,皆王室之秘奥,国家之急务"①,又是"佐明王扼天下之吭,制群生之命,收地保势胜之利"之具②,所以,它又带有极强的保密性。

据说,最古老的地图是大禹铸造的描绘天下九州地理物产的《九鼎图》。它被视作王权的象征,既是夏王朝的镇国之宝,也是此后历代王朝争夺的对象。据《汉书·郊祀志》说,商代夏后夺取了它;周代商王朝后亦视之为至尊。战国时期,列强争霸,亦以获得《九鼎图》为要务。

自战国时期,绘制全国地图志就成为统治者一项重要的工作,秦、两汉和魏晋南北朝都有"舆地图",南北朝时期,裴秀编著了中国最早的历史地图集《禹贡地域图》。此后,历代全国性地图绘制水平不断提高。隋朝根据风俗、物产和地图等资料编成了1200卷的《诸州图经集》,其中山川、郡国和城隍等均附有地图。唐代的全国地图比较著名的有《十道图》和贾耽的《海内华夷图》等,后者不仅包括了大唐域境,还包括亚洲诸多地区。宋代有沈括的《天下州县图》、晏殊的《十八路州军图》和赵彦若监制的《天下州府军监县镇地图》等。元代有朱思本的《舆地图》和清浚的《混一疆理图》等全国地图,自元代始中央开始编写"一统志",图文并茂地描述中央和地方的城池、坛庙、山陵、苑囿以及建置沿革、郡名、形胜、风俗、山川、土产、公署、学校、书院、宫室、关津、寺观、祠庙、陵墓、古迹、名宦、流寓、人物、列女、仙释等内容。绘制于明代洪武二十二年(1389年)的《大明混一图》中显示了非洲的地理和地貌,比欧洲早一百余年;洪武二十七年(1394年)修成的《寰宇通衢书》,是以都城南京为中心,其道路向四方辐射,将其水陆路程一一记录下来;此外还有罗洪先的地图集《广舆图》、李默的《天下舆地图》和陈祖绶的《皇明职方地图》和程道生的《舆地图考》等全国性地图。随着西方传教士的传入,明清之际,西方的投影技术和经纬度测绘技术传入中国,在传教士的协助下,清廷完成的《皇舆全览图》,将传统国家的地图绘制活动推向高潮。

印刷地图的历史稍晚于书籍的印刷,原因是它的技术要求更高一些。雕版印刷在唐中后期出现后,在宋代应用于地图。雕版印刷地图自宋代起,到19世纪末,印有全国图、省区图、城市图、历史图、海图等各种类型的地图不下五六百种,为研究地图印刷提供了宝

---

① 《宋史》卷四四一《吴淑传》。

② 李吉甫:《元和郡县图志·序》。

贵资料。

地图的收藏带有很大的保密性。西汉初，朝廷设石渠阁储放“地图秘籍”。隋唐的地图由兵部职方司主管。宋代的诸位皇帝都曾颁布过关于编纂或征集方志、舆图的诏书，徽宗还在朝廷设置“九域图志局”，主管全国的修志事宜。各路、州、府所制作的地图分别呈送中央后，由军政部门兵部职方司和枢密院管理。清代《皇舆全览图》“镌以铜版，藏内府”，《清内府一统舆地秘图》“世传二本，一康熙年制，一乾隆年制”，并且制成铜板，“版藏盛京（今沈阳）大内，其珍秘可知”。可见，在朝廷存放地图的处所：一是“秘府”“内府”“大内”之类的宫廷；二是兵部职方司、兰台（又称秘书台）、枢密院等政府部门。在地方，存放地方图志的是府衙。据记载，汉代淮南王造反，就利用收藏的地图进行战争谋划。隋唐兴起大修地方图志之风，《隋书·经籍志》记载，隋代各郡县编写的图志非常多，汇编成《区宇图志》129 卷、《诸州图经集》100 卷。[①] 除国家地图外，各府州县和地方军镇都曾大量地绘制各种类型的地图，这些地图较多地收集在各地方志和图志专书中。

4.3.4 交通旅行图的出现和使用

随着社会部门的分工和人们需要的多样性，地图的种类也不断增加，如城市地图、园林地图、山关地图、商路地图、陵墓地图等。这些地图无论是在古代，还是今天，都是认识和开发旅游资源的重要内容。

（1）内廷地图　现存陕西省碑林博物馆的《兴庆宫图》拓片石碑是唐玄宗的离宫——兴庆宫前后两院建筑平面图（比例尺 1∶2 800），是一幅宫殿园林地图，各种建筑表示的立体形象，绘画精致，它是唐代城市、园林地图上唯一注明比例的地图。该图显示前院正中一大水池，池的东边有沉香亭，南边有长庆殿、龙堂、勤政务本楼、花萼相辉楼。

（2）佛教圣境图　现存于甘肃敦煌莫高窟第 61 窟的《五台山图》，表现了五台山佛教圣境全貌，图的上部主要描绘了五台山的地形和寺庙，图的下部绘出了由太原、镇州通往五台山两条道路。图上还表示了河流、山峰、寺庙、村镇、树木以及名称注记等，是一幅较早的佛教圣境专题地图。

（3）城市平面图　中国迄今发现最早的城市地图，是现收藏于四川省博物院的一幅东汉时期的《市井图》，图中标有北市门、东市门及方位物，标画了几条东西、南北向街道，还标画了沿街商店、市井的四隅有囤积货物的店房，城市建筑对称，对人们了解城市布局、在市内旅行观光均有积极的指导意义。《平江图》是平江（今苏州）的一幅宋代城市平面图。该图详细精确地描绘了城墙，城厢、平江府衙、平江军等军政府署以及纵横交错的河流、街道。图中有规模大、造型异的 305 座桥梁、殿堂、寺观等建筑群，较真实完整地展示了平江城内交通状况。它是中国现存最大最完整的碑刻地图，也是世界罕见的巨幅古代城市规划图。明、清两代，除了地方志、图集和类书中的城市地图外，单独的城市地图大量

① 王树连：《官府秘藏——中国古代国家保管地图的主要形式》，《中国测绘报》2003 年 6 月 27 日。

出现，给人们在城市里的出行提供了便利。①

(4)风景名胜图　南宋咸淳年间雕版墨印的《西湖图》绘制了杭州西湖及四周的著名风景点。该图用写实方法将六和塔、断桥、岳庙、雷峰塔、苏堤、白堤北高峰、南高峰表现得恰到好处。该图采用鸟瞰图的方式，配以中国画的手法表现风景及人文结构，既直观易读，又具有艺术感染力，是中国现存最早的杭州西湖地图，也是中国现存最早的园林地图之一。

上述地图，无论是全国性地图、城市地图，也无论是军事防御图、河漕图，还是帝王行宫图和宫观园林图，甚至是风景名胜地图等，不论是出于政治的、行政的、经济的、军事的、宗教的等目的，其图文并茂地对自然地理风貌和社会人文环境进行的描述，对人们认识和利用这些资源都起到非常重要的作用。除上述地图外，还有专门指导人们休闲娱乐出行的旅行指南图，这在中国旅游发展史上具有非常的意义。

宋代以后，由于雕版印刷术的广泛使用，在经济发展的刺激下，人们社会活动的扩大化，商人开始刊刻一些交通指南图，其中不乏旅游指南图和导游图。宋朝每十里设一邮亭，每三十里设一驿站。宋政府"以法治邮"，对邮驿十分重视，保证了邮驿的正常运行。各地的官道星罗棋布，四通八达。"白塔桥边卖地经，长亭短驿甚分明"，地经就是地图，宋朝的地图已经相当精确。

明代的出行指南图使用更加广泛，内容也更趋丰富。以黄汴的《一统路程图记》为例，该书卷首的《北京至十三省各边路图》和《南京至十三省各边路图》，是两幅珍贵的明代地图。这两幅地图表示的内容和书中记载的主要路引吻合。据史载，黄汴幼年随父兄外出经商，体会到"归心迫一切""前途渺茫"和"不谙图籍"的痛苦，于是他留心向客商了解各地的水陆行程，收集各种程图和路引，历时 27 年，方编成是书并绘成二图。图中绘有二京十三省等重要地名及主要交通路线，地名之间有虚线连接，虚线代表交通干线，并表示主要交通路线的分布范围和覆盖地区。路引详载站名、里距、走道的起讫分合，附录山川险夷、著名出产、治安好坏、牙行优劣等内容。士商行旅根据路程图所示，检索路引目录，查找相关地名，便知行程里距和沿途情况。路引记载站程的里距，从五里到一百八十里不等，大多数在六七里至八十里之间。一般说来，土著居民对方圆百里之内的地名和道路比较熟悉，士商行旅只需学会使用路程图和路引，再辅以询问，便无困居客寓之忧了。这一路程图，大大便利了人们的出行。明人吴岫说，路程图的作用"士大夫得之，可为四牡览劳之资；商贾得之，可知风俗利害，入境知禁，涉方审直，万里在一目中，大为天下利益，实世有用之书"②。路程图路引曾在中国流行三四百年，清末，通信方式和交通工具发生了巨大变化，火车、轮船广泛使用，在明清盛行一时的路程图路引失去了存在的社会基础，被近代的指南和新式地图取代。

---

① 任金成：《流失在国外的一些中国明代地图》，《中国科技史料》1987 年第 1 期。

② 杨正泰：《明清商人地域编著的学术价值及其特点》，《文博》1994 年第 2 期。

4.4 旅途的食宿接待

“食”“宿”是外出旅游，尤其是中远距离旅行必不可少的环节。历史时期，由于旅游者的身份不同、出游的目的不同、路途的远近各异，其行途中食宿的安排也各不相同。大体而言，根据旅游者的身份不同，食宿接待可以分为官方接待、商业性接待，以及民间慈善性接待等。

4.4.1 官方接待

官方接待是指旅游者的食宿凭借国家权力来实现，包括直接由国家机构提供食宿或利用职权到非国家机构来解决食宿。接待的对象主要包括帝王（皇室）的巡游、官员的宦游、军旅行进和外交朝使等。官方接待的最重要的机构是由国家设立的别馆、驿馆和衙门等。

帝王巡游并不是一种周期性和固定性的行为，但却是旅游出行接待规格最高的一种。专制统治下，作为最高政权的掌握者，除微服出访外，帝王每次出巡，为准备旅途中的食宿，都要兴师动众，劳民伤财。帝王出游不仅有专用的交通路线和工具，甚至有专用的旅馆，其中以行宫、离宫或别馆最为代表。除此外，还有为帝王仅仅一次性出游而专修的道路或旅馆，这是特权政治的产物。

为满足治理国家的需要，保证经常性的官宦、使节和军队出行的需要，国家特设置专职官员和机构负责接待服务工作。其中历时最久、管理最为规范的是驿站制度。简单地说，驿站建有驿馆，这是设立在驿道上的、用以满足投递公文、转运官物、往来官员休息的机构，负责提供车马等交通工具、食宿等出行生活必需物品的国家机构。

驿传制度始于殷商时代，在驿道边给往来人员提供食宿。① 驿传制度在周代时已经规范化和制度化，《诗经・大雅・大东》中说“周道如砥，其直如矢”，说明驿道颇具规范，在驿路上建有接待来往人员的食宿场所，据《周礼・地官・司徒第二》：“遗人……凡宾客、会同、师役，掌其道路之委积。凡国野之道，十里有庐，庐有饮食；三十里有宿，宿有路室，路室有委；五十里有市，市有候馆，候馆有积。凡委积之事，巡而比之，以时颁之。”据此可知，周朝时设置驿馆的密度很大，而且还根据官员的职位不同，设置不同的接待标准。秦汉时期，随着国家的统一和统治地域的扩大，驿站设置的密度更大，各种食宿设置已如星罗棋布。凡交通要道沿途均设置了亭传、传舍、馆舍、邸舍、谒舍、客舍、递旅等食宿设施。汉代已经将驿递和邮传分开，驿递是一些远距离的转送，有食宿功能，而邮传仅是停留休息，邮亭之亭与“停”形似而意近，（东汉）《汉旧仪》中“十里一亭，五里一邮，邮人居间，相去二里半”之句，可以反映邮与驿之别。其中传舍、馆舍、邸舍一般设在城中，接待水平也较高些。②

---

① 于省吾：《殷代的交通工具和驿传制度》，《东北人民大学人文科学学报》1955 年第 2 期。

② 臧嵘：《中国古代驿站与邮传》，商务印书馆，1997 年。

隋唐时期,统一多民族国家进一步发展,政治和军事类型的旅游大幅度增加,国家在交通接待和管理方面的水平也相应提高。据《通典》,唐代三十里置一驿,其中非通途大路之处,则称别馆。从此,通称馆驿。据《唐六典》记载,最盛时全国有水驿 260 个,陆驿 1 297 个。那时,专门从事驿务的员工共有 20 000 多人,其中驿夫 17 000 人。其规模之大,可谓空前,故韩愈有诗句"府西三百里,候馆同鱼鳞"。有学者认为,唐代时出现的"馆驿"有别于此前的"驿馆",两个字之别表明了驿之接待从原来主要是服务于交通邮传人员转变到主要是接待政府官员。[①]

宋代驿递体系更加发达。官员因公出行,可以凭借其所带的"驿券"来接受服务,即可以在沿途馆驿内获取食宿接待,甚至补给必要的钱粮等旅资。官员进入驿店以后,在食物及住宿标准也有等级标准。驿馆内设有铺舍,以供军政食宿接待。宋朝规定,"职事五品以上,散官二品以上,爵国公以上,欲投驿止宿者,听之。边远及无村店之处,九品以上勋官,五品以上及爵,遇屯驿止宿,亦听。亦不得辄受供给"[②]。当然如果在没有驿店的乡里野外,就只有投宿民间了。不过,就一般投宿的顺序而言,官员旅行先官店,次寺观,再民房,即所谓"诸在任官行诣乡村而无官舍、寺观,听于民家宿止","不宿民家"也有不许扰民的意思。政府还规定:来客要登记在册,遵守驿规,不得损坏公物,不得长期占住驿舍不走,期限最多不许超过一月,如若滞期不走,会被判罪。当然,这只是一般原则性规定,不按驿券办理或特许的例子也非常之多。

蒙古族建立了庞大的蒙元帝国,官方驿馆服务水平不逊于前代,驿站内设施十分齐全,马可·波罗在其《马可·波罗游记》中这样描述驿站:"每驿房舍,宏大华丽,内备床铺皆以绸缎制成。所有必需之品无不俱全。即使国王寓此,也必觉其安适。"普通的官驿,陈设及布置非常体面,"这些建筑物宏伟壮丽,有陈设华丽的房间,挂着绸缎的窗帘和门帘,供给达官贵人使用。即使王侯在这样馆驿下榻,也不会有失体面。因为需要的一切物品,都可从附近的城镇和要塞取得,朝廷对某些驿站也有经常性的供应。"

在明代,与交通相关之事一律通称为"驿政",有一套完整的驿递制度。明代官方驿递分为驿站、递运所和急递铺。其中以驿站之任务为最重,除负有宣传政令、飞报军情外,还有接待四方使客之责。递运所主要负责运输人员物资及上贡物品。急递铺主要是负责传送公文及相关人员,同时负责提供军、政人员所需的马匹等交通工具、提供基本的食宿条件等。[③]

官方接待馆舍除接待国内官员外,还有接待外国朝贡使或者外商的馆舍。自贡使凭信进入中国境内后,他们在赴京城的途中,首先经由驿道进京,途中旅居沿途各驿站。进入京城后入住专门的旅馆。南北朝的四夷馆主要是用来接待贡使和外商的;隋朝设立有典客署,用以接待西域和日本等邻国的贡使和客商。到了北宋,在都城开封和一些重要城市均设有"四方馆""都亭驿""同文馆""来宾馆""朝天馆"和"都亭西驿"等涉外宾馆及

① 郑向敏:《中国古代旅馆流变》,旅游教育出版社,2000 年,第 52–53 页。

② 《庆元条法事类》卷一〇《职事门七·舍驿》。

③ 陈宝良:《明代社会生活史》,中国社会科学出版社,2004 年。

官办旅馆,并出现专门供客商存货的“榻房”。元朝在一些繁华的城市有招商旅店的招牌以招徕过客。不过,政府对旅店与住宿旅客的管理也相应严格起来。明清时期的同文馆,既接待国外使臣,也接待前来觐见的周边少数民族首领。

驿馆属官方接待,有如下三个基本特点:一是由于是公费性的国家机构,所以它代表的是一种政府行为,按规定要根据不同的等级确定接待标准,防止“公款吃喝”或者“铺张浪费”。二是驿馆管理手续虽然越来越烦琐,但漏洞也越来越多,不能满足各级官员出行的需要。明清之际,博学多才、走南闯北的顾炎武有如此的描述:“读孙樵《书褒城驿壁》,乃知其有沼、有鱼、有舟;读杜子美《秦州杂诗》,又知驿之有池,有林,有竹。今之驿舍殆于隶人之垣矣。予见天下州之为唐旧治者,其城郭必皆宽广,街道必皆正直;廨舍之为唐旧制者,其基址必皆宽敞。宋以下所置,时弥近者,制弥陋。今日所以百事皆废者,正缘国家取州县之财,纤毫尽归于上,而吏与民交困,遂无以为修举之资。汉制,官寺乡亭漏败,墙垣阤坏不治者,不胜任,先自劾。古人所以百废具举者以此。”①三是受到非官方旅馆的冲击越来越大。按规定,官员们应当到指定的官驿食宿,其中既有体现官员等级地位的考虑,也有出于国家命官的安全考虑,如金朝时就规定:“凡属县事应赴州者,不得泊于逆旅,以防吏奸”②,但由于驿馆设置受到地域的限制,加之经费往往不能满足官员出行的高消费,尤其是在经济发展的刺激下,经营性旅店的服务水平和娱乐服务大大高于官方,许多官员避开官舍不住,而是选择在私人旅馆中入住,虽然政府屡加整饬,也无法禁止。

4.4.2 经营性接待

经营性旅馆是指非官方经营的、以营利为目的的旅馆。它是为了满足更广泛人们出行食宿的需要,收取一定的费用,并以获利为主要目的的经营行为,它是人口流动到一定程度的产物,也是社会经济发展到一定阶段的必然结果。在广大的旅行人群中,通过经营性旅馆来满足旅行食宿者,主要是从事贸迁之旅的商人,此外,还有闲散的士人、季节性休闲的农民、游手好闲的市民、云游四方的僧侣和以纯粹娱乐消费的文臣武将等。从经营性接待的属性来看,它是社会经济发展的重要组成部分,其产生、存在和发展与社会经济水平,尤其是经济的发展水平有极为密切的关系。

民间经营性旅馆通常被称为“逆旅”。早期的旅馆称“逆旅”,“逆”者“迎止”,“旅”者意有二,一曰离开居住地的出行,二曰客地之地。如《晋书》中有云:“谨按:逆旅,久矣。其所由来也,行者赖止顿止,居者薄收其值,交易贸迁,各得其所,官无役赋,因人成利,惠加百姓而公无末费。《语》曰:许由辞帝尧之命,而舍于逆旅……魏武皇帝亦以为宜,其诗曰:逆旅整设,以通商贾。然则自尧到今,未有不得客舍之法……”③由此不难看来,最早出现的逆旅主要是属于经营性质的。

经营旅馆受到国家对户籍管理政策和社会经济发展水平的极大影响。春秋战国时

① 顾炎武著,黄汝成集释:《日知录集释》卷一二《馆舍》。

② 《金史》卷一〇四《孟奎传》。

③ 《晋书》卷五五《潘岳传》。

期，商旅熙熙攘攘，求利于各诸侯国间，催生了对旅馆消费的需求。战国时，倡导“拔一毛利天下而不为”、追逐利益的著名学者杨朱的学说风靡天下，反映了当时人们对私有财产的兴趣，法家学者韩非在《说林上》中讲，杨朱到宋国（今河南商丘）投宿的地方，就是一个由男主人经营，由妻妾二人协助的民间旅馆[①]。秦朝统一六国主要利用法家的“耕战”思想，即重农桑、抑商贾、奖励战功等，从秦国严厉的商业政策可以反观春秋战国时期红火的旅馆经营，如商鞅主张“废逆旅，则奸伪、躁心、私交、疑农之民不行；逆旅之民无所于食，则必农”，秦国认为“逆旅”经营者脱离了直接的农业生产，也给“末技游食”之人提供出行的条件，只有“废逆旅”，才能促进农业的发展[②]。

“逆旅”作为主要建立在民间的、以家庭为组织的经营性旅馆一直到晚清都存在，主要出现在魏晋南北朝、唐中后期、两宋时期、元朝以及明代中后期商品经济政策较为灵活的时期。政府会对私人旅馆加以规范管理，以保障出行的方便与安全。由于人们食宿消费水平的提高，旅馆的种类逐渐多起来，不仅仅称之为“逆旅”，服务内容和水平日趋多样化，既有朴素简单的食宿，也要奢华的宴饮。到这里来消费的社会各个阶层都有，上到帝王诸侯官员，下到普通百姓。晋代的旅馆服务已经比较接近人性化，生意也非常好：“方今四海会同，九服纳贡，八方翼翼，公私满路。近畿辐辏，客舍亦稠。冬有温庐，夏有凉荫，刍秣成行，器用取给。疲牛必投，乘凉近进，发槅写鞍，皆有所憩。”[③]

宋代的经济水平比较高，城市旅馆业非常繁衍盛。许多临街的铺面都改成了旅店，客房、榻房店铺的房屋租赁业较发达。如在开封，保康门瓦子往东去“沿城皆客店”，“南方官员、商贾、兵级，皆于此安泊”，说明这里有不同级别的住宿地方。在临安，就有“慈元殿及富豪内侍诸司等人家，于水次起造塌房数十所，为屋数千间。专以假赁与市郭间铺席宅舍，及客旅寄藏货物，并动具等物”[④]。

元代的海内外贸易都很发达。马可·波罗在他的游记中对他所见的旅店做了生动具体的描绘：“杭州城里，所有经营客栈的人，要将寄宿客人的姓名登记在一个簿子上，注明他来去的日期与日刻，每天还要另备一份，送交当地政府。”

元末明初，受到战乱的影响，经营性旅店比较少，而且非常昂贵。据宋濂讲，明初南京商人较多，有商人开旅店挣钱，但客房仅可容一床，每天洗漱用具还要自备，每月租金达数千钱。明中期以后，情况大不相同，各色旅馆一应俱全。即便在偏远之地，也有店舍以供旅行者歇息。如在陕西入川的栈道，“一路有店舍”，有带釜而炊者，在路旁等待路过的行人与客商。在云南省城，客寓主要集中在南门外的三市街、关王庙、忠爱坊、天平巷和羊市诸处。在旅游活动最为集中的风景名胜区，旅馆业更是红火。山东泰安因有泰山东岳庙，每年香客不断，旅店业因此空前繁荣，客店达五六所。在客店附近，“有驴、马槽二三十间，供客商、香客驴马之用。又有戏子寓所达20多处，供戏子寓歇。另有曲房密户，一些妖冶寓宿其中。投店的人，先到客厅上簿挂号，每人缴纳店例银三钱八分，又人纳山税一

---

① 《韩非子》卷七《说林上》。

② 《商君书》卷一《垦令》。

③ 《晋书》卷五五《潘岳传》。

④ 吴自牧：《梦粱录》卷一九《塌房》。

钱八分。客店分三等,下客夜素,早亦素,午在山上用速酒果核,谓‘接顶’。夜至店,设席祝贺,席有三等,一等一人专席,有糖、饼、五果、十肴、果核,并演戏;次等二人一席,也有糖、饼、果,演戏。下等席,三四人一度,有食品,不演戏,而用弹唱。一所客店中,演戏地方达二十余处,弹唱之人不计其数。厨房二十余处,服役人员达一二百人"①。清代至民国间,各个档次的旅馆应有尽有,最小的是"鸡毛小店",为穷苦行人投宿之用。

由于旅馆本身以营利为目的,其间人员杂、流动性强,服务内容也是无花八门,尤其旅馆常常成为娼妓和赌徒聚居的场所,经常出现一些杀人谋财的命案,所以常常成为各级官府打击的对象。为加强管理,各级官员常常申饬加强整治,甚至下令禁止开设旅馆。同时,由于包括旅馆经营在内的商业经营对传统农业带来了很大的冲击,所以几乎历代的统治者出于政治和社会稳定的考虑,都会对商人的经营行为采取限制,甚至是禁绝的措施,"以逆旅逐末废农,奸淫亡命,多所依凑,败乱法度,敕当除之"②。在明朝,海瑞在浙江淳安县知县任内的告示中说,"禁有店屋之家不许住歇娼妇,违者拆毁其屋、娼妇递解"③。在清代的京畿之地卢沟桥附近,"有逆旅,多阴戕过客没其财,峨发其奸"④。在旅游出行并不是最为繁盛的河南,旅店一直开到了乡村,生意红火,问题当然也非常多。田文镜在河南任职督抚期间,对经营旅馆者和旅馆从事人员提出严厉的要求,严禁在旅馆内留宿嫖客、娼妓和赌徒等。在《申饬歇店小心照看守夜》中,他说"过客行商风尘仆仆,前途并无亲故,虽邮亭一宿,戴星而行,而身家性命顷刻相关……预饬乡保地方先严择开张歇店之人,务须殷实老成之辈,其异乡来历不明者,不得容其在境招商。而挡槽一项大半匪流,更当谨慎,务必多出工食,雇觅勤紧守分良民,还要中保的确";在《驱流娼土妓以正人心》一文中,他说"大路客店皆养有娼妓,凡行旅往来认识其店,即停留嫖宿。大大皆有,莫可穷究",因此,他要求各级地方官员"大张告示,严行禁逐"⑤。

4.4.3 公益性接待

公益性接待或称慈善性接待,是指食宿的提供方不是以营利为主要目的的接待游客的行为。在中国古代社会,提供公益性接待的机构主要有四种情况,一是宗教性接待;二是民间教育组织,如书院等;三是地方联谊组织,如会馆、里甲或祠堂等;四是普通百姓的家庭接待。

4.4.3.1 宗教组织的慈善接待

宗教寺观作为旅舍接待游人是在东汉末年佛教传入中国以后,以及诸子百家思想宗教化后开始的。寺庙接待的游客既包括游方的僧人,也包括宗教信徒、四方香客,随着唐中期以后宗教的世俗化,寺庙也开始接待世俗游客,可以说,社会各阶层都有可能和机会在寺庙内解决食宿问题。寺庙通常是不收取费用的,故而称之为慈善性接待。

① 张岱:《陶庵梦忆》卷四《泰安客店》。

② 《晋书》卷五五《潘岳传》。

③ 海瑞著,陈义钟编校:《海瑞集》上编《禁约》,中华书局,1962 年,第 188 页。

④ 《清史稿》卷三二四《刘峨传》。

⑤ 田文镜:《抚豫宣化录》卷三下《文移》、卷四《告示》。

首先,僧侣云游四方以求法、拜师、传教、化缘等,都是离家远行,他们食宿的落脚地最多的就是寺院。云游的僧人常常会在出门远行之前,打听好沿途寺庙的分布及里程,以筹划线路安排。

其次,唐以后,寺庙成为帝王达官和文人雅士出行食宿的重要选择,原因是寺庙优美的自然环境和浓郁的文化氛围。李白的《夜宿山寺》脍炙人口,"危楼高百尺,手可摘星辰。不敢高声语,恐惊天上人",描写了寺庙的高耸入云,突出其引人入胜之绝境。明代大文学家李梦阳一首《开先寺》描述了江西庐山南麓开先寺瀑布的景色极具气势——"瀑布半天上,飞响落人间。莫言此潭小,摇动匡庐山!"乾隆十五年(1750 年),乾隆皇帝游幸少林寺,夜宿方丈室。徐霞客游历四方时,与僧侣在寺庙里同吃、同住、同游的故事非常之多。他曾两上鸡足山寺院,第一次住了月余,以此为食宿地,游遍周围名山大川。第二次住了近四个月,先应丽江土司之请,撰写《鸡足山志》,协助徐霞客撰写山志的就有他的好朋友、南京迎福寺高僧静闻,他们同吃、同游、同住,结下了深厚的友谊。

最后,寺庙信奉"广结善缘,普度众生,方便为怀"等教义和"结善缘,行方便"的宗旨,也乐意为普通百姓提供投宿歇脚之所。故而,普通百姓出行,也会选择寺庙作为休息之所。宋元至明清间,以寺庙为集会的"庙会"成为人们近郊出游的主要方式,普通民众成群结队到寺庙观光购物,也会在寺庙歇脚。不仅仅是男性,即便是女性香客,也被允准在寺庙里居住过夜,因此,在明清小说里,发生在寺庙僧侣与女香客之间的风流故事就常常被描述得曲折离奇,引人入胜。

4.4.3.2 书院等教育机构

"馆"在战国至汉朝时,曾是养士机构,即官僚贵族豢养食客名士的场所。像吕不韦养士高达三千。在齐国的稷下学宫里,有数千士人游学其间。汉朝养士之风依然大盛。不过,秦汉间的养士主要是出于对人才的爱惜,食宿的提供者多是一些名门望族的显贵之家,自然其中不乏权力的因素。

书院始自唐代,到宋朝时成为民间私人讲学之所。书院精神在于独立的学术研讨,虽然在明清以后多被官府控制,但其半官方半民间的身份,在接待游学的士子方面还是做了大量的慈善事情。如明清之际,理学大师孙奇逢避乱河南百泉山,孙奇逢接受各地慕名而来的学者,"有问学者,随其高下浅深,必开以性之所近,使自力于庸行。上自公卿大夫,及野人、牧竖、工商、隶圉、武夫、悍卒,壹以庆意接之。用此名在天下,而人无忌嫉者"①,其门徒达百人之多,影响了整整一代学者,"北方学者,大概出于其门"②。嵩阳书院自宋代以来就是著名全国的书院,清初,著名学者耿介为扩建书院,把自己的 200 亩田产全部捐给嵩阳书院,又垦荒 130 亩,收入也全部捐给书院。在他的影响下,省学政吴子云、林尧英、巡抚鹿祐、知府王楫、知县和附学生等共捐田 1 570 亩。以书院田产弥补书院经费不足。耿介前后主持书院教育事业 30 年。书院有了丰厚的收入,办学经费充足,学术活动也日益增多。耿介聘请了不少名家大儒来此讲学,四方学者纷至沓来。书院一时名声

① 李元度:《国朝先正事略》卷二七《名儒 · 孙夏逢先生事略》。

② 黄宗羲:《明儒学案》卷五三《诸儒学案下》。

大振。

4.4.3.3 会馆等地方联谊组织

会馆是以地域为纽带组建的接待性机构，又有“公馆”“同乡会”和“同乡会馆”等称谓。会馆的职能有很多，如联络乡谊、沟通信息、行业管理、娱乐庆典、举办善事等。在旅游服务接待方面，会馆的职能是为来自本地区的诸色人等（主要是商人和学子）提供免费或者非常廉价的食宿接待，属于公益性或者慈善类接待机构。所谓公益是为来自同一地区的人们谋取公共福利；所谓慈善是指无偿或者以低廉的价格满足人们的出行需求。

公馆起源于同一地区的人们出行到同一地区食宿等接待性服务的需要，出行的原因可能是由于外出经商或者应试。早在汉代，京师已有外地同郡人的邸舍。东晋时，黄河流域的汉人大批流徙江南，在南京等较大城市中，外地同郡同乡官员士绅，也常有聚会的固定场所。南宋时的杭州，除官绅外，还有同郡同乡商贾参加。历史上，影响最大、最广的乡谊组织，还是由于明代中期以后经济的发展，会馆遍及全国。这一时期，以当时商人最为活跃的山西、陕西、江西、甘肃等地的会馆为最多。

会馆既以满足本地同乡在他乡的食宿需要为主要目标，会馆的馆长或负责人主要由本地有名望的官员、有实力的富商来担任，在馆舍里工作的其他人员如干事、会计等，也基本上是本地同乡，他们没有报酬或者报酬极少。如福建的漳州会馆规定：“本馆轮流京官一位收掌簿籍，主持宾祭，为馆长，正三考官，一位为馆副，锁钥料理会馆中一应事务”，馆主下设庶务，协理管理会馆事务，规定：“董理庶务会计者，每年于二月内，将先年收入租金及支出费用，开具清册，请众核算，每年即将清册另抄一单粘于馆内，俾众周知有无存积，以示大众。”①

会馆的经费来源主要是官员、富商和乡亲们的捐款。如清代汀州会馆利用“捐金三百七十八两”，对会馆内的包括客房在内的许多建筑进行了修葺：“中进神堂一座，前后进房屋十间，厢房六间，门楼一座，每房置木床一、桌一、椅二，其费银三百五十五两六钱六分，尚伸银二十二两存，修西馆门楼一座”②。在河南开封的山陕甘会馆是由当时在开封的山西、陕西、甘肃的富商巨贾聚资修建的“旅汴同乡”会馆，在豫西重城洛阳的著名会馆有两处，一是在康熙年间由山陕商人联合捐款修建的西会馆；另一个是由山西潞安府和泽州府商人捐款建造的。这些会馆有馆舍、戏楼和神庙等，颇为壮观，为出行在外的客商、学子和官员提供食宿之所。

所谓的慈善或者公益性，也是相对的。因为接受游人的食宿，毕竟要有相应的成本支出，没有相应的收入，就难以继续。如寺庙往往有寺产以补助开支的不足，或者接受达官权贵的捐赠和日常善男信女的还愿钱或者香火钱。书院亦有田产，通过学生耕种或者收租金以补贴开支。会馆组织往往是地方世家大族的捐资，但更多的时候靠收取一定的会员费以供日常开支。相比较而言，这些公益性的接待往往也会收取费用，即使看是纯粹的

---

① 光绪《漳郡会馆录》卷一《漳州会馆规约》等，转见郑向敏：《中国古代旅馆流变》，旅游教育出版社，2000 年，第 127-128 页。

② 光绪《漳郡会馆录》卷末《重修东馆记》，转上引郑向敏书，第 145 页。

慈善性寺院馆舍,也有经营收费的时候。如元代开封的大护寺有数百计的旅店弁取利润。北京是元明清三朝都城,进京考试的士人非常得多,这里寺院汇集,有寺院便以给士人们提供食宿获取收益。据清人戴震钧在其《天咫偶闻》中记载:"每春秋二试之年,去棘闱最近诸巷,西则观音寺、水磨胡同、福建寺营、顶银胡同……家家出凭考寓,谓之状元吉寓"①,将寺庙之建筑命名为"状元店"来招徕顾客,其经营手段毫不逊色于商业性旅馆。

4.4.3.4 投亲靠友和随遇而安

投亲靠友不失为解决出行食宿问题的一种选择。孔子说:"有朋自远方来,不亦乐乎。"对于亲朋好友的远道造访,在家中置酒安榻,不失为一种尽地主之谊,以现情意的重要方式,因为"重情守义"也是中华民族的传统美德。历史上,一些文人雅士出行,不乏投亲靠友之举,像李清照在丈夫赵明成去世以后,携带大量的图书和古董流落南方,就有投亲靠友的经历。明末,徐霞客旅游时,借宿也是经常的事情,他在《游太华山日记》中写道:"(二月初五日)……过此仍溯流入南峪,南行五里,至草树沟。山空日暮,借宿山家。"明清时期,徽商和晋商的行商足迹遍布天下。在徽州地区,有民谚云:"前世不修,生在徽州;十二三岁,往外一丢。"男人们大多走一条背井离乡、投亲靠友、服贾四方的道路,最先出去的一批商人就成为后来者的暂时食宿之所。

随遇而安也是古人出行迫不得已的食宿选择。古人出游,食宿问题的解决往往没有过多的选择,只能随遇而安。如白居易游学四方时,多种旅馆都住过,但主要还是慈善性的,"自长安抵江西三四千里,凡乡校、佛寺、逆旅、行舟之中,往往有题仆诗者"②。

4.5 旅游中的饮食、娱乐和技能

作为服务行业,旅游服务行业"吃、住、行、游、购、娱"六要素,旅游过程中的食品准备、旅游地的娱乐内容以及旅游知识和技术,同样包括在服务体系之中。

4.5.1 旅游食品

中国古代饮食革命始于火的使用,加工工具和方法出现、改良和不断丰富,得益于商业经济的发展,流通渠道的扩大化,得益于人们对物质生活水平提高的刚性需求。旅游对食物有特殊的要求,延长保质期是最重要的要求,在这方面,行军干粮促进了旅游食品的加工。唐代的府兵从各地上番服役,便把普通百姓食用的"麦饭"焙或晒之后,做成干燥食品,以方便携带和保存。唐开元二十六年(738 年)宁、庆二州大丰收,政府下令"每斗加于时一两钱,籴取二万石变造麦饭,贮于朔方军城",干麦饭储存以为战备物资,或出征前加工,是当时通行做法。③ 明代的军粮,据说戚继光发明有"光饼",圆形、中间有孔,用绳子串起来挂在身上,行军、打仗出门时携带很方便,至今在福建宁德、福州等地颇为流行。

---

① 戴震钧:《天咫偶闻》卷十。

② 《旧唐书》卷一六六《白居易传》。

③ 《册府元龟》卷五〇二《邦计部·平籴》。

宋代的油炸食品已普遍，食品花样繁多，保质手段增加的同时，也丰富了旅游食品的种类。在旅途漫长的西北地区，干燥食品居多，馕、饼的使用比较普遍，油炸类像馓子、炸面食等都出现较早。

古人旅游，把在路途上吃的菜称为“路菜”，到了清代，旅行中的食品种类已多。据李观海《歧路灯》第十回《谭忠弼朝天瞻圣主，娄潜斋借地慰良朋》，主人公到京城，戚、尤二位官场朋友都派家人送来“路菜”，“戚公差人送路菜一瓮”，“尤公差人送上好油酥叶子一匣，说是路上点心泡茶”。从该书其他卷的记载看，从官府、士绅到普通百姓，馈赠“路菜”已是当时的人情往来。

4.5.2 娱乐内容

中国古代旅游活动中，旅游地提供的“娱”类活动因旅游活动的类型差别极大，像政治、军事、外交等旅行活动，娱乐性质相对较少，有的甚至禁止有娱乐接待行为。而商人、士人和民间群体的旅游活动，娱乐内容就要丰富很多。在旅游地，如城市中出现了娱乐区域和场所，时令节日和庙会中的文化娱乐表现，寺院等宗教场所为游人提供的娱乐活动等。

旅游娱乐和休闲内容还有普遍性，由酒肆、饭馆、烟馆、青楼等娱乐场所提供的唱曲、喝酒、行令等内容吸引着社会的各阶层。以商业发达、社会繁荣的明代为例，明人普遍好游，又以江南人为甚。人在自然界活动，与自然融为一体，形成独特的旅游人文风俗、景观。晚明江南人文风景最著名者，张岱认为有扬州清明、西湖春、秦淮夏、虎丘秋，无不按照四时节序的变迁，形成了一些全国闻名的人文风景。社会各阶层追求闲情逸致的生活方式，谈禅说佛、蒲博之风、狎妓听曲、旅游消闲各有好爱。喜禅说佛是晚明江南士大夫的风尚。当时的士林名流如焦竑、冯梦祯、陈继儒辈，都好佛喜禅，寺院名山宝刹给他们提供了良好的场所。在苏州、常州一带，士大夫的赌风大盛。万历末年甚至出现了进士“以不工赌为耻”的奇怪现象。狎妓听曲，也是江南士大夫风流雅致生活之一。在晚明，士大夫挟妓饮宴较为盛行。至明末，一些轻薄文人甚至用科举名次来标榜妓女，称之为“花榜”。所谓花榜，又称“花案”，其实就是选妓征歌。以南京为例，所评之榜或案，其说有“金陵十二钗”“秦淮四美人”“秦淮八艳”等。江南的文人雅士对戏曲也有特别的嗜好，家中蓄有声伎，养着一些家乐班子。如张岱家的声伎，始于万历年间其祖父张汝霖，经过祖孙三代的经营，组建了很多戏班，有“可餐班”“武陵班”“梯仙班”“吴郡班”“苏小小班”。① 明清两朝鼎革，打破了江南人尤其是江南士大夫富足、宁静的生活，晚明江南优游、娴雅的生活也随之戛然而止，使他们顿时陷入困顿、动荡的境地。南京秦淮河与杭州西湖的盛衰，又为他们提供了足够的感伤题材。

除人文旅游之外，就是山水之游。孔子云：“智者乐水，仁者乐山。智者动，仁者静。智者乐，仁者寿。”“天人合一”的理念，影响到一代又一代中国人的旅游观念，自然山水之乐在历代都有。游览大自然中如诗如画的山水风光，不仅仅是一种美的享受，更是为了显

① 陈宝良：《风物闲美：晚明江南生活》，《博览群书》2012 年第 4 期。

示他们生活情趣的雅致。美丽山水,就是游人最好的娱乐项目,所以明代著名文人袁中道一语道破远游的乐趣:"一者吴越山水,可以涤涴俗肠;二者良朋胜友,上之以学问相印证,次之以晤言消永日。"①

4.5.3 旅游技能

在旅游基本知识技能的提供方面,如山水生活知识、物理学知识、博物学知识、自然小识、天文航海、历算、医药、救荒等,或气象等知识都是旅行中所必备的;到旅游目的地之后,景区景点内的历史地理知识、文化艺术特点、风土人情风尚等的了解,都有助于旅游者提高旅游质量。这些知识,一是由那个时代和社会提供的知识技能,既有一定必备的专业知识,也要有大约相当于当时"平均的"知识、技能或技术;二是旅游者自己应具备的常识或技能。如韩愈到韶州旅行时,向朋友借当地图经,谈到借阅目的时,他说:"曲江山水闻来久,恐不知名访衙难。愿借图经将入界,每逢佳处便开看。"相似的情况,我们可以从徐霞客游记中看出来。

以休闲自助旅游为形式的活动在南宋以降渐渐出现,相应的旅游知识成为社会的迫切需要,如旅游地图的出现等。明代后期的王士性,他生活的年代比徐霞客还要早,他同样是一位出色的旅行家和地理学家。他"无时不游,无地不游,无官不游","穷幽极险,凡一岩一洞,一草一木之微,无不精订",著有《五岳游草》一书。著名历史地理学家谭其骧高度评价王士性,称他与徐霞客在"伯仲之间"。从他们二人的日记可以看出,游行家凭借社会和自身的旅游知识,可以在全国各地顺利旅行。

【本章小结】

1. 历史时期旅游服务体系主要包括:可行性交通路线、可行性交通工具、沿途的食宿、途中行程的安排、目的地的食宿及行程安排、旅行相关信息的提供(如地图、景区介绍和旅行技能)等。

2. 古人的旅游主要是通过陆路和水路两大系统进行的。从交通工具运行的能量来源看,主要有人力、畜力、自然力和机械力等四种,其中前三者较为普遍。交通工具的主要特点有:多样性、等级性和服务性。

3. 交通道路通常包括国道、地方道路和城市街道三大类。历史时期交通路线的开辟与管理,往往又伴随着一些重大的政治、军事、文化和经济等历史事件。具体而言,水陆交通线路的开辟、与国家的统一和疆土的管理有极为密切的关系;驿道的设置、邮传的经营与管理、大规模的征伐与巡视道路的建设等,它们的政治和军事目的都很强。

4. 水陆交通路线的开辟与管理的水平稍稍落后于陆路交通。唐宋间,水上与陆路交通大体保持着平衡发展的态势。宋元时,水路交通的水平达到鼎盛。明初,在郑和下西洋的带动下,海路交通空前绝后。明中后期国内外商品贸易一度兴盛,但清军入关后,执行更为严厉的闭关锁国政策,海外水路交通水平显著倒退。

---

① 袁中道:《珂雪斋近集》卷一《游德山记》,上海书店,1982年。

5. 地图是国家权力的象征，所以地图的绘制及管理，国家行为占主导地位，地图所承载的主要是政权地位、行政管理和军事征管等功能。随着社会的发展，社会发展的多元化，地图的用途日渐广泛，商旅图、旅行图等不断出现。

6. 历史时期，由于旅游者的身份不同、出游的目的不同，路途的远近各异，其行途的食宿的安排也各不相同。大体而言，根据旅游者的身份不同，大致可以分为官方接待、商业性接待，以及民间慈善性接待等。

7. 古代旅游食品的出现受行军干粮影响很大，早期以延长保质期为目标，后期则注重其品质。旅游娱乐形成和内容呈不断丰富的趋势。旅游技能既是旅行时代的产物，也有自身主动学习的结果。旅游中的饮食、娱乐和技能，是旅游服务体系的重要形成部分。

思考题

1. 历史时期的旅游服务体系主要内容有哪些？
2. 试述在不同的历史时期牛车和马车社会地位的发展变化。
3. 谈谈对交通工具的政治等级性的认识。
4. 结合某一条交通线路，谈一谈历史时期的交通路线作为旅游资源开发的价值。
5. 影响古代旅馆服务水平高低的因素有哪些？
6. 古人自助旅行，必须具备哪些基本的旅游技能？

旅游典籍与文化

学习目标→

发掘旅游资源中所蕴含的人类文化，是现代旅游业的重要任务。古代留下的诗歌、游记、石刻、史志等典籍中蕴含着极为丰富的旅游文化。面对旅游景观，能够追述其历史渊源，熟知诗、文、石刻以及地理著作等典籍中的相关记载，是旅游人才的必备素质。旅游观念和旅游礼俗，也是旅游文化的重要构成内容。了解古人的旅游观念和古代旅游礼俗，有助于准确理解古代旅游文化，还有助于把握旅游文化的古今发展脉络。

学习难点→

旅游典籍　旅游文化

5.1　旅游典籍

5.1.1　山水文学发展概况

辉煌的山水文学是中国古代文学的奇葩。将自然山水作为审美对象欣赏讴歌，是古代思想中感人至深的内容。山水纪游诗文萌芽于春秋战国时期，《诗经》的“蒹葭苍苍，白露为霜”“彼泽之陂，有蒲有荷”之句，屈子《九歌·涉江》“山峻高以蔽日兮，下幽晦以多雨。霰雪纷其无垠兮，云霏霏而承宇”之语，开启了早期游记的先河。虽然学术界一般认为这些作品主要以山水作为比兴对象，借山水抒怀，尚不是真正意义上的山水文学，但是，从景观的角度看，这些优美诗句都写出了自然美景。

秦汉时期，山水纪游诗文初具雏形。李斯《泰山刻石文》《琅琊台刻石文》纪念秦始皇的巡行封禅。汉武帝刘彻《秋风辞》是山水纪游诗的雏形作品之一，“秋风起兮白云飞，草木黄落兮雁南归。兰有秀兮菊有芳，怀佳人兮不能忘。”司马相如《子虚赋》《上林赋》描写田猎游观之盛。扬雄《甘泉赋》由远及近多层次铺张描写甘泉宫的建筑景观，境界深远，景

物奇丽。班固《两都赋》写长安城内的繁荣和郊野的丰茂。张衡《二京赋》写宫苑景致以及民情风俗。在这些作品中,山水等客观景物不再主要作为其他事物的陪衬与背景,而是被当作独立的审美对象来描写。

魏晋南北朝时期,山水纪游诗文趋向成熟,作者以自然山水作为审美对象,将山水的美感体验与人生际遇巧妙结合,使作品"有骨、有韵、有色"(《古诗归》)。刘勰《文心雕龙》:"登山则情满于山,观海则意溢于海";谢灵运有"情用赏为美"的理论,情与景交融,文学作品才富有魅力。

魏晋南北朝时期山水诗率先兴盛起来,成为自然审美意识最集中的表现形式。曹操远征乌桓经过碣石山时所写《观沧海》,是中国现存的第一首完整的山水诗,被视为山水诗史上的一座里程碑。曹丕《芙蓉池作》:"寿命非松乔,谁能得神仙?遨游快心意,保己终百年。"《于玄武陂作》:"忘忧告容与,畅此千秋情。"曹植《公宴诗》:"秋兰被长坂,朱华冒绿池。潜鱼跃清波,好鸟鸣高枝"等,从中可以看出自然景物成为娱游的重要对象。这些都是山水诗的先声。

曹魏正始年间(240—249 年)兴起的玄学促进了山水独立审美意识的蓬勃发展,进而促进了山水诗的成熟。文人倾心于山林,七贤的竹林遨戏、石崇的金谷宴游,王羲之等人的兰亭集会,陶渊明的斜川之游。伴随这些活动,一大批山水诗人涌现出来,曹操父子、陶渊明、大小谢(谢灵运和谢朓)、沈约、王融、何逊、萧统、阴铿,等等。陶渊明与谢灵运被视为田园诗派和山水诗派的代表人物。

时至唐代,山水、田园诗合流,形成繁荣的山水田园诗派,代表人物为王维、孟浩然。山水田园诗在艺术上融合了陶诗的浑成和谢诗的工细,情与景交融,形神兼备。孟浩然《宿建德江》被认为开创了山水旅行诗的新风气,唐代诗人足迹遍及神州,留下大量感人肺腑的旅行诗篇。

山水游记在魏晋南北朝时期走向成熟。谢灵运有《游名山志》(现仅在《初学记》《太平御览》中可见)。郦道元《水经注》有优美景物状描写。此时期山水审美意识有一个独特载体——书信体作品,如鲍照的《登大雷岸与妹书》,吴均的《与朱元思书》,这些书信传递的是山水之美,有的甚至不讲究书仪,劈头便是风景描述,结尾亦为山水描写,实际上就是山水游记。

唐宋时期散文成就突出,"唐宋八大家"韩愈、柳宗元、欧阳修、苏洵、苏轼、苏辙、曾巩、王安石都留下了精美的作品。有学者认为真正的游记体散文是从唐代开始定型并繁荣起来的。盛唐诗人元结的《右溪记》被看作山水游记的开山之作,柳宗元的《永州八记》则被看作是奠基之作。这一时期的作品,如唐代王勃《滕王阁序》、白居易《游五亭记》、陆羽《游慧寺记》、宋代欧阳修《醉翁亭记》、范仲淹《岳阳楼记》、王安石《游褒禅山记》、苏轼《石钟山记》、陆游《入蜀记》、范成大《吴船录》等,都是脍炙人口的名篇。

明清时期疆域开拓,为纪游诗文提供了更加丰富的讴歌对象。"心"学传播以及丰富的市民文化,也促生了一批内容灵活多样的游记小品。徐霞客、袁氏三兄弟(宏道、中道、宗道)、宗臣,谭元春、刘侗,张岱、袁枚、潘耒、姚鼐的山水游记都极负盛名。《徐霞客游记》为洋洋大观,张岱一生多有性灵小品文,如《陶庵梦忆》《西湖寻梦》,清新隽永,实为经典之作。

明清时期游记散文有一个显著特色，即边疆山水得到文人的极大关注，最显著者为云南山水。元代以前云南基本上处于相对封闭状态，云南山水没有进入文学领域。元世祖平定云南，将云南置于中央政府直接控制之下，结束了南诏以来数百年的割据历史。数量可观的文人得以进入这个全新领域。其中有的是仕宦而来，如张佳胤；有的是从军而来，如赵翼；有的是贬谪而来，如杨慎；有的为旅游而来，如徐霞客；有的为探亲而来，如余庆远。云南的莽荒古朴震撼了他们的心灵，使他们写出了瑰丽奇特、令人耳目一新的山水游记。与此同时，云南的本土文化迅速发育，本土作家及其作品加入山水文化中来。①

5.1.2 游记

5.1.2.1 魏晋南北朝时期

《水经注》为6世纪以前地理学著作之集大成，为历史地理学、水文地理学、经济地理学、考古学、水利学等方面的重要文献，也是一部山水游记和民俗风土录。作者郦道元将各处名胜古迹、自然风景收入注文之中。如黄河孟门（今壶口）瀑布景色："其中水流交冲，素气云浮，往来遥观者，常若雾露沾人，窥深悸魄。其水尚崩浪万寻，悬流千丈，浑洪赑怒，鼓若山腾，浚波颓迭，迄于下口。"又如三峡景色："自三峡七百里中，两岸连山，略无阙处，重岩叠嶂，隐天蔽日，自非亭午夜分，不见曦月，至于夏水襄陵，沿溯阻绝，或王命急宣，有时朝发白帝，暮到江陵，其间千二百里，虽乘奔御风，不以疾也。春冬之时，则素湍绿潭，回清倒影，绝巘多生怪柏，悬泉瀑布，飞漱其间，清荣峻茂，良多趣味。每至晴初霜旦，林寒涧肃，常有高猿长啸，属引凄异，空谷传响，哀转久绝。故渔者歌曰：巴东三峡巫峡长，猿鸣三声泪沾裳。"这段文字是郦道元根据读书所得印象而写成。两百年后李白《早发白帝城》"朝辞白帝彩云间，千里江陵一日还。两岸猿声啼不住，轻舟已过万重山"，再现这一景观。

5.1.2.2 唐代

初唐诗人王勃《滕王阁序》是一篇著名的纪游新体赋。洪州（治今江西南昌）都督时重修滕王阁，时年十四岁的王勃省亲经过，应邀参加落成典礼而作。《滕王阁序》写洪州"物华天宝，龙光射牛斗之墟；人杰地灵，徐孺下陈蕃之榻"；写滕王阁之辉煌壮丽"层峦耸翠，上出重霄；飞阁流丹，下临无地。鹤汀凫渚，穷岛屿之萦洄；桂殿兰宫，列冈峦之体势"。登阁所见美景"披绣闼，俯雕甍，山原旷其盈视，川泽纡其骇瞩。闾阎扑地，钟鸣鼎食之家；舸舰迷津，青雀黄龙之舳。云销雨霁，彩彻区明。落霞与孤鹜齐飞，秋水共长天一色。渔舟唱晚，响穷彭蠡之滨；雁阵惊寒，声断衡阳之浦"。《滕王阁序》语言优美具有诗的韵味，"物华天宝""人杰地灵""落霞与孤鹜齐飞，秋水共长天一色"，"渔舟唱晚"等都成为流传千古的佳句。

被称作唐代山水游记奠基之作的《永州八记》，意味着永州西山自然景观的发现。永贞革新失败，柳宗元作为被贬的"八司马之一"，来到偏僻荒凉的永州（今湖南零陵），满怀

① 陈友康：《明清云南游记与民俗——兼论边疆游记对山水文学的贡献》，《云南民族大学学报》1996年第1期。

落寞惆怅,但是,永州沉寂的自然因这位文豪的关注而第一次呈现出美丽的容颜。柳宗元发现发掘了永州的山水之美,并传递至今。我们观读《永州八记》,就像踏着作者足迹重游一千多年前永州的山水原貌。

《永州八记》第一篇《始得西山宴游记》:"其隙也,则施施而行,漫漫而游。日与其徒上高山,入深林,穷回溪,幽泉怪石,无远不到。到则披草而坐,倾壶而醉。醉则更相枕以卧,卧而梦。意有所极,梦亦同趣。"元和四年(809 年)九月二十八日,柳宗元至法华西亭,放目西望,看到了西山。本以为永州山水瑰丽已经游遍,忽见西山"特异","遂命仆人过湘江,缘染溪,斫榛莽,焚茅茷,穷山之高而上。攀援而登,箕踞而遨",站在山巅,他看到"则凡数州之土壤,皆在衽席之下。其高下之势,岈然洼然,若垤若穴,尺寸千里,攒蹙累积,莫得遁隐。萦青缭白,外与天际,四望如一"。高山极目,四周景色尽收眼底。此后他游遍了西山地区,发现了七处风景,分别为之记,与西山的发现记合为八篇。目前《永州八记》的旅游价值已经得到当地政府发掘利用。

5.1.2.3 宋代

欧阳修的散文放达疏朗,兼有"阴柔之美"。他的十多篇山水游记多写于被贬夷陵、滁州期间。《岘山亭记》作于夷陵(今湖北宜昌)县令任上,为追述岘山历史之作。岘山"望之隐然,盖诸山之小者",使"其名特于荆州"的是晋代两个著名人物羊祜、杜预。《丰乐亭记》《醉翁亭记》作于滁州太守任上。《丰乐亭记》:"修既治滁之明年,夏始,饮滁水而甘,问诸滁人,得于州南百步之远。其上则丰山,耸然而特立;下则幽谷,窈然而深藏;中有清泉,滃然而仰出。俯仰左右,顾而乐之。于是疏泉凿石,辟地以为亭,而与滁人往游其间。"简洁地写出了丰乐亭的建立过程。《醉翁亭记》:"环滁皆山也,其西南诸峰,林壑尤美,望之蔚然而深秀者,琅琊也。山行六七里,渐闻水声潺潺而泻出于两峰之间者,酿泉也。峰回路转,有亭翼然临于泉上者,醉翁亭也。"用几十字写出滁州地理特征与醉翁亭的位置。欧阳修对于丰山的关注具有发现景观的意义,从此丰山成了滁州人经常游览的胜地。

苏轼喜欢登山临水,探奇访胜,一生游历大半个中国,写下许多山水纪游诗文。《石钟山记》同样作于贬谪期间。石钟山在湖口县鄱阳湖东岸,分上钟山、下钟山。宋神元丰七年(1084 年)六月,苏轼赴任汝州(今河南临汝),其子苏迈赴任饶州德兴(今属江西),父子同舟,乃得同游石钟山并作此记。石钟山以"声如洪钟"而得名,这得到了北魏郦道元和唐李渤的实证。苏轼追述二人的证实,《水经注》"下临深潭,微风鼓浪,水石相搏,声如洪钟";李渤以潭上双石叩击,聆听得"南声函胡,北音清越,桴止响腾,余韵徐歇",不过苏轼还是有所怀疑,于是亲自访试。"至莫夜月明,独与迈乘小舟,至绝壁下……余方心动欲还,而大声发于水上,噌吰如钟鼓不绝,舟人大恐。徐而察之,则山下皆石穴罅,不知其浅深,微波入焉,涵澹澎湃而为此也。舟回至两山间,将入港口,有大石当中流,可坐百人,空中而多窍,与风水相吞吐,有窾坎镗鞳之声,与向之噌吰者相应,如乐作焉。"这次访探,苏轼亲耳聆听了如钟鼓之声,而且弄明白了声音是如何发出的。苏轼对绝壁下看到听到的景物的描写很精彩,"大石侧立千尺,如猛兽奇鬼,森然欲搏人,而山上栖鹘,闻人声亦惊起,磔磔云霄间。又有若老人欬且笑于山谷中者,或曰此鹳鹤也"。《石钟山记》实在是一篇绘声绘色的美文。

5.1.2.4 元明清

元代的游记散文，以李孝光《雁山十记》为上乘。雁山即雁荡山，位于浙江省境内，它共有一百零二座峰峦，六十一堵岩崖，四十六个洞穴，十三挂瀑布，其中“大龙湫”瀑布最为壮观。《雁山十记》描绘了雁荡山的壮丽景观，最出色者为《大龙湫记》，写出了瀑布的壮观气势，并生动细致描绘了周围景物。作者第一次观赏到的是连日大雨之后的大龙湫，所以其壮观景象非同一般，“仰见大水从天上堕地，不挂着四壁，或盘桓久不下，忽迸落如震霆”。“至水下捣大潭，轰然万人鼓也。人相持语，但见口张不闻作声，则相顾大笑。”

明代归有光擅长散文，他取法于唐宋八大家，风格朴实，感情真挚，被黄宗羲《明文综序》誉为“明文第一”。《观村楼记》《吴山图记》《沧浪亭记》等篇，淡雅清新，简洁抒情。《观村楼记》由昆山市外吴淞江的走向写到罗巷村，村中有楼，亡友之子李延实读书其中，楼“翼然出于城闉（古代瓮城门）之上，前俯隍水，遥望三面，皆吴淞江之野。塘浦纵横，田塍（田埂）如画，而村墟远近映带”。

姚鼐的《登泰山记》全文不足五百字，简练优美，情景如画。姚鼐是在十二月份登泰山，“苍山负雪，明烛天南。望晚日照城郭，汶水徂徕如画，而半山居雾若带然”。他看到的日出景色为“日上正赤如丹，下有红光动摇承之”。这次登泰山的印象是“山多石，少土。石苍黑色，多平方，少圜。少杂树，多松；生石罅，皆平顶。冰雪无瀑水。无鸟兽音迹。至日观数里内无树，而雪与人膝齐”。

明清时期的云南游记中，描写山的作品占很大比重。云南是山堆积成的高原，有着众多千姿百态、神秘莫测的山峦，如太华山的奇险峻美，点苍山的雄伟壮丽，鸡足山的秀丽幽深，玉龙雪山的晶莹瑰玮，高黎贡山的苍莽浑厚，都深深感染了明清时期的作家。写太华山（西山）的名作有明张佳胤《游太华山记》、王士性《泛舟昆池历太华诸峰记》等。写点苍山的有明何镗与杨慎《游点苍山记》，李元阳《游清溪三潭记》《花甸记》《浩然阁记》，吴懋《点苍山记》等。写鸡足山的更是不下二三十篇，其中明钱邦芑《鸡足山石洞下潭记》可以媲美柳宗元《小石潭记》。杨慎《游点苍山记》有一脍炙人口的片段：“比入龙尾关，且行且玩，山则苍龙叠翠，海则半月拖蓝，城郭奠山海之间，楼阁出烟云之上，香风满道，芳气袭人。”

大面积的喀斯特地形及其所孕育的众多地下溶洞是云南高原绮丽景观的构成要素，云南游记中有不少写溶洞的佳作，如明解一经《游阿卢仙洞记》，张佳胤《临安三洞记》，明云南布政使徐樾《双明洞记》，清李应登《沙朗洞记》《夕阳洞记》等。解一经《游阿卢仙洞记》描写了现在天下闻名的泸西阿庐古洞：“上则层峦倒挂，呈奇而献巧；下则群峰突起，斗丽以夸妍，千态万状，莫非天造地设之景象。”传统游记少以溶洞为描写对象，因此明清时期的溶洞游记就具有了别开天地的拓荒意义。①

综合看来，徐霞客应该是给予云南最多关注的人，《徐霞客游记》有百分之四十的篇幅是写云南的。徐霞客以科学家兼旅行诗人的身份全面考察记录云南山水地貌植物民

---

① 陈友康：《明清云南游记与民俗——兼论边疆游记对山水文学的贡献》，《云南民族大学学报》1996年第1期。

俗,他的游记既是科学考察报告,也是优美散文。他写喀斯特地貌为"诸峰分峙迭出,离立献奇""乱峰尖叠,什石为伍""独秀四削天柱""碧莲玉笥世界""千山百为群,离合竞变,有分三歧者,东歧大而高,中次之,西歧特锐,细长如竹枝,诡态尤甚。有耸立群峰间,卓如簪笔者"①。

5.1.3 纪游诗词

5.1.3.1 魏晋南朝

曹操父子的诗中有较为完整的自然景物的画面,曹植《赠白马王彪之四》:"秋风发微凉,寒蝉鸣我侧。原野何萧条,白日忽西匿。归鸟赴乔林,翩翩厉羽翼。孤兽走索群,衔草不遑食。感物伤我怀,抚心长太息。"在自然美的体验与描写上与之后世田园山水诗相比毫不逊色。

晋宋之际,田园诗与山水诗共同将古典诗歌推向新的高潮。前者以陶渊明的诗为代表,陶诗将作者对自然美的领悟体验,表现得淋漓尽致,《归园田居》《饮酒》《归去来辞》描绘了纯粹的自然景致。《饮酒》"结庐在人境,而无车马喧。问君何能尔?心远地自偏。采菊东篱下,悠然见南山。山气日夕佳,飞鸟相与还。此中有真意,欲辩已忘言",诗意深醇而天然,有着浓郁的美感。陶渊明也有几首纯写山水旅游的作品如《桃花源诗》《于王抚军坐送客》《游钭川》,实际上无论写田园还是山水,大多诗篇蕴含着忘情山水的情趣,将山水风光与人生乐趣写得水乳交融,使"情与景俱带画意",因而独具风采。

谢灵运完成了由玄言诗向山水诗的过渡,为晋南朝山水诗繁荣做出了巨大贡献。他的山水诗展示了人们对自然美的观赏,《石壁精舍还湖中作》"出谷日尚早,入舟阳已微。林壑敛暝色,云霞收夕霏。芰荷迭映蔚,蒲稗相因依"。其代表作《登池上楼》,描写久病初愈后所见的春天景色,"池塘生春草,园柳变鸣禽"句为历代诗论家所赞赏。谢诗中的名句很多,诸如《登江中孤屿》"乱流趋正绝,孤屿媚中川。云日相辉映,空水共澄鲜";《初去郡》"野旷沙岸净,天高秋月明";《岁暮》"明月照积雪,朔风劲且哀";《入彭蠡湖口》"春晚绿野秀,岩高白云屯",谢灵运诗比陶渊明诗在景物描写上更加精细微妙。

5.1.3.2 唐代

唐代是中国诗歌的最辉煌时期,《全唐诗》收录诗人2 200人,诗歌近5万首。文学史一般将唐代诗歌分为山水田园诗、旅游诗、军旅边塞诗。王维《山居秋暝》:"空山新雨后,天气晚来秋。明月松间照,清泉石上流。竹喧归浣女,莲动下渔舟。随意春芳歇,王孙自可留。"宛然一个诗情画意的世外桃源。

唐代旅游诗、边塞诗的成就非常突出,许多经典佳句出自其中。孟浩然《宿建德江》:"移舟泊烟渚,日暮客愁新。野旷天低树,江清月近人",满含羁旅之思。刘禹锡《浪淘沙》写西北地区黄河源头:"九曲黄河万里沙,浪淘风颠自天涯,如今直上银河去,同到牵牛织女家。"蜀地自古以来文物繁盛,唐代文人多游历,李白《蜀道难》"蜀道之难,难于上青天",是众多游蜀诗中的经典,韦庄《焦崖阁》引用李白诗意开篇:"李白曾歌蜀道难,长闻

---

① 朱惠荣:《徐霞客与云南》,《云南社会科学》1994年第5期。

白日上青天，今朝夜过焦崖阁，始信星河在马前。”长江流域风景旖旎，写长江的优美诗篇格外多，李白《黄鹤楼送孟浩然之广陵》《早发白帝城》荡气回肠，张继《枫桥夜泊》深沉幽婉。韩愈被贬潮州途中，作《左迁至蓝关示侄孙湘》“云横秦岭家何在，雪拥蓝关马不前”凄美之极。

描写军旅的边塞诗由初唐杨炯、骆宾王和陈子昂等人开其先声，盛唐著名边塞诗人如高适、岑参、李颀、王昌龄，王维、李白、杜甫等人也有边塞诗作。边塞诗所描写风光苍凉艰苦，岑参《白雪歌送武判官归京》“瀚海阑干百丈冰，愁云惨淡万里凝”，《走马川行奉送出师西征》：“轮台九月风夜吼，一川碎石大如斗，随风满地石乱走。”但也有奇异之美，岑参《火山云歌送别》：“火山突兀赤亭口，火山五月火云厚。火云满山凝未开，飞鸟千里不敢来。”王之涣《凉州词》：“黄河远上白云间，一片孤城万仞山。”王维《使至塞上》：“大漠孤烟直，长河落日圆”，何等撼人心魂。

5.1.3.3 宋代

宋代诗人和词作家也留下了大量经典佳句。苏轼《饮湖上初晴后雨》：“水光潋滟晴方好，山色空蒙雨亦奇。欲把西湖比西子，淡妆浓抹总相宜”；《题西林壁》：“横看成岭侧成峰，远近高低各不同，不识庐山真面目，只缘身在此山中。”李清照《如梦令》：“常记溪亭日暮，沉醉不知归路。兴尽晚回舟，误入藕花深处。争渡，争渡，惊起一滩鸥鹭。”写透了“物我两忘”的美感体验。陆游的诗以清丽潇洒取胜，《游山西村》：“山重水复疑无路，柳暗花明又一村”，为千古绝唱。

5.1.3.4 元明清

元明清的文化呈现平民化特点，纪游诗创作数量很多。关汉卿的小令《双调·碧玉箫》描绘了一幅绚丽多娇的秋山图：“秋景堪题，红叶满山溪。松径偏宜，黄菊绕东篱。正清樽斟泼醅，有白衣劝酒杯。官品极，到底成何济！归，学取他渊明醉。”马致远的《天净沙·秋思》描绘了一幅暮秋夕行图：“枯藤老树昏鸦，小桥流水人家，古道西风瘦马。夕阳西下，断肠人在天涯。”

明清之际，顾炎武《嵩山》是他漫游四方时的作品，诗曰：“位宅中央正，高疑上界邻。石开曾出启，岳降再生申。老柏摇新翠，幽花茁晚馨。岂知巢许窟，多有济时人。”王士祯雅好模山范水，其诗作情融于景，意味悠长，《江上》：“吴头楚尾路如何，烟雨秋深暗自波。晚趁寒潮渡江去，满林黄叶雁声多。”

5.1.4 *石刻*

刻石记文在中国有悠久的传统，石刻极其丰富。现存最早的石刻文是唐初发现于陕西凤翔的先秦石鼓文，因为文字是刻在十个鼓形的石头上，故称“石鼓文”，世称“石刻之祖”。考古界一般认为是战国时代秦国的遗物，现藏故宫博物院。石鼓文记述秦国君游猎，而石形如柱础，故又称“猎碣”。又因被弃于陈仓原野，也称“陈仓十碣”，又称“雍邑刻石”。文字为秦始皇统一文字前的大篆，即籀文。唐代杜甫、韦应物、韩愈为之作歌诗，始为世人所关注。

在天然岩石上刻文称为摩崖石刻。冯云鹏《金石索》曰：“就其山而凿之，曰摩崖。”摩崖文包括题名、诗、赋、赞、颂、联、佛经、造像等。摩崖石刻分布非常广泛，在一些风景区形成摩崖群，山东省石岛赤山法华院通往天门潭的群山之间，分布着众多的摩崖刻石，有楹联、诗词。广东连州燕喜山摩崖石刻中，有韩愈题写的“鸢飞鱼跃”。北宋文学家周濂溪镌刻的“廉泉之源”四字。南北朝时期流行摩崖佛经，山东、山西、河南、河北、陕西、四川等省最多，山东泰山经石峪有北齐所刻《金刚经》，徂徕山映佛岩有北齐所刻《大般若经》。

在开凿下来的石头上刻文更丰富。内容包罗儒经、佛经、墓志、建造记、功德记、造像等。儒经如东汉“熹平石经”。刻佛经的石料有石柱，刻经藏于洞中，如山西太原风峪的《华严经》刻石；石幢，基本为柱形，立在寺庙内；石碑，镶嵌在寺院墙壁或贮藏在山洞中，北京西郊八里庄摩诃庵藏 64 块明代所刻汉白玉《金刚经》石板。

还有一种石刻是石阙铭。阙为古代宫室、陵墓、庙观门前的特殊建筑物，常呈对称形式分立于行道两旁，中间阙然，故称阙或双阙。有的大阙旁边附和小阙，称为子母阙。阙上一般有铭文，记官爵、功绩及重要事迹等，旁边还有浮雕为饰。1964 年北京西郊石景山发掘出汉幽州书佐秦君神道阙，还有石表、石柱及柱础。河南嵩山太室石阙、少室石阙与开母庙石阙合称“嵩山三阙”，均为石筑，是中国现存最古的庙阙。

5.1.5 地理史志、行记

正史地理志往往记载各地自然景观和风俗，古人的旅游纪行记载沿途景物风俗，方志以及全国地理志内容涉及疆域、天文、星野、山川、名胜、古迹、风俗、物产、城池、户口、田赋、职官、学校、选举、科第、庙宇、祠墓、人物、艺文等名目，这些是了解各地旅游资源的珍贵资料。

5.1.5.1 先秦秦汉

现存第一部地理著作当属《山海经》。现存版本的《山海经》共 18 篇，分为《五藏山经》《海外四经》《大荒四经》《海内五经》四部分。《五藏山经》简称《山经》，其内容以自然地理为主、人文地理为辅，其他 13 篇又称为《海经》，其内容以人文地理为主、自然地理为辅。《五藏山经》是帝禹时代的作品，《海外四经》是夏代的作品，《大荒四经》是商代的作品，《海内五经》是周代的作品，也有可能是后人根据相应时代的文献资料重新编辑、翻译、改写而成的。王红旗等学者认为，《山海经》是具有实测基础的著作，其地理方位基本可寻，其地貌景观也符合 4200 年前中国的自然地理地貌（当时山东半岛尚被海水分隔），其地理中心大体在今日黄河与渭水、汾水、洛水交汇一带，《山海经》是中华民族文明与文化的第一历史宝典，代表着人类历史上第一次伟大的地理考察。

《穆天子传》记载周穆王八骏西游故事。穆天子为西周第五代君王姬满，公元前 1001—前 952 年在位，死后谥号穆王。全书 6 卷，最后 1 卷记盛姬之死及其丧仪，前 5 卷记周穆王西行旅程。周穆王西行路线为从洛阳北上山西、内蒙古然后西行，有昆仑山会见西王母、采玉和田等事迹。

司马迁《史记 · 大宛列传》记录张骞出使大月支的“凿空”之旅，张骞出使标志着汉代绿洲丝绸之路的开启。司马迁首次提出“西域”的概念。

班固《汉书 · 地理志》是以当时行政区划为纲的全国区域志，首叙古九州地理，全录《禹贡》；次叙汉郡国山川、户口、水利、关塞、古迹、设官情形；最后述各地风俗。

5.1.5.2 魏晋南北朝

魏晋南北朝时期，志书不仅记述地理风俗，也开始记载人物，以西晋挚虞所撰全国性总志《畿服经》为标志。从旅游学的角度看，这一体例将自然与人文更紧密地结合起来。

东晋常璩撰《华阳国志》，记述汉末至东晋间巴蜀史事，集历史、地理、人物于一编。

晋宋僧人法显《佛国记》，此书被称为世界三大游记之一。法显从长安出发，经河西走廊，出玉门关，渡流沙，到达和阗，越葱岭入北印度境内，南向渡印度河，经乌苌国、犍陀罗卫、泰义尸罗到弗楼沙（今白沙瓦）。向南行到跋那国，渡新头河，进入中印度的摩头罗国。法显在印度游历了僧伽施、舍卫城、毗舍离、巴连弗邑、那烂陀、菩提伽耶、贝纳勒斯等佛教圣地和历史名城。继续南行到达东印度的多摩梨帝国（今加尔各答）、师子国（今斯里兰卡），经达耶婆提国（今印度尼西亚爪哇）漂流至青州牢山（今山东青岛崂山）。旅途约经 15 年，游历 30 余国。《佛国记》记载葱岭："自葱岭已前，草木果实皆异，唯竹及安石榴、甘蔗三物与汉地同耳。""葱岭冬夏有雪，又有毒龙，若失其意，则吐毒风、雨雪、飞沙、砾石。遇此难者万无一全。彼土人即名为雪山人也。"

北魏东魏人杨衒之《洛阳伽蓝记》记录北魏洛阳城寺院，同时也记录了洛阳城的城市规划以及人文、建筑、园林景观。杨衒之还收录《宋云家纪》，保留了北魏晚期宋云等人西行的事迹。

北魏贾思勰《齐民要术》作为一部综合性的农学著作，其中含有丰富的生产、生活场景和景观。《齐民要术》卷四《园篱》："数年成长，共相蹙迫，交柯错叶，特似房笼。既图龙蛇之形，复写鸟兽之状，缘势嵚崎，其貌非一。若值巧人，随便采用，则无事不成，尤宜作机。其盘纡茀郁，奇文互起，萦布锦绣，万变不穷。"

5.1.5.3 隋唐

隋唐时期国家开始有组织地大规模修志，各郡县修图经以备中央修全国性地理志之需。李吉甫著《元和郡县志》是现存最早也是最完善的一部全国性地理总志，被认为"地理鼻祖"。《元和郡县志》详叙行政地理沿革，在每一县下都简叙沿革及县治迁徙、著名古迹、附近山脉的走向、水道的经流、湖泊的分布等。不仅记载大川大泽，也记载了一些小的河流和陂泽。如高密市（今山东高密）的夷安泽，"周回四十里，多麋鹿蒲苇"。《元和郡县图志》首创"贡赋"一项，在府、州之后记录当地土特产，如著名手工业产品及矿产、药材，绵、绢等。

玄奘《大唐西域记》，弟子慧立、彦悰据玄奘事迹所撰《大慈恩寺三藏法师传》。这两部书从不同角度记述玄奘西行印度途中的所见所闻。包括玄奘亲历的一百一十国以及传闻的二十八国的详细情况。《大唐西域记》记载了沿途地理环境、山川走向、气候物产、城市关防、交通道路、种族人口、风土民情，宗教信仰、衣食住行、政治文化，等等。关于千泉："素叶城西行四百余里，至千泉。千泉者，地方二百余里，南面雪山，三陲平陆。水土沃润，林树扶疏，暮春之月，杂花若绮，泉池千所，故以名焉"。关于唐安西四镇之一的碎叶城，以及唐军与大食军队曾在此激战的怛罗斯，记载道："清池（咸海）西北行五百里，至素叶水城（碎叶城）。城周六七里，诸国商胡杂居也。土宜糜、麦、蒲桃"。"千泉西行百四五十里至喝呾逻私城（怛罗斯），城周八九里，诸国商胡杂居也。土宜气序，大同素叶。"

樊绰《蛮书》（也称《云南志》《云南史记》），唐人记述南诏的著作较多，其中只有《蛮

书》尚传于世。此书十篇，记述当时云南地区山川地理、六诏历史及各族风俗制度，有很高的史料价值，被视为现存云南最古之方志。

5.1.5.4 宋

《太平寰宇记》体例因袭《元和郡县志》，以当时所分十三道为纲，下分州县，分别记载沿革、户口、山川、城邑、关寨等内容外，又增设风俗、姓氏、艺文、人物、土产、四夷等，着重经济文化方面。《太平寰宇记》多有地名解释，对唐都长安所在地京兆府及其下辖23县，以及开封府境内地名渊源的解释，都胜于《元和郡县志》。《元和郡县志》卷一蓝田县“白鹿原”下，只有“在县西六里”几个字，再无解释。《太平寰宇记》卷二六蓝田县“白鹿原”下记：“在县西北六里，按《三秦记》云周平王东迁之后，有白鹿游此原，以是得名。”

《元丰九域志》共十卷，以宋熙宁、元丰间四京、二十三路为标准，分路记载府、州、军、监、县的户口、乡镇、山泽、道里等，尤详四至八到、道里远近之数。

南宋地理总志《方舆胜览》，七十卷，以临安府为首，记载南渡后十七路所属府、县事，包括郡名、风俗、形胜、土产、山川、学馆、堂院、亭台、楼阁、轩榭、馆驿、桥梁、寺观、祠墓、古迹、名宦、人物、名贤、题咏等。此书详于名胜古迹、建置沿革、疆域道里、田赋户口以及关塞险要。

南宋王象之撰《舆地纪胜》，二百卷。设立《景物》门是该书的一大创新，将一般地志中的山水、井泉、亭堂、楼阁、佛寺、道观等内容悉数收入《景物》门中。《景物》门中的地名渊源解释占量最大，比以往地理著作中的同类内容丰富，甚至对许多小地名都有解释。如卷一一《庆元府·景物》：“梨洲，在奉化县西，周回八百里，二百八十峰。《十道四蕃志》云：即刘纲上升处。峰峰相次。晋孙兴公与兄承公游此，获仙梨，食而上升，因号为梨洲。”

孟元老《东京梦华录》和周密《武林旧事》分别记载了北宋都城开封、南宋都城临安的城市风貌和风俗人情。《东京梦华录》卷一：（开封）“大内正门宣德楼列五门，门皆金钉朱漆，壁皆砖石间甃，镌镂龙凤、飞云之状，莫非雕甍画栋，峻桷层榱，覆以琉璃瓦……”

王祯《农书》在整体性和系统性方面比《齐民要术》完备，第一次兼论南北方农业，深入比较了南北方农业技术以及农具的异同和功能。

5.1.5.5 元

《大元大一统志》。该志以元代的中书省及十一行省为纲，下为宣慰司辖路，路辖府州县，包括建置沿革、坊郭乡镇、里至、名山大川、风俗形胜、古迹、寺观、祠庙、宦迹、人物等，综合了《元和郡县图志》《太平寰宇记》《元丰九域志》《舆地纪胜》等书，大量引用宋、金、元初的地志图经。各行省也撰送图志以备采用。元一统志的纂修，不仅使中国方志定型和规范，也为明清两代纂修一统志提供了蓝本。

《大元大一统志》中有一些不见于其他记载的珍贵资料，“石尖峰”：“在（阳曲）县西北界。《隋图经》云：立谷口有石孤立，在汾水侧，高十余丈，因名。”这条资料所引的《隋图经》早已亡佚，而且《元和郡县志》《太平寰宇记》等书也没有相关解释，又古铜州城：“《九域志》云唐置铜州，以州西带铜山，故以名。”今本《元丰九域志》《新定九域志》都无如此解释。

汪大渊著《岛夷志略》。汪大渊被西方学者称为“东方的马可波罗”，他早年游历海上

丝绸之路的重镇泉州，这座当时中国第一大商港充满着各种肤色和操各种语言的人们，琳琅满目的中西商品，来自世界各地的大小船只，充满着异域风情及其传说，这些都激起了他对外边世界的好奇心，促成了他两度远洋航行的壮举。《岛夷志略》所记为耳闻目睹，故《四库全书总目》高度评价："诸史（指二十四史）外国列传秉笔之人，皆未尝身历其地，即赵汝适《诸蕃志》之类，亦多得于市舶之口传。大渊此书，则皆亲历而手记之，究非空谈无征者比。"

5.1.5.6 明清

王士性《广志绎》。作者曾在许多地方做官，平生好游，足迹几乎遍及全国。《广志绎》一书为笔记体裁，记载明代山川名胜，关塞险要，山川形胜、险要缓急以及燕地军事形势，也记载南北各地尚武风气异同并探讨其原因。

跟随郑和下西洋的使者马欢著《瀛涯胜览》、费信著《星槎胜览》、巩珍著《西洋番国志》，记载所经历各国概况，如生活习惯、风俗礼仪等。

明代开始以省为单位编纂方志，清代继承这一传统，入关后首先编纂了《河南通志》《陕西通志》，之后各省仿照河南、陕西通志的体例编纂各省方志。

《寰宇通志》与《大明一统志》是明代影响较大的两部官修总志，《大明一统志》主要在《寰宇通志》的基础上增补、删订而成。《大明一统志》记述简要，在元、明、清三代一统志中篇幅最少，但仍保存了不少有价值的史事，为其他史志不可替代。

《大清一统志》是在各地方通志成书之后广采博辑而成的，内容丰富精确，是中国迄今为止内容最丰富、体例最严密、考证最精详的一部全国性地理总志，也是历代官修《一统志》中质量最高的一部。《大清一统志》从康熙二十五年（1686 年），至道光二十二年（1842 年）进行了三次修订，道光年间重修所收资料，以嘉庆二十五年（1820 年）为断，故书名《嘉庆重修一统志》。《嘉庆重修一统志》以二十二个统部为纲，以府、直隶厅或直隶州分卷，分疆域、分野、建置沿革等二十五个门类记述了全国每个府、厅、州、县的详细内容，是了解古代历史地理的重要著作。卷 182 记延安万花山野生群牡丹："牡丹山，在肤施县南四十里，其地多产牡丹。"

5.2 旅游思想观念及其演变

5.2.1 先秦时期自然之美的发现

认识到并自主地欣赏大自然的美丽，是人类文明史上值得纪念的事情。先秦文献已经表现出古人的自然美意识。《诗经》"桃之夭夭，灼灼其华"；"瞻彼淇奥，绿竹猗猗"；"绿竹青青"；"昔我往矣，杨柳依依，今我来思，雨雪霏霏"；"风雨凄凄，鸡鸣喈喈"，"风雨潇潇，鸡鸣胶胶"；"河水清且涟漪"，都是写自然景物的佳句。从儒、道两家著作里，可以看出古人已开始欣赏自然之美。《论语》"智者乐山，仁者乐水"，表露了孔子对自然之美的深切感受。《论语·先进》记曾点的人生理想："暮春者，春服既成，冠者五六人，童子六七人，浴乎沂，风乎舞雩，咏而归。"《庄子·知北游》："山林与！皋壤与！使我欣欣然而乐焉！"《秋水》："秋水时至，百川灌河，泾流之大，两涘渚崖之间，不辨牛马"，反映了道家对大自然的深切感受。

5.2.2 比德与向善

天人合一是中国古代思想的重要内容,以自然物象作为人道德品格的象征,激发人的情志,称之为比德。孔子"仁者乐山,智者乐水",表达的就是这样一种观念。孔子认为水有十一种品德,故君子见水必观。《荀子》:"孔子观于东流之水,子贡问曰:'君子见大水必观焉,何也?'孔子曰:'夫水遍于诸生而无为也,似德。其流也卑下裾拘,必循其理,似义。其洸洸乎不淈尽,似道。若有决行之,其应佚若声响,其赴百仞之谷不惧,似勇。主量必平,似法。盈不求概,似正。淖约微达,似察。以出以入以就鲜洁,似善化,其万折必也东流,似志。是故见大水必观焉。'"孔子认为山也是有德的,刘向《说苑·杂言》:(子贡问曰:)"夫仁者何以乐山也?"(孔子曰:)"夫山……草木生焉,众物立焉,飞禽萃焉,走兽休焉,宝藏殖焉,奇夫息焉,育群物而不倦焉,四方并取而不限焉,出云风通气于天地之间,国家以成,则仁者所以乐山也。"中国古代崇尚玉,君子必佩玉,是因为玉石有美德。《诗经》"言念君子,温其如玉"。孔子归纳出玉有十一种美德,《礼记·聘义》:"夫昔者,君子比德于玉焉。温润而泽,仁也;缜密以栗,知也。廉而不刿,义也;垂之如坠,礼也;叩之其声,清越以长,其终诎然,乐也。瑕不掩瑜,瑜不掩瑕,忠也;孚尹旁达,信也;气如白虹,天也;精神见于山川,地也;圭璋特达,德也;天下莫不贵者,道也。"

比德向善是儒家旅游观念的核心,在中国古代思想史上具有深远影响。经过了几千年的文化积淀,许多自然物象成为品格美的象征,梅兰竹菊被称为"花中四君子"或"岁寒四友",或称松竹梅为"岁寒三友",又如荷之出淤泥而不染;蜂之劬劳,蝉之高洁,栖高枝而饮清露,龟之长寿,鸳鸯之雌雄相守;山之仁静,石之坚固,泉之清廉,等等。

5.2.3 孔子的旅游观念及其影响

孔子所处的时代,商贸之旅、外交聘旅、游说之旅、政治婚旅、游学、游猎等旅游活动异常活跃,孔子本人一生多游历,尤其在他 55 ~ 68 岁的 14 年间周游于列国,堪称大旅行家。动荡而丰富的春秋时代加上本人阅历,形成了孔子丰富而深邃的旅游思想,孔子的旅游观念是中古古代旅游观念的源头所在。

除了比德向善的观念,孔子的旅游观念还有以下内容:旅游求知,或称游学。孔子曾至成周问礼于老子,为老子深奥渊博的学识所震撼,称赞老子为"犹龙";问乐于东周著名学者和政治家苌弘,苌弘为孔子讲解天文、音乐;到齐国欣赏韶乐,深深陶醉以致"三月不知肉味"。

孔子之后,荀子阐发了游学的意义,《荀子·劝学篇》"不登高山,不知天之高也;不临深溪,不知地之厚也。""读万卷书,行万里路",成为古代士人的座右铭。在著述尚不发达的古代,旅游是求知的一个极其重要的途径。张骞出使西域,初步了解到西域的历史地理,故史称张骞西行为"凿空"。司马迁为作《史记》博览群书,也游历考察各地收集资料,郦道元著《水经注》的知识来自于书籍和旅行考察,此类例子不胜枚举。

元人吴澄认为士人必须通过旅行积累知识,用孔子周游列国的经历为例证,他在《送何太虚北游序》中阐述了自己的游学观念:"上智(指孔子)且然,而况其下者乎? 士何可

以不游也!”“若夫山川风土、民情世故、名物度数、前言往行,非博其闻见于外,虽上智亦何能悉知也。故寡闻寡见,不免孤陋之讥。取友者,一乡未足,而之一国;一国未足,而之天下;犹以天下为未足,而尚友古之人焉。陶渊明所以欲寻圣贤遗迹于中都也。然则士何可以不游也?”吴澄认为孔子那样的“上智”都要靠游学增加知识,一般人更应如此;而各地山川风土民情等,就是上智也不能全部知晓,所以要周游四方才能够了解。

古代山水画家认为旅游与读书对于绘画都是重要的。古人讲究“画家六法”,第一为气韵生动,宋代郭若虚《图画见闻志》认为要达到“气韵生动”的境界,只有天才能够做到,但是明代董其昌认为可以通过读书旅游修炼到这种才能。董其昌《画禅室随笔》:“画家六法,一曰气韵生动。气韵不可学,此生而知之,自然天授。然亦有学得处。读万卷书,行万里路,胸中脱去尘浊,自然丘壑内营,成立鄞鄂,随手写出,皆为山水传神。”

古人甚至认为只读书而不行万里路者不能识字,明代杨慎《丹铅续录》:“汉中有牂柯郡,一作戕,又作同戈,其字从弋。弋,杙也。系船木也。《说文》与《汉书》旧解如此。牂柯郡今贵州地也,其江水迅疾,难于济渡,立两杙于两岸,中以绳絚之,舟人循绳而渡。予过其地,见盘江与同安江皆然,因悟古人制字之义。郭忠恕《佩觿》云:‘戕从弋谬之甚矣。’然则读万卷书而不行万里路者,亦不能识字也,信矣。”郭忠恕为宋朝人,《佩觿》是文字学著作,因为没有实践经验,对“戕”字武断地认为是错的,所以杨慎相信不行万里路,也不能正确认识字。

孔子的社会旅游观念。《论语》《学而》“有朋自远方来,不亦说乎”,反映了孔子的社会旅游观。为了求知和实现政治抱负,孔子热衷旅游,作为知名教育家,孔子是当时旅游者的一个归宿中心。他认识到旅游具有求知、交流等社会意义,并热情欢迎远方的客人,这对当时和以后的旅游起到了良性的导向作用。

蕴含孝道的旅游观。《论语》:“子曰,父母在,不远游,游必有方。”为了不让父母担忧,不应远游,须遵守原来的旅游计划,不得随意更改。

5.2.4 道家的旅游观

道家同样崇尚天人合一,但是与儒家将自然人化相反,道家主张人应该物化,即,忘掉人性,完全融入大自然,达到“神与物游”的境界。道家认为自然本身便是完美的,《庄子·知北游》:“天地有大美而不言,四时有明法而不议,万物有成理而不说。”所以人与自然融为一体才能体会到自然与人生之乐趣。物我不分的著名故事,如庄子梦蝶;又如《庄子·秋水》:“庄子与惠子游于濠梁之上。庄子曰:‘鲦鱼出游从容,是鱼之乐也。’惠子曰:‘子非鱼,安知鱼之乐?’庄子曰:‘子非我,安知我不知鱼之乐?’”

道家旅游观的特征是逍遥。《庄子》多处出现“逍遥”,指无所依赖地自由遨游,与天地精神相往来,以四海为家,随遇而安,自在逍遥,不留痕迹。逍遥游是中国古代山水旅游的最重要形式。从思想史的角度看,这可以理解为道家思想的影响,但是,我们必须承认在人的本性中,其实存在着亲近自然的强烈愿望,毕竟自然是人类社会之外的唯一社会,是人类的亲密伙伴,大自然的周期变化不仅产生人类所需生存资料,也产生不尽的美丽风景,而人类正是能够欣赏自然美景的高级动物。道家无疑强调了自然的魅力和人类欣赏自然的方式,这是人类所公认的和人的天性所乐意的,所以逍遥游不独在一度以自然为最高理想的魏晋时期盛行，在之后的隋唐明清时期，无数人士遨游祖国山川，在大自然中流连忘返。总之，纯粹欣赏自然之美，没有任何功利色彩的道家旅游观念，在中国旅游史上具有重要的乃至主导性的地位。

5.2.5 魏晋以后日渐浓厚的畅神之游

以自然界为审美对象，从中感受到愉悦，这种追求“畅神”的审美活动，是中国传统旅游的人文精神之一。先秦时期人们发现了自然之美，并学会向自然寻求愉快的情感体验，或者让美丽的自然来慰藉内心的忧愁。孔子曾向往郊游之乐，庄子也从山林大地得到无限愉悦。又如《诗经·卫风·竹竿》：“驾言出游，以写我忧。”《楚辞·九歌·河伯》：“登昆仑兮四望，心飞扬兮浩荡。”《九章·思美人》：“吾将荡志而愉乐兮，遵江夏以娱忧。”

秦汉时期，人们认识到旅游有益身心健康，枚乘《七发》以吴客之口，向楚太子推荐七种强身养性的秘方，其中第四种为登高览胜，第五种为驰骋游猎，第六种为曲江观涛。时至魏晋，人们的自然观念发生很大变化。与儒家的比德观念相反，不再将自然当作观其德而修炼自我的拟人化的对象，而是将自然还原为本来的面目，还原为独立于人类社会的客观存在。人们热衷于回归自然，彻底融化于大自然之中，单纯地享受大自然本有的美丽，寻求体味人生自然的愉悦。

在前面介绍园林和山水文学时，我们谈到魏晋南北朝时期有一个转折，这一时期造园开始追求效法自然，在人工园林中营造出自然的氛围和神韵。山水文学也开始将自然视为独立的存在去描写，用质朴的心态观察、欣赏自然之美，正如谢灵运所言“情用赏为美”。可以说所有转变都与当时社会思潮息息相关。

从东汉末年到魏晋之际，文人开始重新关注儒学以外的诸子学说，并以与儒学传统不同的视角重新审视儒家经典，其中以《周易》《老子》《庄子》为主体形成了玄学，三部经典被称为“三玄”。玄学不仅是学术，在最初其主旨其实仍然是为政治服务的，所以当时许多玄学命题都是围绕如何实施政治而展开的。

玄学在魏齐王曹芳正始年间(240—249 年)最盛，在京城洛阳和地方上形成了玄学团体，京城玄学家如何晏、夏侯玄、钟会、王弼等，在地方上如著名的竹林七贤。他们就一些命题展开了激烈争论，如自然与名教的关系，无为与有为的关系以及音乐、养生方面的论题，这被后世称为“正始之音”。正始之后玄学家受到司马氏势力的打击分化，玄学原来浓厚的政治意味淡薄，而成为单纯的学术，成了学识素养表现的一种形式延续至南朝。

玄学流行使老子、庄子的人生态度与自然观深刻影响了世人心灵。就自然观而言，玄学冲击了儒家比德的自然观，将自然还原为本来的面目。玄学家追求老子庄子那样玄远而高尚的人生理想，实现这一理想的一个重要途径是融入自然，观赏体会自然界本身的美丽。

从文献资料来看，魏晋南朝人热爱自然的纯洁情感是非常醒目的。这表现在朝野人士所热衷的山水游。早在正始年间，嵇康、阮籍、向秀、吕安等“竹林人士”就经常徜徉在河内山阳县的优美山水间；西晋时诸名士常优游洛水边；东晋政治中心转移至江南，亡国之痛并没有断绝出游兴致，江南如画风景更激发了游览的兴趣，《世说新语》：“过江诸人，每至美日，辄相邀新亭，籍卉饮宴，周侯中坐而叹曰：‘风景不殊，正自有山河之异。’皆相

视流泪。唯王丞相愀然变色曰:‘当共戮力王室,克复神州,何至作楚囚相对。”陶渊明之去官归乡,谢灵运之豪游,都是众所周知的。

欣赏自然本身的美,让自然净化心灵,从自然中发现回归人类的本性,是魏晋南北朝时期自然审美的特色。成穷在《自然审美、艺术制作与环境保护》一文中,对于陶渊明诗“采菊东篱下,悠然见南山”有很好的阐述,文中写道:此时的“南山”既不是作为认知对象(地理学、地质学中的“什么”)的南山,也不是作为资源开发对象(林矿资源、旅游资源)的南山,而是作为物本身的南山。美的辉光不是从人的情感涂抹中、性格比附中,而是从物的守身自持中绽放出来的。我们可以想象,诗人专注于采菊,只是不经意地掉头向南,“南山”的美就猝然出现了,根本来不及想到要移什么“情”,要比什么“德”。①

自然界的种种形态、声音、物产,都能提供给一个简朴安静的生存场所,这是魏晋人的自然观,尤其具有隐士素质的人对这一点感触更深,左太冲《招隐诗》:“杖策招隐士,荒途横古今。岩穴无结构,丘中有鸣琴。白云停阴岗,丹葩曜阳林。石泉漱琼瑶,纤鳞或浮沉。非必丝与竹,山水有清音。何事待啸歌,灌木自悲吟。秋菊兼糇粮,幽兰间重襟。踌躇足力烦,聊欲投吾簪。”大自然提供了住处、粮食、美景、音乐、佩饰,不再需要人为地营造。

园林也成为人们体味自然的场所。《世说新语》记简文帝游华林园,谓左右曰:“会心处不必在远,翳然林水,便有濠濮间想也,觉鸟、兽、禽、鱼,自来亲人。”魏晋南北朝时期洛阳与建康城都有华林园为御苑,御苑为城市园林的一个类型,简文帝从人工园林里的翳然林水感受到了大自然的情趣,这种对自然的敏感可谓时代精神。

这一时期的山水旅游,具有明显的“逍遥游”的特点。漫游在山水间,随意而行,适宜而止。“竹林七贤”中,刘伶的人生态度最潇洒自然,《晋书》:“常乘鹿车,携一壶酒,使人荷锸而随之,谓曰,‘死便埋我。’”阮籍“或登临山水,经日忘归。”《嵇中散集》收录嵇康写给其嵇喜的19首诗,从中见到其与自然为伴的人生态度:“息徒兰圃,秣马华山。流磻平皋,垂纶长川。目送归鸿,手挥五弦。俯仰自得,游心太玄。嘉彼钓叟,得鱼忘筌。郢人逝矣,谁可尽言?”徜徉于天地之间,“目送归鸿,手挥五弦”这样洒脱的自然人生态度使后人羡慕不已。

因为对自然有如此亲切而敏锐的情感,魏晋南朝人喜欢简洁而生动传神地表述自然,《世说新语》多有记载,如画家顾恺之游会稽归来,人问山水之美,顾云:“千岩竞秀,万壑争流,草木蒙笼其上,若云兴霞蔚。”王子敬从山阴道上经过,看到沿途景色云:“山川自相映发,使人应接不暇,若秋冬季节,尤难为怀。”道壹道人从建康城还东山,经过吴中时下雪,他这样形容雪景:“风霜固所不论,乃先集其惨澹。郊邑正自飘瞥,林岫便已皓然。”谢安曾在寒雪日与儿女讲论文义:“俄而雪骤,公欣然曰,‘白雪纷纷何所似?’兄子胡儿曰‘撒盐空中差可拟。’兄女道韫曰‘未若柳絮因风起。’公大笑乐。”这些故事都反映了当时人们对自然的亲切感受。

总之,魏晋南朝人对自然美的体验感悟达到了前所未有的深度,使中国审美文化进入一个崭新的天地,对后世产生了巨大影响。我们可以徐霞客的旅游感受进行说明,《徐霞

---

① 成穷:《自然审美、艺术制作与环境保护》,《四川大学学报》2000年第6期。

客游记·浙游日记》记载舟泊杨村时他的感受:“江清月皎,水天一空,觉此时万虑俱净,一身与村树人烟俱熔,彻成水晶一块,直是肤里无间,渣滓不留,满前皆飞跃也。”这种人与自然交融心旷神怡的感受,是古人所热爱的,也是现代旅游业的终极目的。

5.2.6 儒道释融合与逆境中的山水体验

先秦之后儒道学说构成为中国人思想的营养要素,儒家主张入世,建功立业。道家主张出世,远离政治名利,与自然为伴。两汉时期由于政治上儒学独尊的地位,儒学长期主导人们的思想行为。魏晋之际玄学改变了思想界这种一枝独秀的局面,表现在两个方面,一是以嵇康阮籍等人为代表,提出“越名教而任自然”的观念,信奉自然法则甚于儒学名教。在这一观念影响下,在魏晋之际形成了所谓礼法人士与自然人士的对立,阮籍的著名故事是会青白眼,遇到信奉礼法之人则以白眼对之,因此受到礼法之士的仇视。西晋人仍有以自然为旗帜而放浪形骸至于裸体者如王澄、胡毋辅之者。二是将名教与自然巧妙融合,在名教之内同样找到了人生的乐地,所谓“名教内自有乐地”,乐广认为王澄等人的自然生活状态极为不雅,认为“名教内自有乐地,何必乃尔?”名教中并不缺乏自然的乃至人生的乐趣,不必赤身裸体才能感觉到自然与快乐。

魏晋之际人们思想中自然与名教的两种关系,其实都意味着儒道的融合,乐广所言已经清楚反映了儒道的和谐统一而非对立,即使是自然人士,无论他们的行为多么违背礼法,在其内心深处,儒学思想的影响仍然根深蒂固,最典型者为嵇康。嵇康为了帮助朋友吕安洗脱罪名而自投罗网,狱中所写的《诫子书》充满了中庸之道与信守礼法的谆谆教导。

魏晋之后中国思想界第一次遇到外来思想即佛教思想的加入,在包括人生归宿的各种人生问题上,佛教补充了儒道的缺漏,佛学深奥的佛理也促使中国本土哲学思想向精湛义理发展。南北朝之后,佛教与儒道一起承担了为中国人思想提供营养的任务。

中国知识分子是有政治抱负和人生理想的一个群体,并且能够将政治责任与适意的人生追求有机结合,所谓适意的人生,指追求人生之乐,旅游无疑是重要方式,所以,中国古代比较纯粹的以愉悦为目的的旅游者中,皇帝及各级官僚是最主要的主体。

但是古代专制政治之下,士人往往失意,或者因为被贬,或者难入仕途,这种时候,唯有自然是可亲近的。这时候个人意志和知识素养以及时代精神就清晰地表现出来了。即使李白那样豪气冲天的人,尽管饱览过大自然的壮观,仍不免惆怅,《宣城谢朓楼饯别校书叔云》就显示这种情绪:“弃我去者,昨日之日不可留;乱我心者,今日之日多烦忧。长风万里送秋雁,对此可以酣高楼。蓬莱文章建安骨,中间小谢又清发。俱怀逸兴壮思飞,欲上青天揽明月。抽刀断水水更流,举杯消愁愁更愁。人生在世不称意,明朝散发弄扁舟。”不称意则隐,但是带着深深的失落。

同样,柳宗元被贬永州,虽然将自己融入永州山水,从中得到安慰,但是他也将苦闷融入其中,即使后来升为柳州刺史,也不能摆脱“贬黜”的孤苦。《江雪》“千山鸟飞绝,万径人踪灭。孤舟蓑笠翁,独钓寒江雪”。这首诗很凄美,取其四个开头字正为“千万孤独”,有苦闷也有抗争。

相比之下,与柳宗元同时被贬的刘禹锡却潇洒得多。永贞革新失败后,21 岁便高中

进士的刘禹锡被贬为郎州司马。刘禹锡潇洒的政治与自然观在其《陋室铭》表现出来："山不在高，有仙则名；水不在深，有龙则灵。"在荒僻的流放地武陵，他陶醉在当地古朴的竹枝词里，创作出清新优雅的《竹枝词》十几篇，如"山桃红花满上头，蜀江春水拍山流。花红易衰似郎意，水流无限似侬愁"。"杨柳青青江水平，闻郎江上唱歌声。东边日出西边雨，道是无晴却有晴。"他创作的《竹枝词》为当地人广泛传唱，很快流传至长安。

刘禹锡的两度被贬一共23年，但是刚直洒脱的个性不变，在第一次被贬召回京城之后，值长安玄都观桃花盛开，达官贵人赏花为乐，写《元和十一年自郎州召至京戏赠看花诸君子》"紫陌红尘拂面来，无人不道看花回。玄都观里桃千树，尽是刘郎去后栽"。这首诗被当时人认为讽刺诗，因之再次离开长安。十四年后回到长安，重游玄都观，发现已经桃无一树，而菜花摇曳于春风，于是作《再游玄都观》："百亩庭中半是苔，桃花净尽菜花开。种桃道士归何处，前度刘郎今又来。"

达观的性情也不改，纵然有落寞，可是他坚持振作。《岁夜咏怀》："弥年不得意，新岁又如何。念昔同游者，而今有几多。以闲为自在，将寿补蹉跎。春色无情故，幽居亦见过。"虽然不得意，但他能做到以闲为自在；与已经故去的伙伴相比，觉得自己是有寿命的，愿以之弥补一生的蹉跎。又如《酬乐天扬州初逢席上见赠》："巴山楚水凄凉地，二十三年弃置身。怀旧空吟闻笛赋，到乡翻似烂柯人。沉舟侧畔千帆过，病树前头万木春。今日听君歌一曲，暂凭杯酒长精神。"《酬乐天咏老见示》的名句"莫道桑榆晚，为霞尚满天"都表现了他的豁达。

南北朝之后，儒道佛三家思想融合兼相为用。苏轼一生屡次被贬，始终没有放弃经世济民的精神。"静""达"的佛、老思想帮助他通达、坦然地面对。宋哲宗绍圣四年(1079年)他由惠州再贬儋州昌化，此地为黎人聚居区，《东坡全集》："食无肉，病无药，居无室，出无友，冬无炭，夏无寒泉，然亦未易悉数，大率皆无尔。惟有一幸，无甚瘴也。"在什么都没有的环境里，他居然发现一样好处，即没有太厉害的瘴气，并以此为幸。当地黎人景仰苏轼，在生活上给予他很多帮助。苏轼很快成了他们的好朋友，常常漫游在黎人中间。儋州期间他的一些诗作反映了他的田野兴致，如："野径行行遇小童，黎音笑语说坡翁。东坡策杖寻黎老，打狗惊鸡似病疯。"可以说，苏轼是儋州的文化拓荒者，他开展文化教育，使儋州开始出现了乡贡明经和文学的士子甚至进士。他还指导掘井，劝农，引进了优良的水稻品种和先进耕种技术，对于当地生活、生产水平的提高做出了巨大贡献。

两宋时期的内忧外患使士人充满发奋意识，正所谓"国难出忠臣"，旅游也打上时代精神的烙印。欧阳修为滁州太守期间，以简为治，使政通人和，他本人乐于当地简朴民风与自然美景，"日与滁人仰而望山，俯而听泉"，完全没有柳宗元的苦闷抑郁。而范仲淹反对沉湎于游乐，提倡带有政治理想，爱国为民的有为旅游，《岳阳楼记》"不以物喜，不以己悲"，"先天下之忧而忧，后天下之乐而乐"。

5.3 旅游礼俗

礼乐是中国古代文化的核心。国家礼制规定了自上而下的社会秩序，规定了每个层次的社会成员享有的社会权益与活动准则。如帝王巡狩有礼的规定，巡狩途中所有山川

神灵的祭祀也各有规格。军队出征也须遵守相应礼仪规定,等等。

重视礼俗的观念也深入一般社会生活。在社会上,迎来送往赋予平凡的日常生活以变化和新意,是社会生活中相当重要的内容,大众热衷于遵行那些迎送的礼俗。国家和社会的有关旅游礼俗,使中国古代旅游文化显得优雅而内涵。

5.3.1 国家祭祀典礼

5.3.1.1 “五岳四渎”等山川祭祀与泰山封禅

帝王之所以祭祀山川,因为山川养育了人类,对人有恩德,如《礼记·逸礼》解释四岳祭祀的原因道:“所以至四岳者,盛德之山,四方之中,能兴云致雨也。”

只有天子和诸侯才有资格祭祀名山大川。《论语》:“季氏旅于泰山,子谓冉有曰:‘女弗能救与?’对曰:‘不能。’子曰:‘呜呼!曾谓泰山不如林放乎?’”季孙氏是鲁国权臣,只是卿的身份,所以他去祭祀泰山在孔子看来是僭礼了。但是天子可以派遣大臣作为他的代表前往祭祀。

远古时期以巡狩的方式祭祀山川,故山川祭祀称为“旅”。最早的记载见于《虞书·舜典》:“肆类于上帝,禋于六宗,望于山川,遍于群神”,“岁二月,东巡狩,至于岱宗。柴,望秩于山川,肆觐东后”。虞夏时期五年一巡狩,到周时十二年一巡狩。巡狩时二月至东岳,五月至南岳,八月至西岳,十一月至北岳。

帝王山祭的形式,主要有“柴”和“望”两种。“柴”就是“燔柴以祀天”,即在山顶上举火祭天。“望”则不亲自到达,远望遥祭。

五岳四渎等山川的祭祀等级标准称为“秩”,《周礼》:“王制,天子祭天下名山大川,五岳视三公,四渎视诸侯,其余视伯子男者”,祭祀五岳、四渎和其他山川使用的祭祀用品和仪式分别同于对公、侯、伯、子、男的祭祀规格。

五岳中泰山享有独尊的地位,只有泰山是举行封禅大典的地方,泰山封禅是泰山历史文化的一大特色。泰山地区为远古文明发祥地之一,考古发现的大汶口文化和龙山文化遗址分布于泰山以南和以北。远古先民崇拜高山与天体,大汶口遗址出土有日火山形象。泰山又是黄河下游最高山,泰山之巅距离天最近,故先民认为泰山可通天。

古代帝王认为自己“受命于天”。天下太平,天降“祥瑞”以表彰,于是举行封禅大典回报上天。所谓封是指在泰山最高处用土筑圆坛祭天,禅是指在泰山前的小山上用土筑成方坛祭地。古代观念是天圆地方,泰山之巅筑圆坛是为增加山的高度以与天距离更近,也有解释为增加天之功德。小山筑方坛是为增加大地的厚度以报厚恩。

《史记》记载先秦封禅泰山有72次。文献记载首次封禅在秦始皇二十八年(前219年),最后封禅泰山的皇帝为宋真宗,之后至明清,帝王登泰山只举行祭祀之礼。

《史记》卷六记秦始皇东行,上邹峄山(今鲁西南邹城境内),立石于鲁,诸儒生建议刻石颂秦功德,并建议封禅泰山。“遂上泰山,立石封祠祀。”下山时遇到暴风雨,秦始皇休于树下,遂封树为五大夫,此即“五大夫松”的来历。下山后在梁父山举行了禅地的典礼。

汉武帝封禅泰山有重要的个人意愿,因为迷惑于方士们编造的黄帝封禅成仙的神话,汉武帝也希望借封禅成仙。故汉武帝一生八次至泰山封禅。据《史记》《通典》等书,元封元年(前110年)三月,汉武帝东巡至泰山,四月返回泰山,封禅礼仪为:至梁父山礼祠“地

主”神；其后举行封祀礼，在山下东方建封坛，高九尺，其下埋藏玉牒书；行封祀礼之后，武帝独与侍中奉车子侯登泰山，行登封礼；第二天自岱阴下，按照祭后土的礼仪，禅泰山东北麓的肃然山。

东汉光武帝建武三十二年(56 年)二月十二日，派驺骑 3 000 余人在登封台上垒方石。十五日开始斋戒，二十二日在泰山下东南方燔柴祭天。礼毕乘辇登山，至岱顶少憩后更衣行封礼。二十五日禅梁父山，改年号为建武中元。

唐高宗麟德二年(665 年)十月，高宗率文武百官、扈从仪仗，武后率内外命妇，封禅车乘连绵数百里，随行的还有突厥、于阗、波斯、天竺国、倭国、新罗、百济、高丽等国的使节和酋长。十二月云集泰山下，派人在山下南方四里处建圆丘状祀坛，上饰五色土，号“封祀坛”，在山顶筑坛，广五丈，高九尺，四面出陛，号“登封坛”，在社首山筑八角方坛，号“降禅坛”。次年二月高宗首先在山下“封祀坛”祀天；次日登岱顶，封玉策于“登封坛”，第三日到社首山“降禅坛”祭地神，高宗行初献礼毕，武后升坛亚献。封禅结束后在朝觐坛接受群臣朝贺，下诏立“登封”“降禅”“朝觐”三碑，称封祀坛为“舞鹤台”，登封坛为“万岁台”、降禅坛为“景云台”，改元乾封，改奉高县为乾封县。

唐玄宗于开元十三年(725 年)十月率百官、贵戚及外邦客使，东至泰山封禅。封禅礼沿袭乾封四制。封禅后，封泰山神为“天齐王”，礼秩加三公一等，玄宗亲自撰书《纪泰山铭》，勒于岱顶大观峰，并令中书令张说撰《封祀坛颂》，侍中源乾曜撰《社首坛颂》，礼部尚书苏颋撰《朝觐坛颂》，均勒石纪德。

宋真宗于大中祥符元年(1008 年)十月自汴京出发，千乘万骑，东封泰山。改乾封县为奉符县；封泰山神为“天齐仁圣帝”，封泰山女神为“天仙玉女碧霞元君”；在泰山顶唐摩崖东侧刻《谢天书述二圣功德铭》。诏王旦撰《封祀坛颂》，王钦若撰《社首坛颂》，陈尧叟撰《朝觐坛颂》，各立碑山下，王旦《封祀坛颂碑》尚存于岱庙院内。从宋真宗之后，就再无封禅，但金、元、明、清对泰山的祭祀仍在继续，只是原有的独尊地位降低了。

泰山神享有很高地位。古代帝王来泰山封禅，均先在岱庙礼拜泰山神。泰山封禅停止后，泰山神的地位却没有降低。清康熙帝、乾隆帝礼泰山神时，都是行三献典礼。三献礼为民祭最高礼，要进行三次呈献礼品，包括首献、亚献、终献，通常地位最高的人进行首献。

5.3.1.2 孔庙祭祀之礼

古代将祭祀孔子的典礼称为“释奠礼”。释、奠都有陈设、呈献的意思，在祭典中，陈设音乐、舞蹈，并且呈献牲、酒等祭品。孔子去世的次年(公元前 478 年)，鲁国人于其旧宅建庙以示纪念，从此对孔子的纪念活动不绝于世。《史记・孔子世家》记载：“(庙内)藏孔子衣、冠、琴、车、书，至于汉，二百余年不绝。”

高祖十二年(公元前 195 年)十一月，刘邦亲征淮南王英布。班师途中经过鲁地，备太牢祠孔子。汉元帝征召孔子第十三代孙孔霸为帝师，封阙内侯，号褒成君，赐食邑八百户，以税收四时祭祀孔子，这是封孔子子孙为侯以奉祀孔子的开始。汉光武帝建武五年(29 年)，派遣大司空宋宏到曲阜阙里祭祀孔子，这是帝王派遣特使祭孔的开始。在此以前，祭孔典礼都在曲阜孔庙举行，汉明帝永平二年(59 年)，开始于太学及郡县学祭祀周公、孔子。从此中央政府所在地及各地方政府也都在学校中祭孔，祭孔成为全国性的重要活动。

魏晋南北朝时期,孔庙是正统政权的标志之一,东晋南朝政治中心虽然离开了中原,但不肯放弃孔庙祭祀权。随着北魏国家力量增长,疆域扩大,孔庙所在地成为北朝领土,孔庙祭祀权最终转移到北朝。太武帝拓跋焘太平真君十一年即,宋文帝元嘉二十七年(450 年),北魏发动大规模的南伐,拓跋焘遣使者以太牢祀孔子。北魏显祖皇兴二年(468 年),“以青、徐既平,遣中书令兼太常奉玉币祀于东岳,以太牢祀孔子”。

北魏孝文帝延兴二年(472 年)诏书规定了孔庙的民间祭祀和国家祭祀的礼仪,《魏书·高祖纪上》:“有祭孔子庙,制用酒脯而已,不听妇女合杂,以祈非望之福。犯者以违制论。”这是对民间祭祀的规定;“其公家有事,自如常礼。牺牲粢盛,务尽丰洁。临事致敬,令肃如也。牧司之官,明纠不法,使禁令必行。”此为国家祭祀。规定民间祭祀只用酒与干肉,国家祭祀以太牢,并令地方官吏加强管理,保持肃敬。

至唐玄宗开元二十七年(739 年)孔子封号升为文宣王,令各州县建孔庙。除了曲阜孔庙,南京孔庙、北京孔庙、海南文昌孔庙、云南建水孔庙、吉林孔庙都很著名。

5.3.2 社会上的道别与接待礼俗

5.3.2.1 道别礼俗

“祖饯”。民间信仰中,路神喜欢旅游,熟悉水路旱路,所以要祭祀他祈求他保佑游人一路平安。亲朋好友或游人自己在郊外设亭帐,摆酒食,祭者行礼奉酒祷祝,然后洒酒于地,此即“祖祭”。“祖祭”逐渐演变为饯别宴,祭祀路神与宴别游人合一,称“祖饯”。《尚书·尧典》有“寅饯纳日,平秩西成”之语,可见饯行的历史非常悠久。各地都有固定的送别之地,汉唐长安城外霸桥常为送别之地,北魏洛阳东之七里桥、西之长分桥,分别为东西方向道别之地。《洛阳伽蓝记》“七里桥东一里,郭门开三道,时人号为三门,离别者多云相送三门外,京师士子送去迎归多在此处”。“朝士迎送多在此处(长分桥)。”因为送别地多为城外都亭,“亭”常出现在送别诗歌之中。如宣城(今安徽宣城)北有谢亭,为南朝齐诗人谢朓任宣城太守时所建,他曾在这里送别朋友范云,因此谢亭就成了宣城著名的送别之地。李白《谢公亭》:“谢亭离别处,风景每生愁。客散青天月,山空碧水流。”

赠物。赠物以助旅途,称“下程”。《金瓶梅》第五十五章《西门庆两番庆寿旦,苗员外一诺送歌童》写道:“月娘一面收好行李及蔡太师送的下程,一面做饭与西门庆吃”。清人汪士祯《池北偶谈》“葛端肃公家训”有“每公出,必自赍盘费,县驿私馈下程,俱不敢受”之语。

赠言。给游人以祝福或忠告。《孔子家语》:“子路将行,辞于孔子。曰‘赠汝以帛乎?赠汝以言乎?’对曰‘请以言。’孔子曰‘不强不达,不劳无功,不忠无亲,不信无复,不恭无礼。慎此五者。’子路曰‘由愿终身奉之。’”

赠信物以存相思。“灞桥折柳”之俗由此而来。此俗起源于汉代,《三辅黄图》“桥”下:“灞桥,在长安东,跨水作桥。汉人送客至此桥,折柳赠别”。灞河横贯西安东部,向北注入渭河,秦汉时灞河两岸筑堤植柳,阳春时节,柳絮纷飞,好像冬日雪花,“灞桥风雪”为“关中八景”之一。唐代在桥上设驿站,凡送别游人东去,多在此分手,“都人送客到此,折柳赠别因此”,久之“灞桥折柳”成了别离的代称。又因别离多伤感,唐人又称灞桥为“销

魂桥”。唐代戴叔伦《赋得长亭柳》“濯濯长亭柳,阴连灞水流。雨搓金缕细,烟裹翠丝柔。送客添新恨,听莺忆旧游。赠行多折取,那得到深秋?”古人赠柳寓意有二:一是柳树易生速长,意味着无论漂泊何方都能枝繁叶茂,而纤柔细软的柳丝则象征着情意绵绵;二是柳与“留”谐音,折柳相赠有“挽留”之意。

别离之际的情感表达。《颜氏家训》中,颜之推谈到别离之际人们的感情表达形式在南北两地有所不同,“别易会难,古人所重。江南饯送,下泣言离。”离别之际若不能流泪会被责怪,颜之推接下来讲了梁武帝与其弟相别的故事:“有王子侯,梁武帝弟,出为东郡,与武帝别,帝曰:‘我已年老,与汝分张,甚以恻怆。’数行泪下。侯遂密云,赧然而出。坐此被责,飘摇舟渚,一百许日,卒不得去。”“密云”指欲泣而终无泪。可见江南送别之俗讲究流泪,北方人则相反:“北间风俗,不屑此事,歧路言离,欢笑分首。”

骊歌与离别诗词。古人往往在离别之际以歌舞诗词表达情感。《史记》:“皆白衣冠送之。至易水之上,既祖,取道,高渐离击筑,荆轲和而歌,为变徵之声,士皆垂泪涕泣。又前而歌曰:‘风萧萧兮易水寒,壮士一去兮不复还。’复为羽声慷慨,士皆瞋目,发尽上指冠。于是荆轲就车而去,终已不顾。”

送别时唱的歌称为骊歌。据《汉书·儒林传》,王式为昌邑王的老师,教授《诗经》,汉昭帝崩,昌邑王即位,因罪被废,昌邑王的群臣受连累下狱死,只有中尉王吉、郎中令龚遂与王式以有劝谏免死。后来王式被征为博士,至京城受到诸大夫博士的敬仰。博士江公素为鲁诗的宗师,妒忌王式的名望,令诸生唱《骊驹》。服虔注曰:“(骊驹)逸诗篇名也,见《大戴礼》,客欲去歌之。”《骊驹》歌词为:“骊驹在门,仆夫具存。骊驹在路,仆夫整驾。”王式明白江公的意思,于是不应皇帝之征,谢病归家。

“骊歌”二字在写离别的文学作品中出现频率非常高。明代人汤珍《送苏子升往万州》:“荆门西去接夔门,三峡波涛不可论。一曲骊歌临别酒,楚云巴树总销魂。”清代人张名由《送嘉定杨主簿升广西府经历》:“祖帐骊歌花满城,倏然书剑去舟轻。三湘烟水千岩雨,五管云山万里程。最喜啼莺榕树古,还怜栖凤枳枝清。此中隐民难能悉,借寇无由泪暗倾。”张以恒《送客还金陵》:“一听骊歌倍黯然,临歧无物赠君还。饱餐十九峰头雪,好过江南六月天。”

骊歌特指《大戴礼记》中的那首,也泛指送别诗词。明代邹元标《送龙紫海侍御之秦》:“三月莺花江上行,大宛万马自逢迎。骊歌不唱阳关曲,鹭水悠悠万里情。”这里的骊歌指的是王维的《送元二使安西》,也称《阳关曲》。李白游泾县,桃花潭村人王伦常以美酒招待,离开时王伦赶来相送,李白听到的“踏歌声”应该就是汪伦唱的骊歌。

不过以“骊歌”为题的歌并不多,著名者应该是近代人李书同的那首《骊歌》:“长亭外,古道边,芳草碧连天,晚风拂柳笛声残,夕阳山外山。天之涯,地之角,知交半零落。人生难得是欢聚,唯有别离多。长亭外,古道边,芳草碧连天,问君此去几时还,来时莫徘徊。天之涯,地之角,知交半零落。一壶浊酒尽余欢,今朝别梦寒。”

在文学作品中,写离别的占很大比例。有的豪情大度,有的凄恻缠绵,有的表达关切祝福。李白的道别诗豁达大度,豪气冲天,一如其人,《黄鹤楼送孟浩然之广陵》:“故人西辞黄鹤楼,烟花三月下扬州。孤帆远影碧空尽,唯见长江天际流。”《赠汪伦》:“李白乘舟将欲行,忽闻岸上踏歌声。桃花潭水深千尺,不及汪伦送我情。”《送友人》:“青山横北郭,白水绕东城。此地一为别，孤蓬万里征。浮云游子意，落日故人情。挥手自兹去，萧萧班马鸣。”写透了潇洒。

凄恻缠绵者，如唐人许浑《谢亭送别》：“劳歌一曲解行舟，红叶青山水急流。日暮酒醒人已远，满天风雨下西楼。”王缙《别辋川别业》：“山月仍晓在，林风凉不绝。殷勤如有情，惆怅令人别。”王昌龄有多首送别诗，其中有几首是送辛渐的，《芙蓉楼送辛渐》：“寒雨连江夜入吴，平明送客楚山孤。洛阳亲友如相问，一片冰心在玉壶”；又有《别辛渐》满含离别幽思：“别馆萧条风雨寒，扁舟月色渡江看。酒酣不识关西道，却望春江云尚残。”

与“挥手自兹别”形成对照的，是柳永的《雨铃霖》：“寒蝉凄切，对长亭晚，骤雨初歇。都门帐饮无绪，留恋处，兰舟催发。执手相看泪眼，竟无语凝噎。念去去，千里烟波，暮霭沉沉楚天阔。多情自古伤离别，更那堪冷落清秋节。今宵酒醒何处？杨柳岸，晓风残月。此去经年，应是良辰好景虚设。便纵有千种风情，更与何人说？”

表达殷切祝福的如王维《送元二使安西》：“渭城朝雨浥轻尘，客舍青青柳色新。劝君更尽一杯酒，西出阳关无故人。”高适《别董大》：“千里黄云白日曛，北风吹雁雪纷纷。莫愁前路无知己，天下谁人不识君。”杨巨源《和练秀才杨柳》：“水边杨柳曲尘丝，立马烦君折一枝。唯有春风最相惜，殷勤更向手中吹。”

5.3.2.2 接待客人的礼俗

一般说来，古代待客之礼俗有下列内容：

拂席，扫净坐席，古有“拂席相待”之语。唐王维以诗名盛于玄宗开元天宝年间，王氏兄弟宦游于长安、洛阳，所到之处，“诸王驸马豪右贵势之门无不拂席迎之”。

扫榻，扫净卧榻留客人住下。晋干宝《搜神记》记一千年狐狸拜见司空张华，风流才俊，张华“扫榻延留，留人防护”。宋代僧惠洪《冷斋夜话》记载范荛夫谪居永州期间的有趣事：“闭门，人稀识面。客苦欲见者，或出，则问寒暄而已。僮扫榻奠枕，于是揖客解带，对卧良久，鼻息如雷霆。客自度未可起，亦熟睡，睡觉常及暮而去。”这里扫榻不仅是礼节，也有实际功能，范荛夫的待客之道是扫榻睡觉，客人醒来即归，从中可见其实礼节是从实际功效中升华来的。

倒屣，古有“倒屣相迎”之说，意思是见客人的心情急切，来不及穿好鞋子。东汉末年的王粲，被刘勰称为“七子之冠冕”，年少负有才名，曾见蔡邕于长安，蔡邕倒屣相迎。陆游《寄题徐载叔东庄诗》有“南台中丞扫榻见，北门学士倒屣迎”的描写。

拥彗，亦称“拥帚”，扫地之意。《史记·孟轲列传》：“是以驺子重于齐……如燕，昭王拥彗先驱。”司马贞《索引》说：“彗，帚也，谓之为扫地，以衣袂拥帚西却行，恐尘埃之及长者，所以为敬也。”古代迎宾，先拥帚清道，以示敬意。在徐州青山泉白集的东汉石墓中有一迎宾图，图在墓的横梁刻石上，图左立亭长，躬身、胸前捧盾，腰间挂剑，做迎宾状；前二门卒各执长柄彗，右为八位宾客鱼贯而至，均双手拱于胸前，门卒执长柄彗正是拥彗礼的表现方式。[①] 宋代米芾有诗曰：“楼阁明丹垩，杉松振老髯，僧迎方拥帚，茶细旋探檐。”明代程登吉撰《幼学求源》，将“拥慧扫门，迎迓之敬”作为幼童学习的礼节。

① 南京博物院：《徐州青山泉白集东汉画像石墓》，《考古》1981 年第 2 期。

却行,侧行。却行指向后退着走,以免把后背朝向客人;侧行指侧着身子前行,也是表示恭敬。

应门,应门指大门,到大门口迎接客人。《史记》记载刘邦封其父为太上皇的原因,就是刘邦回家时其父行礼太重,"高祖朝太公,(太公)拥彗,应门,却行,高祖大惊,下扶太公。太公曰'帝人主也,奈何以我乱天下法。'于是高祖乃尊太公为太上皇。"太公身为父亲,为儿子行了应门、拥彗、却行一系列礼,让刘邦于心难安。唐韩愈有一首有趣的《剥啄行》诗,说韩愈不愿跟人讲话,客人来了故意不到门口迎接,使客人生气离开,以此断绝来客,"剥剥啄啄,有客至门,我不出应,客去而嗔。从者语我,子胡为然。我不厌客,困于语言。欲不出纳,以堙其源"。

虚左,古有"虚左以待""虚左待贤"之语。古代乘车,以左位为尊,空出车上左边的位子给客人。战国时期魏公子无忌(即信陵君)以贤而多客著称,谦而以礼待客,致有食客三千,邻国以此不敢加兵魏国。《史记》记载信陵君礼请一位看门人的故事:"魏有隐士曰侯瀛,年七十,家贫,为大梁夷门监者。公子闻之往请。""乃置酒大会宾客,坐定,公子从车骑,虚左,自迎夷门侯生。"就是这位侯生后来为信陵君出主意"窃符救赵",终成大业。

避席。起立离开座位,表示尊敬。在许多场合都要避席以示尊敬,如谈话时发言者往往避席,宴会时敬酒双方要避席,接待贵客时要避席。

拱手作揖与捧手。作揖与下跪、叩头统称"拜"。"长揖"是卑者见尊者之礼,即拱手高举,自上而下。《汉书·高帝纪》记载郦食其见刘邦,本应行跪拜之礼,但他却"长揖,不拜"。前引徐州青山泉白集东汉石墓横梁刻石的迎宾图,宾客均双手拱于胸前,即为作揖。

捧手之礼较作揖为简。《颜氏家训》:"南人宾至不迎,相见捧手而不揖,送客下席而已;北人迎送并至门,相见则揖,皆古之道也。吾善其迎揖。"可见南北朝时期南方待客之俗简于北方。至清代,南北皆流行捧手而不揖,只有送客一项,南北方仍有差异。

"接风""洗尘",指招待客人而摆酒宴。"接风""洗尘"作为招待客人的礼俗专用名称,是在宋代以后明朗起来的。《水浒传》宋江攻打祝家庄胜利归来,晁盖等擂鼓吹笛,"摆了接风酒"。当宋江来到青峰镇花荣驻地,花荣"请宋江更换衣裳鞋袜,香汤沐浴,在后堂安排筵席洗尘"。清代翟灏《通俗篇》解释"洗尘"为:"凡公私值远人初至,或设饮,或馈物,谓之洗尘。"此外还有洗泥、濯足、拂尘、掸尘、软脚等称呼。唐代已有"软脚"一词,指出行归来时的赠送。平定"安史之乱"的功臣郭子仪从同州返长安,唐代宗令朝中大臣至郭子仪宅设宴迎接,每人出钱三百钱,称此宴会为"软脚局"。

宴会上的礼节。首先是宴会的座次,主位、客位有严格区别。中国古代以东向或南向为尊,古人摆酒宴的地方为室或堂,清人凌廷堪《礼经释例》:"室中以东向为尊,堂上以南向为尊。"

肴馔摆放颇有规矩,如带骨肉要放在净肉左边,饭食放在用餐者左方,肉羹放在右方;脍炙等肉食放在稍外处,醯酱调味品则放在靠近面前的位置;酒浆也要放在近旁,葱末之类可放远一点;摆放酒壶酒樽,要将壶嘴面向贵客;上整尾鱼肴时,鱼尾朝着客人;上干鱼则将鱼头对向客人;冬天的鱼腹部肥美,摆放时鱼腹向右,便于取食;夏天则背鳍部较肥,所以将鱼背朝右。

仆从端菜的姿势也有讲究,不能面向客人和菜肴大口喘气,如果需要回答问话,须将脸侧向一边,避免呼气和唾沫溅到盘中或客人脸上。陪酒者也有规矩,酒席上主人布菜劝酒要有分寸,适应客人的食量和酒量。古代讲究酒过三巡,菜过五味。陪伴长者饮酒时须起立,离开座席面向长者拜而受之;若长者表示不必重礼,少者才返还入座而饮。如果长者举杯一饮未尽,少者不得先干。长者如有酒食赐予少者和僮仆等,他们不能辞谢拒绝,接受才是恭敬。

问讯故交也是见客之俗,王维《杂咏》:“君自故乡来,应知故乡事。来日绮窗前,寒梅著花未?”

5.3.3 民族地区的待客礼俗

尊上、敬老、好客、守信是中国各民族共有的优良品质,各民族待客礼俗在精神上有很强的共性,但因文化差异,具体仪式会有所不同。

5.3.3.1 北方少数民族礼俗

这里介绍满族、朝鲜族、赫哲族、鄂伦春族、蒙古族、回族、哈萨克族、维吾尔族的礼俗。

满族在日常社交中只称名,不称姓。待客时,全家人穿戴整齐,到门口迎接。客人由父兄接待,“酒要斟满,茶斟半碗”。若妇女敬酒,只要沾唇,客人需要饮尽。客人需留点酒量,俗称“福底”。喝酒没有碰杯、干杯的习俗。上菜以双为上礼,盛饭用小碗,只盛多半碗,旁边有人随时加饭。满族人以西为上,西墙上有神龛,周围需保持洁净。

朝鲜族对长辈用敬语,不能直呼其名。平辈间初见面也用敬语。初见客人时,若在屋内,要双膝跪席,双手摁地,稍俯上身,恭顺地通报姓名。

赫哲族的晚辈出门归来,要向长辈行跪拜礼,依次向父母、兄嫂问安,长辈吻晚辈额头以示爱意。客人来访,常以凉拌生鱼待客,先请客人吃一口鱼以示尊敬。对客人奉上鱼头,鱼头冲向客人,吃时用筷子点点鱼头,示意客人吃。

鄂伦春族遇到长者,不论认识与否都要行礼致敬,在任何场合都要长幼有序。不论本族人还是外族人,只要来到鄂伦春人居住的“仙人柱”前,主人都会热情招待,将客人让到仙人柱中,向客人敬烟。仙人柱后的小树是供奉神灵的地方,是外人的禁地。鄂伦春人烤肉时,忌用刀叉肉。忌食狗肉、马肉。饭前需敬山神。晚辈可与长辈同桌吃饭,不可同桌饮酒。

蒙古族向客人敬哈达。向长辈敬哈达时,身子稍微前倾,双手举过头顶,哈达对折,折缝向长者。对平辈双手平举送给对方,对晚辈一般将哈达挂在脖子上。还有敬鼻烟壶或交换鼻烟壶的习俗,献哈达后,或者不需献哈达,以敬鼻烟壶表达待客之礼。客人来时,从长者开始,与客人交换鼻烟壶,从中拿出少许,轻轻闻一闻,盖好后还给客人。蒙古人崇拜火,蒙古包内的炉灶是神圣的地方,不能在炉灶上烤湿的鞋子,不能跨越炉灶,不能蹬炉灶,不能在炉灶上磕烟袋,摔东西,放脏东西。不能用刀子挑火,将刀子插到火中。不能用刀子叉肉。蒙古人崇拜水,不能在河中洗手沐浴,洗涤脏东西。蒙古族以西为尊,客人不能坐在西炕。接近蒙古包时忌快行,以免扰动牲畜。

回族在大门外迎客,接过客人的自行车或行礼。进屋时打开门帘,让客人先进。准备好酒饭后,主人不陪坐,不陪吃,站在地上,先说一声“请口道”,一再谦让,照顾客人吃饭。

送客时，和颜悦色地送出大门。去别人家做客时，不从人前头过，坐下时，向邻座道“色俩目”(平安)。吃饭时，小口进食，不在碗里乱吹乱搅。吃油香等食物时，用手掰着吃，喝水时慢饮。

哈萨克族日常相见时，互道“全家平安”“牲畜平安”。对前来拜访或投宿的客人，不论认识与否，都热情相待。主人以羊待客，以马驹待至尊的客人。羊头呈给客人，客人割一块羊颊肉给主人家年龄最大的长者，割一块羊耳朵给主人家年龄最小的孩子或主妇。送客时，首先摸一摸马肚子看看是否喂饱，然后小心牵出来。若天色已晚，需挽留客人住宿。哈萨克人待客也有一些忌讳，客人不能快马冲进房门，持马鞭进毡房，从火炉右边入座或坐在火炉右边。在毡房内席地而坐时要盘腿，不能脱掉鞋子。要高兴地用双手接过主人递来的茶酒食物。馕用手掰成小块吃，奶茶或马奶应一饮而尽，不喝酒的人也要浅尝以示谢意。餐布收好后才可以离开，若有事提前走，需绕到人背后走。不到主人配餐的地方，不乱动主人的餐具。餐后主人送水洗手，小心用毛巾擦干净，有礼貌地还给主人。若天色已晚留宿，不可拒绝使用主人的被褥。忌讳在父母面前称赞他们的孩子，不能当面数主人的牲畜。不能打牲畜的头部，不能跨过拦牲畜的绳子。走路时遇羊群需绕道而过。不踩踏春天的新草，不得用脚踏火。

维吾尔族路遇尊长、朋友时，右手放在胸前，上身前倾，道“色俩目”问候。走路、说话、入座都是长者在先。亲友相见需握手问候，互相敬礼和问候，之后右手抚胸，躬身后退步，再问对方家属平安。妇女在问候后，双手抚腰，躬身道别。待客时，请客人座上席，端上馕、瓜果等，给客人斟茶或酒。若准备手抓饭，饭前给客人一壶水洗手。客人不可拨弄盘中食物，若不慎有饭屑落地，需捡起来放到面前的饭单上。客人不可随便到锅灶前。饭后长者带领做“都瓦”时，客人不可站立或左顾右盼。饭前饭后都要洗手，不可甩水。接受物品或呈上物品都需双手。维吾尔人忌讳睡觉时头向东脚向西，或四肢平伸直仰。屋内坐姿讲究跪坐，忌伸腿坐或脚朝着人。洗锅水不能倒在路上。无论在室外活动还是做客，穿着要端庄。

5.3.3.2 西南少数民族礼俗

中国西南地区少数民族众多，这里介绍藏族、傈僳族、纳西族、羌族、傣族、白族、彝族、哈尼族的礼俗。

藏族在许多场合献哈达，包括送行迎客。对尊者、长者有磕头礼，或弯身四十五度的鞠躬，帽子拿在手上下垂靠地。对一般人或平辈，头微低鞠躬。接待客人，无论言谈还是走路，客人或长者为先。藏族用青稞酒待客，客人接过酒杯，先用右手无名指在杯中一蘸，向上弹三下，以示敬天地祖先，然后饮下第一口，主人满上，喝下第二口，一连三次，然后一饮而尽。喝茶时需待主人捧到面前再接过来。用羊肉待客，羊脊骨下带尾巴的一块肉献给最尊贵的客人。赠送礼物时，躬腰双手高举过头。迎送客人，躬腰屈膝，面带笑容，使用敬语。藏族忌讳直呼其名，不得在别人后面吐唾沫、拍手掌。忌讳别人用手摸头顶。室内要盘腿端坐，睡觉时不能脚冲上。禁止脚踩灶膛或往里面扔骨头等，禁吃马、驴等有蹄子的动物和狗猫等有爪子的动物。与水葬有关，有些地区不吃鱼。禁止用煨桑的火或酥油灯接火吸烟、点蜡烛。经过宗教建筑需下马，从左向右绕行。不得跨越法器、火盆，经筒、经轮不得逆转。忌在寺院附近喧哗、杀生。

傈僳族尊老爱幼，对长辈说话要和气，不能大声吼叫，不能随便坐在长者的上方，路上遇到老人要侧身让过。傈僳族敬火神，禁忌将脚放在火塘的三脚架上。不得在家里吹口哨，尤其在夜晚。村寨进行原始祭祀时不许偷看。在公共场合不得从别人身上或腿上跨过。傈僳族禁吃狗肉。

纳西族热情好客，村里或家里来客，男女老少都打招呼。忌坐在门槛上吃饭，敬马、狗、猫、水牛，活着善待，死后善葬。忌跨火塘，不得翻搅火塘里的灰，不得在火塘边脱鞋烘脚。祭天、祖、战神时不许外人偷看。不得随便进入老人、女人的卧室和姑娘的花楼，不得询问“阿夏”的情况。忌在门槛上砍东西，不得在长辈面前打情骂俏。太阳落山后不能扫地，回家先到火塘屋，不得先入卧室。

羌族在日常生活里讲究长幼有序。路遇老人，要让立路旁。在家里长者坐在火塘上方，饮咂酒时由长者致祝词，按长幼顺序喝酒，达官贵人也如此。羌族人以咂酒招待客人。家有病人时门外挂红布条，忌外人来访。牲畜产仔时，门外放簸箕。忌进屋打伞，晚间吹口哨。不得坐门槛或楼梯，忌将筷子横放碗上，不能倒扣酒杯。禁吃马肉、母猪肉和耕牛肉。

傣族，一生中名字随着生长阶段变化。男子通常有五个名字，乳名、和尚名、还俗名、父名、官名。父系、母系的亲戚称呼相同，表示父族、母族同等重要。傣族人用“泼水”“栓线”待客。傣族忌讳骑马、赶牛、挑担或蓬头乱发进寨子。进竹楼要脱鞋，在里面走动需轻。不能坐在火塘上方或跨火塘，不得移动火塘上的三脚架，不能用脚踏火。不能进入主人内室，不能坐门槛。忌讳在家里吹口哨、剪指甲，将衣服当枕头或坐枕头。进寺庙要脱鞋，不得摸小和尚的头。

白族对人的称呼加“阿”字，表示尊敬和亲切。第二人称用“呢”，相当于汉语的“您”。白族人以酒、茶待客，有著名的“三道茶”。火塘是神圣的地方，禁止向里面吐口水、跨过。白族人忌坐门槛，忌妇女跨过男人用的东西。白族五月五春游，忌往南走。

彝族素有“打羊”“打牛”待客之礼。根据来客身份和亲疏程度以牛、羊、猪、鸡等相待。敬酒也为见面礼。待客饭菜讲究猪肥膘肥且厚大，主妇关注客人碗里的饭，及时添加。彝族忌 17 岁以上的女子上楼。忌用餐后将汤匙扣在汤盆边沿上，忌触摸男子的“天菩萨”。禁跨越火塘或踩踏锅庄石。忌顺时针和燕麦面。云南巍山彝族忌在家里唱山歌、吹口哨、说粗话，禁带棍棒、刀枪、绳索等器械进堂屋和厨房。

哈尼族招待客人先敬一碗米酒，三大片肉，称“喝焖锅酒”。筵席期间往往歌声不断，送客时还要送上一大块粑粑和腌肉、酥肉等。哈尼族忌外人闯进室内，不能披着衣服进村，不能在火塘三脚架上烤鞋子，禁止砍伐龙树，以及将污秽物倒在龙树下。

5.3.3.3 中南少数民族礼俗

这里介绍壮族、苗族、侗族、土家族、瑶族、布依族的礼俗。

壮族招待客人有喝交杯酒的习俗，所谓杯实际上是白瓷汤匙。给长辈和客人端茶、端饭用双手，不能从客人面前递。路遇老人，主动打招呼、让路，男的称“公公”，女的称“奶奶”或“老太太”。不在老人面前跨来跨去。遇到客人或负重的人要让路。壮族忌以手指向菩萨、神像等圣物。忌讳戴斗笠、扛锄头等农具进入别人家中，禁止用脚踩踏火塘三脚架和灶台。壮族青年结婚时，忌讳怀孕妇女参加，尤其是看新娘。忌筷子落在地上，禁止

用嘴把热饭吹凉。夜行忌吹口哨,忌坐门槛。壮族是稻作民族,十分爱护青蛙。有水灾等灾害时举行安龙祭祖仪式,谢绝外人进村。

苗族与陌生人见面时主动问候,尤其敬重能说苗语的客人,待为上宾。主人路遇客人不抢第一步,不走在客人前面,说话用敬语。迎客用节日盛装,贵客要出门迎接。客人进门,男主人要叫门,以告知在家的女主人,女主人往往唱歌开门迎客。向男性客人敬酒,不会喝酒的客人需礼貌地说明。以鸡、鸭招待客人,客人不夹鸡头,主人将鸡头夹给客人表示敬意,客人要双手接过鸡头,再献给在座的老人或长者。心、肝最贵重,先给客人,客人再按照长幼次序让给众人享用。客人不夹鸡肝、鸡杂和鸡腿,前二者给老年女性,鸡腿则是给孩子的。若客人已吃过饭,需礼貌地解释,不能简单地说"不吃"。客人离开时要向主人致谢,若主人邀请客人再来,客人应说"再来"。苗族不喜欢被称为"苗子",自称"蒙"。禁打狗、杀狗,不吃狗肉。禁坐在放祖先神仙位的地方,禁脚踏火塘三脚架。禁夜间吹口哨,不能拍灰吃糍粑。嬉闹时不能用带捆苗家人。门上挂草帽、树枝或婚丧嫁娶日禁外人进屋。路遇新婚夫妇,不能从其中间穿过。

侗族不从客人面前过,若只能如此,要说道歉的话。进餐前先端水给客人洗手,然后入座。侗族寨子举行祭祀活动时,用斑茅草打四个结组成十字挂在寨子入口,不许外人进入。供奉祖先的神龛上不能放任何凶器。

土家族平日粗茶淡饭,客人来时盛情招待。夏天先喝一碗糯米甜酒,冬天先吃一碗开水泡团馓,然后待以美酒佳肴。一般说请客人喝茶指的是油茶、阴米、汤圆或者荷包蛋。鄂西土家族讲究以三四个鸡蛋待客,不能是其他数字。湘西土家族用盖碗肉招待客人。待客肉切成大片,酒用大碗盛。逢年过节将雪白的糍粑烤得金黄,双手捧给客人。

瑶族对已婚男子称为"伙计",年纪大的称为"公爹",对已婚妇女称为"亚嫂",中年妇女称为"亚尔",老年妇女称为"亚婆"。未婚男女通称"亚贵""亚妹"。瑶族十分尊敬老人,路遇老人主动打招呼,可口菜肴放在老人面前。待客时,客人先与主妇打招呼被视为礼貌。瑶族忌脚踏火塘三脚架,忌穿戴白衣白帽进家,忌坐门槛和穿草鞋上楼。不能坐主妇烧火时坐的凳子。在木排上说雨伞时要说"雨遮"。伐木时禁说"吃肉""死"等不祥的话。崇拜盘王的瑶族禁食狗肉,崇拜"密洛陀"的瑶族禁食母猪肉和鹰肉,绝大部分瑶族禁食猫肉和蛇肉。

布依族迎接客人首先以枕头二块粑招待,也以酒敬客,客人即使不会喝酒,多少也要喝一点。家家都有"客人被",专为客人准备。布依族有为体弱孩子认干爹干妈的习俗,一是在家等待,三天内第一个上门的人,或是择吉日带孩子出门,路上遇到的第一个行人,就是干爹或干妈,为孩子的保护人。布依族人禁忌大牲畜产后客人闯进,若不得已,客人需要为其喂食,以此消除邪气以免影响牲口。忌触动神龛供桌,踩踏火塘边的三脚架。禁触动山神树和大罗汉树,并禁忌妇女靠近。三月三祭祀,除了长辈和长者,其他人需去山上"躲山"。忌进入坐月子的妇女家中。

5.3.3.4 东南少数民族礼俗

黎族待客,先拿出炭火、烟叶、烟筒或者槟榔盒在门口迎接,以杀鸡佐酒为上礼。酒席上主人与客人对坐,男性客人先喝酒后吃饭,女性客人先吃饭后喝酒。喝酒时,主人先双手举起酒碗向客人请酒,一饮而尽,然后向客人敬酒,客人需接过酒碗饮尽,之后主人夹起一块肉放到客人嘴中。有的地区主人不陪客人,好让客人不拘束。男客人可以在一家吃饱,女客人不可以,以应酬其他主人的邀请。黎族的习惯,客人自己洗碗筷,放到原来的位置。送客时主人需拿着行李送到村寨路口再交给客人。黎族人禁忌睡觉时头朝门外,儿童拜年需给红封,禁腰系刀袋入屋门。

畲族自称“山哈”,畲族人招待客人有进门三道关的习俗。主人首先搬一条凳子请客人坐;然后敬烟、泡茶,敬烟敬两棵,喝茶喝两碗;再拿出花生和黄豆请客人吃。若客人拒绝,主人会认为他不是真正的朋友。客人若拿着雨伞,需放在门后。若大门上挂着红布条捆着的龙舌兰,说明家里刚刚生产,不能进入,主人邀请则可以;生男孩时主人煎四个荷包蛋泡糯米酒,生女孩的煎两个荷包蛋泡糯米酒招待,客人不能拒绝,否则被认为不吉利,需注意吃完了不能抹嘴,畲族人认为这样会使得孩子不好带。

【本章小结】

1. 旅游文化简单说就是人类文化在旅游中的显现。谢贵安、华国梁《旅游文化学》这样定义旅游文化:“从静态结构看,它包括三个层面:旅游的观念层面、旅游的制度层面、旅游的物质层面。从动态过程看,它包括旅游主体(旅游者)、旅游中介体(旅游制度和企业)、旅游客体(旅游对象)和旅游社会环境四个环节的文化。”旅游诗歌、游记、石刻、方志等典籍,其中含有丰富的旅游文化信息;旅游观念代表着人们对于旅游的理解;旅游礼俗则是对于旅游活动的规范,这些无疑都是构成旅游文化的重要内容。

2. “江山之助”是刘勰在《文心雕龙 · 物色》中提出的著名命题,认为“山林皋壤,实文思之奥府”,《天下名山游记 · 序》“山水借文章以显,文章亦凭山水以传”,都表述了旅游资源与旅游典籍的关系。正是大量旅游典籍的记录传递,使旅游资源含有越来越丰富的文化内涵。旅游资源本身以及其中蕴含的文化信息都是我们今天所拥有的旅游资源宝库。

3. 儒、道两家的旅游观念有着深远的历史意义和现实意义。人类无论是纯粹欣赏自然之美,还是从自然得到启发而完善自身,都是高尚的精神活动。

4. 古代旅游礼俗中有大量崇敬、善的内容,山川祭祀所显示的自然崇拜,孔庙祭祀所代表的对于先贤的景仰与怀念,以及迎送游子的系列仪式所显示的人情与关怀,都值得今天的人们记忆并学习。

【重点概念】

山水诗　山水游记　方志　旅游观念　旅游礼俗

思考题

1. 简述山水诗与山水游记的发展概况。
2. 试述旅游典籍与旅游资源的开发。
3. 试析儒家与道家旅游观念的历史意义与现实意义。
4. 旅游学意义上的山川与圣贤祭祀是什么?
5. 旅游中的人文关怀体现在哪些方面?

近现代旅游活动及旅游业的起步

学习目标→

通过对本章的学习,要求能够对近现代旅游业的特点,如容闳的海外游学、王韬的外出访问、浦安臣外交使团和五大臣出洋、丁文江的科学考察之旅、陆费逵的旅行见闻等,以及与救亡图存的关系,有一个比较明晰的理解;同时,对近现代旅游服务业,如旅馆、饭店、景点景区、游乐场所、中国旅行社及其运行机制,也能够有很好的把握。由此,使学生能够充分认识到近现代旅游服务业的发展概况、特点和演进的大致过程。

学习难点→

旅游与救亡的关系　旅游服务业的近代化　现代旅游的研究

1840年的鸦片战争,古老中国的历史揭开了新的一页。列强入侵,山河破碎;西学东渐,睡狮惊醒。随着社会的演进和变迁,人们的旅游活动,不可避免地带有了鲜明的时代特色。在这一时期,旅游不再仅是为图休闲与宁静,而是与探索救亡之路紧密相连,与寻求新知新说密不可分。这是一个开放的时代,是中国走向世界、世界走向中国的时代,是中西文化碰撞与交流的旅游时代。

6.1 "爱国救国"的海外之旅

6.1.1 开眼看世界——海外旅游思想的萌发

鸦片战争以前,当西方资产阶级奔走于全球各地,"到处落户,到处开发,到处建立联系"的时候①,统治中国的清王朝,却继续固守"天朝上国""华夷之辨"的传统观念,对外奉行闭关政策,抱残守缺,盲目自大。

① 马克思,恩格斯:《马克思恩格斯选集》第一卷,人民出版社,1995年,第276页。

因而上至皇帝官僚，下至平民百姓，不顾时势，安于现状，对日益发展着的外部世界知之甚少，仍然生活在“天朝”尽善尽美的幻想之中。对来自大洋彼岸的西方列强各国，仍然以过去的周边夷狄视之。这种长期与世隔绝的状态，随即被英国的暴力所打破，古老的中国开始同外界发生联系。

最先觉醒的是地主阶级内部的有识之士。处在禁烟斗争前线的林则徐，在与英国外交实践中改变了过去鄙视西方的做法，开始放下所谓“天朝大吏”的架子，有意识地主动了解外国的情况，“日日使人刺探西事，翻译西书，又购其新闻纸”[①]，并指示洋商、通事、引水等人员四处搜集，按日呈递，尽力寻求外国的书籍、报纸及动态。林则徐聘请擅长翻译之人，尽速将获得的情报译成中文。固然，林则徐对外国知识的了解是粗略的，有的甚至是不确切的，但他所了解的却是多方面的。既有英文《广州周报》《广州纪事报》《新加坡自由报》《孟买新闻纸》等报道的消息，也有根据《世界地理大全》译成的《四洲志》；既有外国战船火炮资料，又有国际法知识。因此，林则徐被后世史家誉为开眼看世界的第一人。

鸦片战争失败的耻辱，震动了中国知识界，震动了官僚中的有识之士，刺激并引起了士林风气的变化。为应付社会变局，他们从迷恋于日治帖括中惊起，开始将思想、学术转向社会实际，与对西方的了解结合在一起，魏源和徐继畬就是这个群体的突出代表。

魏源对战争的失败非常痛心，而更让他痛心的是中国对外界的模糊认识，“徒知侈张中华，未睹寰瀛之大”[②]，坐井观天，故步自封。他认为，中国的失败，一个重要原因在于不了解外情。因此，“欲制夷者，必先悉夷情始”[③]。在这种思想指导下，他根据《四洲志》和其他中外文献资料，编写成著名的《海国图志》一书，论述各国历史、地理以及中国应当采取的对外政策。魏源认为，不能把西方的“长技”视为“奇技淫巧”，为了“制夷”而要“师夷长技”，“尽得西洋之长技，为中国之长技”。向西方学习，这是魏源为代表的先进中国人在战后的理性思考，首先承认外国战舰、火器和养兵练兵之法的先进，认识到与外国的差距，进而表达了学习的愿望。他还介绍了西方的民主制度，赞扬美国选举制的合理，其“章程可垂奕世而无弊”，并把瑞士“不设君位”“不立王侯”的联邦制称为“西土桃花源”。[④]《海国图志》一书，实为“创榛辟莽，前驱先路”之举，对后世人们思想产生了极大的影响。

徐继畬在与外国人的接触中，多方探听，搜罗书籍，对外国的地理、时势等情形，有了一定程度的了解。1848 年，他撰写《瀛环志略》10 卷，与《海国图志》一样，也成了系统介绍世界政治、历史和地理知识的名著。该书不但对亚洲、欧洲和北美洲有详尽的记述，而且对人们知之甚少的南美洲、大洋洲和非洲，也有所记载，涉及近 80 个国家。对美国的总统制、议会选举制，以及华盛顿的功绩，表现出钦羡之情。该书各卷篇首都附有地图，以使人们对域外国家有了一个更加直观的了解和认识。

---

① 《魏源集》(上册)第 174 页。

② 魏源:《圣武记》卷一二。

③ 魏源:《海国图志》卷二。

④ 魏源:《海国图志》卷四七。

以林则徐、魏源和徐继畬等人为代表的开明人士,面对战争失败和社会变局而能够打破世俗惯例,放下架子,放平心态,踏上了解和学习西方的历程。开眼看世界,无论看成是一种思潮,抑或当作一种行动,它的意义远远超过其本身。它冲击了天朝上国无所不能的旧式思维,提出了近代中国发展的新课题。先进国人已不再"药方只贩古时丹",而是要从西方文明中寻求补天之石。就中国的旅游事业而言,这无疑也是激起人们走出国门,亲身感受和体会外部世界的原动力。固然,受时代和条件的限制,他们没有到外国的经历,所著篇章译作,也大多是从旅行到中国的外国人,或从外国人办的报刊中,了解国外的情形。但他们所介绍的知识,第一次向久居封闭国度内的人们展示了不同的域外世界,促使人们由以"西人谈西事",过渡到以中人谈西事——去国外游历,而获取新知奠定了基础。由此,可以断言,开眼看世界思想,理应成为启迪国人萌发海外之游的动机之一。

6.1.2　容闳:游学西方之先驱

中国闭锁的大门对外开放以后,外来文化强力输入。早期国人对于来自大洋彼岸的异质文化,总是抱着一种既喜且忧的心态。他们希望走出国门,亲自体验,以在比较中做出抉择。中国近代化的先驱者容闳,成为第一代游历西方,寻求新知的杰出代表。

容闳(1828—1912 年),字达萌,号纯甫,广东香山县南屏镇人。1839 年 11 月,容闳进入传教士所办的马礼逊学堂,1842 年随学校迁至香港。马礼逊学堂的教师塞缪尔·布朗先生,"其讲授教课,殆别具天才,不须远证,而自能使学生明白了解"。[①] 1846 年 9 月,布朗因病要返回美国,表示"此次归国,极愿携三五旧徒,同赴新大陆,俾受完全之教育"。当他宣布游学美国的计划时,容闳第一个起立,表示愿意随从前往。1847 年 1 月 4 日,容闳与同学黄胜、黄宽等三人,跟随布朗夫妇,从黄埔港登上了纽约阿立芬特兄弟公司的一只运输茶叶的"亨特利斯号"帆船。西经印度洋,绕过好望角,再入大西洋北上。经过 98 天的航行,他们于 4 月 12 日低达美国纽约。

容闳等抵达美国一周后,进入马萨诸塞州的孟松学校。他亲身感受到美国教育的先进,对学生个性的培养、智慧的开发,均是国内所不能相提并论的。因此,容闳如饥似渴地摄取新知,还剪掉辫子,穿上西装。但他学业有成、报效祖国的心愿未曾稍减。1849 年,容闳要报考耶鲁大学前夕,孟松学校的校长海门与布朗先生协商,并取得学校董事会的同意,表示愿意对容闳提供资助。同时要求他毕业后应以传教为业。容闳非常感谢他们的帮助,然而一想到多灾多难的祖国,一想到中西之间的差距,一种报国之心油然而生。在他看来,"传道固佳,未必即为造福中国独一无二之事业"[②]。如果仅限于一种职业选择,则未免过于狭窄。布朗先生被他的志向所感动,为学费问题积极奔走。最后,容闳得到乔治亚省萨伐那妇女会的赞助。1850 年,他考取耶鲁大学。这所历史悠久、师资力量雄厚、图书资料丰富的著名学府,对容闳成为一流的学者起了至关重要的作用。

容闳进入耶鲁大学,感受到这里生活的新颖。他漫步校园,被一股进取向上的气氛所

① 容闳:《西学东渐记》,湖南人民出版社,1981 年,第 8 页。

② 容闳:《西学东渐记》,湖南人民出版社,1981 年,第 19-20 页。

围绕,心灵受到前所未有的冲击。他不耻下问,用功读书,常常熬至深夜,曾两度获得英文竞赛首奖。由于他不惜辛苦,担任多份工作,解决了经费紧张的状况。数年的游学生活,对容闳影响最大的当属文化观的转变。他亲眼看见和感受到美国的民主制度、发达的经济和文化,往往与国内的情形相比较。他说:"予当修业期内,中国之腐败情形,时触予怀,迨末年尤甚。每一念及,辄为之怏怏不乐,转愿不愿受此良教育之为愈。盖既受教育,则予心中之理想既高,而道德之范围亦广,遂觉此身负荷极重,若在毫无知识时代,转而不之觉也。更念中国国民,身受无限痛苦,无限压制,此痛苦与压制,在彼未受教育之人,亦转毫无感觉,初不知其痛苦与压制也。故予尝谓知识益高者,痛苦亦多,而快乐益少。反之,愈无知识,则痛苦愈少,而快乐乃愈多。快乐与知识,殆天然成一反比例乎。"①这可以说是身在异国他乡的容闳之内心的真实写照,走出国门的容闳,越来越感到身负的重大使命。他表示:"予既远涉重洋,身受文明之教育,且以辛勤刻苦,幸遂予求学之志,虽未能事事如愿以偿,然律以普通教育之资格,予固大可身命为已受教育之人矣。既自命为已受教育之人,则当日夕图维,以冀生平所学得以见诸实用"。这种思想一直使他"耿耿于心",成为挥之不去的情结。他为将来的职业定下了基调:"盖当第四学年中尚未毕业时,已预计将来应行之事,规划大略于胸中矣。予意以为予之一身,既受此文明之教育,则当使后予之人,亦享此同等之利益。以西方之学术,灌输于中国,使中国日趋于文明富强之境。予后来之事业,盖皆以此为标准,专心致志以为之"②。就这样,虽然容闳久居美国,且已入美国籍,"对他来说,中国反倒像异乡,他连本国语言也几乎忘光了"。何况,在毕业时"受到了莫大的劝诱","只要他乐意,他可以留在美国并找到工作"③。但容闳未改初衷,决定毕业回国,以实现"以西方之学术,灌输于中国,使中国日趋于文明富强之境"的愿望。

1854 年 11 月 13 日,容闳从纽约登上"欧里加号"轮船,踏上了归国的航程。经过 154 天的海上颠簸,容闳回到了久违了的故乡。然而,映于他眼帘里的是,国内的情形一切照旧,在一个"夷夏之辨"流行的国度里,从海外归来、拥有"在美国人犹视为荣誉"的大学文凭的容闳,仍然受到官本位意识浓厚的正统士大夫的歧视、猜忌和敌对,摆在他面前的出路并不乐观。起初,容闳成为美国人派克的秘书,"欲借派克力识中国达官,庶几得行予志",但并未如愿。其间,容闳目睹两广总督叶名琛镇压民众起义,尸横街头,血流遍地,愤怒之情难以抑制,认为这是现代文明的耻辱。此后,容闳又到香港随英国律师学法律,但因受排挤而去职。1856 年 8 月,容闳到上海海关做翻译,但又受不了这里的官场习气以及贪污受贿而辞职。这时,他体验到外人在我国的优越感,国家贫弱,国人无地位,处处受欺侮。

1859—1862 年间,容闳进入上海英商的宝顺洋行,为公司代理茶叶生意,这为他游历中国内陆提供了便利。他乘船到杭州,换船沿钱塘江而上,至常山走路入江西,抵南昌后

① 容闳:《西学东渐记》,湖南人民出版社,1981 年,第 22-23 页。

② 容闳:《西学东渐记》,湖南人民出版社,1981 年,第 23 页。

③ 容闳:《西学东渐记·代跋》,湖南人民出版社,1981 年,第 7 页。

再到湖南,最后到达采购丝茶的集散地湘潭。容闳在这里停留 10 余天后,又北上湖北荆州,调查当地的蚕丝生产情况。再绕道汉口,了解茶叶加工技术,9 月底回到上海。这次旅程,大约七个月的时间。随着对国内风土人情了解的深入,容闳的内心感触颇深,更加感到输入先进文明、改变落后与守旧现状的迫切性。

1863 年,容闳在安庆受到曾国藩的接见,大有英雄相见恨晚之感。他加入曾国藩幕府,先去美国购置机器设备,筹办机器制造厂。1868 年,容闳又通过丁日昌向清政府提出了不少的主张,基本上变成了现实。尤其是他的留学教育计划,促成了近代中国首次外派留学活动。1881 年,留美学生被撤回国,容闳也随同归乡。他参加维新运动,加入"保国会"。1900 年 7 月,因参与唐才常的自立军起事,容闳被迫逃往香港,1902 年避居美国。当听到武昌起义爆发的消息时,已卧病在床的他,马上提笔写信给国内的友人,表现出非常兴奋的心情。1912 年 4 月 20 日,容闳在美国病逝。

作为游学美国的先驱,容闳接受先进的文化,试图输入西方文明,以改变中国的落后状况,并为此付出了艰苦的努力。他的一生,是求学自励、爱国忧民的一生。他对近代西学的传播,中西文化的交流,做出了重要的贡献。

6.1.3 王韬:游历欧洲、日本之学者

如果说,容闳远赴美国是为了求学,成为早期"西学东渐"的先驱。那么,王韬则是以个人身份,访学欧洲、日本的开拓者。他的游历与访学,对中西文化的交流和传播,同样起了极其重要的作用。

王韬(1828—1897 年),原名畹,字利宾,号兰卿。后化名王韬,字子潜,号仲弢、天南遯叟,江苏甫里人。王韬自小接受传统教育,"毕读群经,旁涉诸史"①。1848 年,王韬到上海。他乘船进入黄浦江,"从舟中遥望,烟水苍茫,帆樯历乱。浦滨一带,率皆西人舍宇,楼阁峥嵘,缥缈云外,飞甍画栋,碧槛珠帘","此中有人,呼之欲出;然几如海外三神山,可望而不可即也"②。绚丽多彩的上海,给了王韬以很深的印象。1849 年 9 月,王韬到墨海书馆任职,协助英国传教士麦都思,将宣扬基督教的著作翻译成中文。同时,也把西方的一些科技书籍译介过来。

1862 年 2 月,王韬因上书太平天国,而获罪于清政府,被通令缉捕。他先后避居墨海书馆、英国领事馆。在这里,由麦都思介绍与理雅各成为朋友。理雅各任英华书院院长,决心将中国经典译为英文。于是,将四书先翻译行世,称为中国经典第一、二卷。10 月,他乘英国怡和洋行邮船"鲁纳"号逃往香港。这时的香港,工商繁荣,道路纵横,完全是与内地不同的景象。王韬描述说:"香港本一荒岛,山下平地距海只寻丈。西人擘画经营,不遗余力,几于学精卫之填海,效愚公之移山。尺地寸金,价昂无埒。沿海一带多开设行铺,就山曲折之势分为三环:曰上环、中环、下环,后又增为四环,俗亦呼曰'裙带路',皆取

① 王韬:《弢园文录外编》卷一—《弢园老民自传》。

② 王韬:《漫游随录》卷一《黄浦帆樯》。

其形似也……上、中环市廛稠密，阛阓宏深；行道者趾错肩摩，甚嚣尘上”①。王韬抵港后，英国传教士理雅各请他至英华书院，协助翻译儒家经典为英文。王韬予以相助，从中出力甚多，译书业务进展顺利。

1867 年底，理雅各邀请王韬访英，他欣然应允。12 月 15 日，王韬乘普鲁士船由香港出发，经过新加坡、槟榔屿、锡兰，入红海亚丁湾，到苏伊士运河。然后转乘火车至开罗，再到亚历山大港，坐船穿越地中海，经意大利港口墨西拿，到达法国马赛港上岸。由香港到马赛全程 40 多日，每经过一个停泊港口，王韬必定下来游览一番，并留下了大量游记。

在马赛，王韬称之为“法国海口大市集”。他记述说：“至此始知海外阛阓之盛，屋宇之华。格局堂皇，楼台金碧，皆七八层。画槛雕阑，疑在霄汉；齐云落星，无中炫耀。街衢宽广，车流水，马游龙，往来如织”。夜间灯火透明，如天上之焰火。他环游市区，“觉货物殷阗，人民众庶，商贾骈蕃”②。随后，王韬搭乘火车经里昂前往巴黎。对于这个欧洲的大都会，更让他目不暇接，大饱眼福。他先后参观了拿破仑时代熔铸的铁炮展览馆、卢浮宫博物馆、自然博物馆、兵器博物馆、万国博览会会场、巴黎女子学校。这些闻所未闻，前所未见的景观，让初游西方的王韬惊叹不已。尤其是卢浮宫博物馆，建筑“栋宇巍峨，崇饰精丽，他院均未能及”。内陈列之物，如生物、植物、宝玩、名画、制造，以及其他各物，应有尽有，“分门区种，各以类从，汇置一屋，不相肴杂，广搜博采，务求其全，精粗毕贯，巨细靡遗”。王韬不无激动地说：“余以海角羁人而得睹其盛，不可谓非幸已”③。他游览巴黎市区，“其人物之殷阗，宫室之壮丽，居处之繁华，园林之美胜”，钦羡不已；这里的卫生、绿化状况，“道路坦洁，凡遇石块煤漆稍有不平，石匠随时修补”。“大道广衢，四通八达。每相距若干里，必有隙地间之，围以铁栏，广约百亩，尽栽树木”，绿树成荫，净化空气，让人少得疾病；这里的商业，“大商巨铺，格局堂皇。酒楼食肆，亦复栉比。客至呼肴，咄嗟立办”。④

十几天以后，王韬从巴黎坐火车到戛雷港口，换乘轮船过英吉利海峡至英国多佛尔，然后再转乘火车到伦敦。理雅各前来迎接王韬，一起前往自己的家乡，位于苏格兰中部克拉克罗南夏郡的杜拉。在这里，王韬度过了两年多的时间，到过许多城市，有伦敦、爱丁堡、阿贝丁、格拉斯哥等。他写成《漫游随录》，其中的大部分内容，就是对这段英国生活的记录。

王韬对英国的城市建设，诸如道路、卫生、通讯和生活设施等，赞叹之情，溢于言表。同时，对科技成果给人们带来的便利，表现出极大的关注。对火车机车、电梯等新生事物，王韬不吝笔墨，详为记述。他参观造船厂，描绘汽锤、轧钢机“击物无所不糜，所碾铁皮均齐划一，出之甚速”⑤；他造访印刷厂，见到“浇字、铸版、印刷、装订。无不纯以机器行事。

---

① 王韬：《漫游随录》卷一，第 65 页。
② 王韬：《漫游随录》卷二，第 82 页。
③ 王韬：《漫游随录》卷二，第 89-91 页。
④ 王韬：《漫游随录》卷一，第 84 页。
⑤ 王韬：《漫游随录》卷三，第 147 页。

其浇字盖用化学新法，事半功倍，一日中可成数千百字”[①]；他游览纺织厂，“自缉丝、编线、濯染、排比、舒架、经纬成匹之后平熨、量卷，无一非机器助，人但在旁收纵转移而已。力不费而功倍捷，诚巧夺天工矣”[②]。他由此得悟并指出：“英国以天文、地理、电学、火学、气学、光学、化学、重学为实学，弗尚诗赋辞章。其用可由小而至大。如由天文知日月五星距地之远近、行动之迅速，日月合璧，日月交食；彗星、行星何时伏见，以及风云雷电雨何所由来。由地理知万物之所由生，山水起伏，邦国大小。由电学知天地间何物生电，何物可以防电。由火学知金木之类何以生火，何以无火，何以防火。由气学知各气之轻重，因而创气球，造气钟，上可凌空，下可入海，以之察物、救人、观山、探海。由光学知日月五星本有光耀，及他杂光之力，因而创灯戏，变光彩，辨何物之光最明。由化学、重学辨五金之气，识珍宝之苗，分析各物体质。又知水火之力，因而创火机，制轮船火车，以省人力，日行千里，工比万人。穿山、航海、掘地、浚河、陶冶、制造以及耕织，无往而非火机，诚利器也”[③]。继而，王韬得出结论，认为这是重视教育的结果。英国“童稚之年，入塾受业，至壮而经营四方，故虽贱工粗役，率多知书识字”。女子与男子一样，“幼而习诵，凡书画、历算、象纬、舆图、山经、海志，靡不切究穷研，得其精理”[④]。英国教育既重视知识传授，又重视实际应用。故英国的学者，能够学以致用，既能坐而言，又能起而行。

在英国，王韬对其礼仪风俗，男女交往的情形，表示赞赏。他说：“每莅访友人，悉皆倒屣相迓，逢迎恐后。名媛幼妇，即于初见之顷，亦不相避。食则并席，出则同车，觥筹相酬，履舄交错，不以为嫌也。然皆花妍其貌而玉洁其心，秉德怀贞，知书守礼，其谨严自好，固又毫不可以犯干也”。“盖其国以礼义为教，而不专恃甲兵；以仁信为基，而不先尚诈为；以教化德泽为本，而不恃讲富强。欧洲诸邦皆能如是，固足以持久而不敝也”[⑤]。他游览距伦敦之南二十有五里的水晶宫，“宫内游人虽众，无喧嚣杂沓之形。凡入者，畀银钱二。余游览四日，尚未能遍。每游必遇一男一女，晨去暮返，亦必先后同车。彼此相稔，疑其必系夫妇，询之，则曰：非也，乃相悦而未成婚者，约同游一月后，始告诸亲而合卺焉”[⑥]。这种自由恋爱，在“父母之命，媒妁之言”的中国，实在是不可思议、大逆不道之事。在乡间，他看到人们读书明理，风气良好，“有金亚尔乡，民秀而良，秋冬农事之暇，多喜读书讲理。近日众人各醵资创建书院，庋藏典籍，有志之士均可入院借观。所藏分内、外二室，外室者准其携出外，书名于册，按期交纳”。[⑦]

在伦敦，王韬到议会参观，认识到上、下院讨论政务的职能。他还来到爱丁堡的法院，对司法审判独立的做法深为钦佩。他又参观贝德福的监狱，发现犯人所居屋舍洁净，所供食物精美。犯人们“按时操作，无有懈容，织成毯，彩色陆离，异常华焕，且有牧师宣讲，悉

---

① 王韬：《漫游随录》卷三，第127页。
② 王韬：《漫游随录》卷三，第133页。
③ 王韬：《漫游随录》卷二，第116页。
④ 王韬：《漫游随录》卷二，第107页。
⑤ 王韬：《漫游随录》卷三，第126页。
⑥ 王韬：《漫游随录》卷二，第100页。
⑦ 王韬：《漫游随录》卷三，第135页。

心化导，绝无鞭挞之苦”①。这是亲眼看见之事实，这是实地考察之所得。其间，对于来处封闭环境日久的他来说，一切都是那么新鲜，一切都是那么惊奇。

1870 年 1 月 5 日，王韬与理雅各返回香港。除合作译书之外，着手撰写《普法战纪》一书。1873 年，他与黄胜等人集资，买下伦敦布道会印书局的机器设备，创办中华印务总局。1874 年 1 月 5 日，该局出版《循环日报》。每日报首，有论说一篇，多数指西方制度有合于中国情况者，撮要述论，讽清政府以改革庶政，多办洋务。王韬发表了大量政论性的文章，传播西学，指陈时弊，倡言社会变革。他学识渊博，眼光远大，一时无出其右者。

王韬所著《普法战纪》一书，在日本引起很大反响，受到有识之士的称颂，以致名震东瀛。1879 年，日本学者粟本锄云、重野成斋、粟本匏庵、佐田白茅等人联合倡议，邀请王韬到日本游历访学。4 月 28 日，王韬到达上海，“摒挡行李作东瀛之游”②。5 月 1 日，王韬乘船抵达长崎，踏上日本国土。人们争着与其交往，“文酒谈宴，殆无虚日；山游水嬉，追从如云，极一时之盛行”。③

在日本，王韬先后游览了长崎、神户、大阪、西京、横滨、东京等地，深切感受到日本学习西方的成果。8 月 1 日至 8 日，王韬游览了距东京数百里的日光山。他记述该山的大谷川口，说：“其泉出于中禅寺，而末流则为绢川，自上奔注于下，喷雪溅珠，澎湃之声，铿訇震耳，觉心神为之顿爽”。“宫殿峥嵘，即德川氏诸庙也。向者幕府盛时，四方诣山住宿者，侯伯有二十六院，幕府诸官有八十坊，连甍对宇，栉比蝉联，结构之雄，世所罕见”④。王韬面对山水，联想往昔，不禁无限感叹。他先后游览神户的千岛瀑、西京的天满宫和华顶山、东京及其附近的墨川、忍冈、浅草寺、飞鸟山等。每到一处，总是触景生情，流连忘返，留下许多优美的篇章。

王韬对日本社会进行了全面的考察。他到过日本文部省、工部省、国会等，了解政治、经济和教育的情况。王韬认为，日本“维新以来废封建，三百藩侯各归土地于王朝；官人之法亦一变，草野怀才之士皆得自奋于朝廷，向之世家多闲退矣”⑤。工厂企业采用西法，生产引进机器，产品物美价廉，远销于国内外。在文化上，日本也表现出“脱亚入欧”的迹象。城市中建有博物馆，陈列“奇巧瑰异之物”，让人免费参观；还设有图书馆，购置大量“泰西书籍”⑥，供人阅读。1879 年 8 月，游历日本百余天的王韬，由东京坐火车，至横滨转轮船回国。

王韬游历欧洲、日本，目睹资本主义世界的日新月异，对于改变本身所固有的“夷夏之辨”观念，提出重工商、去弊政、求变革的主张，起了很大的作用。他曾是饱读儒家经典的学者，海外的游览经历，实是其人生征途的难忘之旅。近代中国，传统与西学并存，旧学与新知混杂。亲身感受他山之石，体味不同的文化，融合西学、新知，形成近代化的思想意

---

① 王韬：《漫游随录》卷三，第 128 页。

② 王韬：《扶桑游记》，第 128 页。

③ 王韬：《扶桑游记・中村正直序》。

④ 王韬：《扶桑游记》，第 286 页。

⑤ 王韬：《扶桑游记》，第 198 页。

⑥ 王韬：《扶桑游记》，第 250 页。

识,王韬算得上是一个代表性人物。

6.1.4 洋务时期的海外游学活动

从闭关走向开放,从国内转向海外,中国人的旅游活动,总是与求学、获取新知密切地联系在一起。以容闳、王韬为代表的先驱者,为中国了解世界,世界了解中国,做出了最初不懈的努力。在他们的影响下,清政府在洋务运动时期,有计划、有组织地派出学生远赴欧美,拉开了中国游学海外的序幕。

6.1.4.1 **赴美幼童**

19 世纪 60 年代,"借法自强"的洋务活动兴起。从美国留学归来的容闳,其才学见识得到洋务官僚曾国藩的赏识,直接促成了派员留学美国的成行。容闳回国后,通过各种方式强调派人留学美国的重要性。他说:"政府宜选派颖秀青年,送之出洋留学,以为国家储蓄人才。派遣之法,初次可先定 120 名学额以试行之。此 120 人中,又分为四批,按年递派,每年派送 30 人。留学期限定为 15 年。学生年龄,须以 12 岁至 14 岁为度。视第一、第二批学生出洋留卓有成效,则以后即永永定为例,每年派出此数"①。在他的鼓动下,1871 年 6 月,曾国藩、李鸿章联名上奏清政府,说明选派幼童出国留学的益处,"约计十余年业成而归,使西人擅长之技,中国皆能谙悉,然可以渐图自强"。"凡游学他邦得有长技者,归即延入书院,分科传授,精益求精,其于军政船直视为身心性命之学"。②

1872 年 8 月,清政府派出第一批幼童赴美,由陈兰彬率领,从上海乘船,历经两个多月的行程,抵达旧金山。第二批幼童由黄胜带领,于 1873 年 6 月起程赴美,同行的还有 7 名自费生。第三批幼童由祁兆熙率领,于 1874 年 9 月成行。第四批幼童由邝其照带领,有 3 位同行的自费生。这样,前后共分四次,连同自费生在内,共有 130 人赴美游学,年龄在 12 ~ 20 岁。作为派员游学美国的副监督,容闳先期到达,积极安排学生的住宿、生活、入学和学习等事宜。

中国游学幼童到达美国后,分别被安排在美国东北部英格兰省各地私人家中住宿,每个家庭二三人不等。他们受到当地人们的欢迎,在吃饭、读书、外出,乃至体育锻炼等方面,受到悉心照料。1874 年,容闳征得清政府的同意,在康涅狄格州哈特福德市的克林街购地,并建成一座三层大楼,作为中国留学事务所的办公场所。还设有监督和教师办公室,幼童上课的大教室,以及卧室、餐厅等。

在美国,来游学的幼童学习认真、刻苦,成绩显著,不少人升于中等科技学校、大学继续深造。更重要的是,这些幼童到美国各地考察游历,参与社会活动。1876 年,为纪念美国独立 100 周年,在费城举行了盛大博览会,游学幼童异常活跃。他们将自己对美国的印象、观感、游历等,写成内容丰富、各具风格的文章。有《游美记》《哈佛书馆记》《庆贺百年大会序》《美国地土论》《风俗记》等。这些文章语句通顺,表述各异,"每篇附洋文数页,西人阅之,皆啧啧称赞"。曾经亲眼看到博览会盛况的宁波海关案牍李圭,在所著《环游

① 容闳:《西学东渐记》,湖南人民出版社,1981 年,第 87 页。

② 《中国近代史丛书》编写组:《洋务运动》,第 2 册,上海人民出版社,1973 年,第 153 页。

地球新录》一书中,称赞他们来美国的时间较短,但进步很快,两年“足抵其当日在香港学习五年,诚可见用心专而教法备焉”。他感到这些游美幼童,举止言谈,大方得体,“言皆简捷有理”①。由此,李圭推而知之,认为美国教育的优越性,与传统中国教育相比,“不尚虚文,专务实效。是以课程简而严,教法详而挚,师弟间情洽如骨肉。尤善在默识心通,不尚通读,则食而不化之患除;宁静舒畅,不尚拘束,则郁而不通之病除”。博览会期间,与会中国幼童受到美国总统的接见,并勉励他们努力学习。美国的各大报纸对此做了介绍,引起较大的轰动效应。李圭写道:“数日前,各处新报早已播传其事,至是复论及中国办法甚善。幼童聪敏好学,互相亲爱,见人礼数言谈彬彬然。有进馆方年余者,西语亦精熟。此次观会又增其识见,诚获益匪浅,云云”②。他们还组织了“中华棒球队”,在旧金山等地与美国的队伍展开比赛,进一步增加了相互之间的了解和友谊。

游学美国的幼童,以良好的品行,得到美国人民的好评。耶鲁大学校长朴德在写给清政府总理衙门的信中,说这批学生“自抵美以来,人人能善用其光阴,以研究学术。以故于各种科学之进步,成绩极佳”。他们在学校里是这样,“赴乡村游历,所至处,咸受美人之欢迎,而引为良友”。他们以自己的实际行动,宣传了中国的形象,一定程度上改变了外人对中国的偏见。接着,朴德又说:“诸生虽幼稚,然已能知彼等在美国之一举一动,皆与祖国国家之名誉极有关系,故能谨言慎行,过于成人。学生既有此良好之行为,遂亦收良好之效果。美国少数无识之人,其平日对于贵国人之偏见,至此逐渐消失。而美国国人对华之感情,已日趋于欢洽之地位”③。美国的报纸也不吝笔墨,多方面赞扬这些游美学子,指出:“这些男孩都有君子之风,他们不但谦虚而且有礼貌,我们都很喜欢他们,崇敬他们,我们都以他们作我们的榜样。这是他们国家的荣誉”。④

然而,由于清政府的守旧官员,害怕这些游学美国,接受新式教育的幼童,在思想上与忠君亲上的观念拉开距离。守旧派告诫他们,必须“穿华服,保存辫发,守祀之古礼”。“虽然有此等禁令,后仍嫌诸生中有违背古训”⑤。甚至将学生健康良好的习惯,开放文明的举止视为“离经叛道”,认为“各生适异忘本,目无师长,固无论其学难期成才,即成亦不能为中国用”⑥。“外洋风俗,流弊多端。各学生腹少儒书,德性未坚,尚未究彼技能,实易沾其恶习,即使竭力整饬,亦觉防范难固,极应将局裁撤”⑦。三人成虎,人言可畏。1881年,清政府把游学美国的幼童全部撤回国内。在回国的近百名幼童中,只有两人得到学士学位,其中一人就是著名的杰出铁路工程师詹天佑。

6.1.4.2 游学欧洲

1861年,清政府开始筹备海军,并着手培养海军技术骨干。1877年,热心洋务的福建

---

① 李圭:《环游地球新录》,湖南人民出版社,1980年,第14-15页。

② 李圭:《环游地球新录》,湖南人民出版社,1980年,第105页。

③ 容闳:《西学东渐记》,湖南人民出版社,1981年,第108-110页。

④ 刘真:《留美教育:中国留学教育史料》,第1册,国立翻译馆,1980年,第89-90页。

⑤ 《华人留学美洲今昔》,《东方杂志》,1917年第12期。

⑥ 《留美中国学生会小史》,《东方杂志》,1917年第12期。

⑦ 《中国近代史丛书》编写组:《洋务运动》,第2册,上海人民出版社,1973年,第165页。

船政大臣沈葆桢奏请清政府,决定从福建船政学堂中选拔出国人员。他择优录取各专业的学生,由监督李凤苞和法国人日意格率领,于这年 4 月起程前往英、法两国。随员有马建忠、陈季同、罗丰禄等。10 月,沈葆桢又从福建船政局选取艺徒 5 人,派往法国学习。1881 年 12 月,李鸿章从北洋水师学堂、福建船政学堂选拔 10 人赴欧游学。1886 年 3 月,他又分别从上述两学堂选出学生 33 人,由周懋琦带领前往欧洲。至 1888 年北洋海军建成,总共派出游学欧洲的人员近 90 人,年龄大多数在 20 岁左右。

早期游学欧洲的学生,以学习机械制造、军火电气、海军驾驶等技术为主。他们不仅注重课堂知识,而且利用一切机会游历参观,增长见闻。驾驶专业的刘步蟾、林泰曾,制造专业的魏瀚、陈兆翱,曾随日意格游艺游历欧洲,后又随大批学生一起前来。刘、林二人坐船游历大西洋、地中海,学习设防、备战、枪炮、布置水雷等,成绩突出;魏、陈二人在法国马赛、蜡孙两厂实习,后入法国削浦官学,学习制造理论和造船技术,他们游历比利时等国的大工厂。其他如林永升、萨镇冰、叶祖珪、方伯谦等人,分别有机会游历地中海、大西洋、美国、非洲、印度洋等地。他们不怕风吹日晒,不怕长途颠簸,以自己的优异成绩赢得了外人的尊敬。

值得一提的是,近代著名启蒙思想家严复,也是这时期赴欧游学者之一。他本在英国学习海军,但十分注意了解英国的政治制度。通过实地考察,严复对英国的议会制、地方自治赞扬有加,认为这是“合亿兆之私以为公”,“和同为治”①。他还多次到英国的城镇、乡村,对市政建设和风土人情感触颇深。严复对英国的审判制度兴趣盎然,他参观诉讼审判,原、被告可以有代理人、辩护人,法官审理重视证据,以理服人,允许旁听。这种公开、公平的审判制,给严复留下了深刻的印象。马建忠在办理公事之外,也进入政治学校,学习外交、法律、政治、科技,还游历法、英、德、奥、比利时、意大利等国。这些游历活动,进一步开阔了视野,增长了见闻。后来,他深有体会地说:“忠此次来欧一载有余,初到之时,以为欧洲各国富强专制之精,兵纪之严;及披其律例,考其文事,而知其讲富者以护商会为本,求强者以得民心为要。护商会而赋税可加,则盖藏自足;得民记则忠爱倍切,而敌忾可期”②。其改革思想的萌生,与他赴欧游历有着密切的关系。

洋务运动时期的游学欧美活动,是近代政府行为的集体性海外之旅。他们身在国外,目睹域外风光,感受西方文化,许多人成长为变革社会的重要力量。同时,对长期处于封闭之国度里的人们,这些外派游学,也是破成俗、开风气之举。自此以后,人们不再视出国为畏途,而是当作探求真理、救民水火的壮举,因而演变成清末,乃至民国年间赴日、欧美游学的潮流。

6.1.5 走出国门:近代外交使团的海外出访之旅

清政府长期奉行闭关锁国政策,西方列强以武力强开国门,对外关系发生了变化。第二次鸦片战争结束以后,外国公使进驻北京,推行“合作政策”,出现了所谓中外“和好”的

---

① 严复:《严几道文钞》,进步书局,第 84 页。

② 马建忠:《适可斋记言》,中华书局,1960 年,第 31 页。

局面,这就为派出外交使团出访欧美各国创造了条件。就整个晚清来讲,曾数次派外交使团海外出访,早期的有斌椿出访欧洲、蒲安臣使团出访欧美,后期有五大臣出洋考察宪政。

6.1.5.1 斌椿出访欧洲

斌椿,字友松,汉军正白旗人。1864 年,他为海关总税务司赫德办理文案,充当中文翻译。1866 年 2 月,赫德向总理衙门要求回欧洲休假半年,希望带几名同文馆的学生偕同前往,一览欧洲诸国的风土人情。总理衙门大臣奕䜣表示同意,但考虑到学生处于少年时期,"必须有老成可靠之人率同前去,庶沿途可资照料;而行抵该国以后,得其指示,亦不致因少不更事,贻笑外邦"。[①] 于是,64 岁的斌椿被授予三品官衔,担当了率团前行的重任。1866 年 2 月,总理衙门正式决定派斌椿率其子广英与同文馆学生凤仪、德彝、彦慧一行 5 人,随赫德前往欧洲各国。但是,他们仅仅是"非正式的赴欧考察团","不是正式外交使团,而只是派往西方搜集情报的一个公费观光团体"[②]。在总理衙门的训示中,这次出行的目的很明确:"即令其沿途留心,将该国一切山川形势、风土人情随时记载,带回中国,以资印证"。[③]

1866 年 3 月 7 日,斌椿一行随同赫德从北京出发,由天津乘轮船到香港,换乘外轮"康拔直"号前往欧洲。5 月 2 日抵达法国马赛,开始了为期近 4 个月的考察访问。他们先后游历了英国、荷兰、汉堡、丹麦、瑞典、芬兰、俄国、普鲁士、汉诺威、比利时等国,然后又返回法国停留了 10 天,8 月 19 日从马赛起程回国。斌椿这次欧洲游历,拜访了一些国家国王、首相、总理等政界要人,但重点在于考察了解。他不负众望,处处留心,曾参观了一些议会、教堂、工厂、学校、剧院,接触了许多未所与闻的新事物。关于这次出访游历的见闻,斌椿写成《乘槎笔记》一书,成为官方考察团较早亲历欧洲的记述。斌椿对西方的文明表现了浓厚的兴趣,对火车、高楼、宾馆、电梯、传话机、自行车、繁华的街市、通明的灯火、盛大的宴会、民俗风情等,都有所描绘,无不为眼前所见到的事物感到好奇、钦羡。当然,这次出访只能算是走马观花式的游览,对西方的认识是初步的、粗浅的和感性的。

6.1.5.2 蒲安臣使团出访欧美

蒲安臣为美国驻华公使,由于积极推行合作政策,博得清政府的好感。1867 年 10 月,当蒲安臣届满即将卸任回国时,总理衙门为他设宴饯行。席间,奕䜣请他帮忙游说英、法等国,以寻求对清政府政策的支持。随后,清政府任命蒲安臣担任外交使臣。一方面,希望更多地了解外国的情况,做到知彼知己。因为"中国之虚实,外国无不洞悉;外国之情伪,中国一概茫然",[④]不派团出访考察、了解,显然是不行的。另一方面,国内外交人才极端缺乏,一时难以派出合适的人选。再加上考虑到中外礼仪的不同,语言的障碍,选派外国人充当使臣可以避免不必要的麻烦。

1867 年 11 月 21 日,清政府派蒲安臣率团出访,同行的有总理衙门章京志刚、孙家谷,英人卓安、法人德善,另有中国秘书和随行人员 30 人。1868 年 2 月,蒲安臣使团从上

---

① 《筹办夷务始末》(同治朝),卷三九,第 1 页。

② [美]费正清:《剑桥中国晚清史》下卷,中国社会科学出版社,1985 年,第 88 页。

③ 《筹办夷务始末》(同治朝),卷三九,第 2 页。

④ 《筹办夷务始末》(同治朝),卷五一,第 27 页。

海出发,先赴日本横滨,转乘美国船只于3月抵达旧金山,踏上美国土地。代表团游历旧金山,乘船观光美国的西海岸,又到达华盛顿、纽约等地,美国总统约翰逊接见了使团成员。7月28日,蒲安臣与美国国务卿西华德签订中美《续增条约》(即中美《天津条约续增条款》,又称《蒲安臣条约》)。9月19日,蒲安臣率团到达伦敦,他们游览了英国的动物园、万兽园、蜡像馆等地。11月20日,使团受到维多利亚女王的接见。12月4日,英国新任外交大臣克勒拉得恩接见了使团成员。1869年1月,蒲安臣使团到达巴黎,受到法国皇帝的接见。他们在法国停留9个月后,前往北欧各国访问,先后到达瑞典、丹麦、荷兰等国。1870年1月,蒲安臣使团前往普鲁士首都柏林,受到首相俾斯麦的接见。2月,使团到达俄国的首都彼得堡,受到隆重的接待和沙皇的接见。这时,蒲安臣因患肺炎逝世,使团由志刚率领,先后到达比利时、意大利访问,随后取道苏伊士运河,于10月返回北京。

蒲安臣使团出访欧美各国,历时近3年,先后到达11个国家。这是清政府正式派往欧美的外交使团之始,在一定程度上让西方了解了中国,也使中国对各国情势有了初步的认识。随同出访的中国官员也开拓了眼界,增长了见闻。志刚将这次游历写成《初始泰西记》一书,记述了在各国参观访问时的情形,对各国的名胜古迹、风土人情、工厂企业,以及文明设施等,感受颇深。从旅游史角度来说,这不失一部游记佳作。

6.1.5.3 五大臣出洋

20世纪初年,清政府为形势所迫,不得不进行预备立宪。为了解各国政情,以作立宪之参考,1905年7月16日,清廷决定派载泽、戴鸿慈、徐世昌、端方、绍英等五大臣,分赴东西洋各国,“随事诹询,悉心体察,用备甄采,毋负委任”。[①] 9月24日,正是五大臣离京出国之日,在北京正阳门车站,遭到革命党人吴樾的炸弹袭击,出访日程被迫推迟。12月,由于徐世昌、绍英另任新职,清政府改派尚其亨、李盛铎,与载泽、戴鸿慈、端方一起出洋。

1905年12月7日,由端方、戴鸿慈率领50余人,自北京出发至天津,乘坐轮船由秦皇岛、烟台、青岛、上海吴淞口。以此为开端,拉开了出洋考察宪政的序幕。他们自东到西,历时8个多月,到达日本、意大利等15个国家,行程12万里。在日本,他们分别到达长崎、神户、横滨、东京等地,以学校教育和金融为考察重点。1906年初,他们又来到美国,在檀香山、旧金山、芝加哥、匹兹堡、纽约、费城、波士顿等地,对这里的政治、经济、文化教育、慈善福利事业和军事工业,做了较为广泛的考察。此后,他们又到达:英国的瑟堡、伦敦;法国的巴黎;德国的柏林、多特蒙德、科隆、不来梅、莱比锡、巴伐利亚、汉堡;丹麦的哥本哈根;瑞典的斯德哥尔摩、哥德堡;挪威的奥斯陆、克里士托亚;奥匈帝国的维也纳、布达佩斯、太尔比尔森;俄国的圣彼得堡;荷兰的海牙、阿姆斯特丹;比利时的布鲁塞尔;瑞士的伯尔尼;意大利的米兰、罗马、那不勒斯。返程时,他们到过埃及、锡兰、槟榔屿、新加坡、中国香港等地。

1906年1月,由载泽、尚其亨、李盛铎率领的另一路,也历时半年的时间,到过日本的神户、京都、名古屋、东京、横滨;美国的西雅图、纽约、华盛顿;英国的利物浦、伦敦;法国的

---

① 戴鸿慈:《出使九国日记》(合订本),岳麓书社,1986年,第293页。

巴黎、里昂、都隆、加赖、哈富；比利时的安士凡省垣、马里恩、布鲁塞尔。他们考察了这些国家的议院、地方议会、中小学教育、中央与地方行政制度、工业、商务、水利电力事业等。

由此可见，五大臣的这次出洋考察，无论出国人数、时间，还是到达的国家，都是空前的。这也是清政府有目的的、政府性的、主动走出国门的政治旅行。代表团考察途中，他们“专门分工，各司其职，各负其责”。[①] 各随行人员，也各尽调查之职，各就所长，悉心采访，或商务，或财政，或教育。英国、日本、德国是五大臣考察的重点国家，在德国，他们请有关官员、学者讲解宪政情况。在法国，他们为“考求机关，延请彼国政府专家博士分门讲说”。他们到各处巡视参观，还深入工厂、学校、议院、警察署、裁判所、监狱等，“详加观览”。[②] 他们以政治考察为中心，但也旁及社会的其他方面。他们不再是“徒览异国风光”，而是有着实质性的考察内容。这次的出访之旅，载泽著述《考察政治日记》，戴鸿慈撰成《出使九国日记》，端方、戴鸿慈合辑的《列国政要》《欧美各国政治要义》，详尽记述了他们出访各国的成果。

五大臣出洋考察，是近代国人的海外旅游之举。端方、戴鸿慈到意大利的威苏维火山遗址参观，在日记中描述了火山喷发后的情形：“毁坏村庄二座，瓦砾沙泥。堆积成丘，皆作煤色。瓦多陷土中，其见地上者楼耳，颓垣洞开，黝然深黑，老树拔根，枝叶黄晚”。[③] 登上山顶的火山口处，通过实际观察，认为这是“山内多硫黄，性质剧烈”的结果。“火山每三十年必发一次，形成周期性喷发时，火焰冲天，融液成泉，自上泻下，所过房屋桥梁，立时倾倒”。最近的火山喷发持续时间，“长达 24 小时，所损教堂、行栈、居民产为约在千万，幸人民奔避尚速，伤死不多云”。他们还参观了庞培古城遗址，这可以说是意大利的天然博物馆，民众日常生活所用，如面包、器皿、贝壳、鸡犬、水池、壁画、厨房、餐具，历历在目。公众场所的遗存，如浴池、汤面铺场、戏院、学堂、图画的染色、线条的精细，“令人叹为观止，今人不及也”。[④]

值得注意的是，他们直接将国外旅游资源的开发，与国内旅游资源的现状，进行了对比。他们对瑞士秀丽的风光，发达的旅游业钦佩不已，认为“风景山水绝佳，秀出尘表，诚为世界避暑住所也”。“湖水浅碧，清波不扬，中流容与，谈笑风生”，描述了一幅让人悠然恬淡，乐不思蜀的景象。而反观我国，“内地未辟，交通不便；又乏保护，经营乏术，使坟墓纵横，斧斤往来，风景索尽”。[⑤] 如此这般，何以能够吸引游人前来呢？这是较早对我国旅游现状的批评。不言而喻，五大臣出洋之旅，在中国旅游史上占有一定的地位。

6.1.6 谋求富强的壮游神州之旅

在近代，由于列强的侵略，民族危机空前严重，仁人志士走出国门，游学、出访欧美各国，寻求救亡之真理。与此同时，面对“国破山河在”的局势，他们纷纷走出书斋，“以天下

---

① 戴鸿慈：《出使九国日记》（合订本），岳麓书社，1986 年，第 349 页。
② 故宫博物院明清档案部：《清末筹备立宪档案史料》（上），中华书局，1979 年，第 11 页。
③ 戴鸿慈：《出使九国日记》（合订本），岳麓书社，1986 年，第 511 页。
④ 戴鸿慈：《出使九国日记》（合订本），岳麓书社，1986 年，第 511–512 页。
⑤ 戴鸿慈：《出使九国日记》（合订本），岳麓书社，1986 年，第 498–499 页。

为己任”，为谋求富强的道路，开始了壮游神州之旅。他们的足迹遍及祖国各地，为地质事业而游历考察的丁文江，为出版事业而忙碌奔走的陆费逵，是这方面的突出代表。

6.1.6.1 丁文江的地质考察之旅

丁文江（1887—1936），字在君，江苏泰兴人。1908—1911 年，丁文江在格拉斯哥大学，学习动物学与地质学。毕业后，丁文江由越南海防登陆，乘火车进入云南，经贵州、湖南、湖北等地，最后回到江苏。对离别家乡已久的他来说，可谓一路风光一路情，坚定了他游历考察、发展地质事业的决心。

回国后，丁文江献身地质教育事业。他“素来主张实地调查，故曾经他考查过的区域甚广。不但西南诸省为其特别研究的地方，即中国中部及北部各省亦到处有其足迹。又因他调查时讲求精密，注意系统，所以他存留下来的记录及图件，特别丰富。他所采集的化石及标本，动辄以吨数计。但是他对于出版报告，十二分慎重。所以他已曾发表的地质论文，比较不多，恐怕还不及实地工作之十分之一”。① 1913 年，丁文江率队外出，沿地跨山西、河北两省的正太铁路南下，调查矿产资源。在他的主持下，调查队绘制了太行山中东部的地质图，对石炭系煤田和“山西式”铁矿，做了认真的研究，取得了重要成果。此后，丁文江又前往云南，亲自调查个旧锡矿和东川铜矿。他跑遍了滇东、滇北各地，对个旧锡矿和东川铜矿参观、分析，颇有心得。丁文江先后两次渡过金沙江，到达四川宁远地区、会理一带，又由滇东北进入贵州威宁及其附近。云南、四川、贵州三省交界之处，地形复杂，山高谷深，水流湍急。加之天气多变，人烟稀少，交通不便，条件十分艰苦。但丁文江怀着报国之心，开辟富源之志，毫不畏缩，义无反顾。他登上 4 145 米的牯牛寨，爬至巍峨峻峭的龙爪山。每到一处，丁文江“以管窥天，以锥指地”，打化石、采标本、绘地图、做笔记，为自己亲身游历所得而兴奋不已。丁文江对我国西南地区地层和矿藏分布，有了深入的了解，纠正了过去的一些错误认识。他绘制《个旧县地质图》《个旧附近地质总图》《老厂大沟地质分图》《个旧锡矿区地质概要图》，写成《调查个旧附近地质矿务报告》《调查乌格地质矿务报告书》《云南东川铜矿》《改良东川矿政意见书》，以及云南省矿产的分布、性质与开采的文稿。“这是中国人第一次开展边远地区的大规模地质工作，是地道的探险工作”。②

1915 年春，丁文江率领地质研究所的学生到直隶、山西、山东等地游历考查。由于山高路险，有的同学叫起苦来，他便用种种办法，激发大家的兴趣。有时为让学生多看一些地质，不惜多绕多走山路。爬泰山时，一边陶醉于泰山的雄伟，一边研究泰山岩石的特点。1922 年，他先后去安徽、浙江一带，河南六河沟煤田、江西萍乡煤田、湖南上株岭铁矿，以及山西大同、豫晋边境黄河两岸等地调查地质。1928 年，丁文江到广西考察锡矿、煤田，并发现地层岩石的变化规律。1931—1934 年间，丁文江任教于北京大学，十分注重理论与实际相结合，“亲自带领学生作野外旅行，所有地质问题，均就地商讨”。③ 1935 年 12

---

① 黄汲清：《丁在君先生在地质学上的工作》，《地质论评》1936 年第 1 期。

② 王仰之：《丁文江年谱》，《泰兴文史资料》第四辑，第 99-157 页。

③ 翁文灏：《丁文江先生传》，《地质论评》1941 年 C1 期。

月，丁文江又到湖南为粤汉铁路调查煤矿。在登衡山时，丁文江缓缓前进，计算步数，测量气压，勘察地质。到南天门时，山风怒吼，逆风而行。到上峰寺、祝融峰，丁文江一路走来，一路观测。1936 年 1 月 5 日，丁文江因煤气中毒，在长沙逝世。

古人说：读万卷书，行万里路。对地质人员来说，外出旅行游览，更多地是为了考查与探求科学知识。诚如丁文江所言："书是要读的，更重要的是自己的眼睛和手，从大自然获得的知识去检查书上的东西"。[①] 他是这样说的，也是这样做的。

6.1.6.2 陆费逵的旅行见闻

陆费逵(1886—1941)，字伯鸿，号少沧，浙江桐乡人，生于陕西汉中，长于江西南昌。1912 年，陆费逵创办中华书局，倡导"教科书革命"，不断发展壮大，成为继商务印书馆以后，我国近代第二大民营出版机构。陆费逵没受过多少正规的学校教育，其丰富的知识靠坚持不懈地自学所得。他平生喜好游历，作为中华书局的总经理，陆费逵奔赴各地分局，通过旅行而增长见闻，由此坚定他以出版扶助教育、提高国民素质的决心。

对于外出游览，以开阔视野的重要作用，陆费逵有着深刻的认识。有人以《论语》所言"父母在，不远游，游必有方"为根据，指责它阻碍人们旅游的志向，消磨人们探险的精神。然而，陆费逵对此颇不以为然，认为这是千百年来，人们对孔子旅游思想的误解。"细玩此三句语气，详察古代情事"，到了重新做出解释的时候了。他指出："父母在不远游者，正提倡出游也"。为什么？在他看来，一方面，事亲与远游确实存在着矛盾。男子志在四方，"子之事亲，天职也；男子志在四方，亦天职也。事亲而不出游，则如四方之志何？亲在而远游，则如孝亲之道何？"所谓父母在不远游，只是以亲情而不可游得太远。"然男子志在四方，士之游学，仕之朝聘，万无废止之理，则有不能不远者矣"。但是另一方面，既要孝亲，又不能不远游，怎么办？于是，孔子叫人"游必有方"，说明并不反对出游，而是要求告诉父母，让父母知道自己的去向，免得为之挂念。按照陆费逵的理解，"盖谓远游亦无不可，惟必令父母知其所适之方向耳"。做到了这些，则"准乎天理，合乎人情"。这样一来，《论语》之言，"何从阻青年之壮志，消磨多少探险家乎？"陆费逵得出结论，说："孔子之意，非侧重在不游，正侧重奖励出游"。随即，他以孔子率弟子周游列国为例，说明这种行为，如果以父母在不远游为宗旨，则其弟子"承圣人之道统者，不先违圣人之道乎？孔子何不恕之甚，而令人亲子远离哉？吾故曰：孔子此言，是奖励出游而谋两全之方，非阻人之亲远游也"。[②] 陆费逵强调不要曲解孔子的话，进而主张人们外出旅游，这种观点令人耳目一新。

陆费逵出生在陕西汉中，6 岁时随父母前往江西南昌。当时的路程需要走两个多月，所经各地，令少年陆费逵非常兴奋。他将沿途所见，记在心中，事后回忆颇有趣味。当坐船行至汉水时，到达险要之处，陆费逵与弟弟到达岸上，船由左右前后四条绳索牵引，行走在两巨石之间，稍有不慎就会粉身碎骨。他们观看时，不禁心有余悸。当船到达老河口，换乘巨轮抵达汉口，眼界为之一阔，如食大虾，甘美无比。到达南昌后，亲戚中有人问他沿

---

① 张作人：《我所敬佩的老师丁文江先生》，《泰兴文史资料》，1987 年，第 4 辑，第 22 页。

② 陆费逵：《"父母在，不远游，游必有方"解》，《中华教育界》1919 年第 8 卷第 2 期。

途的见闻,陆费逵将沿途经过之地,如汉中、城固、兴安、均城、老河口等,依次答之。以后,每当他到外地之时,必熟记所经地名、风物,遂养成良好的习惯。

中华书局成立后,由于业务发展的需要,全国各主要城市建立分局。陆费逵经常下去视察,因而对各地的风土人情、文化教育,以及民众的生活状况有了很多的了解。他的许多教育思想,也与这些游历有很大的关系。

1919 年 9 月 5 日,陆费逵自上海出发,到达南京,共游览两天。他接触了许多人,尤其是与江苏第四师范学校校长仇良卿的谈话,可谓受益匪浅,对当地的教育问题多有看法。陆费逵得知,高等小学的办理不尽完善。而中学毕业又多数"为不适应,不能谋生"。此种原因何在?他指出,先是因为所选专业欠考虑造成的,再是"教育行政之方针又误也"。陆费逵以江苏省立 11 所中学为例,"校各二班,并私立者计之,每年卒业生至千余人之多"。如此多的中学毕业生,"省立国立之高等大学,不能容其什一之升学"。他们"不得不为高等游民,而愈为世所诟病矣!"其他诸如师范教育、中学和师范学校的国文教育,陆费逵也分别提出了自己的意见。

9 月 8 日,陆费逵到达济南。自第一次世界大战后,日本占领山东,实行殖民统治,济南在某种程度上具有明显的"日化"色彩。陆费逵入得城中,"午后出游,见一日兵骑而驰,路人相率让道,追其过则诅之、詈之。西关内外,日本商肆鳞比,较之从前德人所经营者,不啻什伯。而倭娘三五,擎纸伞,曳木屐,仆仆道途,几令人有置身汉城、仁川之感"。从陆费逵的描述中,看到是一幅日本兵横行、日本店铺很多,仿佛置身于异国他乡的景象,不难发现他内心的复杂情感。

陆费逵看到济南比以前变化较大,"济南街市,较前益繁盛。新式建筑,不可胜数"。济南以泉水著称,但卫生状况欠佳,陆费逵描述说:"距泉稍远之处,则以污秽之井水、沟水驻饮料。故城内各区,疫与水为比例,疫愈盛者,其水愈污也"。在这种卫生条件下,蚊、蝇极多,使人夜不能眠,且传播疾病。加之人们的饮食卫生意识不强,死亡事时有发生。

关于山东的教育,民国建立后发展很快,"有一日千里之进步"。但后来则"恹恹无生气",乡僻之地不说,"省垣小学亦有不能维持现状之势"。教育厅没成立,办学经费无着落。"女学不发达,女子师范全省仅一校。女师范生大半系官绅人家,认入师范为女子高等教育,卒业之后,多不肯任事,尤不肯出外任事。外县女高小卒业者,父兄虑财力不能供女生之衣饰,多不令入师范。以此因果,故教员如凤毛麟角矣。"

9 月 10 日,陆费逵北上到达天津,对这里的感触较深,"与济南迥不相同,抑且与南方大异"。天津的教育发达,有雄视全国之势,究其原因,"中小学基础早已确立,一也;高等、专门学校较为发达,二也;因近年政潮关系,天津为名流荟聚之所,三也"。通过游历参观,陆费逵认为这是政府重视、名流汇集、人们赞助和学术风气浓厚的缘故。

9 月 13 日,陆费逵来到北京,住东方饭店,停留十几天的时间。给他印象最深的是大学众多,人才荟萃,蔡元培主政北大,兼收并蓄,"益以部院学校之关系,求事、求学者群趋于京华"。与其他地方比较,这里人文底蕴浓厚,所以思想非常活跃。陆费逵以一个出版人的眼光,欣喜之情溢于言表,他说:"思想发达,于是出版物大盛。出版物愈盛,思想愈发达。京中定期刊行物,多至八十余种,诚可喜之现象也"。陆费逵又看到,北京的风气

和文化冲突问题。他指出："一则风气渐趋于浮靡，愈穷愈奢之原则，又可应用于北京也。一则新旧冲突丰甚，新中复有新，旧中复有旧，极端复有极端，争论之里面，藏有许多陷害倾轧之行为。此不惟影响于思潮，直与国民人之人格，国家之元气，予以大打击也。"

9月22日，陆费逵乘火车南下，次日中午，到达石家庄。他下榻祥隆饭店，又赴中华书局分局。他对这里印象是学校"极少"，水利不修，常为水患。此外，"石家庄之现象颇奇，在铁路未通以前，不过一村落而已，今则直隶南部之大镇，山西出人之咽喉。居民甚少，商业甚盛。大街地基，有租无卖。稍僻街市，每亩售价二三千金"。

不久，陆费逵到达太原，对山西的师范教育、社会教育赞赏有加。他认为山西之政治，"第一在提倡国民之修养，第二在民政之励精图治，第三在注重教育，第四在讲求生计。虽因财力、智力之关系，有不克尽举或举之而不得其道者，然大体已具矣"。山西之民政，"最注意者六事：曰水利、曰蚕桑、曰种树、曰禁烟、曰天足、曰剪发"。因倡导有力，措施实行，收效显著。至于教育问题，更是不遗余力，"山西岁入不过千万，教育费竟达二百万，今年临时费又百余万"。在太原，学校教育是陆费逵参观的重点，耳闻目睹之事，令他感受颇深："余参观所及，有数种感想，进步，一也。元年余到晋参观女师范，其程度之幼稚，非吾人想象所能及。今则教授管理，斐然可观。太原中华分局经理张君文甫有一女，年十七，在师范三年级，余曾阅其作文稿本，事理明白，文笔条畅。如就江浙学校比之，恐男师范之中等生，亦不过如此也。余参观时，见江苏吕女士教授唱歌，教态教法，既有可取，且能注重文学趣味，盖新知旧学，俱有根柢也。本省某女士授国民二年级图画，教态教法极佳，且能联络各科，养成常识，在小学教师中，不可谓非上驷之选。女学进步如此，其他可想见矣。"此外，这里与国计民生关系密切的事业，"造林、种棉、改良农业，均次第进行矣。其尤有希望者，厥为畜牧。晋地多山，草地多山，草长宜牧，尤宜牧羊"。农林学校注重试验，所取成效推广各县实施。陆费逵记述说："吾参观农林学校时，羊适放出，与崔副官既该校职员追踪于校后高林中，甚有趣也"。①

陆费逵是著名的出版人，但以其游历所见所闻，对教育问题十分关注。在他所写文章中，随处可见。有些论文，直接就是自己出游的观感。1925年，陆费逵撰文说："吾此次出游，仅以三周，历湘、鄂、浔、芜、宁等处，且在牯岭小住三日，对于教育上实不能有所考察"。在长沙，他参观楚怡小学，认为此校堪称"完善之模范小学"；每到一处，"与当地教育界人士接谈"；对于平民教育，"吾此次出游见有两现象"，一是社会上对平民教育的教材有所怀疑，二是平民学校成人少而成童多，并有学龄学童。由此，他写成《国民教育之两大问题》，提醒社会各界都来重视，认为"成童补习教育，在现在教育事业中最为重要"。"望各地教育界速起提倡，以其关系于国家、国民者至巨也"。② 可以相信，陆费逵以出版家而关注教育问题，从而也以教育家闻名于当时，与他外出游历，对中国教育问题的深入了解，有着密不可分的关系。不难发现，陆费逵对我国出版、文化、教育事业的贡献颇巨，除了他具有强烈的事业心和使命感以外，他喜好游历，亲闻看见世事人情与国内形势，也

---

① 吕达：《陆费逵教育论著选》，人民教育出版社，2000年，第232-245页。

② 陆费逵：《国民教育之两大问题》，《中华教育界》1925年第1期。

起到了不小的作用。自古以来,中国文人学士秉承“读万卷书,行万里路”的宗旨,将外出游历、交游,作为治学之道的不二法门。近代中国特殊情势下,游历活动也被赋予了时代特色,他们领略的不再是悠闲的名胜风光,也不再是“采菊东篱下,悠然见南山”的心情,而是具有强烈的忧患意识,与探求救国救民的真理,密切地联系在一起。陆费逵的游历活动和影响,堪称这个时期爱国学者的典型代表。

6.2 近代旅行活动和服务的日益丰富

6.2.1 洋馆、会馆的设立

6.2.1.1 洋馆

明末清初,由于封建政府实行闭关政策,先后制定《防范外夷条规》《民夷交易章程》《防范夷人章程》等,限制中外交往和防范外国人在中国的活动。其主要内容有:一切外商的贸易均需通过公行进行;禁止从夷船偷运枪炮到商馆;不准外商坐轿进馆;外商不准在广州过冬,必须到澳门“住冬”;外商居住广州期间,不得任意闲逛,每个月只许两至三天在指定的时间到指定的花园游览,日落前回馆;外国妇女不准居住广州夷馆,只准住在船上(后来允许居留澳门)。由此可见,外国人停留居住在中国,有严格的规定,不得违犯。直到鸦片战争前,这种政策也未曾稍变。

后来,随着中西贸易往来的日渐增多,清政府指派广州的“十三行”,专门负责与外商的交易,因此他们来华商谈业务、起居食宿,统一被安排在“十三行”的商馆内进行。这些供外商居住的商馆,集中建造,依次分布,其名称为:怡和馆、集义馆、丰泰馆、隆顺馆、瑞典馆、帝国馆、宝顺馆、广源馆、明官馆、法国馆、西班牙馆、丹麦馆。广州的洋馆,建筑风格都是西洋式,外观华丽,内部布置也极讲究。每所洋馆排列有序,作用有别,一般底层作库房、仆役室、厨房、堆栈等;二层辟为账房间、客厅、饭厅等;三层为卧室。各洋馆还建有花园和运动场,以便游览和健身。

鸦片战争以后,英国与清政府谈判订约,开放五口通商,关于英人的居住问题成为双方交涉的内容之一。英方代表璞鼎查就英人来华居住的有关事项提了出来,要求消除以前的诸多限制,并允许他们带家眷来。他强调,英国至中国七万余里,远涉重洋,经年才能往返一次,务求准许英国商人携眷同来,免致离散,他们既得贸易,又有家室,才能安分输税。当时,清政府谈判大臣、广州将军耆英向道光皇帝请示,说:“至向来夷船进口,携带家眷,止准留住夷船,不准寄居会馆,立法本严。窃思夷船之所以难制者,诚以飘忽往来洪涛巨浪之中,朝东暮西,瞬息千里,是以能为遥患;今若有庐室以居其货,有妻孥以系其心,既挟重货,又携室家,倾恋滋多,制空较易。况英夷重女轻男,夫制于妇,是俯顺其情,即以睹柔其性,是更不必遇事防闲”。[①] 自此以后,英国和西方名国的在华官员、商人、传教士,以及游历的人,开始名正言顺地进入中国的广州、厦门、福州、宁波、上海五个通商口岸。

---

① 郑永福:《中国近代史通鉴·鸦片战争》,红旗出版社,1997 年,第 64 页。

由于西方列强不断扩大对华战争，以索取更多在中国的权益，中国被开放的沿海和内陆的通商口岸越来越多。在上海、天津、北京、武汉等地，供外国人居住的洋馆，也逐渐增多起来。

6.2.1.2 会馆

会馆在我国有悠久的历史。自隋朝实行科举考试以来，历代沿用不衰，各地的文武考生到省会、京城赶考，由于路途的远近不一，有的需提前数天到达。此外，明朝以来，随着工商业的发展，商旅往来，异地贸易，也迫切需要食宿等服务的配套，以便解除后顾之忧。“需要是同满足需要的手段一同发展的，并且是依靠这些手段发展的”①。于是，为参加考试和经商者提供食宿的会馆，应运而生。以广东为例，明朝初年，随着经济的发展，士子读书、应科举的风气极盛。他们期望“十年寒窗苦，一朝天下名”，纷纷来京城考试。因人地生疏，语言不通，居住不便。嘉靖末年，一些在京城任职的粤籍官僚，出于同乡之谊，便相互邀集，筹措资金，在北京购置房产，以便于来京应试和旅居者。

到清朝时期，会馆有了更大的发展。各省在京城竞相建成会馆，甚至有些较大的县份，也投资兴建。各省在京城会馆的数量不一，基本上与该省的经济、文化的发展状况，以及在京为官者多少有关。清道光年间，北京的会馆有近400所，全国各地在北京均有设立。到后来，会馆还扩展到地方上，尤其是一些交通发达、商业繁荣的城市。如清朝末年，重庆、汉口、广州、苏州等地，也设有不少的会馆。起初，会馆提供服务的对象较广，主要供本省或本县的举人和商人食宿之用。但封建政府历来重农抑商，所谓“民分四等，商居其末”。作为“四民之首”的士子们，当然不愿意与求利的经商者混居在一起，因而绝大多数的会馆，以供应举人考试而设。有的会馆就明确表示，专为公事与应试京城而设，其贸易客商自找寓所，不得于会馆居住。清末近400所会馆中，有300多所是为应试举子而设。近代社会特殊的环境下，会馆并不单纯是一个食宿的场所，也成为士子聚会、畅谈国政，甚至为救亡变革运动的发源地。如北京的南海会馆、浏阳会馆，就因担当了这种角色而闻名于世。

南海会馆设立于1824年，为广东南海县（现南海区）籍的京官筹资兴建。自清朝开科取士，到道光初年，广东的举人够资格赴京者达72名，而南海县的占1/4。每当京城会试之时，南海县来京举人多至上百名。省属会馆不能容纳，许多人不得不外出寻求住处。在京任职的南海人吴荣光、李可琼、邓士先等人，捐款筹资达一万三千两，购得宣武门外米市胡同房屋数间，以作南海会馆。以后，南海县的举子越来越多，南海会馆拥挤不暇，有人甚至住在户外走廊里。1880年，南海会馆于其南面附近再购房屋，与原先房屋相连，形成一个大院，内分13个小院，南海会馆达到一定的规模。

南海会馆的扬名，是因为康有为曾在这里居住和活动过。康有为（1858—1927），又名祖诒，字广厦，号长素，广东南海人。1882年，康有为第一次来北京，参加顺天乡试。到达北京后，康有为投宿南海会馆，住在东北面一个名叫“七树堂”的小院。他以南海会馆为海，北望紧靠的老便宜坊之小楼似舫，因而自称所居为“汗漫舫”。这次考试虽遭失败，

---

① 马克思，恩格斯：《马克思恩格斯全集》，第23卷，人民出版社，1972年，第559页。

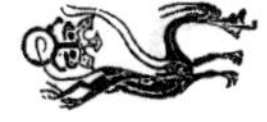

但对康有为来说并非没有意义。他在返回广东的途中,路经上海,“益知西人治术之有本”。[①] 于是购买江南制造总局及教会译出的西方书籍尽读之,“自是于其学力中,别开一境界”,[②]开始“大讲西学,始尽释故见”。[③] 1888 年,康有为再次到北京应顺天乡试,仍住在汗漫舫。受民族危机的刺激,康有为再也难以抑制内心的翻腾,奋笔疾书,写成上光绪皇帝书。他指出,如果继续因循守旧,不思变法,“一旦有变,则何以支?”康有为呼吁:“变成法,通下情,慎左右”,[④]修明政治,挽救国家危亡。由于顽固派的阻挠,康有为的上书没有上达。同时,应试又未中第,但对他来说,思想上又上了一个新的台阶。1890 年 1 月,康有为回到广东。1891 年,康有为讲学于广州长兴里,并著书立说。1895 年初,康有为又来到北京参加会试。其间,传来中日签订《马关条约》的消息,“电至京师,举国哗然”。5 月 2 日,康有为联络来京应试的举人 1300 多名,发起著名的“公车上书”活动,强调破除旧习,更新大政的变法内容。“公车上书”后不久,会试发榜,康有为考中进士,被授工部主事职务。五六月间,康有为连续两次上书,提出“设议院以通下情”的主张。在南海会馆,康有为多次约见变法志士,商讨变法维新大计。同年 8 月,康有为在南海会馆创办《万国公报》,后改为《中外纪闻》,印数多达 3000 份,宣传西学,鼓吹变法。南海会馆一度成为变法运动的策源地。在这里,康有为构思写作,吟诗言志,表达了变法图强的决心。他的诗结集成篇,名为《汗漫舫诗集》。不久,康有为返回广州,教书于万木草堂。

1897 年 11 月,德国强占胶州湾。康有为急忙赶回北京,连续上书光绪帝。他指出:“万国报馆,议论沸腾,咸以瓜分中国为言。若箭在弦,省括即发”,“瓜分豆剖,渐露机牙”。中国的处境“譬犹地雷四伏,药线交通,一处火燃,四面皆应”。因此,必须立下决心,“发愤维新”。否则,“皇上与诸臣,虽欲苟安旦夕,歌舞湖山,而不可得矣;且恐皇上与诸臣,求为长安布衣而不可得矣!”[⑤]与此同时,康有为邀集在京的广东人士 20 余名,在南海会馆成立粤学会,以变法维新相号召。在康有为的带动下,各省旅京人士也纷纷成立团体,如闽学会、关学会、蜀学会等。1898 年 4 月,会试举人从全国各地来到北京,经过康有为等维新人士的积极奔走联络,发起并成立了保国会。1898 年 6 月 11 日,“百日维新”正式拉开序幕。居住在南海会馆的康有为异常活跃,不断地向光绪帝上奏折,并呈上《日本变政考》《波兰分灭记》等书。康有为的弟弟康广仁到北京,住在南海会馆,协助他从事维新事宜。但是不久,由于清朝顽固守旧势力的反扑,戊戌政变发生,清军包围南海会馆,康广仁被捕,康有为亡命海外,维新运动宣告失败。

同样,浏阳会馆的闻名,是因维新志士谭嗣同而得。浏阳会馆于 1872 年设立,由湖南浏阳人、在户部任职的谭继洵等筹资购买。地点在北京宣武门外北半截胡同路,与南海会馆很近,仅一巷之隔。浏阳会馆由前后三个相连的跨院和前院南边的一个小跨院组成,共有瓦房 24 间半,灰顶小房 6 间,布局严谨,是个标准的北京四合院。一进大门,可见五间

---

① 中国史学会:《康南海自编年谱》,《戊戌变法》第 4 册,神州国光社,1953 年,第 116 页。

② 梁启超:《康有为传》,《戊戌变法》第 4 册,团结出版社,2004 年,第 9 页。

③ 中国史学会:《康南海自编年谱》,《戊戌变法》第 4 册,神州国光社,1953 年,第 116 页。

④ 中国史学会:《康有为奏议上清帝第一书》,《戊戌变法》第 2 册,神州国光社,1953 年,第 127 页。

⑤ 《康有为奏议上清帝第五书》,《戊戌变法》第 2 册,神州国光社,1953 年,第 188–190 页。

西房，这就是浏阳会馆的正房。正房中的3间，是谭嗣同曾居住过的“莽苍苍斋”。谭嗣同(1865—1898)，字复生，号壮飞，湖南浏阳人。为谭继洵之子，随父居住浏阳会馆，浏阳著名学者欧阳中鹄来京，任内阁中书，谭继洵邀其住在浏阳会馆。谭嗣同拜师欧阳中鹄，攻读《船山遗书》，研讨传统文化。1877年，谭继洵调任甘肃巩秦阶道，谭嗣同随父南下。1884—1893年，谭嗣同遍游全国各地，游览湖南、河北、江苏、安徽、甘肃、新疆、湖北、河南、江西、山东、山西等10多个省，总计行程8万余里。他曾回忆说：“十年中六赴南北省试，惟一以兄忧不与试，然行既万有余里矣。合数都八万余里，引而长之，堪绕地球一周”。[①] 祖国壮丽的河山，令他心旷神怡；民众生活的苦难，令他感慨万千。1895年，谭嗣同赴京，特意拜访康有为，未果，与梁启超晤见，对维新主张极表赞同，自称康有为的“私淑弟子”。1897年，谭嗣同在湖南，协助巡抚陈宝箴，共商维新大计。1898年8月21日，谭嗣同回到北京，住浏阳会馆，参与变法事宜。这期间，正是变法的高潮阶段，谭嗣同与南海会馆的康有为过往甚密，探讨维新大计，常常彻夜长谈。他的许多诗文、信札，也大都成于此地。

维新运动刀光剑影，浏阳会馆的谭嗣同积极筹划。戊戌政变发生，康有为、梁启超亡命国外。9月24日，清军包围浏阳会馆。谭嗣同走出“莽苍苍斋”，从容不迫，慷慨就义，年仅33岁。谭嗣同为变法牺牲后，其遗体被运回浏阳会馆，后护送至浏阳安葬。此后，许多赴京的湖南举子，怀着崇敬的心情，来凭吊以身殉维新的谭嗣同。直到1937年，日本占领北京后，悼念活动才被迫停止。浏阳会馆和“莽苍苍斋”，与谭嗣同的名字一样，成为人们心中的永恒。

由此可见，近代京城各地的会馆，不仅成为人们的旅居、食宿之地，而且还由于特殊的历史环境，成为传播西学、研讨学问之场所。以南海会馆、浏阳会馆为代表，甚至成为维新运动的中心。其他的会馆，也与许多名人、学者联系在一起，如番邑会馆之于龚自珍、新会会馆之于梁启超、香山会馆之于孙中山、绍兴会馆之于鲁迅，等等。它们因居住过的名人、学者而闻名，名人、学者也因它们的存在，而借之以成就自己的事业。

6.2.2 涉及服务的旅馆与饭店

中国近代，随着列强侵略的不断扩大，通商口岸的逐渐增多。1845年11月，英国在上海首先设立租界，不久美、法等国相继效仿。起初，租界严防华洋混居，后因避战乱，不少市民涌入租界，打破了华洋分居的状态。人口的流动与增加，商业与贸易的繁荣，为之服务的各种店铺，包括旅馆与饭店等应时而生。

上海设立租界后，外国人的事业多有扩展，他们建立教堂、出版机构和商行等。1847年，英租界内就建起了25家商店铺、一家旅馆和俱乐部。[②] 此后，在其他的沿海、沿江的开放城市内，外国人也纷纷开设旅馆。上海交通便利、商业发达，“英国租界变魔法似地

---

① 《谭嗣同全集》，生活·读书·新知三联书店，1954年，第206页。

② 汤志钧：《近代上海大事记》，上海辞书出版社，1989年，第31页。

迅速繁荣,真是个奇迹。他们不是造西式洋楼,而是在造各式各样的华丽宫殿"。[①] 因此,外商经营的旅馆也最多。1883 年,外人投资兴建的一品香旅社,是上海有名的大型旅馆之一。在西式旅馆业的带动下,至清末民初,许多中国商人也投资兴建旅馆,以满足日益扩大的旅行者的需要。清朝末年,北京前门一带,因外地来京官员、商人和应试举子的增多,专门提供住宿服务大小旅馆如雨后春笋般地开设起来。值得一提的是,清新舒适的三义客店,生意兴隆。该店有楼房 5 间,平房 52 间,与周围的旅馆相比,资本并不很雄厚。但由于房间布置的朴素淡雅,院落以砖铺地,配有花坛、树木,令人爽心悦目。同时,三义客店以人为本,注重信誉,提出"店家,店家,到店如到家"的服务宗旨。他们不但为旅客提供开水、茶叶和卫生等服务,而且利用地理优势,多方面了解商业的信息,使入店商贾及时掌握市场的行情。如此一来,三义客店既是住宿的场所,又是信息中心和生意洽谈地,不少商贸合同就是在这里谈成的。三义客店以周到的服务,干净卫生的环境,赢得了顾客的好感。许多来京旅客前来入住,有时还要提前预订。

近代旅馆业的兴盛,是与商业贸易的发达相伴随的。为了竞争获利,广增客源,各地旅馆不断改善条件,在优质服务的同时,硬件设施也不断完备。1920 年,中华书局总经理陆费逵由上海乘船到广州、香港。当他所坐轮船一靠岸,"旅馆接客者以小艇及小汽船傍大舟",服务意识不可谓不强。陆费逵入往旅馆,对港、粤两地的变化惊叹不已。在他所"觉有五事与从前不同者",就有两项是旅馆业,"(一)从前无沐浴之所,今则上等旅馆均有浴室,间亦有澡堂。(二)从前旅馆不多,新式者尤少,今则鳞次栉比矣"。[②] 可以说,这些旅馆内的设施,除没有电视、电话等现代通信外,与今天的酒店已无多大区别。

俗话说:在家千日好,出门一日难。近代商业的发展,导致人口流动的加剧,与之相适应,为游客服务的饭店也逐渐建立。1860 年,英商礼查在上海建立"礼查饭店",这是外国人在中国开设的第一家档次较高的饭店。该饭店位于上海外白渡桥北堍,与黄浦公园相对,处在人气旺盛之地。一时间,它成为外国人的聚会中心,许多大型的宴会就在这个饭店内举行。商业的发达,西方习俗的影响,必然带来人们娱乐观念的变化。1872 年,有人在《申报》上撰文,说:"人生斯世,忽忽如过隙之驹,茫茫如丧家之狗,富贵利达必百计以营谋,贫贱苦寒每多方以幸免。究之百年易过,何须劳碌以终身?万事难成,岂可忘求而快意?与其终年辛苦,费尽机械而空忙,何如一日消闲,略任心身而少逸。所以一心安泰,方能行乐以及时,百体畅舒,何必自苦而乃尔乎"。[③] 显然,这是代表商人阶层的一种消闲观念,饭店酒楼的出现,中餐、西餐的盛行,恰恰迎合了这种消费方式。有人舞笔弄墨,赞叹成诗:"肴分满汉尽珍馐,室静情堪畅叙幽。请客认谁家最冠,同兴楼与庆兴楼"。[④] 云集上海的商人新贵,往往大摆豪华的宴席,以显示自己的身份和地位。

在北京,外商所办的饭店中,北京饭店首屈一指。1900 年冬,法国的傍扎、白来地共同出资,在崇文门大街的苏州胡同,开设一家小饭店。不久,白来地退出,意大利的贝郎特

---

① 卢汉超:《西方物质文明在近代上海》,载《上海史研究》(二编),学林出版社,1988 年,第 26 页。

② 吕达:《陆费逵教育论著选》,人民教育出版社,2000 年,第 271 页。

③ 《申报》1872 年 6 月 13 日。

④ 《申报》1872 年 7 月 12 日。

加入。小店生意红火,1901 年他们将小店搬迁到东单菜市场附近,正式称作“北京饭店”。1903 年,北京饭店迁至长安街,有房屋 48 间。由于经营得方,北京饭店获利颇丰,成为外国官员、使节经常举行宴会的场所。1907 年,北京饭店转让给中法实业银行。此外,北京的六国饭店,位于中御河桥边,高楼大厦,极尽华丽,以供外国人食宿之需。庚子事变后,外人所办饭店逐渐增多起来。《大公报》报道说:“北京自庚子乱后,城外即有玉楼春洋饭店之设,后又有清华楼。近日大纱帽胡同又有海晏楼洋饭馆于六月十七日晨开张。盖近年北京人于西学西艺虽不知讲求,而染洋习者正复不少,于此可见一斑矣”。①

北京是政治中心,官员、士子和商人流动多,推动了饭店业的发展。如王府井菜场胡同东口的聚丰堂,饭厅明亮,院落宽敞,号称内城第一饭庄。京城南门外的饭馆,素以“四大兴”闻名,分别是福兴居、万兴居、同兴居、东兴居。一些在今天尚存的老字号饭店,也崛起于这一时期。如全聚德烤鸭店,创办于 1864 年。它的建立者杨全仁,最初在北京前门外经营,属小本买卖。在此基础上,他集资开店,聘用得人,提出“质量取胜,顾客第一”的口号。所做烤鸭,色、香、味融为一体,深受人们的喜爱,成为京城有名的老字号饭店。提及北京的涮羊肉,人们自然会想到东来顺饭庄。该饭庄创办于民国年间,创始者为丁子清,原在东安门市场经营粥摊,兼卖锅贴饼。后上涮羊肉项目,因服务周到,选材精致,羊肉鲜嫩可口,别具风味,使顾客回味无穷,赞赏有加。但涮羊肉毕竟有季节性,东来顺每到夏季,则增加杏仁豆腐、豌豆黄、水果、冰激凌等;端午节则添卖江米粽子;春节前后,提供江米年糕、元宵等。同时,还保持传统特色,烙饼、面条、杂面、米粥等。

天津的“洋饭店”也竞相设立。1905 年 5 月 16 日,天津同宴楼饭店,打出招牌,“专做包办英法大菜,西式点心,各国驰名洋酒、汽水等诸品,罐头食物俱全”。② 1910 年,新亚饭店在天津建成,其广告介绍说:“津埠为畿辅名区,中外官商群焉戾止,风气既日见开通,市面亦倍臻盛。虽饭庄酒馆斗胜争奇,然求其中西粹美,雅俗咸宜者实寥寥无几焉。敝店有见于此,不惜巨资,就奥界满春楼旧址,大加修饰,特行扩张,广招名手,专做英法大菜,并备寓客房间,床帐陈设,雅洁无伦,既几净而窗明,更神怡而心旷。楼下设有新式球案,风晨月夕可随意流连。他如各国洋酒、罐头食物并于鲜果品、什锦点心等,无不应有尽皆有”。③ 这种新式饭店,集吃、住、娱乐等功能于一体,适应了商旅往来、贸易繁盛的新形势,为内地饭店开风气之先者。

中外通商,文化交流,西式饭店的建立,使中国固有的、堪称发达的饮食文化,大放异彩。北京、上海、天津、广州等城市,出现了许多西式餐馆。上海“外国菜馆为西人宴会之所,开设外虹口等处,抛球打牌皆可随意为之。大餐必集数人,先期预定,每人洋银三枚。便食随时,不拘人数,每人洋银一枚,酒价皆另给。大餐食品多取专味,以烧羊肉、各色点心为佳,华人间亦往食焉”。④ 中西饮食文化毕竟有差异,人们对西餐的态度,从新奇、尝试,到逐渐地喜欢之。同时,对于西式分餐制、整洁卫生的习惯,也表示认同:“番菜馆为

---

① 《群尚洋习》,《大公报》1903 年 8 月 10 日。

② 《新开同宴楼洋饭店》,《大公报》1905 年 5 月 25 日。

③ 《新亚饭店广告》,《大公报》1910 年 10 月 8 日。

④ 葛元煦:《沪游杂记》,上海古籍出版社,1989 年,第 30 页。

外国人之大餐房，楼房器具都仿洋式，精致洁净，无过于斯，四马路海天春、一家春、一品春、杏林春皆是也。人各一肴，肴各一色，不相谋变不相让，或一二人，或十数人，分曹据席”。一些“裙屐少年，巨股大贾”，往往“异味争尝，亦沾染西俗之一端也”。[①] 不难发现，饭店林立，西餐输入，饮食业日渐发达。

出门在外，食宿为先。中外饭店的建立，不但表明城市商业的繁荣，而且在一定程度上满足了人们外出旅游的需要。近代社会剧变，中外文化交流，离家出行者渐多，饮食服务业的兴盛，是时代发展的产物。

6.2.3 新型的游乐场所

近代开关以后，商业渐兴，外人租界的开辟，随之而来的是，传统生活方式受到巨大的冲击。在上海、天津、南京、广州等大城市，一些公园、私家花园、歌舞厅、戏园、跑马场等，众多新式类型的娱乐场所纷纷建立起来。

近代意义的最早之公园——上海黄浦公园，即人们习惯称之为“外滩公园”，位于黄浦江与苏州河汇合之处。在上海，英、法、美等国划定租界，开了很多公司、洋行，高楼大厦林立。1860 年，他们选定黄浦江与苏州河交汇处的外滩，准备投资兴建公园。1866 年，由工部局组织，建造公园的工程开始。他们征集大批人力，先从洋泾浜挖掘河泥，填平低洼的滩涂，将沿江的滩边建成驳岸。在所圈范围内植树种草，整修道路，建设亭台茅舍，喷泉水池。1868 年，公园基本完工。该园占地面积 30 多亩，初名“公家花园”。它面临黄浦江、淞江，风景秀丽，“每当晨曦初上，夕阳欲下，霞光返照，紫霭笼江。又或晴空万里，水月交辉，阴雨霏霏，烟锁雾迷。四时之景色不同，而斯园之胜概无穷。至若登假山，步江亭，江水汪洋，烟波浩瀚，听涛声之拍岸，观轮舰之出没，更令人兴乘风破浪之思，足以拓胸襟而长志气”。[②] 如此风景如画的所谓“公家花园”，却只是对外国人开放，并以中国下等人居多，违犯秩序、不讲卫生为借口，不许华人入内游观。

黄浦公园对华人的限制，引起人们的不满。1878 年，《申报》载文《请驰园禁》，要求工部局准许对中国人开放，称：“上海与香港事同一律，驰于彼而禁于此，抑独何欤？况该园创建之时，皆动用工部局所捐之银。是银也，固中西人所积日累月而敛聚者也，今乃禁华人而不令一游乎？窃愿工部局一再思之。又下等人之在中国者，皆佣工及执业者居多，料亦无暇而日为此娱目赏心之事，即使有游手好闲者，则有捕房之法令在，若辈变断不敢逞也”。[③] 但工部局对这些呼声不予理睬，激起了人们更大的与义愤。同年 11 月，商界名人陈咏南、吴虹玉、颜永京、唐廷枢等人，联名致函工部局，提出准许华人入园的要求。为此，《申报》及时加以评论，认为：“本埠之有公家花园，造之者西人，捐款则大半出自华人。西人于造成之后，名之曰公家花园，以见其大公无私之意。然名则为公家，而其实则仍系私家”。西方人可以随时入园，“往来不禁”，即使日本人、朝鲜人也可进入，“而独于华人

---

① 池志澂：《沪游梦影》，上海古籍出版社，1989 年，第 158 页。

② 秦理斋：《上海公园志》，《旅行杂志》1930 年第 1 期。

③ 《申报》1878 年 6 月 21 日。

则严其厉禁,不得拦人"。该文强烈抗议:"公家花园之创,与夫平时管理、修葺一切等费,皆出自西人乎,抑出自华人乎?以工部局所捐款计之,华人之捐多于西人者几何?则是此园而例以西法,华人断不至被阻。且彼日本之人其捐尤少于西人,高丽之人则竟一无所捐,而何以颠倒若斯乎?"[①]在华商抗议和报刊舆论的压力下,1886年5月,公园开始有条件地对华人开放。

为缓和中国民众的愤怒情绪,工部局答应另建公园,专供华人游览。1890年12月,他们在"苏州河浜,南自白大桥起,另建华公园,为华人游息之所"。[②] 起初,该园名为"新公园"。第二年,又改称"华人公园"。与黄浦公园相比,华人公园面积较小,景观布置也比较简单。五四以后,随着民众爱国热情的高涨,1928年,工部局做出对所有中国人开放公园的决定,并从7月1日始实行。

1907年春,天津开始筹建公园。地址在"锦衣卫桥之北,地基开朗,嚣尘远绝。近方垒石为山,凿池引河。园之四周,围以杂树"。可见,这是一所起点较高的公园,为人们"游目骋怀"之胜地。[③] 1908年6月,北京农事试验场内的一座博览园,宣布对外开放,内设"植物园、动物园、博物馆、蚕桑馆"等,[④]对游人则有茶园、咖啡馆、游船、四轮椅、二人轿、人力车,成为人们的娱乐之地。但真正意义上的公园,并没有建成。在上海、天津等地设立公园的带动下,20世纪初,其他各地也多有兴建。如直隶、奉天、江苏、吉林等省,纷纷建成公园,供人们游览观赏。

除公共公园外,还有许多官员、富商、绅士建成的私家花园。北京的皇亲国戚、达官贵人,所建私家花园之多,为其他地方所不及。如各王府住宅花园,闻名中外的颐和园、圆明园。明末清初的学者孙承泽之故居,人称"孙公园",为一所著名的私家花园。孙公园位于琉璃厂西南,分前后两部分,中间修有一条小巷。前孙公园为主宅,后孙公园为别墅,极有气派。前孙公园呈方形,长宽各90多米。后孙公园稍窄长,院落宽阔,有假山亭榭,树木花草,清新自然。光绪年间,时为光绪师傅的孙家鼐将后孙公园辟为安徽会馆。苏州园林一向发达,私家花园随处可见。上海的徐园,"一名双清别墅,为私人徐棣山所建。初在沪北老闸唐家弄,每逢元宵前后,张灯供客夜游,那灯儿是雇巧工制的,玲珑剔透,无奇不有。且年年不同,岁岁各异,颇能引人入胜。并有曲会,画会,梅会,又制灯谜,由游客随意猜射,猜射中了,奖以画册文具。此后才由孙玉声等结成萍社,有陆澹安、谢不敏、徐行素、蒋山傭,为萍社'五虎将'。他们悬灯谜于文明雅集,再移至大世界游乐场,社友扩至数百人,进步书局刊成《春谜大观》五书。孙玉声所著的《海上繁华梦》说部中,也涉及徐园鸿雪轩的焰火花炮,张灯悬谜的盛况"。[⑤]

随着西学的进一步传播,新型歌舞逐渐为国人所接受,为之配套的歌舞厅、新戏园等

---

① 《申报》1885年12月8日。

② 姚公鹤:《上海闲话》,上海古籍出版社,1989年,第11页。

③ 《祝天津公园之成立》,《大公报》1907年4月26日。

④ 《博览园定期开办》,《大公报》1908年6月18日。

⑤ 郑逸梅:《我国时令节日习俗谈》,黄卓越:《文化的血脉》,中国人民大学出版社,2004年,第251-252页。

场所,也纷纷涌现出来。1896 年,法国舞蹈家维多利亚非里来华献艺,引起巨大轰动,时人记述:“所用衣服,美丽非常,加以舞态歌声,并皆佳妙,以故观者神摇目眩,几讶彩云万朵,降至瑶台”。[①] 1897 年 11 月,上海道台蔡钧在上海洋务局布置舞厅。但见:厅内地板,“以蜡磨光,可以为鉴,盖为跳舞而预备也”。厅内上方,“悬灯三千盏,奇形异彩,光怪陆离,顾而乐之,不啻仙境”。厅内四壁,“绣彩缤纷,画屏如嶂,鲜花盆景,娇艳动人。华人尚红,而此更金碧辉煌。加以电光烛光,光彩越发绚烂”。并且,搭建平台一座,请在上海的外国乐队演奏。如此中西兼备、富丽堂皇的歌舞厅,“以中国人员而设舞会娱宾,此为嚆矢”。[②]

新式歌舞厅而外,一些传统戏曲深受欢迎,许多公、私花园演成著名的戏园。如“上海戏园,向仅公共租界有之。其戏台客座,一仍京津之旧式。光绪初年已盛,如丹桂、金桂、攀桂、同桂,皆以桂名,称为巨擘。他若三雅园、天仙园、满庭芳、咏霓、留春亦著”。[③] 甚至,驻华的外国人也受感染,竞相建成戏园。1871 年,西人所建的兰心戏院毁于火灾后,他们集资重建,场景布置极为精致,有楼座两层,座椅方便,“院内宏阔,层楼整饬,华丽奇巧”。“圆顶高悬灯一具,灯光下射各隅,院内如白昼,故谓为太阳灯也”。表演的戏台,也达到较高的水平,“以画扇屏幅立障台,能随戏样照而成景,各类变化可观”。这些歌舞厅、戏园,可谓融中西文化于一体,的确是“中戏西台兼用,实向日所未见”。以致观者众多,风气日开,“西商皆拟届期以闺阁偕往,想华人之带巾帼类以去者亦必甚多,果然则中外男女一时之大快东场也”。[④] 上海等大城市的洋戏园中,在举行西洋歌舞外,还经常表演魔术,中国人称之为“西洋幻术”。西方魔术团马戏团大抵“张广幕为场”,表演骑术、驯狮、驯虎、驯象等。这些表演与中国传统的戏法、马戏风格迥异,因而很吸引人。[⑤]

在近代,上海、天津等开埠通商后,西方人喜爱的一种娱乐业——赛马,也逐渐被移植而来。1851 年,英人组成跑马场董事会,开始在上海修筑跑马场。每年春秋季节,都要举行赛马活动,连续进行三天。此项活动新奇而具有刺激性,引起许多居民观看。时人对上海赛马的盛况,多有记载:“是日,西人赛马,士女观者如堵”;看夷人跑马,“士女云集,举国若狂”[⑥];“是日观者上自士夫,下及负贩,摩肩接踵,后至者几无置中处”。[⑦] 1872 年上海赛马三天,人们成群结队观之。据《申报》报道:“西人咸往观焉,为之罢市数日。至于游人来往,士女如云,则大有溱洧间风景。或篮舆笱轿得得远来,或油壁小车辚辚乍过,或徒倚于楼上,或隐约于帘中,莫不注目凝神,观兹奇景。而蹀躞街头者,上自士夫,下及负贩,男女杂沓,踵接肩摩,更不知其凡几矣。昔人所谓前有坠珥,后有遗簪,方此之际,殆又

---

① 《申报》1896 年 6 月 19 日。

② 《上海道台蔡观察柬请西人跳舞恭祝万寿纪》,《经世报》第 12 册。

③ 徐珂:《清稗类钞》第 11 册,中华书局,1986 年,第 5046 页。

④ 《申报》1874 年 3 月 16 日。

⑤ 郑永福,吕美颐:《近代中国妇女生活》,河南人民出版社,1993 年,第 290 页。

⑥ 王汝润,陈左高,姚廷遴,等:《清代日记汇抄》,上海人民出版社,1982 年,第 255、290 页。

⑦ 葛元煦:《赛跑马》,《沪游杂记》卷 1,上海古籍出版社,1989 年,第 9 页。

甚焉。诚海内之巨观,古今所仅有者也。惟华人观者过众,几于无处容身”。[①]

天津的赛马场上,也是人满为患,热闹非凡。每年春秋赛马之时,就会出现:“是日也,人声哗然,蹄声隆然,各国之旗飘飘然,各种之乐呜呜然,跑马棚边不啻如火如荼矣。倾城士女,联袂而往观者,或驾香车,或乘宝马,或暖轿停留,或小车独驾,衣香鬓影,尽态极妍,白夹青衫,左顾右盼,听奏从军之乐,畅观出猎之图,较多钱塘看潮,万人空巷,殆有过之而无不及焉”。[②] 跑马场上的参赛者,或三骑,或六七骑,并辔齐驱,风驰电掣。

北京每年的赛马,妇女也参与其中,形式多种多样,“第一次乘马跑,第二次驴跑,三次妇乘跑,四次骆驼跑,五次妇人乘跑,六次跳之间,男女竟乘,殊可观也”。[③]

“草色平铺赛马场,骅骝开道竞飞扬。西人角逐成年例,如堵来观举国狂”。[④] 西方娱乐消遣方式的传入,使城市居民乐趣横生,大饱眼福。在外来风尚洗礼下,传统娱乐文化增添了新的内容。从一定程度上来说,新型娱乐业促进了旅游的兴盛和发展。人们扶老携幼,观光游览,感受异国文化。

6.3 现代旅游业的初步发展

6.3.1 中国旅行社的创立

20 世纪初年,随着近代的进一步开放,以及官员、学者走出国门、壮游神州的行动。人们对旅游业的认识,已经从思想上引起了足够的重视。1904 年 10 月 21—22 日,《大公报》上载文,极力提倡旅游的种种益处,指出:“旅行者,人生之第一快乐事也。出一社会,入一社会,人情风土,随处不同,眼界为之一开,心界为之一变,愉快之情,当不可名状。然此不过就其浅者而言之也。若夫名山大川,都邑名胜,有登临之美,有游览之娱,又得考其国风,察其政俗,友其贤士大夫,聆其学说,绪论其移易性质,增长学识,为益岂可以道里计哉? 古人有言‘读万卷书,行万里路。’斯言也,殆深见旅行之益,而知足不出乡里者之不足以言学问也”。我们现在所处的世界,“物质文明既有如火如荼之盛,精神之文明自有日新月异之观。若环游一周,见见闻闻,实为最有兴味之事”。[⑤] 但最先建立旅行机构,开办旅游业务的是在华的外国人。如英国的通济隆旅行社、美国的运通公司、日本的国际观光局等,这些公司广揽业务,生意红火。美国总统轮船公司曾经制订“环游全球”计划,来吸引众多的游客,中国是这个计划的第一站,游客们游览了上海城隍庙一带。

外国人在华旅行机构的建立,极大地刺激了国内有识之士。他们感到:“其自本国出游外洋者,以国人不谙外情,犹可说也。若夫本国人游本国地亦须借外人指导,则可耻甚

---

① 《申报》1872 年 4 月 30 日。

② 张焘:《津门杂记》卷下,天津古籍出版社,1986 年,第 295 页。

③ 胡寄尘:《都门识小录》,《清季野史》,岳麓书社,1985 年,第 82 页。

④ 张焘:《津门杂记》卷下,天津古籍出版社,1986 年,第 135 页。

⑤ 《论中国人不能旅行之原因》,《大公报》1904 年 10 月 21-22 日。

矣”。[①] 这时,近代著名民营企业家陈光甫,挺身而出,创立中国旅行社,成为近代中国第一家自办旅行社。

陈光甫创办旅行社,一是挽回利权,服务社会。在陈光甫看来,外国在华旅行机构的建立,不但大伤中国人的自尊心,而且旅游利权大量外溢。他说:“我行创办旅行社,……目的在于挽回中国之利权,并不在牟利。如通济隆及运通公司等远在万里之外,来吾国设立旅行机关,为人服务,而吾国独无此项机关,殊足贻人口实”。一开始,旅行社的收入并不理想,而且连年亏本,“但为国家挽回了不少利权,不然又多送外人许多钱了”[②]。“服务社会”是陈光甫提出的口号,也是他创办企业的重要准则。二是开拓业务,扩大影响。陈光甫在留学美国时,曾细心考察西方的商业,对它们开办附属业务的做法,深表赞赏。如他“在英国时,见各银行皆有旅行部之组织,即较大之商店及百货商店,亦设有旅行部”。[③] 由此,陈光甫认识到,此举是宣传企业、赢得顾客的重要手段,是看不见的无形资产。当有人提出疑义,认为不利于上海银行的发展时,陈光甫指出:“此见其一,未知其二;且君所盈亏,仅限于表面之数字,实则旅行社之盈余,有倍于蓰于上海银行者。上海银行之盈余,可以操筹而数计,旅行社则不然,盖天地间事物有重于金钱者,好感(good will)是也,能得人好感远胜于得人之金钱。今旅行社博得社会人士无量之好感,其盈余为何如也?”[④]他满怀信心地说,人知有旅行社,即知有上海银行。三是加强中西往来,增进文化交流。外人所创旅行机构,由于对中国并非深入了解,往往做不到将游客带到真正的名胜之处,甚至使游客产生误解。如上文提到,当外国旅行社组织的游客,到上海城隍庙参观。但这里实在没有特别诱人的风景,加之“南市之路政如何,市廛如何,邑庙之情状又如何,均足示吾人之弱点,使此现象长留于其脑海,而传之海外”。[⑤] 陈光甫看到这些报道,引以惭愧。为改变这种状况,树立良好的国际形象,并产生综合经济效益,创办旅行社的责任重大。诚如中国旅行社第二任社长陈湘涛所说:“本社唯一之目的,既在吸引游客,而尤在吸引游客至中国内地。以本社之目光观之,招致游客,吸引资财,其影响所及,各方面均获实益。以整个国家立场言,则外宾一入内地,对我国之情状,真知灼见,可获优美之印象,归以语人,于国家之声誉,自有相当之利益。至于舟车往还,交通机关,亦有若干之收入。若购置各地名产,与夫食宿之需,于当地社会金融,似亦不无补益。盖各方均有连带关系,固不仅本社受惠已也”。[⑥] 陈光甫决定创办旅行社,以“引导那些外来的旅客,瞻仰一些真正的名胜,借机会也让他们认识认识我们这泱泱大国的衣冠文物”。[⑦]

1923 年 4 月,上海银行呈报北京政府交通部,申请代售火车票,办理旅行业务。8 月 15 日,上海商业储蓄银行旅行部宣告成立。旅行部经理由上海银行副经理朱成章担任。

---

① 《旅行杂志》,1930 年第 10 期。

② 杨桂和:《记中国旅行社》,《文史资料选辑》第 80 辑,文史资料出版社,1982 年,第 150-157 页。

③ 杨桂和:《记中国旅行社》,《文史资料选辑》第 80 辑,文史资料出版社,1982 年,第 150 页。

④ 吴湘湘:《陈光甫服务社会》,《民国百人传》第 4 册,台北传记文学出版社,1982 年,第 1-42 页。

⑤ 《申报》1923 年 1 月 8 日。

⑥ 潘泰封:《记中国旅行社》,《陈光甫与上海银行》,中国文史出版社,1991 年,第 188-214 页。

⑦ 陈光甫:《创办中国旅行社自述》,《陈光甫与上海银行》,中国文史出版社,1991 年,第 224-231 页。

起初，旅行部的业务主要有：代售国内外火车、轮船客票，办理出国手续，发兑旅行支票等。为招揽顾客，对前来订票者，旅行部均赠送精美的烫金票夹。同时，又招聘人员，在车站迎送旅客，帮助照料行李物品。1924年春，旅行部组成第一批国内旅游团，由上海赴杭州游览，因人数较多，来回包专列运送。1925年初，又组成20多人的旅游团，赴日本观樱花，游览长崎、京都、东京、大阪等地，时间长达三个星期。陈光甫的经营战略是："人争近利，我图远功；人嫌细微，我宁烦琐"。[①] 正因为如此，旅行部以优质服务，受到广大顾客的好评，使业务不断扩大。为使旅行业务开拓发展空间，上海银行董事会决定，旅行部独立门户。1927年6月1日，中国旅行社宣告成立。

中国旅行社由陈湘涛任社长，各地旅行分部改称旅行分社。其机构分为七部一处，分别为：运输部、车务部、航运部、出版部、会计部、出纳部、稽核部、文书处。另外，还聘用特约员，负责招揽广告业务。中国旅行社的七部一处，涵盖了经营过程中的主要环节，明确了各部门的分工与协作，对旅行业务的顺利进行，提供了可靠的保障。

6.3.2　旅行业初期的运行

中国旅行社成立伊始，就明确地亮出自己的旗帜：①发扬国光。以实际行动向国内外的人士，宣传中国历史悠久、博大精深的传统文化。②服务行旅。表明创办旅行社的目的，是向国内外游客提供游览服务。③阐扬名胜。通过游览名胜景观、古迹遗址，以宣扬中国丰富的文化资源。④改进食宿。为求得旅游业的更大发展，旅行社以促进饭店、旅馆等配套设施的完善为目标。⑤致力货运。通过扶持工商业，以达到服务社会的承诺。⑥推进文化。旅游是一种文化行为，服务旅游的旅行社，以推进文化为职志。为了实现这一宗旨，中国旅行社积极运作，多方面地开展旅行业务。

其一，代办客票、货运、保险等业务。代售火车、轮船、飞机客票，为中国旅行社初期的重要业务。应当指出的是，它不仅代理国内的票务，而且延伸到欧美各国。1928年，中国旅行社与英国通济隆公司订立合同，规定凡该公司在欧美各城市设立的分支机构，如中国旅行社有顾客前往者，或欧美游客有来华者，均可凭对方的介绍信，双方相互之间给予照顾。1929年秋，南京国民政府交通部在上海、成都间开辟航空客运，是为中国最早之民用航运。经协商，自10月份起，中国旅行社在上海、南京两分社内，取得代售该线机票的业务。不久，它与中国航空公司订立合同，代售该公司的飞机客票。1931年，随着铁路、公路的建设，交通运输事业的发达，中国旅行社的业务也水涨船高，获得了长足的发展。同年6月，日本国际观光局在东京召开欧亚客票联运会议，致函中国旅行社派员列席。中国旅行社认为，这是增进与各国旅行社交流的良机，由社长陈湘涛率团前往。通过会议，让国外同行对中国旅行社有更多的了解，取得了极好的效果。从此，将自己的经营范围开展到欧美、日本、苏联、新加坡、菲律宾等地。1932年夏，中国旅行社代理上海至津浦、陇海、北宁、平汉、胶济等铁路的海陆空联运客票。而且，也代售万国卧车公司卧铺票，英国、德国、意大利等国的邮船公司，其航行世界各大港口的轮船所有的客票。

---

① 吴经砚，寿充一，许汉三等：《陈光甫与上海银行》，中国文史出版社，1991年，第81-102页。

1934年以后,中国旅行社开始办理货物运输业务。它与各公、私部门建立广泛的联系,使货运代理发展较快。如办理过长途电话局工程处材料、全国电料,以及各机关的各类器材,农副产品,乃至送往英国展览的故宫文物。1936年,中国旅行社与英国怡和轮船公司达成协议,为该公司代理业务,主要有囤船管理、货运兜揽、船头代办、仓库管理、房产照料,代售客票等。同时,一些重要的大型会议,中国旅行社也参与其中。当时在中国举行的学术会议、博览会和运动会,如有名的"中华国货展览会",均与中国旅行社合作举行。

与此同时,中国旅行社也开始涉足保险业务。社会保险事业兴起于西方,近代开关以后逐渐传入。1896年,美国永安保人险公司登陆中国,设东方总局于上海,并吸收中国人入保。不久,英国永明保人险公司也在上海设立中国总局,"兼理中国、日本事务"。[①] 但最早入保的中国人,主要是通商口岸的买办和商人,到19世纪末年,随着风气日开,投保者才逐渐增多起来。对中国旅行社来说,看到人们保险意识的增强。从1932年春开始,便代理水险、火险、意外险、行李险等保险业务,以满足货主对运输物资的需要。因中国旅行社信誉好,赢得顾客的青睐,许多保险公司愿意与之合作。1935年,四海保险公司委托它为该公司个人意外保险的总代理。1936年,它又代理扬子江保险公司航空保险业务。可见,作为一个从事旅游业务的企业,中国旅行社是近代保险事业的倡导者。

其二,组织国内外旅游观光活动,促进近代旅游事业。中国旅行社的业务,主要是接待、组织国内外的旅游团体。通过旅游活动,世界了解中国,让中国走向世界。1932年,中国旅行社成立游览部,负责办理旅游事宜。为拓展空间,扩大需求,中国旅行社建立许多分支机构。到1937年时,分社远至香港、新加坡,多达66处。中国旅行社及其分社,组织旅游团体,开辟旅游线路。1933年12月、1936年11月,中国旅行社组织旅行团,1937年4月上海分社组团,分别到达华南,到江西、福建、湖南、广西、广东等地。夏季,它又多次组团到庐山牯岭、青岛、北戴河、莫干山、黄山等避暑胜地。长城内外,大江南北,都可以见到中国旅行社的旗帜。为发展新的旅游线路,中国旅行社多次派人实地考察,了解当地的风土人情,以及开发有价值的旅游资源。如1934年,直接投资上海金山咀附近戚家墩之华亭遗址。1935年,又承办西安华清池风景区,建立华清池管理处,改善接待条件。1936年,还拨款于泰山之路的建设项目。这些开发资源的活动,不但扩大了中国旅行社的影响,而且也密切了它与旅游城市、旅游景点的联系。

除组团游览国内景点外,中国旅行社还组织境外旅游。1933年春,西北回民组团到麦加朝圣。中国旅行社代为办理,包括申请护照、签证等,以后每年组织一次。1936年8月,第11届奥运会在德国柏林举行,中国旅行社承办中国代表及选手的车、船票业务,同时又组织参观团,由海陆两路前往柏林,并在返回时游览欧洲。民国时期,游学欧美、日本的学生有增无减,中国旅行社开始代办出国事务。一般是每年夏季,由旅行社派人与外国大学联系,组织国内学生报名,办理出入境证书、护照等,然后包船起程,直到安全抵达目的地。中国旅行社的这项业务,为出国留学或游历者,提供了极大的方便。同时,中国旅

① 《申报》1897年7月3日广告。

行社承担外国旅游团的接待任务。日本来华的旅游团,往往规模大,人数多,时间长,基本上由中国旅行社负责接待。1933 年,来自爪哇的数十名华侨到内地考察实业,中国旅行社接待了该团,并率他们游览了上海、南京等地。

总之,作为一家大型专业旅游机构,中国旅行社遵循旅客第一、服务社会的宗旨,为国内外游客所信赖,以致蜚声于同业,取得了良好的经济效益与社会效益。

其三,创办《旅行杂志》,宣传旅游文化。中国旅行社创立后,为了宣传自己,招揽业务,介绍名胜,更主要的是促进国人旅游观念的变革,把创办刊物提到议事日程。中国旅行社设立出版部,于 1927 年春创办《旅行杂志》,成为近代中国首份专业性的旅游刊物。最初,出版部设在上海银行藏书楼,后移至仁记路 110 号四楼。编辑室由庄铸九主持,聘请《申报》编辑赵君豪主管编务,画家张振宇负责美术。《旅行杂志》初为季刊,1929 年第 3 卷始,改为月刊,并"更改体例,篇幅放大,文字图画之取材将益求精美"。① 到 1942 年 12 月,共出版 16 卷。这年 8 月,在桂林成立出版分社,改为半月刊。1943 年上海版停刊,1944 年迁至重庆,抗战胜利后回上海。新中国成立后迁至北京,并于 1955 年改名《旅行家》。《旅行杂志》编辑的文章不拘风格,大多数是一些游人的亲身体会。以提倡旅行事业,引人兴趣为宗旨,"取稿力求佳美,至于作者名望,向弗计"。② 主要栏目分为国内游记、国外游记、西南西北行程、特辑、专著、杂俎、小说、美术图景等。但在设置上比较灵活,经常根据旅游实际做出增删或取舍。1937 年第 10 卷起,每期都辟有《编者缀言》,对本期栏目进行点评,对主要文章加以介绍,使读者先睹为快。其内容大致有三:一是登载旅行者参观各地风景名胜后,撰写的游记、随笔、散文等,并附有照片。二是刊登交通信息,如火车时刻表、赴欧美各国的轮船时间表和价格表,以方便人们的出行作为参考。三是发表一些作家的小说,以适合当时读者的兴趣,扩大本身的影响。同时,《旅行杂志》还刊发专号,与时代相结合,以服务于旅游事业。1927 年始,鉴于春季是人们旅游踏青的好时节,因而每年春季都编辑《春游特刊》,以资提倡。此外,《建筑专号》(第 3 卷 4 期)、《招待所及饭店专号》(第 9 卷 9 期)、《全国铁路名胜专号》(第 11 卷 7 期)、《四川专号》(第 14 卷 4 期)、《南洋群岛专号》(第 14 卷 8 期)、《马尼拉专号》(第 15 卷 11 期)、《西南文化专号》(第 17 卷 2、3 期)、《从前线到后方》(第 17 卷 5 期)等。这些专号,就有关问题深入探讨研究。抗战时期的《旅行杂志》,随着机关、企业、学校向西南迁移,开辟了西南导游专栏,在此基础上编成《西南揽胜》一书,对云南、四川等地的山水名胜、地形险要做了介绍,该书图文并茂,中英文齐备,深受国内外人士的称赞。《旅行杂志》发行量很大,在"上海及各埠书坊,各埠的上海商业储蓄银行设立经售处"。③ 在近代开通风气,传播旅游文化,促进旅游近代化进程中,《旅行杂志》功不可没,做出了极其重要的贡献。

中国旅行社成立以来,由初期的亏损,到后来的赢利,"拥有众多的客户,久负盛誉"。④ 根本原因是,始终遵循服务大众的承诺。创办者陈光甫的一席话,很耐人寻味,他

① 《旅行杂志》,1929 年秋季号,第 3 卷。

② 《旅行杂志》,1927 年秋季号,第 1 卷。

③ 《旅行杂志》,1928 年春季号,第 2 卷。

④ 朱继珊:《中国旅行社天津分社回顾》,《天津工商史料丛刊》第 1 辑,1983 年。

说:“现在旅社所招待者咸为头二等客人,而三等车客人全未招待,殊觉失宜。三等客守候火车,餐风饮露,宿于车站者甚多,为服务社会计,为谋人群福利计,皆宜设一备有浴室卧室之招待所,使风尘劳顿之旅客,得由安逸之卧房与温暖之浴水,以消灭其疲劳,恢复其精神。旅社能为此设备,方可稍达服务社会之目的,方能于社会有立足之地。我人当萃此为社会服务之精神,博社会之信誉,宜即迅速筹备此种设备,以巩固旅行社本身之基础”。当然,这也是上海银行发展的需要。陈光甫经营上海银行,向内地开辟分行,旅行社充当了先锋队的作用。他强调:“本行欲往某地发展,先在某地设旅行社,取得社会一部分同情后再设银行。故旅行社为银行之先锋队,银行同仁应不分畛域辅助而培植之”。[①] 银行与旅行社相互配合,相得益彰,可以说,这是值得我们借鉴的宝贵经验。

6.3.3 现代旅游业的发展

中国旅游历史悠久,但真正成为经营性的事业,则是在近代开关以后。民国时期,随着商业的发达、交通运输的改善,以及食宿宾馆的兴建,为现代旅游业的兴起奠定了基础。尤其是中国旅行社等专业性旅游机构的出现,以科学的管理,服务社会的宗旨,树立起良好的形象,现代旅游业获得迅速的发展。

首先,旅馆饭店等设施的改善,为现代旅游业发展的重要表现。随着人们对旅游的兴趣增加,原来的洋馆、会馆,以及接待的饭店,无论就数量来说,还是从卫生条件、舒适程度上来说,都显得太简陋,需要进一步完善。这方面的落后,直接制约着外国人的入境游览。中国旅行社创立后,马上意识到这个问题。实际上,陈光甫对此深有体会,他说:“某年深冬,我一个人于午夜乘火车抵徐州,那年气候特别冷。当我出车站的时候,望见许多三四等车的旅客,密集在露天的月台上等车,男女老幼,各自守着自己的行李,依偎一团,在刺骨的寒风中发抖。长夜漫漫,无栖身之所……”[②]陈光甫、陈湘涛等商定,按较高的标准建立旅馆和招待所。他们做出决策,凡通都大邑已有现代化旅馆者,不再创设;通都大邑没有现代化旅馆而又为中外观瞻所系者,或虽有而供不应求者,则投巨资以设高档旅馆;风景区临近交通线,且有开发可能者,特建新厦以设简单客房,作为游客憩足之地。1931 年 7 月,陈湘涛由日本返国,路经沈阳分社,建议楼上的空房辟为客房。同年底,又在徐州分社推广,建成“中国旅行社徐州招待所”。招待所十分注意干净、整洁的卫生标准,尽可能地给旅客以方便。鉴于当时火车站无候车室,他们又在车站设立招待分所,使在夜间上下车的游客有休息的场所。这种想人所想,急人所难的服务精神,的确是难能可贵的。1931—1937 年年间,中国旅行社先后设立招待所 20 多处,遍布各大城市、旅游景点。许多车站、码头都建有分所,为出外旅行的游客解除了住宿难的问题。

与此同时,高层次的饭店建设,也引起了中国旅行社的重视。1932 年 5 月,陈光甫就决定在南京、西安,建成高标准的饭店,其余重要旅游城市,也依次进行。1935 年 8 月,南京首都饭店开业。该饭店投资 50 多万元,颇具规模,形体略呈八字状,如两翼展开。外面

---

① 杨桂和:《记中国旅行社》,《文史资料选辑》第 80 辑,文史资料出版社,1982 年,第 150-157 页。

② 吴经砚,寿充一,许汉三等:《陈光甫与上海银行》,中国文史出版社,1991 年版,第 113 页。

广场宽阔，宏伟壮丽。有餐厅、礼堂、客厅、网球场、花圃、屋顶花园等，客房46套，均有洗澡设备。餐厅设有乐台，周末举行音乐会、茶舞会。即使在今天看来，首都饭店可以与有的星级宾馆相媲美。此外，中国旅行社在西安、南岳、济南、南昌、成都、贵阳等地的招待所，均有饭店、食堂，以满足游客的饮食之需。

中国旅行社的服务也相当到位，陈光甫对招待所的人员，具体提出三项要求：一是要让旅客睡眠好，保持环境幽雅，严禁喧哗；卧具被褥保持洁净，随时换洗。二是要让旅客有舒适的热水洗浴，以解除困乏。三是要供应旅客洁净简便的饮食，且收费合理。健全的制度，严格的管理，服务社会的信念，成为中国旅行社奉行不变的方针。

民国时期，在商业繁华的都市要冲，或风景秀丽的文化名城，规模和档次较高的饭店、宾馆，纷纷涌现出来。上海，中西方文化交汇之地，堪称现代旅游业的排头兵。饭店、宾馆之多，档次之高，设施之善，确非其他地方所能比。如东方饭店、大中华饭店、中央饭店、金门饭店、国际饭店等，均壮丽宏伟，闻名中外。新亚大酒店位于四川北路，高达10层，拥有300多间客房。著名学者胡适题词的广告，称："新亚酒店的成功，使我们深信我们中国民族不是不能过整齐清洁的生活"。[①] 在杭州，西湖饭店楼房3层100余幢，湖水风光一览无余；天然饭店，号称"旅客第二家庭"；西湖瀛洲旅馆，交通便利，布置精致。在青岛，由德国人投资建成的青岛大饭店，内设饭厅、旅馆、音乐厅、舞厅、会议室、酒吧等，设施齐全，装饰华美。1912年，又在大饭店西侧修建主要用来住宿的旅馆。1933年，青岛明华银行投资修建东海饭店，楼高七层，为当时青岛最高建筑和最高档次的宾馆。楼顶建有露天舞池和电影院，客房装修豪华，宽敞舒适，每间客房都能看见大海，在楼前建有饭店专用的海水浴场。这些饭店、宾馆，设施齐备，干净整洁，实为旅客食宿之理想场所。此外，南京、西安、北京等地，也建成高规格的旅馆、饭店，在一定程度上满足了旅游业的需要。

其次，许多城市的规划与建设，将休闲旅游作为重要项目纳入其中。早在开关以后，不少有旅游价值的海滨、山水被辟为旅游胜地，这一进程是随着西方人的发现而开始的。如北戴河，原来"乃一荒僻乡村，交通不便，游踪罕至"。[②] 1891年，西方传教士来此避暑，兼作宗教宣传。1893年，由于清政府修筑铁路，被外国工程师在勘察地形时发现，这里是作为海水浴场的好地方。1898年，直隶总督李鸿章派人调查，将北戴河划为避暑区。此后，每当夏季到临，前来避暑的中外人士很多。1911年，达到1 000多人，成为著名的游览胜地。青岛汇泉湾海滨，原为渔民泊舟晒网之处，德占青岛之后，发现旅游价值极高，将其开辟为海水浴场。在这里建造更衣室，备有救护船，以及各种游乐设施。1904年在附近修建"斯托兰饭店"接待外国游客。数年间，汇泉湾海水浴场闻名中外。至于一些旅游名山，西方人也往往捷足先登，如庐山本属人迹罕至之地，1896年由西方人投资，建有房屋、花园、球场、浴池，在路旁植树种草，点缀山景，成为旅游胜地。号称"海上第一名山"的崂山，1898年德国依据《中德胶澳租界条约》，将崂山白沙河以南、砖塔岭以西划为租借地，并在此修建疗养院，开始了早期的旅游开发活动。

---

① 《旅行杂志》1937年第9期。

② 林伯铸：《北戴河海滨风景区志略》，伏生草堂，1938年，第1页。

民国年间，国民政府建立以后，中国进入新一轮的建设时期。因地制宜，加强规划，突出功能的市政建设提到了议事日程。许多人指出，改良城市，为建设新中国之一端。他们把开发旅游，发展文化，视为树立城市形象的重要举措。时任国民政府卫生部长的薛笃弼，他的一番话就很有代表性："市政为文化精神之表现，市政办理良善，则一切政治、文化、风俗、教育，均随之而改良，换言之，即代表国家文明也，然后此种精神，推之于镇村，则文化也随之而逐渐发达"。①于是，各地在规划建设时，综合研究城市的功能，并将休闲旅游考虑在内。在苏州，有人提出了建成"旅游城市"的提议。1934 年，吴县建设局为方便旅游，决定修建苏州至木渎的公路，认为："木渎光福一带，为本县风景之区，来苏游览者，莫不一登灵岩、邓尉玄墓诸胜，故该路之兴筑，实足以便游旅，而荣市面"。②苏州当局调查资源，整修古迹，做了大量的工作。对留园"大加修葺，所有廊厅之方砖及假山，又九曲桥紫藤花架等，均分别雇匠兴修"。③对虎丘山麓，建淞沪抗战阵亡将士墓，辟公园以纪念，"俾吸引外来游客，而使市面繁荣"。④国民政府定都南京，将北京改为北平。1933 年，出任市长的袁泉，锐意革新市政，积极建设，"首倡北平游览区建设计划，创办古都文物整理工程，订定北平市沟渠建设计划，北平市河道整理计划，及北平市自来水整顿计划。于是市政重要设施，始具端倪，实开北平市都市计划之先河。"将北平建成游览区，为这时期市政建设的核心。1934 年 9 月，制定《北平市游览区建设计划》，指出整修名胜古迹，建设交通、住宿、娱乐设施。以吸引外国游客，赚取外汇，发展北平经济；同时宣传中国文化，增进国际了解。⑤此后，围绕着该计划，北平市进行了整理古迹、修筑道路、建设饭店等工作。值得注意的是，这时期，不少城市在建设旅游公园时，与民国"革命"联系在一起。在广州，建有纪念性的公园，粤秀公园内有孙中山纪念碑，"为纪念国父蒙难，又特辟黄埔公园"，将陈炯明叛变时攻击孙中山座舰的巨炮安置在内，建纪念亭一座。中央公园有史坚如纪念碑，还建成汉民公园。⑥在青岛，将原德、日占据时期修建的公园，1922 年改称为第一公园。1929 年，又改称中山公园，以纪念民主革命的先驱孙中山。中山公园以"东园花海"闻名于世，成为青岛著名的旅游胜地。

再次，对旅游业的发展，有了初步的探讨与研究，这是现代旅游业发展的结果及表现。我国的旅游业，从闭关到开放，逐渐波及大众阶层的参与，大约在民国时期，尤其是在中国旅行社创立以后。随着旅游业的实践，人们对旅游的动机、功能、开发，以及对社会经济的影响，开始进行研究，并提出了不少有价值的观点。1934—1936 年，《旅行杂志》主编赵君豪，先后访问马相伯、蔡元培等 20 余人，写成《旅行茶座》，以《旅行谈荟》为名由中国旅行社出版，汇集了他们对旅游问题的各种意见。相关的论文还有：美国安立德著，秦理齐译的《中国发展游客事业之机会》、王焕文的《中国亟应提倡旅游事业》、佘贵棠的《游览事业

① 管元春：《市政丛话》，《苏州市政月刊》，1929 年，第 1 卷，第 5 页。
② 《苏州明报》1934 年 6 月 9 日。
③ 《苏州明报》1930 年 6 月 5 日。
④ 《苏州明报》1934 年 11 月 5 日。
⑤ 《北京档案史料》1999 年第 3 期。
⑥ 廖淑沦：《广州大观》，天南出版社，1948 年，第 18-28 页。

之意义》《中国游览事业之回顾》《中国游览事业之展望》、唐渭滨的《中国旅行事业之展望》《游览事业之计划》、陈宗祥的《论边疆探险事业》、庄泽宣的《复员期中游览事业之发展》、张其昀的《观光业在现代经济之重要性》等。这些文章，大都以西方旅游业发达国家为参照，并结合自己的体会，对中国旅游业的必要性、旅游资源的开发、旅馆饭店的管理等方面，提出一些具体性的建议。

值得注意的是，对旅游业深有研究，取得较高水平成果的，当属江苏宜兴人佘贵棠。1937 年 7 月，佘贵棠任职中国旅行社。他谦虚好学，勤于钻研，对旅游业发表许多探讨性的论文。佘贵棠"广求西洋之游览书籍，悉心研讨，又博览本国史地图籍，访询于中外友朋，积年累月"。在此基础上，将所撰文章结集而成《游览事业实际与理论》，由中国旅行社 1944 年出版。该书分上下两篇，共 14 章。上篇为总论，分别有《游览名词注释》《游览事业之意义》《游览事业之经营》《游览资源问题》《游览建设问题》《游览宣传问题》《游客之接待》《游览用款之调度》《游客与交通设备》《游客与食宿供应》《游客与娱乐节目》。下篇为中国旅游事业论，分别为《中国人之游览观》《中国游览事业之回顾》《中国游览事业之展望》。书后还附有《托马斯柯克事略》和《外国游览事业大事表》。此书对旅游业的论述较为全面、系统，成为中国旅游史上的著名篇章。

【本章小结】

1. 近代开关以后，"开眼看世界"思想兴起，引起中国旅游的新变化，人们开始走出国门，去体验海外世界，亲身感受西方各国的民俗风情、山水风光，更重要的是吸收不同于传统的、令人耳目一新的异质文化。

2. 近代海外旅游，与救亡图存、变革社会紧密联系在一起。无论是容闳的游学、王韬的访学，还是外交使团出访欧美，均带有这一鲜明的时代特色。

3. 近代的国内旅游，也与求学求知、谋求国家的富强结合起来，丁文江的科学之旅、陆费逵的旅行见闻。他们的游历活动，处处显现出振兴国家的殷切之心。

4. 由于通商口岸的开辟，外来文化的输入，人们对旅游休闲活动有了新的认识。一些旅游设施，如旅馆、饭店、公园、歌舞厅纷纷建立，并在外观与内涵方面有了长足的进步，构成旅游近代化的基础。

5. 以中国旅行社为代表的旅游机构的建立，以及不少城市的规划与旅游因素相结合，标志着中国近现代旅游进入一个新阶段。民国年间，旅行刊物的发行，旅游研究的兴起，均在一定程度上反映了我国旅游观念的更新与发展。

【重点概念】

《海国图志》 《瀛环志略》 蒲安臣使团 五大臣出洋 会馆 跑马场 中国旅行社 《旅行杂志》 《游览事业实际与理论》

思考题

1. 容闳在《西学东渐记》中曾写道:“予即远涉重洋,身受文明之教育,且以辛勤刻苦,幸遂予求学之志,虽未能事事如愿以偿。然律以普通教育之资格,予固大可自命已受教育之人矣!既自命为已受教育之人,则当旦夕图维,以冀生平所学,得以见诸实用,此种观念,予无时不耿耿于心……予意以为予之一身,既受此文明之教育,则当使后予之人,亦享此同等之利益,以西方之学术,灌输于中国,使中国日趋文明富强之境地。予后之事业,盖皆以此为标准,专心致志以为之”。

要求:根据以上文字,说明游学美国对容闳产生的影响。

2.《旅行杂志》1927 年第 1 卷夏季号,刊登了一则南京东南饭店的广告,称:“本店在南京下关二马路北首,自建新式楼房:光线适合,空气流通,轮埠车站,均极近便;陈设精雅,被帐全新。特别精室,最贵五元;普通客房,六角起码;依次递进,任客选择。中西餐点,味美价廉;整席零点,亦听客便。男女浴室,设备齐全。员役茶房,招待殷勤”。

要求:根据以上文字,说明现代旅游服务业的发展。

3. 以容闳、王韬游学为例,说明近代旅游的时代特点是什么?

4. 近代外交使团出访海外的作用体现在哪些方面?

5. 简述丁文江、陆费逵的旅游活动及对他们发生了什么作用。

6. 近代旅游开发和设施建设的概况?

7. 中国旅行社开展哪些业务?它在现代旅游业中的地位如何?

8. 民国年间的学者对旅游业的研究有哪些成果?

参考文献

[1]蔡铁英,梁晓虹.中国寺庙宫观导游[M].北京:旅游教育出版社,1993.
[2]曹刚华.明代佛教方志研究[M].北京:中国人民大学出版社,2011.
[3]陈宝良.中国的社与会[M].杭州:浙江人民出版社,1996.
[4]陈宝良.明代社会生活史[M].北京:中国社会科学出版社,2004.
[5]陈宝良.中国风俗通史(明代卷)[M].上海:上海文艺出版社,2005.
[6]陈从周.中国园林[M].广州:广东旅游出版社,1996.
[7]陈建勤.明清旅游活动研究[M].北京:中国社会科学出版社,2008.
[8]陈胜庆,凌申.中国道教文化之旅[M].北京:学林出版社,1999.
[9]陈寅恪.金明馆丛稿二编[M].北京:三联书店,2001.
[10]陈垣.回回教入中国史略[M].石家庄:河北教育出版社,2000.
[11]程有为,王天奖.河南通史[M].郑州:河南人民出版社,2005.
[12]段友文.汾河两岸的民俗与旅游[M].北京:旅游教育出版社,1998.
[13]范文澜.中国通史简编[M].北京:人民出版社,1955.
[14]房仲甫,李二和.中国水运史[M].北京:新华出版社,2003.
[15]范能船.中国佛教旅游[M].上海:上海书店,1991.
[16]方立天.中国佛教与传统文化[M].上海:上海人民出版社,1998.
[17]费正清.剑桥中国晚清史(下卷)[M].北京:中国社会科学出版社,1985.
[18]顾颉刚.史林杂识初编[M].北京:中华书局,1963.
[19]顾颉刚,史念海.中国疆域沿革史[M].北京:商务印书馆,2000.
[20]贺昌群.魏晋清谈思想初论[M].沈阳:辽宁教育出版社,1998.
[21]黄卓越.文化的血脉[M].北京:中国人民大学出版社,2004.
[22]李宽淑.中国基督教史略[M].北京:社会科学文献出版社,1998.
[23]李圭.环游地球新录[M].长沙:湖南人民出版社,1980.
[24]李金明,廖大珂.中国古代海外贸易史[M].南宁:广西人民出版社 1995.
[25]李天元.旅游学概论[M].天津:南开大学出版社,2000.
[26]李学勤,徐吉军.黄河文化史(上、中、下)[M].南昌:江西教育出版社,2002.
[27]李养正.道教概说[M].北京:中华书局,1989.
[28]李幼斌,李锦绣,张泽咸,等.隋唐五代社会生活史[M].北京:中国社会科学出版社,1998.
[29]流方.旅游与宗教[M].北京:旅游教育出版社,1993.
[30]刘亚轩.中外民俗[M].郑州:郑州大学出版社,2011.
[31]吕达.陆费逵教育论著选[M].北京:人民教育出版社,2000.
[32]马晓峰.魏晋南北朝交通研究[M].台北:花木兰文化出版社,2012.

[33]宁越民,张务栋,钱今昔.中国城市发展史[M].合肥:安徽科学技术出版社,1994.
[34]潘宝明,朱安平.中国旅游文化[M].北京:中国旅游出版社,2001.
[35]彭勇.明代北边防御体制研究[M].北京:中央民族大学出版社,2009.
[36]钱穆.中国文化史导论[M].北京:商务印书馆,1994.
[37]任常泰,孟亚南.中国园林史[M].北京:北京燕山出版社 1993.
[38]沈定平.明清之际中西文化交流史——明代:调适与会通[M].北京:商务印书馆,2001.
[39]陶一桃.中国古代经济思想评述[M].北京:中国经济出版社,2001.
[40]谢贵安.旅游风俗[M].武汉:湖北教育出版社,2001.
[41]谢贵安,谢盛.中国旅游史[M].武汉:武汉大学出版社,2012.
[42]谢贵安,华国梁.旅游文化学[M].北京:高等教育出版社,1999.
[43]玄武.晋祠寻梦[M].太原:山西古籍出版社,2005.
[44]王崇焕.中国古代交通[M].北京:商务印书馆,1996.
[45]王利器.颜氏家训集解[M].上海:上海古籍出版社,1980.
[46]王开玺.隔膜冲突与趋同——中国外交礼仪之争透析[M].北京:北京师范大学出版社,1999.
[47]王兴亚.明清河南集市庙会会馆[M].郑州:中州古籍出版社,1998.
[48]王淑良.中国旅游史(上)[M].北京:中国旅游教育出版社,1998.
[49]王淑良,张天来.中国旅游史(下册)[M].北京:旅游出版社 1999.
[50]王子今.中国古代行旅生活[M].北京:商务印书馆,1996.
[51]魏向东.晚明旅游地理研究(1567—1644)[M].天津:天津古籍出版社,2011.
[52]吴必虎,刘筱娟.中国景观史[M].上海:上海人民出版社,2004.
[53]吴国清.中国旅游地理[M].上海:上海人民出版社,2003.
[54]巫仁恕,狄雅斯.游道:明清旅游文化[M].台北:三民书局,2010.
[55]巫仁恕.优游坊厢:明清江南城市的休闲消费与空间变迁[M].台北:中研院历史语言研究所,2013.
[56]阎步克.士大夫政治演生稿[M].北京:北京大学出版社,1996.
[57]杨国桢,郑甫弘,孙谦.明清沿海社会与海外移民[M].北京:高等教育出版社,1996.
[58]杨宽.中国古代都城制度史[M].上海:上海人民出版社,2003.
[59]杨时进.旅游述略[M].北京:中国旅游出版社,1987.
[60]张静芬.中国古代的造船与航海[M].天津:天津教育出版社,1991.
[61]赵济.中国自然地理[M].北京:高等教育出版社,1995.
[62]赵建峡.中外民俗[M],郑州:郑州大学出版社,2006.
[63]杨琳.中国传统节日文化[M].北京:宗教文化出版社,2000.
[64]姚瀛艇.宋代文化史[M].开封:河南大学出版社,1999.
[65]杨玉厚.中原文化史[M].郑州:文心出版社,2000.
[66]臧嵘.中国古代驿站与邮传[M].北京:商务印书馆,1996.
[67]瞿明安,郑萍.沟通人神——中国祭礼文化象征[M].成都:四川人民出版社,2004.

[68]章必功. 中国旅游史[M]. 昆明:云南人民出版社,1992.
[69]章必功. 中国旅游通史[M]. 北京:商务印书馆,2016.
[70]赵世瑜. 狂欢与日常——明清以来的庙会与民间社会[M]. 北京:三联书店,2002.
[71]郑向敏. 中国古代旅馆流变[M]. 北京:旅游教育出版社,2000.
[72]郑焱. 中国旅游发展史[M]. 长沙:湖南教育出版社,2000.
[73]郑永福,吕美颐. 近代中国妇女生活[M]. 郑州:河南人民出版社,1993.
[74]郑永福. 中国近代史通鉴·鸦片战争[M]. 北京:红旗出版社,1997.
[75]周其厚. 中华书局与近代文化[M]. 北京:中华书局,2007.
[76]朱大渭,刘驰,梁满仓,等. 魏晋南北朝社会生活史[M]. 北京:中国社会科学出版社,1998.
[77]朱绍侯,齐涛,王育济. 中国古代史(上、下)[M]. 福州:福建人民出版社,2000.

后　记

本书初版于2006年，距今已12年，能得以修订出版，要感谢广大读者和出版社的厚爱。

这部书当时作为郑州大学出版社策划的“高等教育旅游管理专业十一五规划教材”之一，出版后，便以其新颖的体例、较高的学术水平和适当的篇幅，被旅游管理专业广泛接受使用，数次重印，并得以入选教育部普通高等教育“十一五”国家级规划教材。

各高校对本教材的长期选用，是我们修订的最大动力。修订工作启动后，在出版社的建议下，本人与三位副主编多次商讨，在全面调查了目前中国旅游史教材的整体情况之后，我们认为：作为旅游类的“专门史”论著，本教材仍然是国内唯一一部以现代旅游管理学的学科体系为框架的中国旅游史教材，其框架、体例、结构和内容，较为符合旅游专业教学的实际需要，也有助于开拓历史学专门史研究的视野。所以，修订时我们仍然保留了原来的结构。重点修订的内容有两方面，一是补写了部分“节、目”，包括：结合国家“一带一路”倡议，补充了古代民间陆路和海路的旅游活动；补充了旅游“六要素”中饮食、娱乐和技能的部分内容；补充了旅游典籍、旅游风俗的部分内容。二是全面审订了原来的文字表述，结合本书作者和学术界最新的研究成果替代和充实了部分内容。当然，限于框架、体例，篇幅并没有太大的增加。

斗转星移，当年参与教材策划和撰写的朋友们也发生了很大的变化，原策划杨秦予女士、龙京红教授都已荣升高就，本次修订是在王卫疆社长的直接领导下进行的。我们四位主要作者也发生了较大的变化，周其厚教授已调任桂林旅游学院担任教学管理和高等旅游教育的研究工作；曹刚华教授调任中国人民大学清史所；徐美莉教授供职于聊城大学历史文化学院；本人仍供职于中央民族大学历史文化学院。不变的是，大家都一直坚守在各自的专业领域，努力耕耘，都没有离开旅游史的教学和科研。我们仍然按原来的分工修订（彭勇负责1、2、4三章，徐美莉负责3、5两章，周其厚负责第6章，曹刚华负责第2、3章中“宗教旅游”部分），大家同时提供了在各自学校授课的课件以供参考。全书的统稿由我本人负责。

在修订过程中，多年从事旅游管理教学与科研的吉首大学法学与公共管理学院的吴晓美老师，桂林旅游学院的熊玲、童媛媛和董桂尧等三位老师，许昌学院的乔凤岐教授和中原工学院的谢凝馆员，不仅对教材修订提出了切实的建议，还参与了课件制作和文本编辑等工作。中央民族大学明清史硕士研究生李永超、任阳同学协助制作了随书课件。感谢责任编辑的辛苦付出。凡本书不妥之处，或有完善和改进的建议，敬请广大读者不吝赐教。

彭勇

2018 年 1 月于北京